Joachim Jeremias · Die Sprache des Lukasevangeliums

Kritisch-exegetischer Kommentar
über das Neue Testament

Begründet von
Heinrich August Wilhelm Meyer
Herausgegeben von Ferdinand Hahn

Sonderband
Die Sprache des Lukasevangeliums

Göttingen · Vandenhoeck & Ruprecht · 1980

Die Sprache des Lukasevangeliums

Redaktion und Tradition im
Nicht-Markusstoff des dritten Evangeliums

von Joachim Jeremias

Göttingen · Vandenhoeck & Ruprecht · 1980

CIP-Kurztitelaufnahme der Deutschen Bibliothek

Kritisch-exegetischer Kommentar über das Neue Testament / begründet von H. A. W. Meyer. Hrsg. von Ferdinand Hahn. — Göttingen : Vandenhoeck und Ruprecht.
NE: Meyer, Heinrich August Wilhelm [Begr.] ; Hahn, Ferdinand [Hrsg.]
Sonderbd. → Jeremias, Joachim: Die Sprache des Lukasevangeliums

Jeremias, Joachim :
Die Sprache des Lukasevangeliums / von Joachim Jeremias. — Göttingen : Vandenhoeck und Ruprecht, 1980.
(Kritisch-exegetischer Kommentar über das Neue Testament ; Sonderband)
ISBN 3-525-51619-3

© Vandenhoeck & Ruprecht, Göttingen 1980. — Printed in Germany. — Ohne ausdrückliche Genehmigung des Verlages ist es nicht gestattet, das Buch oder Teile daraus auf foto- oder akustomechanischem Wege zu vervielfältigen. —Gesamtherstellung: Hubert & Co., Göttingen

Zur Einführung

Dieses Buch ist aus den Vorarbeiten zu einer geplanten Auslegung des Lukasevangeliums entstanden. Als ich das Angebot von Herrn Günther Ruprecht, den Lukaskommentar in der KEK-Reihe zu übernehmen, angenommen hatte und meine Arbeit auch in Vorlesungen, Seminaren und Übungen stärker auf das dritte Evangelium konzentrierte, erwies es sich mir sehr bald, daß ein solcher Kommentar nicht sinnvoll geschrieben werden kann ohne eine vorhergehende sorgfältige Untersuchung der Sprache des dritten Evangelisten. Denn nur eine solche Untersuchung macht es möglich, die Gestaltung, die Lukas selbst den ihm vorgegebenen Traditionen verliehen hat, methodisch sauber zu erheben und damit auch den Umfang dieser Traditionen zu bestimmen. Trotz der von Jahr zu Jahr anwachsenden Literatur zur Theologie des Lukas und zur Redaktionsgeschichte des Lukasevangeliums fehlen an diesem entscheidenden Punkt weithin die Vorarbeiten, und gerade das läßt viele Forschungsergebnisse als unbefriedigend und oft sogar als irreführend erscheinen. Sorgfältige sprachliche Untersuchungen sind eben unabdingbar für jede redaktionsgeschichtliche Arbeit, die die Theologie der Evangelisten von der ihrer Überlieferungen abheben will. Auch die Methodik des Arbeitens hat mit den neueren Fragestellungen nicht immer Schritt gehalten. Solange die formgeschichtliche Forschung vor allem nach der Entstehung und Formung der älteren Traditionen fragte und an der letzten Gestaltung durch die Evangelisten kein sonderliches Interesse hatte, konnte es noch als vertretbar erscheinen, wenn man pauschal urteilte, daß „im Grunde nicht viel daran liegt, ob dieser oder jener redaktionelle Vorgang, der der schriftlichen Überlieferung eigen ist, schon *vor* oder erst *in* unseren Evangelien stattgefunden hat"[1]. Aber wenn die Evangelisten als Theologen und Autoren in das Blickfeld gerückt werden, muß diese Großzügigkeit notwendig zu Verzerrungen führen. Dann ist es vielmehr entscheidend, so genau wie möglich und methodisch nachprüfbar zu klären, was ihnen vorlag und wo sie selbst gestalteten, will man über Vorurteile hinauskommen. Die Frage nach der Theologie der Evangelisten und

---

[1] R. Bultmann, Die Geschichte der synoptischen Tradition, FRLANT 12, Göttingen 1970[8], 347f.

damit zugleich nach dem Umfang der ihnen vorgegebenen Überlieferung verlangt also nach verfeinerten sprachlichen Untersuchungen. Dabei genügt es dann nicht, einfach diejenigen Vokabeln statistisch auszuzählen, die etwa im Lukasevangelium häufiger vorkommen als im übrigen Neuen Testament, und dann diese Vokabeln für Lukanismen zu erklären. Ein solches Verfahren führt zu Fehlurteilen[2]. Vielmehr muß nach einer solchen statistischen Vorarbeit der zweite entscheidende Schritt erst noch erfolgen, nämlich die Untersuchung, ob das betreffende sprachliche Phänomen der Tradition oder der Redaktion des Evangelisten zugehört.

Eine derartige Untersuchung ist bei Lukas aussichtsreicher durchzuführen als bei den anderen Synoptikern. Denn wir können den eigenen Sprachgebrauch des Lukas nicht nur an seiner Markusbearbeitung ablesen, sondern darüber hinaus an der Gestaltung, die er dem zweiten Teil seines Doppelwerks, der Apostelgeschichte, gegeben hat. Es ist heute allgemein anerkannt, daß Lukas in der Apostelgeschichte weit weniger auf geprägte Traditionen zurückgreifen konnte und daß somit hier sein eigener Sprachgebrauch und sein eigener Stil deutlich faßbar werden. Mit diesem doppelten Hilfsmittel, zumal wenn es kombiniert angewendet wird, läßt sich der Versuch unternehmen, spezifisch lukanische Sprach- und Stileigentümlichkeiten auch in den Teilen des Evangeliums zu erkennen, in denen eine lukanische Vorlage nicht erhalten ist, und somit auch dort die Redaktion von der Tradition abzuheben.

Um diesen Versuch geht es in der vorliegenden Arbeit. Ihr Ziel ist es also nicht, vorlukanische Quellen zu rekonstruieren, etwa gar im Wortlaut. Sondern sie will in einer rein sprachlichen Analyse lukanischen und nichtlukanischen Sprachgebrauch voneinander unterscheiden. Sie versteht sich im Wesentlichen als eine Materialdarbietung ohne Vorwegnahme der sich aus ihr ergebenden Lösungen. Sie verzichtet bewußt auf alle literarkritischen Hypothesen mit Ausnahme der oben genannten Voraussetzung, daß Lukas das Markusevangelium benutzt hat. Daß Lukas neuen Stoff und Markusstoff blockweise alternieren läßt[3], ist ja eine Beobachtung, die auch un-

---

[2] Vgl. meine Auseinandersetzung mit dem entsprechenden Verfahren von J. T. Sanders in: Tradition und Redaktion in Lk 15, ZNW 62 (1971), 172—189.

[3] Zum Einzelnachweis vgl. J. Jeremias, Perikopen-Umstellungen bei Lukas? NTS 4 (1957/58), 115—119 = Abba. Studien zur neutestamentlichen Theologie und Zeitgeschichte, Göttingen 1966, 93—97.

abhängig von einer Protolukashypothese gilt. Die Markusblöcke sind daran kenntlich, daß sie der Markusvorlage Perikope für Perikope folgen, während die Nicht-Markusblöcke überwiegend frei von Markusstoff sind.

Zum Nicht-Markusstoff des Lukasevangeliums rechne ich die folgenden Blöcke: 1,5—4,30; 5,1—11; 6,20—8,3; 9,51—18,14; 19,1—27. 39—44; 21,34—38; 22,14—24,53[4]. Offen und umstritten ist dabei vor allem, ob die lukanische Passionsgeschichte (Lk 22,14ff.) mit ihren Berührungen mit Markus, aber auch mit ihren erheblichen Abweichungen von ihm vor allem in der Stoffanordnung, auf einen wesentlich anderen Umgang des Lukas mit dem vorgegebenen Markusstoff als im übrigen Evangelium zurückzuführen ist oder aber auf eine andere Erzählfolge in einer lukanischen Sonderüberlieferung. Da auch derjenige, der die Markusüberlieferung in der lukanischen Passionsgeschichte für dominierend hält, zumindest mit zusätzlichem Einfluß von nicht-markinischer Tradition rechnen muß, ist es auf jeden Fall gerechtfertigt, daß die lukanische Passionsgeschichte im Unterschied zu den anerkannten Markusblöcken hier mit behandelt wird. Da es andererseits wahrscheinlich ist, daß die Markusvorlage die Gestaltung der lukanischen Passionsgeschichte zumindest beeinflußt hat, ist bei Verweisen auf die lukanische Markusbearbeitung auch die Passionsgeschichte behutsam mit herangezogen worden.

Wenn in der folgenden Untersuchung zwischen „Redaktion" und „Tradition" geschieden wird, so ist mit dem erstgenannten Begriff der spezifisch lukanische Sprachgebrauch bezeichnet, mit dem letzteren das dem Lukas sprachlich vorgegebene Gut, und zwar unabhängig davon, ob ihm der aufgegriffene Stoff schriftlich vorlag oder in mündlicher Überlieferung überkommen war oder ob sich Lukas nur eines in der Gemeinde vorgeprägten Sprachgebrauchs bediente. Eine nähere Festlegung dieser verschiedenen Möglichkeiten würde die sprachliche Untersuchung mit unnötigen Hypothesen belasten. Von den genannten Grundsätzen her ergibt sich, daß es im Einzelfall zu Überschneidungen von Redaktion und Tradition kommen kann, etwa wenn ein als traditionell erkennbarer Sprachgebrauch mit dem des Lukas übereinstimmt (vgl. z.B. 12,42 Red). Die gleiche Wendung kann auch dann bei Tradition und Redaktion begegnen, wenn eine für Lukas kennzeichnende syntaktische Verbindung einen

---

[4] Zur Begründung vgl. J. Jeremias, Neutestamentliche Theologie I, Gütersloh 1973², 47—49.

ihm vorgegebenen Begriff enthält (vgl. z.B. 23,34) oder wenn umgekehrt in einer nichtlukanischen Konstruktion ein lukanisches Vorzugswort steht (vgl. z.B. 12,44).

Bei den im folgenden zu nennenden Kriterien zur Scheidung zwischen Redaktion und Tradition wurde Wert darauf gelegt, daß nicht eines allein die Last der Begründung zu tragen hatte, sondern die Kombination von negativen und positiven Gesichtspunkten ausschlaggebend war. Vor- bzw. nichtlukanischer Sprachgebrauch ist insbesondere dann anzunehmen, wenn ein Wort, eine Wortgruppe oder eine syntaktische Konstruktion 1. selten oder nie von Lukas selbständig verwendet wird, 2. im Markusstoff weitgehend oder stets von Lukas gemieden wird, 3. einer lukanischen Vorzugswendung mit ähnlichem oder gleichem Inhalt gegenübersteht, 4. deutlich semitischen Sprachhintergrund erkennen läßt, 5. auf den Nicht-Markusstoff des Evangeliums beschränkt ist, 6. durch das übrige Neue Testament als geprägte Gemeindesprache erwiesen wird [5].

Übereinstimmungen im Wortlaut bei Matthäus und Lukas sind im allgemeinen der Tradition zuzuschreiben. Das wird in dieser Untersuchung als bekannt und evident vorausgesetzt und nur vereinzelt aus besonderem Anlaß eigens hervorgehoben.

Jedes stilistische und sprachliche Phänomen wird nur bei seinem ersten Auftreten im Nicht-Markusstoff des Lukasevangeliums ausführlich besprochen. Bei späterem Vorkommen wird auf diese Behandlung zurückverwiesen.

Textkritische Abweichungen vom Nestle-Aland-Text sind in den aufgeführten Statistiken nur in gewichtigen Fällen, in der Regel aber nicht ausdrücklich hervorgehoben worden.

Was schließlich die Schlußfolgerungen angeht, die sich mir persönlich aus dem vorgelegten Material ergeben haben, will ich es bei Andeutungen belassen. In den Kindheitsgeschichten hat mich die im Vergleich zu den übrigen Perikopen ungleich stärkere lukanische Prägung der Weihnachtsgeschichte überrascht. Die Passionsgeschichte des Lukas scheint mir nach wie vor zum Nicht-Markusstoff zu rechnen zu sein, wenn hier auch letzte Sicherheit nicht zu gewinnen ist und die Möglichkeit offenbleiben muß, daß Lukas seine Blocktechnik an dieser entscheidenden Stelle aufgegeben hat zugunsten einer

---

[5] Vergleichbare Kriterien nennt F. Rehkopf, Die lukanische Sonderquelle. Ihr Umfang und Sprachgebrauch, WUNT 5, Tübingen 1959, 87.

Ineinanderarbeitung verschiedener Traditionen. Daß dem Lukas der Nicht-Markusstoff geprägt vorlag und nicht erst von ihm zusammengetragen wurde, ist mir nach dieser Untersuchung noch weniger zweifelhaft als früher. Denn es ist überaus auffällig, daß Lukas in den Nicht-Markusstoff eher weniger eingegriffen hat als in den Markusstoff. Für beide Bearbeitungen ist gleichermaßen charakteristisch, daß Lukas häufig ihm ungelegene Wendungen zunächst passieren läßt, um sie erst danach durch eigene Wortwahl zu ersetzen (vgl. z.B. die Analyse von 15,4—10). Das wesentlichste Ergebnis aber scheint mir zu sein, daß das Maß lukanischer Überarbeitung am vorgegebenen Stoff ungleich geringer zu veranschlagen ist als landläufig angenommen wird. Es beschränkt sich weithin auf stilistische Verbesserungen des überkommenen Traditionsgutes, wobei Lukas sich nicht scheut, selbst an LXX-Zitaten stilistisch zu feilen (vgl. dazu 1,13 Red). Alles, was zum Rahmen gehört, insbesondere die Ein- und Ausleitungen der Perikopen, hat Lukas tiefgreifend stilistisch überarbeitet. Um so eindrucksvoller ist mir im Vergleich damit die Zurückhaltung des Lukas mit redaktionellen Eingriffen bei Worten Jesu (vgl. dazu z.B. 12,1—34 Red).

Bei der langjährigen Materialsammlung und ihrer ersten Auswertung habe ich mannigfaltige Unterstützung durch meine Mitarbeiter erfahren. Stellvertretend für alle, denen ich zu danken habe, nenne ich besonders Dr. Reinhard Deichgräber, Dr. Othmar Hesse, wiss. Assistent Rainer Stuhlmann, Dr. Ernst Synofzik sowie Pfarrer Heinz Janssen, unter dessen Mithilfe das Manuskript entstanden ist.

Tübingen, im August 1978   Joachim Jeremias

Abkürzungen

§	=	Blass, F.–Debrunner, A.–Rehkopf, F., Grammatik des neutestamentlichen Griechisch. 14., von F. Rehkopf neubearbeitete Auflage, Göttingen 1976. (Die 14. Auflage, die die Paragraphenzählung ihrer Vorgängerinnen beibehalten hat, stellt einen beachtlichen Fortschritt dar, nicht zuletzt durch ihre Übersichtlichkeit).
Bauer[5]	=	Griechisch-Deutsches Wörterbuch zu den Schriften des Neuen Testaments und der übrigen urchristlichen Literatur. Fünfte, verbesserte und stark vermehrte Auflage, Berlin 1958 (Nachdrucke 1963 und 1971).
sNT	=	sonstiges NT.
→ Red	=	Verweis auf einen der Redaktion zugeschriebenen Abschnitt der vorliegenden Arbeit.
→ Trad	=	Verweis auf einen der Tradition zugeschriebenen Abschnitt der vorliegenden Arbeit.

Abgekürzt zitierte Literatur

Argyle, A. W., The Greek of Luke and Acts, in: NTS 20 (1974), 441–445. — *Beck, B. E.*, The Common Authorship of Luke and Acts, in: NTS 23 (1977), 346–352. — *Beyer, K.*, Semitische Syntax im Neuen Testament. Bd. I, Satzlehre Teil 1, Göttingen 1968[2]. — *Björck, G.*, Ἦν διδάσκων. Die periphrastischen Konstruktionen im Griechischen, Uppsala 1940. — *Black, M.*, An Aramaic Approach to the Gospels and Acts, Oxford 1967[3]. — *Cadbury, H. J.*, The Making of Luke-Acts, London 1958[2]. — *Ders.*, The Style and Literary Method of Luke, Cambridge 1920 (= Harv. Theol. Stud. 6). Reprint produced by Microfilm-Xerography Inc., Ann Arbor, Michigan 1966. — *Conzelmann, H.*, Die Mitte der Zeit, Tübingen 1964[5] (= BHTh 17). — *Dalman, G.*, Die Worte Jesu I, Leipzig 1930[2]. — *Denaux, A.*, L' hypocrisie des Pharisiens et le dessein de Dieu. Analyse de Lc. XIII, 31–33, in: L' Évangile de Luc, Memorial L. Cerfaux, Gembloux 1973 (= Bib. Eph. Theol. Lovan. 32), 245–285. — *Dupont, J.*, „Beaucoup viendront du levant et du couchant ..." (Matthieu 8,11–12, Luc 13,28–29), in: Sciences Ecclésiastiques 19 (1967), 153–167. — *Ders.*, Il n'en sera pas laissé pierre sur pierre (Marc 13,2; Luc 19,44), in: Bib. 52 (1971), 301–320. — *Easton, B. S.*, Linguistic Evidence for the Lucan Source L, in: JBL 29 (1910), 139–189. — *Feine, P.*, Eine vorkanonische Überlieferung des Lukas in Evangelium und Apostelgeschichte, Gotha 1891. — *Fitzmyer, J. A.*, The Use of Agein and Pherein in the Synoptic Gospels, in: Festschrift to Honor F. W. Gingrich, Leiden 1972, 147–160. — *Fuchs, A.*, Sprachliche Untersuchungen zu Matthäus und Lukas, Rom 1971 (= Analecta Biblica 49). — *Hawkins, J. C.*, Horae Synopticae. Contributions to the Study of the Synoptic Problem,

Oxford 1909² (= 1968). — *Hoffmann, P.,* Studien zur Theologie der Logienquelle, Münster 1972 (= NT Abh., NF, Bd. 8). — *Holtz, T.,* Untersuchungen über die alttestamentlichen Zitate bei Lukas, Berlin 1968 (= TU 104). — *Jacques, X.,* Index des mots apparentés dans le Nouveau Testament. Complément des Concordances et Dictionaires, Rom 1969 (= Script. Pont. Inst. Bib. 118). — *Jeremias, J.,* ΙΕΡΟΥΣΑΛΗΜ / ΙΕΡΟΣΟΛΥΜΑ, in: ZNW 65 (1974), 273—276. — *Ders.,* Neutestamentliche Theologie I, Gütersloh 1973². — *Ders.,* Tradition und Redaktion in Lukas 15, in: ZNW 62 (1971), 172—189. — *Johannessohn, M.,* Das biblische ΚΑΙ ΕΓΕΝΕΤΟ und seine Geschichte, in: Ztschr. f. vergl. Sprachforschg. 53 (1926), 161—212. — *Knox, W. L.,* Some Hellenistic Elements in Primitive Christianity, The Schweich Lectures 1942, London 1944. — *Larfeld, W.,* Die neutestamentlichen Evangelien nach ihrer Eigenart und Abhängigkeit untersucht, Gütersloh 1925. — *Lohfink, G.,* Die Himmelfahrt Jesu. Untersuchungen zu den Himmelfahrts- und Erhöhungstexten bei Lukas, München 1971 (= StANT 26). — *Michaelis, W.,* Das unbetonte καὶ αὐτός bei Lukas, in: Stud. Theol. 4 (1950), 86—93. — *Morgenthaler, R.,* Statistik des neutestamentlichen Wortschatzes, Zürich-Frankfurt a.M. 1958. — *Ders.,* Statistische Synopse, Zürich-Stuttgart 1971. — *Moulton, J. H.,* Einleitung in die Sprache des Neuen Testaments, Heidelberg 1911. — *Ders.,* A Grammar of New Testament Greek, Vol. I—IV, Edinburgh 1906—76. Vol. I: Prolegomena (by J. H. Moulton), 1908³. Vol. II: Accidence and Word-Formation (by J. H. Moulton and W. F. Howard), 1929. Vol. III: Syntax (by N. Turner), 1963. Vol. IV: Style (by N. Turner), 1976. — *Neirynck, F.,* Duality in Mark. Contributions to the Study of the Markan Redaction, Leuven 1972 (= Bib. Eph. Theol. Lovan. 31). — *Ders.,* in collaboration with *T. Hansen* and *F. van Segbroeck,* The Minor Agreements of Matthew and Luke against Mark with a Cumulative List, Leuven 1974 (= Bib. Eph. Theol. Lovan. 37). — *Ders.,* The Uncorrected Historic Present in Lk. XXIV. 12, in: Eph. Theol. Lovan. 48 (1972), 548—553. — *Norden, E.,* Agnostos Theos. Untersuchungen zur Formgeschichte religiöser Rede, Leipzig-Berlin 1913. — *De La Potterie, I. (ed.),* De Jésus aux évangiles. Tradition et rédaction dans les évangiles synoptiques, Gembloux 1967 (= Bib. Eph. Theol. Lovan. 25). — *Rehkopf, F.,* Grammatisches zum Griechischen des Neuen Testamentes, in: Der Ruf Jesu und die Antwort der Gemeinde, Festschrift Joachim Jeremias, Göttingen 1970, 213—225. — *Ders.,* Die lukanische Sonderquelle. Ihr Umfang und Sprachgebrauch, Tübingen 1959 (= Wiss. Unt. NT 5). — *O'Rourke, J. J.,* The Construction with a Verb of Saying as an Indication of Sources in Luke, in: NTS 21 (1975), 421—423. — *Schnackenburg, R.,* Der eschatologische Abschnitt Lk 17,20—37, in: Mélanges Bibliques (Rigaux-Festschrift), Gembloux 1970, 213—234. — *Schneider, G.,* Die Verhaftung Jesu. Traditionsgeschichte von Lk 14,43—52, in: ZNW 63 (1972), 188—209. — *Ders.,* Verleugnung, Verspottung und Verhör Jesu nach Lukas 22, 54—71. Studien zur lukanischen Darstellung der Passion, München 1969 (=StANT 22). — *Schramm, T.,* Der Markus-Stoff bei Lukas. Eine literarkritische und redaktionsgeschichtliche Untersuchung, Cambridge 1971 (= Monogr. ser. SNTS 14). — *Schulz, S.,* Q. Die Spruchquelle der Evangelisten, Zürich 1972. — *Schürmann, H.,* Der Paschamahlbericht Lk 22,(7—14)15—18. I. Teil einer quellenkritischen Untersuchung des lukanischen Abendmahlberichtes Lk 22,7—38, Münster 1953 (= NTA 19,5). —

Ders., Der Einsetzungsbericht Lk 22,19—20. II. Teil einer quellenkritischen Untersuchung des lukanischen Abendmahlberichtes Lk 22,7—38, Münster 1955 (= NTA 20,4). — *Ders.*, Jesu Abschiedsrede Lk 22,21—38. III. Teil einer quellenkritischen Untersuchung des lukanischen Abendmahlberichtes Lk 22,7—38, Münster 1957 (= NTA 20,5). — *Ders.*, Traditionsgeschichtliche Untersuchungen zu den synoptischen Evangelien, Düsseldorf 1968 (= Komm. u. Beitr. z. ANT). — *Ders.*, Ursprung und Gestalt. Erörterungen und Besinnungen zum Neuen Testament, Düsseldorf 1970 (= Komm. u. Beitr. z. ANT). — *Storch, R.*, Die Stephanusrede Ag 7,2—53, Diss. theol. (masch.) Göttingen 1967. — *Wanke, J.*, Beobachtungen zum Eucharistieverständnis des Lukas auf Grund der lukanischen Mahlberichte, Leipzig 1973 (= Erf. Theol. Schr. 8). — *Weiß, B.*, Die Quellen der synoptischen Überlieferung, Leipzig 1908 (= TU 32,3). — *Zingg, P.*, Das Wachsen der Kirche. Beiträge zur Frage der lukanischen Redaktion und Theologie, Freiburg (Schweiz)-Göttingen 1974 (= Orbis biblicus et orientalis 3).

Nicht aufgeführt in dieser Liste sind Kommentare und geläufige Hilfsmittel, deren Abkürzungen sich von selbst verstehen dürften.

Sprachliche Analyse

1,5 Red ἱερεύς τις: Adjektivisches τις findet sich im NT gehäuft im lukanischen Doppelwerk (102mal: Ev 39/Apg 63), in den übrigen Evangelien nur ganz vereinzelt (Mt 1, Mk 3, Joh 7 bzw. 8)[1]. Die große Zahl von 63 Belegen in der Apg sowie 6 Einführungen eines adjektivischen τις in den lukanischen Markusstoff (Lk 8,27; 9,8.19; 18,18.35; 21,2) zeigen übereinstimmend, daß die Vorliebe für das adjektivische τις auf das Konto der Redaktion gehört. Spezifisch lukanisch ist insbesondere die Wortfolge: Nomen + adjektivisches τις + ὀνόματι + Eigenname, die sich im NT außer Lk 1,5 nur 10,38; 16,20/Apg 8,9; 9,33; 10,1; 16,1 findet, ferner der Gebrauch von adjektivischem τις zur Vermeidung eines markinischen indefiniten εἷς, μία, ἕν, so 4mal diff. Mk (Lk 9,8.19; 18,18; 21,2) und mindestens 2mal im Nicht-Markusstoff (Lk 10,25 diff. Mk 12,28; Lk 22,56 diff. Mk 14,66). — ὀνόματι: begegnet gehäuft in Lk/Apg, nämlich 28(7 + 21)mal, sonst im ganzen NT nur je 1mal bei Matthäus (27,32) und Markus (5,22). Wir haben also eine lukanische Vorzugswendung vor uns. Das gilt insbesondere von der Wortfolge: nachgestelltes adjektivisches τις + ὀνόματι + Eigenname, die wir soeben als spezifisch lukanisch kennengelernt haben.

Trad ἐν ταῖς ἡμέραις Ἡρῴδου: Das temporale ἐν kommt im LkEv erheblich häufiger vor als in den übrigen Evangelien (Mt 39, Mk 15, Lk 100/Apg 27, Joh 31). Für unsere Fragestellung, ob diese Häufung von temporalem ἐν im LkEv auf die Tradition oder auf die Redaktion zurückgeht, ist es hilfreich, wenn man den Markusstoff und den Nicht-Markusstoff des dritten Evangeliums je für sich betrachtet. Von den 100 Belegen für temporales ἐν im dritten Ev finden sich 29 im Markusstoff, 71 im Nicht-Markusstoff. Was zunächst den von ihm übernommenen Markusstoff anlangt, so beließ Lukas das temporale ἐν 10mal[2] und fügte 19mal ein temporales ἐν zum Markusstoff hinzu[3]. D.h. die starke Bevorzugung des ἐν temp. im Markusstoff geht auf die Redaktion zurück. Was die 71 Belege für

---
[1] Mt 18,12; Mk 14,47.51; 15,21; Joh 1,46; 4,46; 5,5.14; (6,7 v.l.); 11,1.49; 12,20. Vgl. Hawkins 47. Für das übrige NT lauten die Zahlen: Paulus 28, Hebr 7, Jak 2, Jud 1.
[2] Lk 5,34f.; 6,1.7; 8,5.22; 18,30a.b; 20,33; 21,23.
[3] Lk 4,31; 5,12.17; 6,6.12; 8,13.40.42; 9,18.29.33.34.36 bis; 18,35; 20,1.19; 21,6.36.

das temporale ἐν im Nicht-Markusstoff des LkEv anlangt, so können wir dank des Umstandes, daß es sich weithin um geprägtes Gut handelt, 21 mit einiger Wahrscheinlichkeit als vorlukanisch[4] und 39 als lukanisch[5] bestimmen (lediglich an 11 Stellen muß die Zuweisung an die Tradition oder Redaktion offen bleiben[6]). Erneut ergibt also die Analyse, daß es die Redaktion ist, auf die die Bevorzugung des temporalen ἐν im Nicht-Markusstoff zurückgeht. Anders ist unsere Stelle zu beurteilen. Bei der Wendung ἐν ταῖς ἡμέραις N.N. haben wir es mit einem verbreiteten Biblizismus zu tun, der seine Existenz dem Umstand verdankt, daß das palästinische Hebräisch und Aramäisch keinen geläufigen Ausdruck für „Zeit" im durativen Sinn hatte. Man half sich, wenn man „Lebenszeit", „Regierungsdauer" (so hier) etc. ausdrücken wollte, meist mit „Tage" + Eigenname im Genitiv. Unsere Stelle ἐν ταῖς ἡμέραις Ἡρῴδου hat im NT noch drei Analoga: Lk 4,25 Ἡλίου; 17,26 Νῶε; 17,28 Λώτ (anders, nämlich ohne Artikel: Mt 2,1 ἐν ἡμέραις Ἡρῴδου und 1Petr 3,20 ἐν

---

[4] *Vorlukanisch* ist im Nicht-Markusstoff:
  a) ἐν ταῖς ἡμέραις (im durativen Sinn) N.N.: vgl. unten; so noch 4,25; 17,26a.b. 28;
  b) προβεβηκὼς ἐν (ταῖς) ἡμέραις: → 1,7 Trad S. 25; 1,18; 2,36;
  c) ἐν τῇ ἡμέρᾳ τῶν σαββάτων: → 4,16 Trad S. 120;
  d) eschatologisches ἐν ἐκείνῃ τῇ ἡμέρᾳ: → 6,23 Trad S. 139; 10,12; 17,31;
  e) durch die Mt-Parallele werden als vorlukanisch erwiesen: ἐν τῇ κρίσει: → 10,14 Trad S. 186; 11,31f.; ἐν καιρῷ: → 12,42 Trad S. 221; ἐν ἡμέρᾳ ᾗ οὐ προσδοκᾷ: → 12,46 Trad S. 222; ἐν ὥρᾳ ᾗ οὐ γινώσκει → 12,46 Trad;
  f) ἐν τῇ ἀναστάσει: → 14,14 Trad S. 239;
  g) ἐν τῇ ἡμέρᾳ ταύτῃ: → 19,42 Trad S. 281;
  h) ἐν παντὶ καιρῷ: → 21,36 Trad S. 283.

[5] *Lukanisch* ist im Nicht-Markusstoff:
  a) temporales ἐν τῷ c.inf. (21mal): → 1,8f. Red S. 28f. sub B 2a; 1,21; 2,6. 27.43; 3,21; 5,1; 9,51; 10,35.38; 11,1.27.37; 14,1; 17,11.14; 19,15; 24, 4.15.30.51;
  b) ἐν ἡμέραις αἷς … (mit Attractio relativi): 1,25 (→ 2,20 Red S. 88);
  c) ἐν ταῖς ἡμέραις ταύταις: → 1,39 Red S. 55; 23,7; 24,18;
  d) temporales ἐν mit Nomen nach periphrastischem ἐγένετο: → 1,59 Red S. 65; 2,1; 7,11; 8,1;
  e) ἐν ταῖς ἡμέραις ἐκείναις: → 2,1 Red S. 77 (bereits gezählt unter d); 4,2 Red S. 115;
  f) ἐν στιγμῇ χρόνου: → 4,5 Red S. 116f.;
  g) ἐν ἐκείνῃ τῇ ὥρᾳ: → 7,21 Red S. 161;
  h) ἐν αὐτῇ τῇ ὥρᾳ → 10,21 Red; 12,12; 13,31; ἐν αὐτῇ τῇ ἡμέρᾳ 23,12; 24,13; ἐν αὐτῷ τῷ καιρῷ → 13,1 Red.

[6] 1,26.36; 3,1; 12,38bis; 13,10.14bis; 14,5; 19,13; 23,29.

ἡμέραις Νῶε; mit Nominativ statt Genitiv: Offb 2,13 ἐν ταῖς ἡμέραις Ἀντιπᾶς ὁ μάρτυς). Die zweifache Beobachtung, a) daß die uns beschäftigende Fassung (ἐν ταῖς ἡμέραις [mit Artikel] + Eigenname im Genitiv) im NT ausschließlich im Nicht-Markusstoff des LkEv begegnet und b) daß die „Herodestage" sowohl bei Matthäus wie bei Lukas in der Geburtsgeschichte (Mt 2,1; Lk 1,5), die „Noahtage" bei beiden in der Weltuntergangsweissagung (Mt 24,37; Lk 17,26) vorkommen, zeigt, daß die Tradition ihre Hand im Spiel hat[7]. — Ἰουδαίας: Als ein Spiegelbild der sich wandelnden politischen Verhältnisse wird der Name Ἰουδαία im ersten vor- und nachchristlichen Jahrhundert in einer weiten und einer engen Bedeutung gebraucht: a) im weiten Sinn bezeichnet Ἰουδαία *Gesamtpalästina*: 40 bis 4 v.Chr. als das Reich Herodes des Großen (so unsere Stelle Lk 1,5), 41 bis 44 n.Chr. als das Reich Agrippas I., seit 44 als die (nunmehr auf Gesamtpalästina erweiterte) römische Provinz Judäa; b) im engen Sinn umfaßt Ἰουδαία die *Landschaft Judäa* im südlichen Westjordanland, die zusammen mit Samaria und Idumäa die Ethnarchie des Archelaos (4 v.Chr. bis 6 n.Chr.) und von 6 bis 41 n.Chr. die römische Provinz Judäa bildete. Zur Zeit der Geburt Jesu unter Herodes dem Großen hatte Judäa also die weitere Bedeutung Gesamtpalästina, zur Zeit der Wirksamkeit Jesu die engere: Landschaft bzw. Provinz im Westjordanland. Im Neuen Testament kommt Ἰουδαία 44mal vor (Mt 8, Mk 4, Lk 10/Apg 12, Joh 6, Paulus 4 Belege). Bei Mt, Mk und Joh hat Judäa stets korrekt die engere Bedeutung, die der Name in Jesu Tagen besaß; nur Mt 19,1 ist als Ausnahme zu registrieren[8]. Bei Paulus bezeichnet der Name, ebenfalls korrekt für seine Zeit, die auf Gesamtpalästina erweiterte römische Provinz[9]. Um so auffallender ist es, daß im LkEv neben dem korrekten ein inkorrekter Sprachgebrauch begegnet: *korrekt* ist es, wenn an unserer Stelle (1,5) das Reich Herodes des Großen Ἰουδαία genannt wird

---

[7] Das gilt dann auch für Lk 17,26: ἐν ταῖς ἡμέραις τοῦ υἱοῦ τοῦ ἀνθρώπου.
[8] Mt 19,1 fußt auf Mk 10,1, wo es heißt: ἔρχεται εἰς τὰ ὅρια τῆς Ἰουδαίας καὶ πέραν τοῦ Ἰορδάνου „er kam in das Gebiet von Judäa und dem Ostjordanland". Hier wird zwischen Judäa und dem Ostjordanland unterschieden. Judäa hat also, ebenso wie Mk 3,7, korrekt die engere Bedeutung. Anders Matthäus, bei dem durch Wegfall des καί das Ostjordanland zu einem Teil von Judäa geworden ist, was nur für die weitere Bedeutung des Wortes (Gesamtpalästina) zutrifft.
[9] Die Leser seiner Briefe wußten von der Provinz Judäa, ahnten aber schwerlich etwas von der Existenz einer Landschaft Judäa.

und wenn an fünf Stellen im Rahmen des Berichtes über den Täufer und Jesus mit Ἰουδαία die Landschaft Judäa bezeichnet wird (1,65; 2,4; 3,1; 5,17; 21,21); *inkorrekt* ist es, wenn die restlichen vier der zehn Belege im LkEv für Ἰουδαία das Wort mit Bezug auf die Wirksamkeit Jesu im weiten Sinn von Gesamtpalästina gebrauchen (Lk 4,44; 6,17; 7,17; 23,5)[10]. Von diesen vier Belegen für inkorrekten Gebrauch von Ἰουδαία sind zwei lukanische Markusbearbeitung (Lk 4,44 diff. Mk 1,39; Lk 6,17 diff. Mk 3,7f.); ein weiterer Beleg, Lk 23,5, wird durch die wörtliche Übereinstimmung mit Apg 10,37 als lukanisch erwiesen. Der inkorrekte Sprachgebrauch ist also mit Sicherheit auf die Redaktion zurückzuführen. Das hat nichts Überraschendes: Lukas benutzt in seiner Schilderung der Wirksamkeit Jesu an diesen vier Stellen anachronistisch den Sprachgebrauch seiner Zeit, demzufolge die römische Provinz Judäa das gesamte Palästina umfaßte. Dann aber wird man die fünf Stellen des LkEv, die in korrekter Weise die Bezeichnung Judäa im engeren Sinn gebrauchen, der Tradition zuzuweisen haben (Lk 1,65; 2,4; 3,1; 5,17; 21,21), was für Lk 21,21 durch die Vorlage Mk 13,14 bestätigt wird[11]. — ἐξ ἐφημερίας Ἀβιά: In beiden Teilen des lk Doppelwerks finden sich zahlreiche Genitivverbindungen, bei denen sowohl das regierende Nomen als auch der von ihm abhängige Genitiv keinen Artikel haben. Beim regierenden Nomen weist im NT in solchen Fällen das Fehlen des Artikels in der Regel auf das Zugrundeliegen eines Status constructus hin, der ja den Artikel beim Nomen regens nicht duldet. Daß der Artikel außerdem auch beim abhängigen Genitiv fehlt, entspricht dagegen eher griechischem als hebräischem Sprachempfinden. Die folgende Liste gibt (ohne Anspruch auf Vollständigkeit und ohne Patronymica) die artikellosen Genitivverbindungen des lk Doppelwerks wieder (wobei mit „vgl." auf Fälle verwiesen wird, in denen bei gleichbleibendem Nomen regens das Nomen rec-

---

[10] 4,44: Lukas ersetzt das von Markus (1,39) gebotene Γαλιλαία durch Ἰουδαία, um die Wirksamkeit Jesu auf ganz Palästina auszudehnen; 6,17: Lukas faßt die Landschaftsnamen Galiläa und Judäa, Idumäa und Ostjordanland, die er Mk 3,7 las, unter der Bezeichnung „ganz Judäa" zusammen; 7,17: Da Naïn in Galiläa liegt, muß „ganz Judäa" im weiten Sinn gemeint sein; 23,5: Auch hier umfaßt „ganz Judäa" (wie 6,17; 7,17) Galiläa.

[11] Was die Apg anlangt, so dürfte Judäa 6mal für Jerusalem stehen (11,1.29; 12,19; 15,1; 21,10; 28,21), 2mal liegt die weitere Bedeutung von Judäa vor (2,9; 10,37; ob auch mit Bauer[5], Sp. 749: 26,20?), 3mal die engere (1,8; 8,1; 9,31); in den letztgenannten drei Fällen dürfte Lukas, ähnlich wie im Evangelium, traditionelle Formulierungen übernehmen.

tum sich wandelt)¹²: αἷμα Ἄβελ/Ζαχαρίου (Lk 11,51); ἀνάστασις νεκρῶν (Apg 17,32; 23,6; 24,21; 26,23); ἄνθρωποι εὐδοκίας (Lk 2,14); ἀποκάλυψις ἐθνῶν (2,32); ἀπορία ἤχους θαλάσσης/σάλου (21,25); ἄφεσις ἁμαρτιῶν (1,77; 3,3; 24,47; Apg 2,38; 5,31; 10,43; 13,38; 26,18); βασιλεὺς Αἰγύπτου (Apg 7,10); βασίλισσα νότου (Lk 11,31 vgl. Apg 8,27); βίβλος λόγων Ἠσαΐου (Lk 3,4 vgl. 20,42; Apg 1,20); γένος Ἀβραάμ (Apg 13,26); γῆ Χαλδαίων (Apg 7,4); γνῶσις σωτηρίας (Lk 1,77); γυνὴ Χουζᾶ (Lk 8,3); δάκτυλος θεοῦ (11,20); διάνοια καρδίας αὐτῶν (1,51); δόξα κυρίου (2,9 vgl. 32; Apg 7,55); δύναμις Ἠλίου (Lk 1,17 vgl. 35; 5,17); ἔλεος θεοῦ ἡμῶν (1,78); ἐνιαυτὸς κυρίου (4,19 cit.); ἐπίτροπος Ἡρῴδου (8,3); ἐργάτης ἀδικίας (13,27); ἐφημερία Ἀβιά (1,5); ἡμέρα ἀναδείξεως αὐτοῦ (1,80 vgl. ἡμέραι ἐκδικήσεως 21,22; ἡμέρα κυρίου Apg 2,20 cit.); ἦχος θαλάσσης (21,25); καιροὶ ἐθνῶν (21,24 vgl. Apg 3,20); καρδίαι πατέρων (Lk 1,17); κέρας σωτηρίας (1,69); κοιλία μητρὸς αὐτοῦ (1,15; Apg 3,2; 14,8); κώμη Σαμαριτῶν (9,52); λαοὶ Ἰσραήλ (Apg 4,27); λόγος Ἠσαΐου (Lk 3,4); λύτρωσις Ἰερουσαλήμ (2,38); ναοὶ Ἀρτέμιδος (Apg 19,24); νόμος κυρίου (Lk 2,23 vgl. Apg 13,38); ὁδὸς εἰρήνης (Lk 1,79 vgl. Apg 2,28 cit.; 16,17); οἰκία Ἰούδα (Apg 9,11 vgl. 10,32); οἶκος Δαυίδ (Lk 1,27.69; 2,4 vgl. Apg 2,36); ὄνομα κυρίου (Lk 13,35 cit.; 19,38 cit. vgl. Apg 16,18); πατριὰ Δαυίδ (Lk 2,4); πνεῦμα ... Ἠλίου (1,17 vgl. 4,18 cit. 33; Apg 8,39); πόλις Δαυίδ (Lk 2,4.11 vgl. 1,39; 9,52; Apg 16,14); πρόσωπον Πιλάτου (Apg 3,13); ῥύσις αἵματος (Lk 8,43); σκιὰ θανάτου (1,79); σκότος ... θανάτου (1,79); σοφία Αἰγυπτίων (Apg 7,22); σπλάγχνα ἐλέους (Lk 1,78); στόμα μαχαίρης (21,24 vgl. στόμα Δαυίδ Apg 1,16; 4,25); συνοχὴ ἐθνῶν (Lk 21,25); τρῆμα βελόνης (18,25); υἱὸς ὑψίστου (1,32; 6,35 vgl. 1,35; 4,22; 5,10; 10,6; 20,36.41; Apg 4,36; 9,15; 13,21.26; 16,1; 23,6); φρόνησις δικαίων (Lk 1,17); φωνὴ βοῶντος (Lk 3,4 vgl. Apg 7,31); χάραγμα τέχνης (Apg 17,29); χάρις θεοῦ (Lk 2,40); χεὶρ κυρίου (= 38mal in LXX als Wiedergabe von jad jhwh; Lk 1,66; Apg 11,21; 13,11 vgl. Lk 1,74; 9,44; 24,7; Apg 2,23; 7,35; 11,30; 12,11; 21,11); χωρίον αἵματος (Apg 1,19). Zu sämtlichen ge-

---

12 Nicht aufgezählt sind die wenigen Stellen, an denen die Artikellosigkeit des regierenden Nomens vom Inhalt her gegeben war wie z.B. ἄγγελος κυρίου („ein Engel des Herrn" Lk 1,11; 2,9; Apg 5,19; 8,26; 12,7.23); δυνάστης Κανδάκης (Apg 8,27); ἡμέρας ὁδόν (Lk 2,44); θυγάτηρ Φανουήλ (2,36 vgl. 13,16); ὀπτασία ἀγγέλων (Lk 24,23); προφήτης ὑψίστου (1,76); ῥῆμα θεοῦ (3,2); σκεῦος ἐκλογῆς (Apg 9,15); θεοῦ/ἀνθρώπου φωνή (12,22); υἱὸς Ἀβραάμ/Φαρισαίων (Lk 19,9; Apg 23,6).

nannten artikellosen Genitivverbindungen bis auf ganz wenige[13] hat die LXX Entsprechungen, die jedoch fast durchweg im Einzelfall spärlich an Zahl sind; das erklärt sich daraus, daß wir es nicht mit alltäglicher Sprache, sondern mit einer biblizistischen Konstruktion zu tun haben. Dazu stimmt, daß es sich bei den notierten Belegen ganz überwiegend um geprägtes Gut handelt, das Lukas übernahm. Für das Vorliegen vorlukanischen Gutes spricht endlich auch die Beobachtung, daß sich die Belege für artikellose Genitivverbindungen in stark semitisch gefärbten Stücken des Doppelwerks überraschend häufen; beispielsweise finden sich nicht weniger als elf unserer 120[14] Belege für artikellose Genitivverbindungen im Benedictus (Lk 1,68—79) und vier in dem einen Vers 1,17. — καὶ γυνὴ αὐτῷ ἐκ τῶν θυγατέρων Ἀαρών: καί zur Koordination von Wörtern mit selbständigen Sätzen (sogen. καί relativum) ist Hebraismus, aber auch vulgär bezeugt. Was Lukas anlangt[15], so gerät ihm zwar das καί relativum vereinzelt einmal in die Feder (Lk 6,6 diff. Mk 3,1; Apg 9,10), doch empfand er es als unschön, da er es andernfalls nicht zweimal im Markusstoff meiden würde (vergleiche hierzu Mk 2,15 mit Lk 5,29; Mk 9,4 mit Lk 9,30). Ein ganz anderes Bild ergibt sich bei der Untersuchung des Nicht-Markusstoffs. Hier begegnet die sonst im NT seltene Ausdrucksweise öfter (Lk 1,5^{bis}.13.27.31.49; 7,12; 11,44; 19,2; 22,47; 24,18[16]), mit Vorliebe im Zusammenhang mit der ὄνομα-Formel (1,5.13.27.31; 24,47 und Apg 9,10). Das καί relativum ist also Kennzeichen der vorlk Tradition. — *Das Fehlen* von εἶναι als Kopula ist zwar dem klassischen Griechisch nicht unbekannt, ihm jedoch längst nicht so geläufig wie den semitischen Sprachen, in denen das Fehlen der Kopula überaus gebräuchlich ist. Das Phänomen begegnet reichlich im lukanischen Doppelwerk, aber in ganz unterschiedlicher Streuung. So finden sich in der Apostelgeschichte nur 27 Belege[17], in auffälligem Kontrast dazu aber allein

---

[13] ἀνάστασις νεκρῶν, ἀπορία ἤχους, ἄφεσις ἁμαρτιῶν, ἡμέρα ἀναδείξεως, χάραγμα τέχνης und χωρίον αἵματος.

[14] Die Genitive, die vom gleichen Nomen regens abhängen, sind nur einfach gezählt.

[15] § 442,4b in der Neubearbeitung von F. Rehkopf mit Materialdarbietung in Anm. 12.

[16] 11,14 ist nicht genannt, weil die Worte καὶ αὐτὸ ἦν in 𝔓$^{45.75}$ℵAB fehlen.

[17] Moulton-Turner, Grammar III 299. Turner hat auf das Kapitel 21 (Subject and Predicate: Absence of the Verb "to be", 294—310) viel Zeit und Mühe verwendet, wie die (auch Profanschriftsteller zum Vergleich erfassende) große Tabelle p. 299 zeigt. Ein großer Teil seiner Leistung im III. Band der Gram-

in der lukanischen Kindheitsgeschichte 22[18]; da die Apg genau 10mal so umfangreich ist wie die Kindheitsgeschichte, wären bei gleicher Proportion nicht weniger als 220 Belege in der Apg zu erwarten. Es kann kein Zweifel daran bestehen, daß die Häufung der Belege (unsere Stelle, Lk 1,5, bietet zwei) als unlukanischer semitisierender Sprachgebrauch anzusprechen ist. Dieses Ergebnis bestätigt sich, wenn man den von Lukas übernommenen Markusstoff für sich analysiert. An mindestens 21 Stellen in diesen Markuskapiteln stieß Lukas auf das Fehlen von Formen von εἶναι. Er ließ von ihnen sieben passieren, offensichtlich, weil sie ihm stilistisch vertretbar erschienen[19]; aber an 14 Stellen beseitigte er die Ellipse[20]. N. Turner hat richtig beobachtet, wenn er feststellte: „Luke prefers the copula on every possible occasion, apart from set phrases, titles, and a few exclamations and questions"[21]. Das heißt: die Weglassung der Kopula ist im allgemeinen Kennzeichen der vorlukanischen Tradition, da Lukas die Kopula nach Möglichkeit nicht streicht, sondern zufügt. Im LkEv finden sich 91 Fälle von fehlender Kopula[22]; als vorlukanisch ist vor allem das Fehlen von Formen von εἶναι bei Demonstrativa[23], in Ausrufen[24], in sprichwortartigen Sentenzen[25] sowie in

---

matik steckt in diesen 17 Seiten. Um so mehr bedauert man es, daß er aus Raumgründen seine "complete list" (300 Anm. 1) nicht abdrucken konnte, sondern nur "nearly exhaustive references" (295 Anm. 1). Wegen des "nearly" muß der Benutzer manchen Arbeitsgang wiederholen, wenn er solides Material haben will.

[18] 1,5b.c.18.26.27a.b.28.38.42b.c.43.45.49.50.68(cit.); 2,12.14a.b.25b.c.36.37.
[19] So die fest eingebürgerte biblizistische Formel τί ἡμῖν (ἐμοί) καὶ σοί Mk 1,24; 5,7; ferner Mk 10,18 (Sentenz); 13,4 (nach Fragepronomen). 7 (Ausruf). 17 (nach οὐαί); 14,21 (nach οὐαί).
[20] Lk 6,3 diff. Mk 2,25; Lk 8,21 diff. Mk 3,34; Lk 8,30 diff. Mk 5,9; Lk 9,8 diff. Mk 6,15; Lk 9,19 diff. Mk 8,28; Lk 9,46 diff. Mk 9,34; Lk 18,27 diff. Mk 10,27a; Lk 18,27 diff. Mk 10,27b; Lk 20,24 diff. Mk 12,16; Lk 20,37 diff. Mk 12,26; Lk 21,5 diff. Mk 13,1; Lk 21,11 diff. Mk 13,8; Lk 22,2 diff. Mk 14,2; Lk 22,3 diff. Mk 14,10.
[21] Moulton-Turner, Grammar III 304.
[22] Ebd 299.
[23] *Demonstrativa*: 1,43; 2,12.25.36.37; 12,37.43; 22,20 (Abendmahlswort; das semitisierende Fehlen der Kopula gibt der lukanischen Fassung des Kelchwortes höheres Alter gegenüber der paulinischen 1Kor 11,25); 23,38; 24, 17.44.
[24] *Ausrufe*: 1,43; 11,31Q.32Q; 12,21; 17,21a.b.23a.b; 22,38; 24,47f.
[25] *Sprichwörter und Sentenzen*: 5,38; 10,2aQ.bQ; 10,7Q; 11,34Q.36; 12,21; 14,34a; 16,15.16Q; 17,37Q.

Lob- und Segenssprüchen[26] anzusehen. Dagegen hat Lukas am Fehlen der Kopula nach (καί) ἰδού[27], nach Fragepronomina[28] und in Redensarten wie ᾧ (ἧ) ὄνομα (→ 1,26 Red) und καὶ τὸ ὄνομα αὐτῆς (→ den nächsten Satz) keinen Anstoß genommen. — καὶ τὸ ὄνομα αὐτῆς ... mit fehlender Kopula im NT nur 2mal, beide Belege in der lukanischen Kindheitsgeschichte: 1,5.27b. Die Wendung ist vorlukanisch, da Lukas selbst ὀνόματι (→ 1,5 Red), ᾧ (ἧ) ὄνομα (→ 1,26 Red) und (ὀνόματι) καλούμενος (→ 1,36 Red) bevorzugt.

1,6 Red ἐναντίον τοῦ θεοῦ: Die beiden uneigentlichen Präpositionen ἐναντίον und ἔναντι (V.8) kommen im NT nur im lk Doppelwerk vor: ἐναντίον Lk 1,6; 20,26; 24,19/Apg 7,10 cit.; 8,32 cit. und ἔναντι Lk 1,8/Apg 8,21. ἐναντίον wird neben der Verwendung in der Apg durch Lk 20,26 (Zusatz zu Mk 12,17) als redaktionell erwiesen. — πορευόμενοι: → 1,6 Trad und → 1,39 Red. — πάσαις → 1,10 Red.

Trad δίκαιοι: δίκαιος als zentraler Terminus der palästinischen Frömmigkeit (so an unserer Stelle) ist nicht geläufiger lukanischer Sprachgebrauch, wie die Apostelgeschichte zeigt[29]; insbesondere die verbreiteten mit δίκαιος gebildeten Wortpaare und Doppelwendungen gehen bei Lukas auf jüdische bzw. judenchristliche Überlieferung zurück (Lk 1,6.17; 2,25; 5,32; 14,14; 15,7; 23,50/Apg 3,14; 10,22; 24,15)[30]. Dem christologischen Formelgut der Urkirche entnahm Lukas die Verwendung von (ὁ) δίκαιος als Attribut Jesu (Lk 23,47/Apg 3,14;

---

[26] *Segenswünsche: Friedensgruß* 1,28; 10,5; 24,36; *Benediktion* 1,42b.c; 1,68 cit.; 13,35 = cit. = Mt 23,39Q; 19.38a.b = cit. = Mk 11,9f.; *Doxologie* 2.14; *Makarismen* 1,45; 6,20Q.21a Q.bQ; 10,23Q; 11,27.28; 12,37.43Q; 14,15; 23,29 (formal Makarismus, faktisch Weheruf).

[27] καὶ ἰδού → 1,36 Red S. 52f.

[28] Bei *Fragesätzen* verhält sich Lukas indifferent hinsichtlich der Kopula: im Markusstoff übernimmt er dreimal ihr Fehlen (Lk 4,34 = Mk 1,24; Lk 8,28 = Mk 5,7; Lk 21,7 = Mk 13,4), fügt er die Kopula dreimal hinzu (Lk 8,30 diff. Mk 5,9; Lk 9,46 diff. Mk 9,34; Lk 20,24 diff. Mk 12,16) und läßt er sie dreimal fort (Lk 4,36 diff. Mk 1,27; Lk 8,25 diff. Mk 4,40; Lk 8,45 diff. Mk 5,30). Im Nicht-Markusstoff finden sich folgende acht Fragesätze ohne Kopula: Lk 1,43; 6,34 ($\mathfrak{P}^{45.75}$ B 700 e); 7,39; 13,23; 17,7.37; 22,27; 24,17.

[29] Schlatter, Das Evangelium des Lukas, 156.

[30] Zur Verbreitung der Doppelwendungen mit δίκαιος vgl. Mt 5,45; 13,17; 23, 29; Mk 2,17; 6,20; Röm 7,12; 1Petr 3,18; 1Joh 1,9; Offb 15,3.

7,52; 22,14³¹). Lk 18,9 und 20,20 endlich gebraucht Lukas den Terminus δίκαιος im Rahmen der urchristlichen Pharisäerpolemik, an die er anknüpft. — πορευόμενοι ἐν: πορεύομαι (Lk 51/Apg 37) ist zwar unzweifelhaft lukanisches Vorzugswort (→ 1,39 Red), läßt sich jedoch für einige Verwendungsarten der Tradition zuweisen. Dazu gehört: a) πορεύομαι ἐν in übertragenem Sinn (so unsere Stelle: πορευόμενοι ἐν πάσαις ταῖς ἐντολαῖς vgl. Ψ 118[119],1: οἱ πορευόμενοι ἐν νόμῳ κυρίου), da Lukas selbst übertragenes πορεύομαι mit Dativ konstruiert (Apg 9,31: πορευομένη τῷ φόβῳ τοῦ κυρίου; 14,16: πορεύεσθαι ταῖς ὁδοῖς αὐτῶν); b) pleonastisches πορευόμενος/πορευθείς (→ 5,7 Trad sub c); c) πορεύεσθαι ἐν τῇ ὁδῷ (= „seines Weges ziehen" Lk 9,57), da Lukas selbst πορεύεσθαι κατὰ τὴν ὁδόν (Apg 8,36) bzw. πορεύεσθαι τὴν ὁδὸν αὐτοῦ (8,39) schreibt; d) πορεύομαι mit finalem Infinitiv → 2,3 Trad; e) die Stellen, an denen die Matthäusparallele das Verb als vorlukanisch erweist: Lk 7,8^bis par. Mt 8,9^bis; Lk 7,22 par. Mt 11,4; Lk 11,26 par. Mt 12,45; Lk 15,4 par. Mt 18,12 und f) der Friedensgruß πορεύου εἰς εἰρήνην (Lk 7,50; 8,48). — τοῦ κυρίου: Der Gebrauch von (ὁ) κύριος in Lk Kap 1f. differiert total von dem im übrigen Evangelium. In der lukanischen Kindheitsgeschichte liest man den Titel (ὁ) κύριος im ganzen 27mal; nicht weniger als 24mal davon (darunter auch an unserer Stelle) ist er auf Gott bezogen[32], nur 3mal (1,43.76; 2,11) auf Jesus. Diese Anwendung des Titels κύριος auf Gott ist nicht-lukanischer Sprachgebrauch; denn Lukas läßt dort, wo er selbst schreibt oder redigiert, κύριος als Gottesbezeichnung zurücktreten, weil er den Titel für Jesus reserviert. So kommt es, daß κύριος in Kap. 3—24 (anders als in der lukanischen Kindheitsgeschichte) nur selten auf Gott bezogen ist: in 9 LXX-Zitaten[33], einmal in einer geprägten Wendung (Lk 5,17: δύναμις κυρίου) und einmal als Anrede (Lk 10,21), dagegen 37mal auf Jesus. Ebenso eindeutig sind die Zahlen in der Apg; hier lauten sie[34]: Gott heißt

---

[31] Sonst im NT: Mt 27,19; 2Tim 4,8; 1Petr 3,18; 1Joh 2,1.29; 3,7.
[32] Lk 1,6.9.11.15.16.17.25.28.32.38.45.46 cit. 58.66.68 cit.; 2,9a.9b.15.22. 23a.23b cit. 24.26.39. Schillernd 1,17: ursprünglich war hier κύριος auf Gott bezogen, doch schon vor Lukas wurde das Attribut christologisch gedeutet.
[33] Lk 4,8.12.18.19; 10,27; 13,35; 19,38; 20,37.42.
[34] Die Abgrenzung zwischen theologischem und christologischem Bezug ist in einigen Fällen unsicher; auch schwanken gelegentlich die Lesarten, z.B. zwischen κύριος und θεός.

κύριος 11mal in LXX-Zitaten[35], 18mal meist in geprägten Wendungen[36] und zweimal in der Anrede[37], während der Titel 68mal auf Jesus bezogen ist. Der Kontrast zwischen dem κύριος-Gebrauch in der lukanischen Kindheitsgeschichte einerseits (ganz überwiegend κύριος = Gott) und in dem übrigen Doppelwerk andererseits (ganz überwiegend κύριος = Jesus) schließt allein schon die Möglichkeit aus, Lk 1f. dem Evangelisten zuzuschreiben. Für unser Problem, die Scheidung zwischen Tradition und Redaktion im Lukasevangelium, ergibt sich die Faustregel: bei den 66 Stellen, an denen im lukanischen Doppelwerk der Titel κύριος auf Gott bezogen ist[38], haben wir es im allgemeinen mit der Tradition zu tun. Hierher gehört auch unsere Stelle.

1,7 Red καθότι findet sich im NT nur im lk Doppelwerk (6mal), davon in kausaler Bedeutung außer an unserer Stelle noch Lk 19,9 und Apg 2,24; 17,31. — προβεβηκότες ... ἦσαν: Die periphrastische Konjugation beim Perfektsystem (bestehend aus einer Form von εἶναι + artikellosem Part.perf., § 352) ist gut griechisch: damit hängt es zusammen, daß diese Konstruktion im lk Doppelwerk so häufig, bei den anderen beiden Synoptikern dagegen vergleichsweise selten ist (Mt 10, Mk 6, Lk 24/Apg 21mal)[39]. Neben der hohen Zahl von 21 Belegen in der Apostelgeschichte zeigt die 8malige Einführung der Konstruktion in den von Lukas übernommenen Markusstoff[40], daß wir es mit der Redaktion zu tun haben.

Trad οὐκ ἦν αὐτοῖς τέκνον: ist semitisierende Sprache der Quelle. Lukas selbst verwendet ἄτεκνος, das er als einziger Autor im

---

[35] Apg 2,20.21.25.34.39; 3,22; 4,26; 7,33; 13,10; 15,17bis.
[36] Apg 2,39; 3,20; 5,9.19; 7,31.49; 8,26.39; 9,31; 11,21; 12,7.11.23; 13,11.47; 17,24; 18,25; 21,14.
[37] Apg 1,24; 4,29.
[38] Lk 1—2: 24 Stellen, 3—24: 11 Stellen, Apg: 31 Stellen = 66 Stellen.
[39] *Matthäus* 9,36bis; 10,26.30; 16,19 bis; 18,18 bis.20; 26,43. — *Markus* 1,6.33; 6,52; 15,7.26.46. — *Lukas* 1,7; 2,26; 4,16.17; 5,1.17.18; 8,2; 9,32.45; 12,2. 6.35.52; 14,8; 15,24.32; 18,34; 20,6; 23,15.51.53.55; 24,38. — *Apostelgeschichte* 1,17; 2,13; 4,31; 5,25; 8,16; 9,33; 12,12; 13,48; 14,26; 16,9; 18, 25; 19,32; 20,8.13; 21,29.33; 22,20.29; 25,10.14; 26,26.
[40] Lk 5,17 (Zusatz zu Mk 2,2).18 (diff. Mk 2,3); 9,32 (Zusatz zu Mk 9,4). 45 (Zusatz zu Mk 9,32); 18,34 (Zusatz zu Mk 10,34); 20,6 (diff. Mk 11,32); 23,51 (Zusatz zu Mk 15,43).55 (Zusatz zu Mk 15,47).

NT schreibt (Lk 20,28f.); wie sehr ihm das Adjektiv gefällt, sieht man daran, daß er es benutzt, um sowohl Mk 12,19 (καὶ μὴ ἀφῇ τέκνον cit. Dtn 25,5) als auch Mk 12,20 (οὐκ ἀφῆκεν σπέρμα) stilistisch aufzubessern[41]. — προβεβηκότες ἐν ταῖς ἡμέραις: προβαίνω, übertragen, de tempore kommt im NT nur in der lukanischen Kindheitsgeschichte Lk 1,7.18; 2,36 vor. Die an allen drei Stellen verwendete Konstruktion mit ἐν (statt mit bloßem Genitiv, Dativ, Akkusativ bzw. εἰς, κατά c.acc.) ist weder der Septuaginta noch Josephus noch dem Profangriechischen bekannt und nur als Hebraismus (bo bajjamim Gen 18,11; 24,1; Jos 13,1[bis]; 23,2; 1Kön 1,1) zu erklären. Beide Beobachtungen sprechen für das Vorliegen vorlukanischer Tradition.

1,8f. Red ἐγένετο δὲ ἐν τῷ ... ἔλαχε: In Lk 1,8 tauchen zwei lukanische Sprachpräferenzen auf, die im Evangelium breiten Raum einnehmen: A) das periphrastische ἐγένετο und B) der Infinitiv mit Artikel.

A) ἐγένετο δέ findet sich im NT ausschließlich im lukanischen Doppelwerk: Lk 17mal/Apg 21mal. 7mal hat Lukas ἐγένετο δέ in den von ihm übernommenen Markusstoff eingefügt[42]. Insbesondere liebt Lukas die dreiteilige Konstruktion: a) Eingangsformel mit ἐγένετο am Satzanfang + b) Zeitbestimmung + c) Anschlußsatz (Verbum finitum mit und ohne Vorangehen von καί). Das ist ein geläufiger Septuagintismus[43]. Er gibt die hebräische Konstruktion: a) וַיְהִי + b) Zeitbestimmung + c) Waw consecutivum oder copulativum mit Verbum finitum wieder. Dieses „*periphrastische καὶ ἐγένετο*" (bzw. ἐγένετο δέ)[44] kommt im NT in folgender Verteilung vor: Mt 6, Mk 2, Lk 33/Apg 1, also mit ganz großer Häufung im LkEv[45]. Der Kon-

---

[41] Beispiele für stilistische Verbesserungen am LXX-Text → 1,13 Red S. 34f.
[42] Lk 6,1.6.12; 8,22; 9,28.37; 18,35.
[43] Johannessohn 31—32 (grundlegend).
[44] Bauer[5] 316 s.v. γίνομαι I 3f. Dieses semitisierende καὶ ἐγένετο ist zu unterscheiden von dem ebenfalls lukanischen, aber griechischem Sprachgefühl näher stehenden ἐγένετο mit folgendem Infinitiv → 3,21 Red S. 112; Bauer[5] s.v. γίνομαι I 3e.
[45] Mt 7,28; 9,10; 11,1; 13,53; 19,1; 26,1. — Mk 1,9; 4,4. — Lk 1,8.23.41.59; 2,1.6.15.46; 5,1.12.17; 7,11; 8,1.22; 9,18.28.33.37.51; 11,1.14.27; 14,1; 17,11.14; 18,35; 19,15.29; 20,1; 24,4.15.30.51. — Apg 5,7. — Zur Zählung ist zu sagen: Mit Bauer[5] 316 s.v. γίνομαι sub I 3f zählen wir nur diejenigen Fälle dem periphrastischen ἐγένετο zu, in denen, ebenso wie in der zugrunde

trast zwischen der großen Zahl der Belege im LkEv einerseits und ihrem Fehlen in der Apg (bis auf Apg 5,7) andererseits könnte auf die Vermutung führen, daß das periphrastische ἐγένετο auf die lukanische Quelle zurückgeht. Das wäre jedoch ein Fehlschluß, denn der Umstand, daß Lukas die Konstruktion nicht weniger als 10mal in seinen Markusstoff eingefügt hat[46], zeigt mit Sicherheit, daß wir es mit einer Eigenart des Evangelisten zu tun haben. Lukas hat die biblizistische Wendung offenbar mit voller Absicht (abgesehen von Apg 5,7) auf das Evangelium beschränkt. In der Apg fehlt zwar das den Satz einleitende ἐγένετο keineswegs, es findet sich im Gegenteil 18mal, doch ist es hier gräzisiert: außer 5,7 folgt als Anschlußsatz (= c) stets gut griechisch ein Infinitiv[47]. Während Lukas im Evangelium seinen Lesern das für griechische Ohren sehr harte, aus der LXX stammende periphrastische ἐγένετο mit Verbum fin. als feierliche „Sprache Kanaans" zumutet, nimmt er in der Apg auf griechisches Stilempfinden Rücksicht.

Im einzelnen ist zu den eingangs erwähnten 3 Elementen der Konstruktion folgendes festzustellen: a) die *Eingangsformel* lautet ganz überwiegend hebraisierend καὶ ἐγένετο (Mt 6, Mk 2, Lk 22)[48], seltener gräzisiert ἐγένετο δέ (nur Lk 11/Apg 1)[49]; b) die *Zeitbestimmung* besteht aus α) ἐν τῷ mit acc.c.inf.[50], β) anderen präpositio-

---

liegenden hebräischen Konstruktion, das dritte Element ein Verbum finitum aufweist. Beyer 31 Anm. 5 zählt auch die gräzisierte Form, bei der das Verb. fin. durch einen Infinitiv ersetzt ist, mit und gewinnt auf diese Weise 66 Belege: Mt 6, Mk 4, LkEv 38/Apg 18. Doch empfiehlt es sich, die gräzisierte Konstruktion (mit Infinitiv) mit Bauer ebd sub I 3e vom periphrastischen καὶ ἐγένετο (mit Verb.fin.) zu unterscheiden. Wie immer man zählt, die Häufung der Konstruktion im LkEv bleibt unverändert.

[46] 5,12.17; 8,22; 9,18.28.33.37; 18,35; 19,29; 20,1.
[47] Apg 4,5; 9,3.32.37.43; 10,25; 11,26; 14,1; 16,16; 19,1; 21,1.5; 22,6.17; 27,44; 28,8.17. Diese Konstruktion auch: Mk 2,23; Lk 3,21; 6,1.6.12; 16, 22. Vgl. Bauer⁵ 316 s.v. γίνομαι I 3e.
[48] Hierher gehören alle in Anmerkung 45 genannten mit Ausnahme der zwölf in Anm. 49 aufgezählten Stellen.
[49] Lk 1,8; 2,1.6; 5,1; 8,22; 9,28.37.51; 11,14.27; 18,35/Apg 5,7.
[50] So nach periphrastischem ἐγένετο nur im LkEv und zwar 18mal: 1,8; 2,6; 5,1.12; 9,18.33.51; 11,1.27; 14,1; 17,11.14; 18,35; 19,15; 24,4.15.30.51. Über den sonstigen Gebrauch von ἐν τῷ c.inf. (Lukanismus) → gleich anschließend 1,8f. Red sub B 2a.

nalen Wendungen[51], γ) gen.abs.[52], δ) Zeitnominativ[53], ε) Konjunktionalsatz (ὅτε[54], ὡς temp.[55]) oder gehäuften Zeitbestimmungen[56]; c) der *Anschlußsatz* schließlich wird entweder mit[57] oder (gräzisiert) ohne[58] καί eingeführt.

An unserer Stelle lauten die 3 Elemente der Konstruktion folgendermaßen: a) die Eingangsformel ἐγένετο δέ, b) die Zeitbestimmung in Form von ἐν τῷ mit acc.c.inf. und c) der Anschlußsatz, asyndetisch angefügt. Diese Kombination findet sich im NT sonst nur noch im LkEv: 2,6; 11,27; 18,35 (diff. Mk 10,46).

B) Der *Infinitiv mit Artikel*[59] begegnet im NT besonders häufig bei Lukas und Paulus: Mt 24, Mk 13, Lk 70/Apg 51, Joh 4, Pls 107, Hebr 23, sNT 12. In dem von ihm übernommenen Markusstoff fand Lukas den Infinitiv mit Artikel nur 2mal vor; er übernahm ihn in beiden Fällen (Lk 8,5 par. Mk 4,4 ἐν τῷ c.inf.; Lk 8,6 par. Mk 4,6 διὰ τό c.inf.) und fügte ihn darüber hinaus 15mal in den Markusstoff ein[60]. Als Beispiel für eine solche Hinzufügung sei die Umgestaltung eines Markus-Verses durch Lukas mit Hilfe des substantivierten Infinitivs genannt:

Mk 14,11	Lk 22,6
καὶ ἐζήτει πῶς αὐτὸν εὐκαίρως παραδοῖ	καὶ ἐζήτει εὐκαιρίαν τοῦ παραδοῦναι αὐτόν

---

[51] Mk 1,9; 4,4; Lk 1,59; 2,1.46; 5,17; 7,11; 8,1.22.
[52] Mt 9,10; Lk 9,37; 11,14; 20,1.   [53] Lk 9,28; Apg 5,7.
[54] Mt 7,28; 11,1; 13,53; 19,1; 26,1.
[55] Lk 1,23.41; 2,15; 11,1; 19,29 diff. Mk 11,1.
[56] Lk 5,1 (präpositionaler acc.c.inf. + Nominalsatz). 5,17 (präpositionale Zeitangabe + drei Nominalsätze). 9,37 (Zeitangabe im Dativ + Gen.abs.). 11,1 (präpos.acc.c.inf. + Konjunktionalsatz mit ὡς temp.). 14,1 (präpos.acc.c.inf. + Nominalsatz). 17,11 (präpos.inf. + Nominalsatz + Gen.abs.). 20,1 (präpos. Zeitangabe + Gen.abs.).
[57] Anschlußsatz wird 13mal syndetisch angefügt: καὶ αὐτός Lk 8,1.22; 9,51; 24,15; καὶ ἰδού Mt 9,10; Lk 5,12.18; 14,2; 24,4; καὶ εἶπεν Lk 19,15; καὶ εἶδεν Lk 5,2; καὶ ... ἀπήντησαν Lk 17,12; καὶ ... εἰσῆλθεν Apg 5,7.
[58] Anschlußsatz wird 29 mal asyndetisch angefügt: Mt 7,28; 11,1; 13,53; 19,1; 26,1; Mk 1,9; 4,4; Lk 1,8.23.41.59; 2,1.6.15.46; 7,11; 9,18.28 ($\mathfrak{P}^{45}$ℵB).33. 37; 11,1.14.27; 17,14; 18,35; 19,29; 20,1; 24,30.51.
[59] § 398—404; Bauer⁵ 1091f. s.v. ὁ II 4.
[60] ἐν τῷ c.inf.: Lk 5,12; 8,40.42; 9,18.29.33.34.36; 18,35; διὰ τό c.inf.: 9,7; εἰς τό c.inf.: 5,17; ohne Abhängigkeit von einer Präposition: 4,42; 8,5; 21,22; 22,6.

Es sind zwei Verwendungsarten, die der Infinitiv mit Artikel vorzugsweise bei Lukas gefunden hat:

1. im Genitiv *ohne Abhängigkeit von einer Präposition* (Lk 24/Apg 26), vielmehr abhängig von a) einem Substantiv[61], b) einem den Genitiv regierenden Verb[62] bzw. c) einem Adjektiv[63], ferner d) nach Verben des Beschließens, Ermahnens, Befehlens, Sich-Ausbittens[64] sowie e) negiert (τοῦ μή c.inf.) nach Verben des Hinderns und Aufhörens[65]; weiter wird τοῦ + Inf. (ohne Abhängigkeit von einer Präposition) von Lukas mit f) konsekutiver[66], g) epexegetischer[67] und h) (dieses im NT der häufigste Gebrauch) finaler[68] Bedeutung gebraucht; vereinzelt verwendet i) das lk Doppelwerk auch nach dem Vorbild der LXX das τοῦ abundant[69].

2. Zweitens verwendet Lukas den Infinitiv mit Artikel ständig *in Verbindung mit Präpositionen*, vor allem a) mit ἐν. ἐν τῷ *mit Infinitiv* ist ein Septuagintismus, der zu den markantesten Kennzeichen der lukanischen Redaktion gehört. Bereits die Zahlen sprechen für sich selbst: 39 Belegen für ἐν τῷ mit Infinitiv im Doppelwerk[70] stehen in den anderen Evangelien nur 5 Belege gegenüber[71]. In dem von ihm übernommenen Markusstoff fand Lukas ἐν τῷ c.inf. 1mal vor (Mk 4,4) und übernahm die Konstruktion (Lk 8,5); außerdem fügte er sie 9mal in seinen Markusstoff ein[72]. Stilistisch ist für die lukani-

---

[61] Lk 1,57 (χρόνος); 2,6.21 (ἡμέραι); 10,19 (ἐξουσία); 22,6 (εὐκαιρία) diff. Mk 14,11/Apg 14,9 (πίστις); 20,3 (γνώμη); 27,20 (ἐλπίς).
[62] Lk 1,9 (ἔλαχε).
[63] Lk 24,25.
[64] Lk 4,10 cit.; 5,7; 9,51; 22,31/Apg 15,20; 21,12; 23,20; 27,1 → 4,10 Red.
[65] Lk 4,42 (diff. Mk 1,37); → 17,1 Red S. 262; → 24,16 Red S. 314/Apg 10, 47; 14,18; 20,20.27.
[66] Lk 21,22/Apg 14,9 vgl. 3,12.
[67] Lk 1,73; 24,45/Apg 7,19; 18,10 (dabei wird Lk 1,73 als Bestandteil des Benedictus vorlukanisch sein, vgl. § 400,6).
[68] Lk 1,77.79; 2,24.27; 8,5; 12,42; 22,31; 24,29/Apg 3,2; 5,31; 9,15; 13,47 cit.; 15,20; 20,30; 26,18a.18b (für Lk 1,77.79 gilt das in Anm. 67 Gesagte).
[69] Apg 10,25; 23,15; vgl. § 400,7.
[70] Einschließlich der in Anm. 50 genannten Stellen handelt es sich um folgende Belege: Lk 1,8.21; 2,6.27.43; 3,21; 5,1.12; 8,5.40.42; 9,18.29.33.34.36.51; 10,35.38; 11,1.27.37; 12,15; 14,1; 17,11.14; 18,35; 19,15; 24,4.15.30.51/ Apg 2,1; 3,26; 4,30; 8,6; 9,3; 11,15; 19,1.
[71] Mt 13,4.25; 27,12; Mk 4,4; 6,48; sNT: Pls 4, Hebr 4.
[72] Lk 5,12; 8,40.42; 9,18.29.33.34.36; 18,35.

sche Verwendung von ἐν τῷ c.inf. zweierlei kennzeichnend: 1) Während Lukas im allgemeinen, dem Üblichen folgend, ἐν τῷ mit Inf. praes. verbindet[73], wählt er als einziger neutestamentlicher Autor zur Bezeichnung der Vorzeitigkeit nach ἐν τῷ den Inf.aor. (9mal)[74]. 2) Außerdem läßt er ἐν τῷ c.inf. nicht weniger als 18mal auf das spezifisch lukanische periphrastische ἐγένετο (→ oben sub A) folgen[75] — so auch an unserer Stelle. Neben ἐν τῷ c.inf. findet sich im lk Doppelwerk b) διὰ τό c.inf. (Mt 3, Mk 3, Lk 8/Apg 8, sNT 6 → 2,4 Red), c) ἕως τοῦ c.inf. (im NT nur Apg 8,40), d) μετὰ τό c.inf. (Mt 1, Mk 2, Lk 2/Apg 6, sNT 7, wobei jedoch zu beachten ist, daß Lk 22,20 par. 1Kor 11,25 μετὰ τὸ δειπνῆσαι vorlukanische liturgische Formulierung ist → 22,20 Trad), e) πρὸ τοῦ c.inf. (Mt 1, Lk 2/Apg 1, Joh 3, Pls 2) und f) πρὸς τό c.inf. (Mt 5, Mk 1, Lk 1/ Apg 1, Pls 3)[76]. Im ganzen ist zu sagen, daß der Infinitiv mit Artikel ein ausgesprochener Lukanismus ist.

1,8 Red ἔναντι τοῦ θεοῦ: Zu ἔναντι → 1,6 Red.

1,9 Red κατὰ τὸ ἔθος: ἔθος kommt im NT (außer Joh 19,40 und Hebr 10,25) nur 10 mal im Doppelwerk vor; κατὰ τὸ ἔθος findet sich im NT ausschließlich im LkEv (1,9; 2,42; 22,39: hier Zusatz zu Mk 14,26). Auffallend sind die Alternativwendungen: κατὰ τὸ εἰωθός (Lk 4,16/Apg 17,2) und κατὰ τὸ εἰθισμένον (Lk 2,27). Von ihnen kommt κατὰ τὸ εἰωθός im NT je einmal in den beiden Teilen des Doppelwerks vor, jeweils mit Dativ der Person: Lk 4,16 κατὰ τὸ εἰωθὸς αὐτῷ/Apg 17,2 κατὰ τὸ εἰωθὸς τῷ Παύλῳ. Der Apg-Beleg zeigt, daß das substantivierte Part.perf. τὸ εἰωθός lukanisch ist. Dann aber legt sich der Schluß nahe, daß die im NT nur Lk 2,27 vorkommende Alternativwendung κατὰ τὸ εἰθισμένον vorlukanisch ist. —

---

[73] 1,8.21; 2,6.43; 5,1.12 (Zusatz zu Mk 1,40); 8,5 (= Mk 4,4).40 (Zus. z. Mk 5,21).42 (Zus. z. Mk 5,24); 9,18 (Zus. z. Mk 8,27).29 (Zus. z. Mk 9,2).33 (Zus. z. Mk 9,4). 51; 10,35.38; 11,1.27; 12,15; 17,11.14; 18,35 (diff. Mk 10,46); 24,4.15.51/Apg 2,1; 3,26; 4,30; 8,6; 9,3; 19,1. — Sonst im NT Mt 13,4.25; 27,12; Mk 4,4; 6,48; Röm 3,4 cit.; 15,13; Gal 4,18; Hebr 3,15; 8,13.
[74] Lk 2,27; 3,21; 9,34 (Zusatz zu Mk 9,7). 36 (Zus. z. Mk 9,8); 11,37; 14,1; 19,15; 24,30/Apg 11,15.
[75] Die 18 Stellen sind in Anm. 50 genannt.
[76] Dagegen ist εἰς τό c.inf. (Mt 3, Mk 1, Lk 1/Apg 1, Pls 44, sNT 8) für Paulus, nicht für Lukas charakteristisch.

ἔλαχε τοῦ θυμιᾶσαι: → 1,8f. Red sub B 1.: Infinitiv mit Artikel im Genitiv, abhängig von einem Verb, ist lukanisch.

Trad τὸν ναὸν τοῦ κυρίου: im ganzen NT nur Lk 1,9. Anders Mt 26,61, Paulus (6mal) und Offb (3mal), die übereinstimmend ναός (τοῦ) θεοῦ schreiben. Die singuläre Wendung ὁ ναὸς τοῦ κυρίου entspricht der Vorliebe der lukanischen Kindheitsgeschichte für die Anwendung von (ὁ) κύριος auf Gott (→ 1,6 Trad S. 23f.).

1,10 Red πᾶν τὸ πλῆθος ... τοῦ λαοῦ: πλῆθος ist lukanisches Vorzugswort (Mk 2, Lk 8/Apg 16, Joh 2, sNT 3), ebenso λαός (Mt 14, Mk 2, Lk 36/Apg 48, Joh 2, sNT 36) und πᾶς (Lukas hat eine Vorliebe für die Verstärkung der Aussage durch πᾶς → den nächsten Absatz). Darüber hinaus gibt sich die Kombination πᾶν (ἅπαν) τὸ πλῆθος noch dadurch als redaktionell zu erkennen, daß sie im NT nur bei Lukas (Ev 4/Apg 3mal) vorkommt[77]. Gleiches gilt von der Kombination πλῆθος τοῦ λαοῦ (Ev 3/Apg 1mal)[78]. — Für die Vorliebe des Lukas für Wendungen mit πᾶς seien folgende Beispiele genannt: 1. Im Rahmen seiner Markusredaktion hat Lukas 6mal ein rhetorisches πᾶς in den Markusstoff eingearbeitet[79] und an 23 Stellen den Markusstoff auf dem Umwege über Neuformulierungen und Zusatzverse mit πᾶς angereichert[80]. — 2. Lukas hat, verglichen mit den anderen Evangelisten, eine Vorliebe für Wendungen mit πᾶς ὁ ... (Lk 71/Apg 70, Mt 48, Mk 19, Joh 19); insbesondere bevorzugt er πᾶς ὁ + Partizip (Lk 27/Apg 24[81], Mt 17, Mk 2, Joh 13), was seiner auch sonst zu beobachtenden Bevorzugung der Partizipien entspricht (→ 4,5 Red). — 3. Im Nicht-Markusstoff lassen sich bei einer Reihe von

---

[77] Lk 1,10; 8,37 (Zusatz zu Mk 5,17); 19,37 (Zusatz zu Mk 11,9); 23,1/Apg 6,5; 15,12; 25,24.
[78] Lk 1,10; 6,17 (diff. Mk 3,7); 23,27/Apg 21,36.
[79] 6,10 (diff. Mk 3,5); 6,17 (diff. Mk 3,7); 8,52 (diff. Mk 5,38); 9,1 (diff. Mk 6,7); 18,22 (diff. Mk 10,21); 21,29 (diff. Mk 13,28).
[80] Lk 5,17.28; 6,19a.b; 8,40.45.47; 9,7.13.23.43bis; 18,31.43; 19,37; 20,18. 38.45; 21,12.22.24.35bis.36bis. Wenn Lukas von den 33 Belegen für πᾶς, die er in seinem Markusstoff vorfand, nur 15 übernahm, dagegen 18 fortließ, so darf man nicht übersehen, daß es sich in diesen 18 Fällen um Kürzungen sowie Änderungen des Kontextes aus stilistischen und sachlichen Gründen handelt, nicht etwa um Abneigung gegen πᾶς.
[81] πάντα τὰ διαταχθέντα Lk 17,10 ist nicht mitgezählt, weil die Wendung wegen des Aorists vorlukanisch sein könnte → 3,13 Red S. 108.

Wendungen mit πᾶς ὁ ... noch andere Indizien finden, die auf lukanische Redaktion weisen: πᾶν (ἅπαν) τὸ πλῆθος (unsere Stelle, ferner → bei Anm. 77); πάντα τὰ ῥήματα (→ 1,65 Red S. 71); πάντες οἱ μισοῦντες (→ 1,71 Red); πᾶσα ἡ οἰκουμένη (→ 2,1 Red S. 78); πᾶς ὁ λαός (→ 2,10 Red); πᾶσα ἡ περίχωρος (→ 4,14 Red); πάντες οἱ σύν τινι (→ 5,9 Red); πάντες οἱ ἄνθρωποι (→ 6,26 Red); πάντα τὰ τέκνα (→ 7,5 Red); πάντες οἱ προφῆται (→ 11,50 Red); πάντες οἱ τελῶναι καὶ οἱ ἁμαρτωλοί (→ 15,1 Red); πάντες οἱ συμπαραγενόμενοι ὄχλοι (→ 23,48 Red); πάντες οἱ γνωστοί (→ 23,49 Red). — 4. Lukanisch ist schließlich auch die Attractio relativi mit πᾶς → 2,20 Red und die Wendung λέγω πρὸς πάντας (→ 12,41 Red). Dagegen wird ἐν πᾶσι τούτοις (Lk 16,26) bzw. σὺν πᾶσιν τούτοις (Lk 24,21 vgl. LXX 2Esr 15,18 = „zu allem Überfluß") wegen der Variation zwischen ἐν und σύν von zwei verschiedenen Händen stammen — angesichts der Vorliebe des Lukas für σύν (→ 1,56 Red) könnte die Fassung mit ἐν vorlukanisch, die Fassung mit σύν lukanisch sein. — ἦν ... προσευχόμενον: Zur coniugatio periphrastica → 1,20 Red.

Trad τῇ ὥρᾳ τοῦ θυμιάματος: Das LkEv ist durch den freigiebigen Gebrauch des temporalen ἐν gekennzeichnet (Mt 39, Mk 15, Lk 100/Apg 27, Joh 31 → 1,5 Trad); der temporale Dativ *ohne* ἐν ist seltener im Doppelwerk; wo Lukas ihn bringt, handelt es sich um geprägte Wendungen, die er übernahm. So auch an unserer Stelle.

1,11 Red ὤφθη: ὤφθη (-ν, -σαν/ὀφθείς) findet sich 13mal (Ev 4/Apg 9) im Doppelwerk[82], sonst in den Evangelien lediglich je einmal bei Mt (17,3) und Mk (9,4). Diese Statistik weist ὤφθη der Redaktion zu, doch darf nicht übersehen werden, daß ὤφθη sowohl Lk 24,34 (der alte Osterjubel) als auch Apg 7,30 (cit. LXX Ex 3,2) vorlukanisch ist.

Trad ἄγγελος κυρίου: An unserer Stelle taucht zum ersten Mal im LkEv der artikellose adnominale Genitiv κυρίου auf. In dieser Genitivverbindung, die der Alltagssprache fremd war (Dalman 150), jedoch in der LXX außerordentlich häufig anzutreffen ist, gibt das artikellose κυρίου das Tetragramm wieder. Im NT kommt die Wendung besonders bei Lukas und Paulus vor[83]. Wenn man von LXX-

---

[82] Lk 1,11; 9,31; 22,43; 24,34/Apg 2,3; 7,2.26.30.35; 9,17; 13,31; 16,9; 26,16.
[83] Mt 8, Mk 2, Lk 15/Apg 11, Joh 3, Pls 18, sNT 8.

Zitaten zunächst absieht, findet man in den Evangelien einschließlich Apg vierundzwanzig Belege für den artikellosen adnominalen Genitiv κυρίου (Mt 5, Mk 0, Lk 10/Apg 9, Joh 0). Sie verteilen sich auf folgende Wendungen: (ὁ) ἄγγελος κυρίου (Mt 1,20.24; 2,13.19; 28,2; Lk 1,11; 2,9; Apg 5,19; 8,26; 12,7.23), δόξα κυρίου (Lk 2,9), ἡ δούλη κυρίου (1,38), δύναμις κυρίου (5,17), (ὁ) νόμος κυρίου (2,23f. 39), (τὸ) πνεῦμα κυρίου (Apg 5,9; 8,39), φωνὴ κυρίου (7,31), χεὶρ κυρίου (Lk 1,66; Apg 11,21; 13,11), ὁ χριστὸς κυρίου (Lk 2,26). In LXX-Zitaten findet sich der artikellose adnominale Genitiv κυρίου in den Evangelien einschließlich Apg außerdem 15mal: ὁ βραχίων κυρίου (Joh 12,38); ἐνιαυτὸς κυρίου (Lk 4,19); ἡμέρα κυρίου (Apg 2,20); ἡ ὁδὸς κυρίου (Mt 3,3; Mk 1,3; Lk 3,4; Joh 1,23); (τὸ) ὄνομα κυρίου (Mt 21,9; 23,39; Mk 11,9; Lk 13,35; 19,38; Apg 2,21; Joh 12,13); πνεῦμα κυρίου (Lk 4,18). Man sieht: artikelloses κυρίου als adnominaler Genitiv ist ein Biblizismus, der sich im NT stets in geprägten Wendungen findet. Sie sind vorlukanisch, da sie (bis auf Lk 3,4 und Par. → 3,4 Trad S. 104) κύριος auf Gott beziehen, während Lukas, wo er selbst formuliert, κύριος auf Jesus bezieht (→ 1,6 Trad S. 23f.).

1,12 Red φόβος ἐπέπεσεν ἐπ' αὐτόν: Diese Wendung ist ein Septuagintismus, der sich im NT außer Offb 11,11 nur im lukanischen Doppelwerk findet: Lk 1,12/Apg 19,17. Daß Lukas diese Redeweise schätzt, geht aus zwei Beobachtungen hervor: 1. ἐπιπίπτω ist lukanisches Vorzugswort (Ev 2/Apg 6, sNT 4); 2. zu φόβος ἐπέπεσεν ἐπί τινα (Lk 1,12) gehört eine Reihe von Alternativwendungen, die für Lukas typisch sind:

ἐγένετο ἐπί τινα (ἐγίνετό τινι) φόβος	Lk 1,65/Apg (2,43); 5,5.11 (→ 1,65 Red);
ἐγένετο θάμβος ἐπί τινα	Lk 4,36 diff. Mk 1,27 ἐθαμβήθησαν (→ 5,9 Red);
θάμβος περιέσχεν τινά	Lk 5,9;
ἐπλήσθησαν θάμβους καὶ ἐκστάσεως	Apg 3,10;
ἐπλήσθησαν φόβου	Lk 5,26 (Zufügung zu Mk 2,12);
ἔκστασις ἔλαβέν τινα	Lk 5,26 (diff. Mk 2,12 ἐξίστασθαι);

ἔλαβεν φόβος τινά → 7,16 Red;
φόβῳ μεγάλῳ συνείχοντο Lk 8,37 (Zusatz zu Mk 5,17).

Diese Wendungen erweisen sich teils durch ihre Einfügung in den von Lukas übernommenen Markusstoff, teils durch ihr Vorkommen in der Apg als lukanisch[84].

1,13 Red εἶπεν δὲ πρὸς αὐτόν: enthält zwei lukanische Vorzugswendungen: 1. εἶπεν (-ον, -αν) δέ findet sich am Satzbeginn außer Joh 12,6 im NT ausschließlich im lukanischen Doppelwerk und zwar 59mal im Ev, 15mal in der Apg. Von den 59 Belegen im LkEv sind 13 redaktionelle Änderungen am Markusstoff[85]. Wir haben es also mit einem profilierten Lukanismus zu tun. Ähnlich steht es mit ἔλεγεν (-ον) δέ am Satzbeginn, das im NT je einmal bei Mt (26,5) und Joh (10,20) vorkommt, sonst nur 9mal bei Lukas (5,36; 9,23; 10,2; 12,54; 13,6; 14,7.12; 16,1; 18,1)[86]. Daß Lukas diese Satzeinleitung 2mal in den Markustext einfügt (5,36; 9,23) und daß er καὶ ἔλεγεν (mit καί!) am Satzbeginn meidet (→ 4,22 Trad), bestätigt, daß ἔλεγεν δέ lukanische Vorzugswendung ist. — 2. Auch πρός c.acc. nach Verba dicendi zur Bezeichnung des (der) Angeredeten (ἀποκρίνεσθαι, γογγύζειν, δημηγορεῖν, εἰπεῖν, λαλεῖν, λέγειν, συζητεῖν) ist ausgesprochen lukanisch. Es findet sich nie bei Mt und Mk, dagegen 149mal (Ev 100/Apg 49) im lukanischen Doppelwerk, sonst im NT nur noch im JohEv 14mal und Hebr 6mal[87]. Von den 100 Belegen im LkEv sind 29 Änderungen am bzw. Hinzufügungen zum Markusstoff. Zusammen mit den 49 Apg-Belegen erweisen sie πρός c.acc. nach Verba dic. zur Bezeichnung des (der) Angeredeten als markante lukanische Stileigentümlichkeit[88]. — διότι: (klassisch) kommt als kausale Konjunktion im NT 3mal im LkEv (1,13; 2,7; 21,28) und 5mal in der Apg (13,35; 18,10a.b; 20,26; 22,18), 10mal bei Paulus und 6mal in den nichtpaulinischen Briefen vor. Daß Lukas

---

[84] Dagegen ist die Fig. etym. φόβον φοβεῖσθαι (Lk 2,9; Mk 4,41; 1Petr 3,14) nicht lukanisch → 1,73 Trad S. 74f.
[85] Lk 6,8.9; 8,25; 9,9.13.14.20.50; 18,19.26.28; 20,13.41.
[86] Nicht mitgezählt ist Mk 7,20 und Joh 6,71, weil λέγειν hier deutende Funktion hat („er meinte").
[87] Reziprokes πρός nicht mitgezählt.
[88] O'Rourke 421—423 stellt richtig fest, daß πρός c.acc. nach Verba dicendi nicht das lukanische Sondergut, sondern die lukanische Redaktion kennzeichnet.

gern διότι schreibt, zeigt neben dem 5maligen Vorkommen in Apg die Beobachtung, daß einer der 3 Belege des LkEv in einem Zusatz zu Markus steht (Lk 21,28) und daß es sich Lk 1,13 und Apg 18,10a um LXX-Zitate handelt, wobei jedoch Lukas beide Male ein ὅτι der LXX-Vorlage in ein διότι verwandelt hat (Lk 1,13 διότι diff. Dan 10,12 LXX Θ ὅτι; Apg 18,10a διότι diff. Jes 43,5 LXX ὅτι); Lukas ist so sehr daran gewöhnt, an seinen Quellen stilistisch zu feilen, daß er auch mit seinen LXX-Zitaten so verfährt. Wir geben einige Beispiele dafür, *daß Lukas* auch *an Schriftzitaten stilistisch feilt*: Lk 1,25 ὄνειδός μου / diff. Gen 30,23 LXX μου τὸ ὄνειδος (Lukas läßt ganz überwiegend das enklitische Possessivpronomen auf das Bezugsnomen folgen → 6,29 Trad; dementsprechend verwandelt er die Voranstellung von μου, die er in der Septuaginta Gen 30,23 vorfand, in Nachstellung); Lk 1,37 πᾶν ῥῆμα / diff. Gen 18,14 ῥῆμα (Lukas liebt es, den LXX-Text durch Neuformulierungen und Zusätze mit rhetorischem πᾶς anzureichern → 1,10 Red); Lk 2,13 πλῆθος στρατιᾶς οὐρανίου / diff. 3Βασ 22,19 πᾶσα ἡ στρατιὰ τοῦ οὐρανοῦ (Lukas gräzisiert, wenn er das Nomen τοῦ οὐρανοῦ, das ihm LXX anbot, durch das Adjektiv οὐρανίου ersetzt → 2,13 Red); Lk 4,19 κηρύξαι ἐνιαυτὸν κυρίου / diff. Jes 61,2 LXX καλέσαι ἐνιαυτὸν κυρίου (Lukas vermeidet den Semitismus „ein Jahr [aus-]rufen"); Lk 9,42 ἀπέδωκεν αὐτόν / diff. 3Βασ 17,23 ἔδωκεν αὐτόν (Lukas verstärkt die Aussage durch Verwandlung von ἔδωκεν in das seltenere Kompositum ἀπέδωκεν); Lk 22,37 μετὰ ἀνόμων / diff. Jes 53,12 LXX ἐν τοῖς ἀνόμοις (Lukas ersetzt ἐν durch μετά und läßt den Artikel fort); Lk 23,34b diff. Ψ 21[22],19 LXX (um zu glätten, ersetzt Lukas, wie so oft, die Parataxe durch ein Part.coniunctum → 4,5 Red); Apg 2,14 diff. Hiob 32,11 LXX (Lukas stellt das Possessivpronomen dem Nomen nach → 6,29 Trad); Apg 2,18 diff. Joel 3,2 LXX (Lukas setzt ein steigerndes γέ hinzu); Apg 2,26 diff. Ψ 15[16],9 LXX (Lukas ordnet die Personalpronomina chiastisch); Apg 2,30 diff. Ψ 131[132],11 (Lukas verwandelt die direkte Rede der LXX in indirekte Rede); Apg 4,11 diff. Ψ 117[118],22 (Lukas ersetzt ὃν ἀπεδοκίμασαν durch ὁ ἐξουθενηθείς); Apg 7,6 ἔτη τετρακόσια diff. Gen 15,13 LXX τετρακόσια ἔτη (Lk pflegt die Kardinalzahl nach dem Bezugswort zu bringen); Apg 7,10 diff. Gen 39,21 LXX (Lukas fügt zu χάριν hinzu: καὶ σοφίαν); Apg 7,42b diff. Am 5,25 LXX (Lukas stellt wieder das Zahlwort hinter ἔτη); Apg 7,32 diff. Ex 3,6 LXX (Lukas läßt εἰμί fort, verwandelt τοῦ πατρός σου in den Plural und vermeidet die 3malige Wiederholung von θεός); Apg 7,49 diff. Jes 66,1 LXX (Lukas ersetzt die Wortwiederholung ποῖον/ποῖος in Jes 66,1 LXX durch ποῖον/τίς); Apg 15,17 diff. Am 9,12 LXX (Lukas fügt nach ὅπως ein attizistisches ἄν hinzu und ergänzt nach ἐκζητήσωσιν das unentbehrliche Objekt τὸν κύριον). Besonders interessant: Apg 7,43 diff. Am 5,27 LXX (Lukas ersetzt das den Abschnitt abschließende, als unschön geltende Hexametermetrum:

ἔπἔ|κεῖνᾰ Δᾰ|μᾰσκοῦ

durch Creticus und Trochaeus:

ἔπἔ|κεῖνᾰ Βᾰβῠ̄|λῶνὸς,

auf diese Weise the worst possible rhetorical ending in the best possible verwandelnd — so jedenfalls nach einer (vielleicht allzu) geistreichen Vermutung von W. L. Knox 14f.).

Trad μὴ φοβοῦ: Der Zuspruch μὴ φοβοῦ/μὴ φοβεῖσθε ist ein aus dem AT stammender, fest eingebürgerter Topos der Theophaniegeschichten, der die Angst vor der Manifestation des Übersinnlichen nehmen will (Mt 14,27; 17,7; 28,5.10; Mk 5,36; 6,50; Lk 1,13.30; 2,10; 5,10; 8,50/Apg 18,9; 27,24; Joh 6,20; 12,15 cit.; Offb 1,17. — καὶ καλέσεις ...: καί hebraisierend zur Koordination von Wörtern mit selbständigen Sätzen ist nicht lukanisch → 1,5 Trad S. 20. — καλέσεις τὸ ὄνομα αὐτοῦ Ἰωάννην: καλέω τὸ ὄνομά τινος mit Beifügung des Namens im Akkusativ ist eine in LXX häufig anzutreffende Wendung; wörtlich gleich mit Lk 1,13.31 findet sich eine derartige Vorausbenennung in LXX Gen 16,11; 17,19; Jes 7,14. Die Wiederkehr der Wendung Mt 1,21.23 cit. 25 und Lk 2,21 (hier passivisch) bestätigt ihren traditionellen Charakter.

1,14 Trad πολλοί: Inkludierendes πολλοί[89] findet sich in Lk/Apg nur 5mal im Nicht-Markusstoff: Lk 1,14.16; 2,34.35; 7,47.

1,15 Red πλησθήσεται: Schon die Statistik erweist πίμπλημι als lukanisches Vorzugswort. Abgesehen von 2 Belegen bei Matthäus (22,10; 27,48) kommt das Verb im NT nur im lukanischen Doppelwerk vor, und zwar 22mal (Lk 13/Apg 9)[90]. 2mal hat Lukas das Verb in den Markusstoff ein-

---

[89] „Und groß wird die Zahl derer sein, ..." vgl. J. Jeremias, ThWNT 6, 540—543 s.v. πολλοί.

[90] Lk 1,15.23.41.57.67; 2,6.21.22; 4,28; 5,7.26; 6,11; 21,22/Apg 2,4; 3,10; 4,8.31; 5,17; 9,17; 13,9.45; 19,29.

gefügt (Lk 5,26 Zufügung zu Mk 2,12; Lk 6,11 Zufügung zu Mk 3,6). Kennzeichnend für Lukas ist vor allem die Verbindung des Passivs von πίμπλημι mit Gen. abstr. (im NT nur Lk 6/Apg 9), insbesondere mit πνεύματος ἁγίου (Lk 1,15.41.67/Apg 2,4; 4,8.31; 9,17; 13,9). Dagegen ist die Verwendung des Passivs von πίμπλημι zur Bezeichnung des Ablaufs einer Zeitspanne der Tradition zuzuweisen (→ 1,23 Trad).

Trad ἐνώπιον κυρίου: ἐνώπιον ist lukanisches Vorzugswort → 1,17 Red. Das schließt nicht aus, daß die Präposition im Einzelfall vorlukanisch sein kann. An unserer Stelle ist es die nicht-lukanische Anwendung des κύριος-Titels auf Gott (→ 1,6 Trad), welche die Wendung ἐνώπιον κυρίου (die zudem in den beiden Lukasschriften nur noch im Benediktus Lk 1,76 vorkommt, also nicht gängige lukanische Redeweise darstellt) der Tradition zuweist. — οὐ μή: Diese schwurartige Verneinung benutzt Lukas nur zurückhaltend. Sie findet sich in der Apg lediglich an zwei Stellen, beides LXX-Zitate[91]. Im Ev hat Lukas je zweimal ein οὐ μή in den Markusstoff eingetragen (Lk 8,17 diff. Mk 4,22; Lk 18,30 diff. Mk 10,30) und fortgelassen (Lk 21,6 diff. Mk 13,2[bis]), im übrigen aber, so weit wir ihn kontrollieren können, alle οὐ μή-Logien aus der Tradition geschöpft[92]. — ἐκ κοιλίας μητρός: Artikellose Genitivverbindung → 1,5 Trad S. 18ff., geprägte Wendung (Jdc 16,17; Hiob 1,21; 38,8 u.ö., im NT Mt 19,12; Lk 1,15/Apg 3,2; 14,8; Gal 1,15).

1,16 Trad πολλούς: → 1,14 Trad. — ἐπὶ κύριον τὸν θεὸν αὐτῶν: κύριος ὁ θεός (Mk 2, Mt 3, Lk 6/Apg 2, Offb 11) ist eine in der LXX häufig begegnende Gottesbezeichnung (Sch^ema'-Rezitation). Im LkEv wird sie nur im Nicht-Markusstoff verwendet, und zwar außer Lk 1,16.32 stets in alttestamentlichen Zitaten (1,68; 4,8.12; 10,27), die der Vergleich mit Mt 4,7.10; Mk 12,30 als traditionell erweist. Auch die beiden Apg-Belege stehen in Zitaten (2,39 vgl. Joel 3,5 LXX κύριος; 3,22 vgl. Dtn 18,15.18 LXX κύριος ὁ θεός σου).

---

[91] Apg 13,41 = Hab 1,5 LXX; Apg 28,26[bis] = Jes 6,9 LXX[bis].
[92] Lk 1,15 vgl. Jdc 13,4.7.14 LXX; Lk 9,27 = Mk 9,1; Lk 12,59 = Mt 5,26; Lk 13,35 = Mt 23,39; Lk 18,17 = Mk 10,15; Lk 21,32f. = Mk 13,30f.; Lk 22,16.18 vgl. Mk 14,25.

1,17 Red καὶ αὐτός: Als Satzeinleitung gebrauchtes καὶ αὐτός/καὶ αὐτοί etc. findet sich in den Evangelien in folgender Verteilung: Mt 0, Mk 3, Lk 34[93]/Apg 0, Joh 2. Die außerordentlich hohe Zahl der Belege im LkEv fällt sofort in die Augen. Geht sie auf Lukas selbst zurück oder lag sie ihm bereits vor? Die Beobachtung, daß Lukas 6mal satzeinleitendes καὶ αὐτός in den Markusstoff einführt (Lk 5,14.17.37; 8,22; 9,36; 18,34) und daß er es 4mal als Einleitung des Anschlußsatzes einer periphrastischen καὶ ἐγένετο-Konstruktion (→ 1,8f. Red) von sich aus schreibt (Lk 8,1.22; 9,51; 24,15)[94], zeigt, daß die Wendung redaktionell ist. Doch ist hier eine Einschränkung notwendig: Das satzeinleitende καὶ αὐτός ist im NT in der Regel, wenn auch oft nur leicht, betont. Von den 34 Belegen, die das LkEv bietet, sind 28 betont[95]. Teils ist der Ton dabei vom Inhalt her gegeben (Lk 1,17; 2,28)[96], namentlich wenn eine Steigerung (5,37) oder ein Gegensatz (11,46; 17,16) markiert werden soll, teils von der Form her, wenn es sich um den Anschlußsatz einer periphrastischen καὶ ἐγένετο-Konstruktion (8,1.22; 9,51; 24,15) oder einen Subjektswechsel (1,22; 2,50; 9,36; 14,1; 18,34; 22,23; 24,35.52) handelt; in den meisten Fällen ist es die Christologie, die den Ton bewirkt (καὶ αὐτός = „und ER": 3,23; 4,15; 5,1.14,17; 6,20; 8,1.22; 9,51; 17,11; 22,41; 24,15.25.28.31). Daß satzeinleitendes καὶ αὐτός betont ist, ist nicht nur lukanisch, sondern im NT fest eingebürgerter Sprachgebrauch. Nur an 6 Stellen im ganzen NT wird dieses καὶ αὐτός, was ungewöhnlich ist, unemphatisch verwendet (Septuagintismus); alle diese 6 Stellen finden sich im Nicht-Markusstoff des LkEv (15,14; 16,24; 17,13; 19,2[bis]; 24,14) und sind als nichtlukanisch der Tradi-

---

[93] Die 34 Belege im LkEv setzen sich zusammen: erstens aus den 28 in Anm. 95 aufgezählten Stellen mit emphatischem Sprachgebrauch und zweitens aus den 6 Stellen, an denen das satzeinleitende καὶ αὐτός nicht emphatisch steht: 15,14; 16,24; 17,13; 19,2[bis]; 24,14. (Nicht mitgezählt ist καὶ αυτη Lk 2,37; 7,12; 8,42, weil es doppeldeutig ist, je nachdem ob man αὕτη oder αὐτή akzentuiert. Wahrscheinlich ist an allen drei Stellen nicht das uns beschäftigende καὶ αὐτός gemeint, sondern das von Lukas zur Fortsetzung einer Beschreibung verwendete καὶ οὗτος (→ 1,36 Red).

[94] Nicht mitgezählt ist Lk 5,1f.17f.; 14,1f., weil der Anschlußsatz in Lk 5,1f. nicht mit καὶ αὐτός (V. 1), sondern erst mit καὶ εἶδεν (V. 2) beginnen dürfte, der Anschlußsatz in 5,17f. erst mit καὶ ἰδού (V. 18), der Anschlußsatz in 14,1f. ebenfalls erst mit καὶ ἰδού (V. 2).

[95] Lk 1,17.22; 2,28.50; 3,23; 4,15; 5,1.14.17.37; 6,20; 8,1.22; 9,36.51; 11,46; 14,1; 17,11.16; 18,34; 22,23.41; 24,15.25.28.31.35.52.

[96] Vgl. § 277,3; Michaelis 88.

tion zuzuweisen (→ 15,14 Trad). Zusammenfassend ist zu sagen: im LkEv ist mit Betonung gebrauchtes satzeinleitendes καὶ αὐτός redaktionell, unemphatisch gebrauchtes dagegen traditionell. — ἐνώπιον αὐτοῦ: Während Lukas da, wo er selbst formuliert, ἔμπροσθεν meidet (→ 7,27 Trad) und ἐναντίον (→ 1,6 Red) sowie ἔναντι (→ 1,8 Red) nur selten schreibt, hat er eine ausgesprochene Vorliebe für ἐνώπιον. Denn diese uneigentliche Präposition, die bei Markus und Matthäus fehlt und nur 1mal bei Johannes (20,30) begegnet, findet sich nicht weniger als 22mal im LkEv/13mal in der Apg; 2mal hat Lukas sie zum Markusstoff hinzugefügt (Lk 5,18; 8,47), 1mal an Stelle von ἔμπροσθεν (Mk 2,12) geschrieben (Lk 5,25). Da jedoch ἐνώπιον auch außerhalb der Evangelien im NT nicht ganz selten ist (Pls 8, Past. 8, übrige Briefe 6, Offb 32), hat man im Einzelfall die Möglichkeit offenzuhalten, daß die Vokabel vorlukanisch ist, so z.B. → 1,15 Trad. — λαόν: → 1,10 Red.

Trad ἐν πνεύματι καὶ δυνάμει Ἠλίου ... καρδίας πατέρων ... ἐν φρονήσει δικαίων: Die artikellosen Genitivverbindungen sind vorlukanisch → 1,5 Trad. — ἐν πνεύματι καὶ δυνάμει: Das Wortpaar findet sich im NT nur bei Paulus und im lk Doppelwerk und zwar hier wie dort teils durch parataktisches καί (1Kor 2,4; 1Thess 1,5; Lk 1,17.35/Apg 10,38), teils durch Genitiv (Röm 15,13.19; Lk 4,14/Apg 1,8) verbunden. Die paulinischen Belege sowie Josephus, Ant. 8,408[97] und Herm mand 11,2.5[98] zeigen, daß sowohl die Parataxe πνεῦμα καὶ δύναμις als auch die Genitivverbindung δύναμις (τοῦ) πνεύματος traditionell waren. Auch das Wortpaar ἐξουσία καὶ δύναμις, das Lukas 2mal gegen Markus schreibt (Lk 4,36 diff. Mk 1,27; Lk 9,1 diff. Mk 6,7), wird durch Offb 17,13 (δύναμιν καὶ ἐξουσίαν) und Josephus, Ant. 17,96 (δυνάμει ἐξουσίας) als traditionell ausgewiesen. Das Wortpaar δύναμις καὶ δόξα schließlich (Lk 21,27) entnahm Lukas aus Mk 13,26. Alle drei Wortpaare (πνεῦμα/δύναμις; ἐξουσία/δύναμις; δύναμις/δόξα) sind also vorlukanisches Formelgut. — ἀπειθεῖς ... δικαίων: Wortpaare mit δίκαιος sind vorlukanisch → 1,6 Trad. — κυρίῳ: → 1,6 Trad.

1,13—17 Trad In der Engelrede finden sich achtmal satzverbindende καί, dagegen kein einziges δέ. Die fehlende Periodisierung zeigt, daß Lukas nicht selbst formuliert.

---

[97] τοῦ θείου πνεύματος ... τὴν δύναμιν.
[98] 11,2: δύναμιν πνεύματος θείου; 11,5: τῆς δυνάμεως τοῦ θείου πνεύματος.

1,18 Red πρὸς τὸν ἄγγελον: Zu πρός c.acc. nach Verba dicendi → 1,13 Red. — ἐγὼ γάρ: ist eine Verbindung, die sich im NT nur selten findet (Lk 3/Apg 2, Joh 2, Pls 7). Lukas schreibt sie nicht nur in der Apg, sondern fügt sie auch 2mal in den Markusstoff ein (Lk 8,46 Zusatz zu Mk 5,30; Lk 21,15 Zusatz zu Mk 13,11)[99].

Trad καὶ εἶπεν: findet sich in unmittelbarer Aufeinanderfolge als Satzbeginn bei den Synoptikern in folgender Verteilung: Mt 3, Mk 9, Lk 35/Apg 2. Die auffallend hohe Zahl der Belege im dritten Evangelium schlüsselt sich wie folgt auf: im Markusstoff finden sich nur drei[1], im Nicht-Markusstoff dagegen 32[2] Fälle. Wir haben es also mit einer markanten Eigenart des Nicht-Markusstoffes zu tun. Lukas selbst schreibt εἶπεν δέ → 1,13 Red S. 33. — προβεβηκυῖα ἐν ταῖς ἡμέραις αὐτῆς: Zu προβαίνω, übertragen, de tempore, → 1,7 Trad; zum Fehlen der Kopula → 1,5 Trad.

1,19 Red ἐνώπιον τοῦ θεοῦ: → 1,17 Red. — λαλῆσαι πρός: → 1,13 Red. — εὐαγγελίσασθαί σοι: Mediales εὐαγγελίζεσθαι findet sich in den Geschichtswerken des NT nur bei Lukas (Ev 8/Apg 15). Außer den 15 Apg-Belegen bezeugen 3 Hinzufügungen zur Markusvorlage (Lk 4,43 diff. Mk 1,38; Lk 9,6 diff. Mk 6,13; Lk 20,1 diff. Mk 11,27) die Vorliebe des dritten Evangelisten für das mediale εὐαγγελίζεσθαι (→ ferner 8,1 Red). Uneinheitlich ist nur der Kasus, mit dem die Adressaten der Frohbotschaft eingeführt werden: Lk 1,19; 2,10; 4,18 cit. 43 (diff. Mk 1,38); Apg 8,35 geschieht das mit dem Dativ, dagegen Lk 3,18/Apg 8,25.40; 13,32; 14,15.21; 16,10 mit dem Akkusativ. Da Lukas 3,18 ein Summarium ist, das Wort für Wort lukanisch ist, und da die Apg 6mal den Akkusativ bietet, ist dieser redaktionell. Doch kann Lukas, wie Lk 4,43 diff. Mk 1,38 zeigt, gelegentlich auch einmal von sich aus den Dativ schreiben, was nicht überrascht, da der Dativ klassischem und LXX-Sprachgebrauch entsprach (vgl. z.B. Lk 4,18 cit. Jes 61,1 LXX: εὐαγγελίσασθαι πτωχοῖς).

Trad Καὶ ἀποκριθεὶς ... εἶπεν: Das Part.pass. ἀποκριθείς + εἶπεν als Satzeinleitung ist ein vor allem in LXX Gen, Tob, Dan anzu-

---

[99] Fuchs 181.
[1] Lk 8,45; 20,34; 21,29.
[2] Lk 1,18.30.46.61; 2,10.48.49; 3,14; 4,6.23; 5,10; 9,58; 11,5; 12,18.42; 13,32; 14,22.23; 15,12; 16,15; 17,5.19; 19,17.25; 22,15.35.46; 23,43; 24, 19.32.38.46. In 18 Fällen folgt der Dativ, in 10 Fällen πρός, in 4 Fällen wird der Angeredete nicht bezeichnet.

treffender Septuagintismus. Für den neutestamentl. Sprachgebrauch ist dreierlei zu beachten: 1. Im NT findet sich die Formel ἀποκριθεὶς εἶπεν nur bei den Synoptikern sowie in der Apg, im ganzen im NT 91mal, davon 30mal im LkEv[3]. Angesichts dieser Zahlen fällt die spärliche Zahl von *Alternativwendungen* im LkEv auf: ἀποκριθεὶς ἔλεγεν (Lk 3,11; 13,14)/ἀποκριθεὶς ἔφη (23,3.40)/ἀποκριθεὶς λέγει (11,45; 13,8; 17,37); sie dürften sämtlich als unlukanisch der Tradition zuzuschreiben sein. 2. Noch auffälliger ist das Zahlenverhältnis, wenn man auf die *Genera* achtet. Bei den Deponentia bevorzugt die Koine den passiven Aorist (ἀπεκρίθην), den Lukas auch an 62 Stellen schreibt, während das in ntlicher Zeit im Verfall begriffene, im Doppelwerk nur 3mal (Lk 3,16; 23,9; Apg 3,12) belegte Medium (ἀπεκρινάμην) wegen der spärlichen Bezeugung der Tradition zugehört. Auch die im Doppelwerk singuläre asyndetische Satzanfügung ἀποκριθεὶς ... εἶπεν ist nicht lukanisch → 7,43 Trad. 3. Besonders lehrreich für die Scheidung zwischen Tradition und Redaktion ist die Beachtung der mit ἀποκριθεὶς ... εἶπεν verbundenen *Überleitungspartikeln* καί und δέ. Es sind im LkEv 13mal: καί[4], 14mal: δέ[5]. Lukas selbst ist ganz auf die Überleitung mit δέ eingeschworen. Das sieht man einerseits daran, daß er in der Apg keinmal ἀποκριθεὶς εἶπεν mit καί, vielmehr an allen 6 Stellen mit δέ anschließt[6], andererseits an seiner Markusbearbeitung: Lukas verwandelt das καί des Markus in ein δέ (Lk 5,22; 8,21), übernimmt das δέ des Markus (9,19.41; 20,3; 23,3), fügt δέ zum Markustext hinzu (9,20; 9,49) und nur an 2 Stellen verwendet er καὶ ἀποκριθεὶς als Übergangswendung in seiner Markusbearbeitung (5,31; 6,3); doch war ihm an diesen beiden Stellen das καί von Markus vorgegeben (2,17.25). Das heißt: Die Verbindung καὶ ἀποκριθεὶς (also: mit καί!) ist eine Meidewendung des Lukas; wo sie im Nicht-Markustext des LkEv auftaucht, liegt Tradition vor: Lk 1,19.35.60; 4,8.12; 5,5; 7,22 (par. Mt 11,4).40; 13,2; 14,3; 17,37; 19,40. — Lukanisch ist dagegen ἀποκρίνομαι πρός τινα. Nicht nur ist Verbum dicendi + πρός c.acc. eine markante lukanische Spracheigentümlichkeit (→ 1,13 Red), son-

---

[3] Mt 48, Mk 7, Lk 30/Apg 6.
[4] Lk 1,19.35.60; 4,8.12; 5,5.31; 6,3; 7,22.40; 13,2; 14,3; 19,40. — Dagegen gehören 11,7 und 13,25 nicht hierher, weil καί an beiden Stellen Einleitung des *Nach*satzes ist.
[5] Lk 5,22; 8,21; 9,19.20.41.49; 10,27.41; 15,29; 17,17; 20,3.39; 22,51; 24,18. — Ohne Partikel im Doppelwerk nur 7,43 (asyndetisch).
[6] Apg 4,19; 5,29; 8,24.34; 19,15; 25,9.

dern darüber hinaus begegnet die Konstruktion ἀποκρίνομαι πρός τινα im NT außer Joh 8,33 nur im Doppelwerk (Lk 4,4; 6,3; Apg 3,12; 5,8; 25,16) und wird Lk 6,3 gegen Mk 2,25 sowie Lk 4,4 diff. Mt 4,4 geschrieben. — εἶπεν αὐτῷ: Hier begegnet zum ersten Mal im dritten Evangelium ein Verbum dicendi mit folgendem Dativ. Im ganzen findet sich diese Konstruktion 197mal im LkEv[7], 41mal in der Apg. Trotz dieser hohen Zahlen ist eine Zurückhaltung des Lukas gegenüber der Konstruktion festzustellen. Denn von den 109 Belegen, die er in dem von ihm übernommenen Markusstoff vorfand, änderte er 79 ab (21mal in πρός c.acc.) und behielt er nur 30 bei. Das Beibehalten der Konstruktion in 30 Fällen im Markusstoff zeigt, daß es sich nicht um ein konsequentes Ausmerzen handelt, was auch daraus hervorgeht, daß Lukas die Konstruktion mindestens 13mal in den Markusstoff einfügte und sie 41mal in der Apg verwendete. Wo Lukas selbst formuliert, bevorzugt er jedoch die Konstruktion der Verba dicendi mit πρός c.acc. → 1,13 Red sub 2. Das Auffällige ist, daß sich im Nicht-Markusstoff des LkEv mehr als 150 Belege für Verb.dic. + Dativ finden[8]. Dieser ausgiebige Gebrauch der Konstruktion ist angesichts der Zurückhaltung, mit der der Evangelist ihr in seiner Markusredaktion gegenübersteht, nicht lukanisch. Zum mindesten da, wo die Konstruktion: Verb.dic. + Dat. in Verbindung mit anderen nichtlukanischen Wendungen auftaucht, ist das Vorliegen von Tradition als erwiesen anzusehen. Das gilt z.B. für die beiden vorlukanischen καί-Verbindungen καὶ εἶπεν + Dat. (→ 1,18 Trad) und für καὶ ἀποκριθεὶς εἶπεν + Dat. (→ den Beginn dieses Absatzes). — ὁ παρεστηκώς: Lukas gebraucht die synkopierte Form des Part.perf. von ἵστημι und seinem Kompositum παρίστημι: ἑστώς im LkEv 5mal und in der Apg 12mal. Die unsynkopierte Form (παρ-)ἑστηκώς dagegen benutzt das Doppelwerk nur Lk 1,19; 9,27. Da es sich Lk 9,27 um eine Übernahme aus Markus handelt, wird auch 1,19 aus einer Vorlage stammen.

1,20 Red καὶ ἰδού: An unserer Stelle taucht zum ersten Mal im LkEv die hebraisierende Partikelverbindung καὶ ἰδού auf, die vor allem von Matthäus und Lukas, nie jedoch von Markus und Johannes gebraucht wird (Mt 27, Mk 0, Lk 26/Apg 8, Joh 0, Pls 1, Offb 12). Für die Beantwortung der Frage, ob die 26 Belege für καὶ ἰδού im

---

[7] Davon 47mal formelhaftes λέγω ὑμῖν/σοι → 3,8 Trad.
[8] Davon 41mal formelhaftes λέγω ὑμῖν/σοι → 3,8 Trad.

LkEv traditionell oder redaktionell sind oder ob sie sich auf beide Größen verteilen, haben wir eine ganze Reihe von Anhaltspunkten. 1. Beginnen wir mit der *Redaktion*, so ist festzustellen a) καὶ ἰδοὺ ἀνήρ (im NT nur im lukanischen Doppelwerk Lk 8/Apg 3) ist ein markanter Lukanismus → 5,8 Red Anfang. — b) καὶ ἰδού, nach periphrastischem καὶ ἐγένετο den Anschlußsatz einleitend (im NT nur Mt 9,10; Lk 5,12.18; 14,2; 24,4), ist ebenfalls lukanisch → 1,8f. Red S. 27. — c) Weiter ist zu nennen: καὶ ἰδού zur Einleitung des Nachsatzes nach Konjunktionalsatz mit ὡς temp. (Biblizismus): im NT nur Lk 7,12; Apg 1,10. — d) Ellipse des Verbum finitum nach (καὶ) ἰδού + Nominativ bei gleichem Subjekt im Vorder- und im Anschlußsatz schreibt Lukas als einziger neutestamentlicher Autor → 1,36 Red. — e) καὶ ἰδού in Verbindung mit Futurum instans („ab sofort") findet man im lk Doppelwerk auch sonst: Lk 1,20 (καὶ ἰδού ἔσῃ σιωπῶν). 31 (καὶ ἰδού συλλήμψῃ)/Apg 13,11 (καὶ νῦν ἰδού ... ἔσῃ τυφλός). — 2. Viel geringer ist dagegen der Raum, den das καὶ ἰδού in der vorlukanischen *Tradition* einnimmt. Es handelt sich um a) καὶ ἰδού als Perikopenanfang (so z.B. 10,25; 23,50; 24,13) → 2,21 Trad, b) καὶ ἰδού ἄνθρωπος (2,25; 14,2), nicht lukanisch → 2,25 Trad und c) die Ellipse von ἐστίν nach καὶ ἰδού Lk 11,31f., die aus dem Logiengut stammt, wie die Parallele Mt 12,41f. zeigt. — ἔσῃ σιωπῶν ...:

Lk 1,20:
καὶ ἰδοὺ ἔσῃ σιωπῶν καὶ μὴ δυνάμενος λαλῆσαι ἄχρι ...

Apg 13,11:
ἰδοὺ ... ἔσῃ τυφλὸς   μὴ βλέπων τὸν ἥλιον   ἄχρι ...

Der Vergleich von Lk 1,20 mit Apg 13,11 zeigt, daß beide Stellen von Lukas formuliert bzw. redigiert sind; die zunächst unbeholfen wirkende Aufeinanderfolge von positiver und negativer Aussage (so noch Lk 13,11) war also von ihm beabsichtigt; offenbar sollte sie feierlich wirken. — Unsere Stelle ist ein Beispiel für die Konstruktion εἶναι + Part.praes., die zur Umschreibung des Imperf., aber auch des Praesens und Futurs dient (§ 353). Für das Vorliegen eines Lukanismus an den meisten Stellen, an denen diese *Coniugatio periphrastica* im Doppelwerk vorkommt, sprechen 4 Beobachtungen: a) die Statistik (Mt 5, Mk 15, Lk 39/Apg 25[9]), b) insbesondere die

---

[9] Mt 5,25; 7,29; 10,22; 19,22; 24,38. — Mk 1,6.22; 2,6.18; 7,15; 9,4; 10,22. 32bis; 13,13.25; 14,4.40.54; 15,43. — Lk 1,10.20.21.22; 2,33.51; 3,23; 4,17.20.31.38.44; 5,1.10.16.17[bis].29; 6,12; 8,40; 9,18.53; 11,1.14; 12, 35; 13,10.11; 14,1; 15,1; 17,35; 19,17.47; 21,17.24; 22,69; 23,8.53; 24,

Häufigkeit des Vorkommens in der Apg; c) die Feststellung, daß Lukas die Konstruktion εἶναι + Part.praes. 12mal in den von ihm übernommenen Markusstoff eingetragen hat (Lk 4,38.44; 5,16.17a.29; 6,12; 8,40; 9,18; 19,47; 21,24; 22,69 cit.; 23,53); d) der lukanische Sprachgebrauch, für den die Verwendung der Konstruktion in lebhafter Situationsschilderung, bei Zeitangaben und in Rahmenversen, namentlich in Perikopeneinleitungen, kennzeichnend ist[10]. — ἄχρι: kommt in den Evangelien (außer Mt 24,38) nur bei Lukas vor und zwar sowohl als uneigentliche Präposition (Lk 3/Apg 14, so hier) als auch als Konjunktion (Lk 1/Apg 2); es wurde von den Attizisten empfohlen und hat bei Lukas dem von ihnen verpönten μέχρι (Lk 1/Apg 2) völlig den Rang abgelaufen. Man beachte die Wiederkehr der gleichen Wendungen im LkEv und in der Apg: ἄχρι καιροῦ (Lk 4,13/ Apg 13,11), ἄχρι ἧς ἡμέρας (Lk 1,20; 17,27/Apg 1,2) und ἄχρι οὗ (Lk 21,24 mit Konj.Aor./Apg 7,18 mit Ind.Aor., 27,33 mit Impf.). — ἄχρι ἧς ἡμέρας: Zur lukanischen Vorliebe für die Attractio relativi → 2,20 Red. — ἀνθ' ὧν: Eine zweite Attractio relativi in demselben Vers. Während die nichtattrahierte Form ἀντὶ τούτου im NT Eph 5,31 erscheint, findet sich im lukanischen Doppelwerk stets die attrahierte Form ἀνθ' ὧν: Lk 1,20; 12,3; 19,44; Apg 12,23[11]. — οἵτινες: Der im klassischen Sprachgebrauch seltene Ersatz des einfachen Relativpronomens durch ὅστις, ἥτις, ὅτι[12] wird im NT besonders von Lukas angewendet. Keine andere neutestamentliche Schrift geht in der Verwischung der Grenzen zwischen dem Relativpronomen mit bestimmtem (ὅς) und unbestimmtem (ὅστις) Bezug so weit wie das Doppelwerk. Während Matthäus 5, Offb 3, Markus und Hebr 2, Paulus und Johannes sogar überhaupt keinen Beleg für den Gebrauch von ὅστις an Stelle des einfachen Relativpronomens bieten, finden sich im LkEv 13 Beispiele[13]. Das häufige Vorkommen in der Apg (18mal)[14] und 3 redaktionelle Zufügungen zur Markus-

---

13.32. — Apg 1,10.13.14; 2,2.42; 8,13.28; 9,9.28; 10,24.30; 11,5; 12,5.6.12. 20; 13,11; 14,7.12; 16,9.12; 18,7; 21,3; 22,19.20. An einigen Stellen kann man zweifeln, ob periphrastischer oder selbständiger Gebrauch der Formen von εἶναι vorliegt, vgl. Larfeld 220—22.

[10] Vgl. G. Björck, Ἦν διδάσκων, Uppsala 1940 und dazu E. Haenchen, Die Apostelgeschichte[15], Göttingen 1968, zu Apg 1,10.

[11] Sonst findet sich ἀνθ' ὧν im NT nur noch 2Thess 2,10.

[12] Bauer[5] 1163 s.v. ὅστις sub 3.

[13] Lk 1,20; 2,4.10; 7,37.39; 8,3.26.43; 9,30; 10,42; 12,1; 23,19.55.

[14] Apg 5,16; 8,15; 11,20.28; 12,10; 13,31.43; 16,12.16.17; 17,10f.; 21,4; 23,14.21.33; 24,1; 28,18.

vorlage[15] bestätigen, daß wir es mit einer lukanischen Stileigentümlichkeit zu tun haben.

Trad σιωπῶν: Das lk Doppelwerk ist sehr zurückhaltend gegenüber der Vokabel σιωπάω: wo immer sie ihm von Markus angeboten wurde, umgeht Lk sie (Mk 3,4; 4,39; 9,34) oder ersetzt er sie durch σιγάω (Lk 18,39 diff. Mk 10,48). Letztere ist die von ihm bevorzugte Vokabel (im NT nur: Lk 3/Apg 3, Pls 4), die er an allen 3 Stellen, an denen er sie im Ev verwendet, in den Markustext einfügt und 3mal in der Apg schreibt (12,17; 15,12f.). Man wird angesichts der Bevorzugung von σιγᾶν durch Lukas die Gegensatzpaare σιωπάω/λαλέω (Lk 1,20; Apg 18,9; vgl. Ign Eph 15,1) und σιωπάω/κράζω (Lk 19,40) als traditionell zu rubrizieren haben. — πληρωθήσονται: Zum Pass.divinum → 4,21 Trad.

1,21 Red ἦν ὁ λαὸς προσδοκῶν: λαός ist lukanisches Vorzugswort → 1,10 Red. Auch προσδοκάω wird von Lukas gern gebraucht (Mt 2, Mk 0, Lk 6/Apg 5, sonst im NT nur noch 3mal im 2Petr). Die Verbindung von λαός mit προσδοκάω, wie sie an unserer Stelle vorliegt, kehrt Lk 3,15 wieder; 8,40 hat Lukas προσδοκάω in den Markustext (5,21) eingefügt, Lk 21,26 das Nomen προσδοκία (Zusatz zu Mk 13,25). 6mal schreibt er die Wortgruppe προσδοκάω/προσδοκία in der Apg. Zu alledem kommt hinzu, daß Lukas die Coniugatio periphrastica gern schreibt → 1,20 Red. — ἐθαύμαζον ἐν τῷ χρονίζειν: ἐν τῷ χρονίζειν kann sowohl temporal als auch kausal verstanden werden. Der kausale Gebrauch („darüber, daß") dürfte wegen der Ungewöhnlichkeit dieser Konstruktion von θαυμάζω im NT nicht in Frage kommen. Der temporale Gebrauch („als") ist dagegen ausgesprochen lukanisch (→ 1,8f. Red sub B 2a).

1,22 Red καὶ αὐτός: Zum emphatischen satzeinleitenden καὶ αὐτός (Subjektswechsel) → 1,17 Red. — ἦν διανεύων ... διέμενεν: Die Coniugatio periphrastica ist lukanisch → 1,20 Red, ebenso die Vorliebe für Verbkomposita mit δια- (→ 1,65 Red) und mit — μενω (→ 2,43 Red).

---

[15] Lk 8,26 diff. Mk 5,1; Lk 8,43 diff. Mk 5,26; Lk 9,30 diff. Mk 9,4. Daß Lukas 20,27 ein markinisches οἵτινες (Mk 12,18) meidet, erklärt sich vermutlich aus Rücksicht auf das bei ihm unmittelbar vorangehende τινες.

Trad ὀπτασίαν ἑώρακεν: Diese Figura etymologica kehrt 24,23 nochmals wieder. Sie gehört zur Tradition, da Lukas die Fig.etym. nicht liebt → 1,73 Trad.

1,23 Red καὶ ἐγένετο ...: Periphrastisches καὶ ἐγένετο am Satzanfang + Zeitbestimmung + Verbum finitum ist ein von Lukas bevorzugter Septuagintismus → 1,8f. Red sub A. Unter den 33 Beispielen für diese Konstruktion, die Lukas bietet, befinden sich 5 (einschließlich unserer Stelle), bei denen die Zeitbestimmung aus einem durch ὡς eingeleiteten Konjunktionalsatz besteht (so im NT nur Lukas: 1,23.41; 2,15; 11,1; 19,29). — ὡς: Das als temporale Konjunktion gebrauchte ὡς ist eine von Lukas bevorzugte Wendung: Mk 1, Lk 18[16]/Apg 29, Joh 18, Pls 4[17]. Kennzeichnend für den lukanischen Gebrauch des ὡς temp. ist neben dieser beachtlichen Statistik: erstens die Beobachtung, daß von den 29 Belegen für ὡς temp., die die Apg aufweist, nicht weniger als 28 stereotyp auf ὡς ein δέ folgen lassen, während nur eine einzige Stelle καὶ ὡς bietet (1,10). Wendet man sich mit dieser Feststellung dem dritten Evangelium zu, so hat man die beiden ὡς δέ (5,4; 7,12) der Redaktion zuzuweisen (→ 5,4 Red), dagegen die 6 καὶ ὡς als vorlukanisch anzusprechen. Sie lassen einheitlich auf ὡς den Aorist folgen und stehen sämtlich im Nicht-Markusstoff des LkEv: 2,39; 15,25; 19,5.41; 22,66; 23,26. Zweitens ist zu beachten die Verbindung von ὡς temp. mit dem periphrastischen καὶ ἐγένετο, von der wir am Anfang des Abschnitts sprachen (5 Belege, lukanisch).

Trad ἐπλήσθησαν: passivisch vom Ablauf einer Zeitspanne gesagt findet sich im NT nur in der Kindheitsgeschichte des dritten Evangeliums (5mal): Lk 1,23.57; 2,6.21f. Da Lukas selbst stattdessen πληροῦμαι und συμπληροῦμαι (→ 9,51 Red) schreibt, ist πίμπλημι (pass.) de tempore der Tradition zuzuweisen (→ 1,15 Red).

---

[16] 1,23.41.44; 2,15.39; 4,25; 5,4; 7,12; 11,1; 12,58; 15,25; 19,5.29 (diff. Mk 11,1: ὅτε).41; 22,66; 23,26; 24,32c.d. Stets mit Indikativ. 20,37 ist nicht mitgezählt, weil hier das ὡς begründende Kraft hat.
[17] Bei Paulus jedoch dreimal mit ἄν + Konjunktiv (Röm 15,24; 1Kor 11,34; Phil 2,23), während an der vierten Stelle (Gal 6,10) die Handschriften zwischen Konjunktiv und Indikativ schwanken.

1,24 Red μετὰ δὲ ταύτας τὰς ἡμέρας: hat im ganzen NT nur in der Apg ein Analogon: Apg 21,15 (μετὰ δὲ τὰς ἡμέρας ταύτας), ist also lukanisch.

Trad συνέλαβεν: Die Vorliebe des Lukas für Verbkomposita mit συν- (→ 2,19 Red), vor allem aber die Statistik (Lk 7/Apg 4; sNT 5) scheinen συλλαμβάνω der lukanischen Redaktion zuzuweisen. In Wahrheit ist die Vokabel auch in der Tradition eingebürgert, teils als Terminus für die Verhaftung Jesu (Mt 26,55; Mk 14,48; Lk 22,54; Joh 18,12; vgl. Apg 1,16), teils in der Kindheitsgeschichte als Terminus für die Empfängnis (Lk 1,24.31.36; 2,21; vgl. Jak 1,15).

1,25 Red ἐν ἡμέραις αἷς: Die Attractio relativi ist lukanische Vorzugswendung → 2,20 Red. — ἐπεῖδεν ἀφελεῖν: ἐπεῖδον im NT nur Lk 1,25/Apg 4,29. Die Konstruktion mit dem Infinitiv (Lk 1,25) ist wahrscheinlich lukanisch → 2,26 Red und § 392 Anm. 10. — ὄνειδός μου ist ein Beispiel dafür, wie Lukas am Bibeltext stilistisch feilt, indem er die Voranstellung des enklitischen Personalpronomens, die ihm LXX Gen 30,23 anbot (μοῦ τὸ ὄνειδος), in Nachstellung (ὄνειδός μου) verwandelte (→ 1,13 Red; → 6,29 Trad).

Trad κύριος: → 1,6 Trad.

1,5—25 Trad In dem Abschnitt 1,5—25 sind der Anfang und die Engelrede am stärksten durch die Tradition geprägt, während im übrigen Lukas behutsam Vers für Vers eingegriffen hat.

1,26.27a Red ᾗ ὄνομα ... ᾧ ὄνομα: Die elliptische Wendung: Relativpronomen im Dativ + artikelloses ὄνομα + Eigenname begegnet im NT nur im Doppelwerk: Lk 1,26.27a; 2,25; 8,41; 24,13; Apg 13,6. Lukas hat sie 8,41 in den Markusstoff (Mk 5,22) eingefügt[18]. Zum Fehlen der Kopula → 1,5 Trad.

1,27 Trad ἐξ οἴκου Δαυίδ: Artikellose Genitivverbindung → 1,5 Trad. — καὶ τὸ ὄνομα τῆς παρθένου Μαριάμ: Zum Fehlen der Kopula → 1,5 Trad; zu καί hebraisierend zur Koordination von Wörtern mit selbständigen Sätzen → 1,5 Trad. — Μαριάμ: Im LkEv kommt der

---

[18] Verwandt, aber durch den Genitiv und den Artikel unterschieden, ist die Wendung οὗ τὸ ὄνομα (Mk 14,32; in LXX 5mal).

Name der Mutter Jesu nur in der Kindheitsgeschichte vor. Auffälligerweise alternieren die semitische Form Μαριάμ (1,27.30.34.38f.46. 56; 2,5.16.34) und die hellenisierte Form Μαρία (1,41; 2,19). Außerdem fällt auf, daß Μαριάμ außer 2,16 (wo der Artikel anaphorisch ist) stets artikellos gebraucht wird[19], Μαρία dagegen an beiden Stellen den Artikel hat. Eine Verteilung der beiden Namensformen auf die Kasus will nicht gelingen, da für den Nominativ sowohl Μαριάμ (1,27.34.38f.46.56) als auch Μαρία (2,19) bezeugt ist. Vielmehr weist die unterschiedliche Namensform auf zwei verschiedene Hände. Auszugehen ist von der Feststellung, daß der Name der Mutter Jesu im lk Doppelwerk außerhalb der Kindheitsgeschichte noch 1mal vorkommt, Apg 1,14; zwar ist hier die textliche Überlieferung nicht einheitlich, aber die überwiegende Bezeugung spricht für Μαρία[20]. Diese Namensform wird auch an der einzigen Stelle gebraucht, an der der Name sonst noch in der Apg erwähnt wird: die Mutter des Johannes Markus wird Μαρία genannt (12,12). Nimmt man zu alledem hinzu, daß der Kontext der beiden Belege für die hellenisierte Form Μαρία, besonders 2,19f., von lukanischen Spracheigentümlichkeiten geprägt ist, so legt sich der Schluß nahe, daß die semitische Form Μαριάμ der Tradition, die hellenisierte Form Μαρία der Redaktion zugehört.

1,28 Trad   ὁ κύριος: → 1,6 Trad.

1,29 Red   διεταράχθη ... διελογίζετο: Lukas liebt Verbkomposita mit δια— (→ 1,65 Red). — διελογίζετο ποταπὸς εἴη: διαλογίζομαι wird im LkEv teils mit indirekter Frage und Optativ (so an unserer Stelle und 3,15), teils mit λέγων und direkter Rede (so 5,21; 12,17; 20,14) konstruiert. Was die indirekte Frage mit Optativ anlangt, so ist festzustellen, daß der Optativ in indirekter Rede im NT ausschließlich im lukanischen Doppelwerk vorkommt und daß er von Lukas 4mal in den Markusstoff eingefügt wird (Lk 6,11 diff. Mk 3,6; Lk 8,9 diff. Mk 4,10; Lk 9,46 diff. Mk 9,34; Lk 18,36 diff. Mk 10,47). Was die Konstruktion von διαλογίζομαι mit λέγων und direkter Rede betrifft, so hat Lukas sie zweimal im Markusstoff hergestellt (Lk 5,21 diff. Mk 2,6; Lk 20,14 diff. Mk

---

[19] Also nicht nur da, wo die Grammatik Artikellosigkeit vorschreibt: 1,27 (Prädikatsnomen); 1,30 (Vokativ); 2,5.34 (die nachfolgende Apposition hat den Artikel).
[20] Μαρία ℵACD𝔐 pm, Μαριάμ 𝔓74 vid [VII. Jh.!]BE sa al.

12,7). Beide Konstruktionen sind also lukanisch. — εἴη: unsere Stelle ist der erste Beleg für die vielseitige Verwendung, die der Optativ in den beiden Lukasschriften gefunden hat (vgl. § 384—386). Zusammen mit Paulus liefern sie im NT die meisten Belege für den Optativ: Mk 1, Lk/Apg 28, Pls 31, sNT 7[21]. Kennzeichnend für den lukanischen Optativ-Gebrauch ist: 1. der *Optativ obliquus*. Er kommt im NT nur in den Lukasschriften vor. Im wesentlichen handelt es sich um indirekte Fragen[22], ferner um indirekte Rede nach εἰ „ob"[23], nur einmal um einen Temporalsatz[24]. 2. Nur im Doppelwerk und 1Petr 3,14.17 begegnet das *Präsens des Optativs,* und zwar 8mal im LkEv/12mal in der Apg[25]. Bei den in Anm. 25 genannten Belegen für den präsentischen Optativ handelt es sich in 11 Fällen (so auch an unserer Stelle) um ein εἴη (Lk 7/Apg 4)[26]; zu diesen 11 Stellen gehört auch das Präsens beim Optativ des Wunsches, das sich im NT nur Apg 8,20 (εἴη) findet (§ 384). 3. Schließlich ist spezifisch lukanisch das *ἄν beim Optativ* (LkEv 4/Apg 5)[27], insbesondere der potentiale Optativ mit ἄν im Hauptsatz zur Bezeichnung des lediglich Gedachten (Apg 8,31; 17,18; 26,29; vgl. § 385,1).

1,30a Trad καὶ εἶπεν ... αὐτῇ: καὶ εἶπεν als Satzbeginn mit Dativ ist nicht lukanisch → 1,18.19 Trad.

1,30b—33 Trad Die Worte des Engels sind kunstvoll in zwei 5-Zeiler gefaßt:

1. [30] μὴ φοβοῦ, Μαριάμ·
εὗρες γὰρ χάριν παρὰ τῷ θεῷ·

---

[21] Außerdem begegnet der Optativ noch als Variante zu Joh 13,24 (πύθεσθαι τίς ἂν εἴη), die aber trotz guter Bezeugung ($\mathfrak{P}^{66}$ ℵDΘ) durch ihren ganz unjohanneischen Sprachgebrauch als sekundär erwiesen wird.
[22] Lk 1,29; 3,15; 8,9; 18,36; 22,23/Apg 21,33.
[23] Apg 17,11.27; 20,16; 24,19; 25,20; 27,12.39.
[24] Apg 25,16.
[25] Lk 1,29.62; 3,15; 8,9; 9,46; 15,26; 18,36; 22,23/Apg 8,20.31; 10,17; 17,11.18; 20,16; 21,33; 24,19; 25,16a.20; 27,12.39.
[26] Lk 1,29; 3,15; 8,9; 9,46; 15,26; 18,36; 22,23/Apg 8,20; 10,17; 20,16; 21,33.
[27] Lk 1,62; 6,11; 9,46; 15,26/Apg 5,24; 8,31; 10,17; 17,18; 26,29.

[31] καὶ ἰδοὺ συλλήμψῃ ἐν γαστρὶ
καὶ τέξῃ υἱόν,
καὶ καλέσεις τὸ ὄνομα αὐτοῦ Ἰησοῦν.

2. [32] οὗτος ἔσται μέγας
καὶ υἱὸς ὑψίστου κληθήσεται,
καὶ δώσει αὐτῷ κύριος ὁ θεὸς τὸν θρόνον Δαυὶδ τοῦ
πατρὸς αὐτοῦ,
[33] καὶ βασιλεύσει ἐπὶ τὸν οἶκον Ἰακὼβ εἰς τοὺς αἰῶνας,
καὶ τῆς βασιλείας αὐτοῦ οὐκ ἔσται τέλος.

Das Thema der zwei Strophen ergibt sich aus dem betonten Schlußsatz. In der ersten Strophe ist es die Ankündigung der Geburt, in der zweiten die Verheißung, daß der Sohn der König der Heilszeit sein wird. Die fehlende Periodisierung (7 satzverbindende καί, kein δέ) und die Wiederholungen innerhalb der Parallelzeilen sind nichtlukanischer Stil.

1,30b Trad μὴ φοβοῦ → 1,13 Trad. — Μαριάμ → 1,27 Trad. — εὗρες ... χάριν παρὰ τῷ θεῷ: Die Vokabel χάρις fehlt in den beiden ersten Evangelien und ist im vierten Evangelium auf 4maliges Vorkommen im Prolog (1,14.16f.) beschränkt; dagegen findet sie sich im LkEv 8 und in der Apg 17mal[28]. Das häufige Vorkommen in der Apg erweist χάρις als eine Vorzugswendung der lukanischen Redaktion. Dem scheint eine weitgehende Übereinstimmung im Sprachgebrauch zwischen LkEv und Apg zu entsprechen:

Lk 1,30: εὗρες γὰρ χάριν παρὰ τῷ θεῷ
vgl. Apg 7,46: ὃς εὗρεν χάριν ἐνώπιον τοῦ θεοῦ

Lk 2,40: χάρις θεοῦ ἦν ἐπ᾽ αὐτό
vgl. Apg 4,33: χάρις ... ἦν ἐπὶ πάντας αὐτούς

Lk 4,22: τοῖς λόγοις τῆς χάριτος
vgl. Apg 14,3 / 20,32: τῷ λόγῳ τῆς χάριτος αὐτοῦ

Lk 17,9: μὴ ἔχει χάριν τῷ δούλῳ
vgl. Apg 2,47: ἔχοντες χάριν πρὸς ὅλον τὸν λαόν.

In Wahrheit gehen jedoch mit diesen Übereinstimmungen starke Unterschiede im Sprachgebrauch zwischen LkEv und Apg Hand in Hand.

---

[28] Lk 1,30; 2,40.52; 4,22; 6,32−34; 17,9/Apg 2,47; 4,33; 6,8; 7,10.46; 11,23; 13,43; 14,3.26; 15,11.40; 18,27; 20,24.32; 24,27; 25,3.9.

So liest man im LkEv 2,40 χάρις θεοῦ ohne Artikel, wohingegen die Apg die Genitivverbindung stets mit doppeltem Artikel ἡ χάρις τοῦ θεοῦ (τοῦ κυρίου) schreibt (11,23; 13,43; 14,26; 15,11.40; 20,24); LkEv 4,22 hat den Plural τοῖς λόγοις τῆς χάριτος, dagegen Apg 14,3; 20,32 (τῷ λόγῳ τῆς χάριτος αὐτοῦ) den Singular mit Personalpronomen; εὑρίσκειν χάριν wird LkEv 1,30 mit παρά c.dat. konstruiert (εὗρες γὰρ χάριν παρὰ τῷ θεῷ vgl. LXX Ex 33,16), Apg 7,46 jedoch mit ἐνώπιον (ὃς εὗρεν χάριν ἐνώπιον τοῦ θεοῦ vgl. LXX Est 2,9; 5,8; 7,3); χάριν ἔχειν schließlich hat LkEv 17,9 aktivische Bedeutung („Dank, den man jemandem erweist"), Apg 2,47 dagegen passivische („Wohlwollen, das einem zuteil wird"). Noch auffälliger als diese stilistischen Differenzen sind die Unterschiede in der Wortbedeutung von χάρις. An vier der acht Belegstellen im Evangelium hat χάρις die der Apostelgeschichte unbekannte Bedeutung „Lohn" (6,32.33.34), „Dank" (17,9), während umgekehrt χάρις in der Apg dem LkEv fremde Bedeutungen wie „rettende Gnade" (15,11), „Gnadentat" (14,3; 20,24.32), „Gnadenstand" (11,23; 13,43), „gnädige Führung" (14,26; 15,40), „Gnadengabe" (6,8; 18,27) hat[29]. Nimmt man zu alledem hinzu, daß χάρις im LkEv wiederholt (so auch an unserer Stelle) in formelhaften Zusammenhängen und Wendungen erscheint[30], so wird man folgendermaßen zusammenfassen dürfen: Es bleibt dabei, daß Lukas das Wort χάρις gern gebraucht. Es darf jedoch nicht übersehen werden, daß Lukas im Evangelium vorgeprägte judenchristliche Formulierungen aufgreift, in der Apostelgeschichte dagegen die ihm selbst geläufige frühchristlich-hellenistische Terminologie bestimmend sein läßt.

1,31 Red καὶ ἰδοὺ συλλήμψῃ: Futurum instans → 1,20 Red S. 42.

Trad καὶ καλέσεις τὸ ὄνομα αὐτοῦ Ἰησοῦν: Zum καί relativum → 1,5 Trad S. 20; zu καλεῖν τὸ ὄνομά τινος → 1,13 Trad S. 35.

---

[29] Bauer[5] s.v. χάρις.
[30] 1,30: Parallelismus membrorum; εὑρίσκειν χάριν ist in der Septuaginta sehr geläufige Wiedergabe von maṣa ḥen; 2,40: Summarium; das auffällige Fehlen des Artikels vor θεός (→ 1,35 Trad) erklärt sich daraus, daß χάρις θεοῦ feste Formel ist (→ 2,40 Trad); 2,52: Summarium; zum Fehlen des Artikels vor θεός → 1,35 Trad (s.v. υἱὸς θεοῦ); 17,9: χάριν ἔχω „danken" ist Formel.

1,32 Trad υἱὸς ὑψίστου: Die LXX schwankt beim adnominalen Genitiv zwischen ὑψίστου (29mal) und τοῦ θεοῦ τοῦ ὑψίστου (3mal). Dasselbe Nebeneinander finden wir im NT, und zwar so, daß sich die erstgenannte artikellose Konstruktion ausschließlich im Nicht-Markusstoff des LkEv findet: Lk 1,32 υἱὸς ὑψίστου (= Sir 4,10).35 δύναμις ὑψίστου .76 προφήτης ὑψίστου; 6,35 υἱοὶ ὑψίστου (= Ψ 81[82],6). Diese im Griechischen harte, einen Status constructus nachahmende Konstruktion (→ 1,5 Trad S. 18ff.) muß vorlukanisch sein, da Lukas selbst den Artikel setzt (Apg 16,17 δοῦλοι τοῦ θεοῦ τοῦ ὑψίστου; vgl. auch Lk 8,28 = Mk 5,7). — κύριος ὁ θεός: → 1,16 Trad.

1,33 Trad βασιλεύσει ἐπὶ τὸν οἶκον ...: Die Beschränkung des Vorkommens von βασιλεύω + ἐπί c.acc. auf den lk Nicht-Markusstoff (Lk 1,33; 19,14.27, sonst im NT nur Röm 5,14) könnte auf vorlukanische Provenienz weisen, um so mehr, als es sich um Septuagintagriechisch handelt (Bauer[5] 271 sub 1a).

1,34 Red εἶπεν δὲ ... πρός: → 1,13 Red.

Trad Μαριάμ: → 1,27 Trad.

1,35 Red ἐπελεύσεται ἐπὶ σέ: ἐπέρχεσθαι ist lukanisches Vorzugswort: im NT nur LkEv 3/Apg 4[31], Eph und Jak je 1. Lk 21,26 wird das Verb von Lukas in den Markusstoff eingefügt. ἐπέρχομαι ἐπί τινα schreibt Lukas außer im Ev (1,35) noch in Apg (1,8 [hier mit dem gleichen Subjekt, πνεῦμα ἅγιον, wie an unserer Stelle] sowie 8,24). — διὸ καί: διό findet sich in den Evangelien außer Mt 27,8 nur im LkEv: 1,35; 7,7. Lukas verwendet die Konjunktion im Doppelwerk außerdem noch 8mal in der Apg: 10,29; 15,19; 20,31; 24,26; 25,26; 26,3; 27,25.34. Die an unserer Stelle vorliegende Verbindung διὸ καί, durch die die mit διό eingeleitete Folgerung als selbstverständlich bezeichnet wird („daher ... denn auch")[32], kehrt in den Geschichtsbüchern des NT nur noch Apg 10,29; 24,26 wieder.

Trad καὶ ἀποκριθεὶς ... εἶπεν: καὶ ἀποκριθείς mit einleitendem καί ist lukanische Meidewendung → 1,19 Trad. — πνεῦμα ἅγιον ... καὶ δύναμις ὑψίστου: Zu dem Wortpaar πνεῦμα/δύναμις → 1,17

---

[31] Lk 1,35; 11,22; 21,26/Apg 1,8; 8,24; 13,40; 14,19.
[32] Bauer[5] 394.

Trad; zu artikellosem δύναμις ὑψίστου → 1,32 Trad. — υἱὸς θεοῦ: ist glossenartige Erläuterung zu ἅγιον. Stammt sie von Lukas oder fand er sie schon vor? Eine Antwort ergibt sich, wenn man auf das auffällige Fehlen des Artikels sowohl vor υἱός wie vor θεοῦ achtet. 1. Was zunächst artikelloses θεός anlangt, so spricht die Statistik eine eindeutige Sprache. Während man nämlich im lukanischen Doppelwerk ὁ θεός (also *mit* Artikel) 262 (106 + 156)mal liest, ist artikelloses θεός ganz selten. In der Apg finden sich — nach Abzug der wenigen Stellen, an denen das Fehlen des Artikels sprachlich oder sachlich begründet ist[33] — nur zwei Belege für θεός ohne Artikel: Apg 5,39 εἰ δὲ ἐκ θεοῦ ἐστιν und 20,21 τὴν εἰς θεὸν μετάνοιαν. Im LkEv ist es — ebenfalls nach Abzug der wenigen Stellen, an denen sich das Fehlen des Artikels als traditionell zu erkennen gibt[34] — nur eine Stelle, an der θεός artikellos steht: Lk 12,21 εἰς θεὸν πλουτῶν. Das heißt: artikelloses θεός ist nicht lukanischer Sprachgebrauch (ebensowenig wie artikelloses ὕψιστος → 1,32 Trad). 2. Was das Fehlen des Artikels vor υἱός anlangt, so werden wir auf dasselbe Resultat geführt: a) Lukas selbst schreibt die im NT auch sonst übliche (26 Belege) doppelte Artikelsetzung ὁ υἱὸς τοῦ θεοῦ: Lk 4,41 Zusatz zu Mk 1,34; Lk 22,70 (→ 22,70 Red) und Apg 9,20; b) dagegen ist υἱὸς τοῦ θεοῦ Lk 4,3.9 durch die Parallele Mt 4,3.6 und c) υἱὸς θεοῦ, nur Lk 1,35 im Doppelwerk vorkommend, durch Mt 14,33; 27,43.54; Mk 15,39; Joh 10,36; 19,7; Röm 1,4 als traditionell erwiesen. υἱὸς θεοῦ Lk 1,35 ist also vorlukanische Glosse.

1,36 Red καὶ ἰδοὺ Ἐλισάβετ ... καὶ αὐτὴ (oder: αὕτη) συνείληφεν: An unserer Stelle begegnet zum ersten Mal im LkEv die Ellipse (καὶ) ἰδού + Nominativ (bzw. Adverb) *ohne* Verbum finitum. Kein neutestamentlicher Autor schreibt sie so häufig wie Lukas (Mt 12, Lk 20/Apg 6, Offb 10, sNT 4). Er übernahm sie teils aus der Tradition, wie die Parallelen (Lk 7,34 par. Mt 11,19; Lk 11,31.32 par. Mt 12,42.41; Lk 17,21.23[bis] vgl. Mt 24,23.26) und andere Indi-

---

[33] 7,40 cit.; 12,22; 17,23; 28,6: indefinit; 5,29: religiöse Maxime (vgl. 4,19); 7,55: feste Wendung (im NT steht δόξα θεοῦ/κυρίου oft ohne Artikel); 14,15: ἐπὶ θεὸν ζῶντα (desgleichen).

[34] 1,35 (vgl. Mk 15,39; Mt 27,54); 1,78 (poetisch); 2,14 (Akklamation).40 (→ 2,40 Trad S. 99); 2,52 (vgl. Spr 3,4 LXX); 3,2 (ἐγένετο ῥῆμα θεοῦ; γίνεσθαι mit ῥῆμα κυρίου findet sich 8mal in LXX); 11,20 (durch par. Mt 12,28 als vorlukanisch erwiesen); 16,13 (durch par. Mt 6,24 als vorlukanisch erwiesen); 20,36 (υἱοὶ θεοῦ [plur.]: Fehlen des Artikels auch Mt 5,9; Röm 8,14; 9,26 cit. Hos 2,1; Gal 3,26).

zien (z.B. → Lk 13,7.16 Trad) zeigen, teils formulierte er sie selbst, wie die Einfügung der Ellipse in die Markusüberlieferung, der sie fremd ist (Lk 5,12.18 vgl. 22,47; 23,50), sowie 6malige Verwendung in der Apg [35] erkennen läßt. Bleibt somit bei den meisten Belegen für (καί) ἰδού + Nominativ ohne Verb.fin. im LkEv offen, ob wir es mit Tradition oder Redaktion zu tun haben, so gibt es eine erweiterte Form der Ellipse, die sich im NT nur im dritten Evangelium findet und die für Lukas selbst kennzeichnend ist: καὶ ἰδού + Nominativ ohne Verbum finitum + mit καί eingeleiteter Anschlußsatz bei gleichem Subjekt. Diese Konstruktion begegnet im NT außer an unserer Stelle nur Lk 5,18 (καὶ ἰδοὺ ἄνδρες ... καὶ ἐζήτουν); 7,37f. (καὶ ἰδοὺ γυνή ... καὶ ἐπιγνοῦσα ... ἤρξατο βρέχειν); 13,11 (καὶ ἰδοὺ γυνή ... καὶ ἦν); 19,2f. (καὶ ἰδοὺ ἀνὴρ ... καὶ ἐζήτει ἰδεῖν). Daß Lukas sie 5,18 in den Markusstoff einträgt (diff. Mk 2,3), erweist sie als redaktionell. Das für Lukas Charakteristische ist das gleiche Subjekt in Vorder- und Anschlußsatz [36]. Die Vorliebe des Lukas für das elliptische (καί) ἰδού ist im biblizistischen Klang der Wendung begründet. — καὶ οὗτος: καί epexegeticum + οὗτος/αὕτη/τοῦτο zur Fortführung der Beschreibung ist eine Spracheigentümlichkeit, die das LkEv mit Paulus teilt: Lk 1,36b; 2,25.37; 7,12; 8,13.41f.; 16,1; 20,28; Apg 17,7 [37]. Daß die Wendung 4mal gegen Markus erscheint (Lk 8,13 diff. Mk 4,17; Lk 8,41f. diff. Mk 5,22f.; Lk 20,28 diff. Mk 12,19 cit.), erweist sie als spezifisch lukanisch. — τῇ καλουμένῃ: Das Partizip καλούμενος zur Einführung des Namens oder Beinamens einer Person oder Sache findet sich im NT außer in der Offb (3mal) nur im Doppelwerk (Lk 11/Apg 13). Die übrigen neutestamentlichen Autoren schreiben λεγόμενος [38]. Die ausgiebige Verwendung von καλούμενος (neben ἐπικαλούμενος 3/ἐπικληθείς 2/ὃς ἐπικαλεῖται 2/ὃς ἐπεκλήθη 1) in der Apg (13 Belege) sowie 5 Hinzufügungen von καλούμενος zum Markusstoff (Lk 6,15; 9,10; 19,29; 21,37; 22,3) sichern den Schluß, daß das Partizip lukanische Vorzugswendung ist, und machen es sehr wahrscheinlich, daß auch die 6 Belege im Nicht-Markusstoff (Lk 1,36; 7,11; 8,2; 10,39; 19,2 [ὀνόματι καλούμενος]; 23,33) redaktionell sind.

---

[35] Apg 5,9; 8,27.36; 9,10; 10,19; 13,11.
[36] Mit Subjektwechsel findet sich die Wendung 10mal in der Offb: 4,1; 6,2.5.8; 7,9; 12,3; 14,1f.14; 19,11; 21,3; außerdem Mt 12,10; Lk 22,47.
[37] Sonst im NT: Pls 10; Hebr 3; Joh.Briefe 3. (Zur Lesung αὕτη Lk 2,37; 7,12; 8,42 → 1,17 Red Anm. 93).
[38] So Lukas nur 22,1.47/Apg 3,2; 6,9.

1,37 Red οὐκ ἀδυνατήσει παρὰ τοῦ θεοῦ πᾶν ῥῆμα: ist ein freies Zitat von Gen 18,14 LXX: μὴ ἀδυνατεῖ παρὰ τῷ θεῷ ῥῆμα; Lukas hat ein πᾶν zugefügt und παρά mit dem Genitiv (LXX: Dativ) konstruiert. Sowohl das stilistische Feilen am LXX-Text (→ 1,13 Red) wie die Verstärkung durch πᾶς [39] ist typisch lukanisch. — ῥῆμα: Schon die Statistik lehrt, daß ῥῆμα ein lukanisches Vorzugswort ist: von den 67 neutestamentlichen Belegen (Mt 5, Mk 2, Lk 19/Apg 14, Joh 12, Pls 8, sNT 7) steht die Hälfte (33) im Doppelwerk. Es kommt hinzu, daß Lukas die Vokabel im Markusstoff nicht nur beließ (Lk 9,45a = Mk 9,32; vgl. Lk 22,61 $\mathfrak{P}^{69.75}$B$\aleph$ = Mk 14,72), sondern außerdem an drei Stellen in ihn einfügte (Lk 9,45c; 18,34; 20,26). Doch wäre es voreilig, wollte man daraufhin die restlichen 14 Belege für ῥῆμα, die der Nicht-Markusstoff des Evangeliums bietet[40], ohne weitere Nachprüfung sämtlich der lukanischen Redaktion zuweisen; denn hier mahnt die Feststellung zur Vorsicht, daß von diesen 14 Belegen 9 der Kindheitsgeschichte zugehören[41], also ῥῆμα schon zu deren Vorzugsworten gehört haben wird. Eine Zuweisung von ῥῆμα an Lukas bedarf also, jedenfalls für Lk 1—2, zusätzlicher Argumente. An diesen fehlt es nun allerdings nicht. So ist für den lukanischen Gebrauch von ῥῆμα kennzeichnend: a) die Wendung πάντα τὰ ῥήματα (im NT nur Lk 1,65; 2,19.51; 7,1/Apg 5,20. Zur lukanischen Vorliebe für rhetorische Verstärkung durch πᾶς → 1,10 Red), b) τὸ ῥῆμα τοῦτο/τὰ ῥήματα ταῦτα, im NT nur Lk/Apg → 1,65 Red, c) τὸ ῥῆμα mit attributiv gebrauchtem Partizip von γίνομαι, im NT nur Lk/Apg → 2,15 Red, d) τὸ ῥῆμα τοῦ κυρίου (mit doppeltem Artikel) → 3,2 Trad, e) der Hebraismus ῥῆμα = „Sache", „Angelegenheit", „Gegenstand", „Begebenheit" (abgesehen von Mt 18,16; 2Kor 13,1, beides Zitate von Dtn 19,15 LXX, im NT nur im lukanischen Doppelwerk, Singular: Lk 1,37 cit.; 2,15/Apg 10,37, Plural: Lk 1,65; 2,19.51/Apg 5,32; 13,42), f) schließlich ist charakteristisch für Lukas die missionstheologische Bedeutung von τὰ ῥήματα = „die Verkündigung" (Lk 7,1; 24,8; Apg 2,14; 5,20; 10,22.44; 11,14), die sonst im NT nur bei Johannes (an allen 12 Stellen) und je 1mal bei Paulus (Röm 10,18 cit.), Jud (17) und 2Petr (3,2) vorliegt.

1,38 Red εἶπεν δέ: → 1,13 Red. — ἀπῆλθεν: „Lukas liebt es, das Entschwinden des Erscheinenden eigens zu vermerken"[42], so Lk 1,38;

---

[39] → 1,10 Red S. 30f.
[40] 1,37.38.65; 2,15.17.19.29.50.51; 3,2; 5,5; 7,1; 24,8.11.
[41] S. Anm. 40.   [42] Lohfink 150.

2,15; 9,33; 24,31.51; Apg 1,9; 10,7; 12,10; ferner Lk 4,13. Dabei sind wörtliche Übereinstimmungen zwischen LkEv und Apg bemerkenswert:

Lk   1,38 καὶ   ἀπῆλθεν ἀπ' αὐτῆς   ὁ ἄγγελος
      2,15 ὡς   ἀπῆλθον ἀπ' αὐτῶν εἰς τὸν οὐρανὸν οἱ ἄγγελοι
Apg 10,7   ὡς δὲ ἀπῆλθεν   ὁ ἄγγελος.

Lk 9,33 fügt Lukas das Motiv in den Markusstoff (9,4) ein.

Trad ἡ δούλη κυρίου: → 1,11 Trad. — γένοιτό μοι: γίνεσθαι als Umschreibung für das Handeln Gottes[43] findet sich im LkEv ausschließlich im Nicht-Markusstoff (1,38; 4,25 ἐγένετο λιμός neben ἐκλείσθη ὁ οὐρανός; 23,31 γένηται par. zu ποιοῦσιν; wohl auch 11,30; 19,9)[44]. Es ist traditioneller Sprachgebrauch.

1,39 Red   ἀναστᾶσα:

Lk   1,39 ἀναστᾶσα δὲ Μαριὰμ ἐν ταῖς ἡμέραις ταύταις
Apg 1,15   καὶ ἐν ταῖς ἡμέραις ταύταις
         ἀναστὰς   Πέτρος

Intransitives ἀνίστημι kommt im NT 92mal vor, davon 62mal im lk Doppelwerk. Noch deutlicher fällt das Mißverhältnis zwischen dem Vorkommen im Doppelwerk und im NT ins Auge, wenn man die Aufmerksamkeit auf das Partizip ἀναστάς richtet: während sich ἀναστάς im übrigen NT nur vereinzelt findet (Mt 2, Mk 6), verwendet es Lukas 36mal: im Ev 17mal, in der Apg 19mal, ganz überwiegend pleonastisch. An 4 Stellen fügt er es in den Markusstoff ein: Lk 4,38f.; 5,25; 6,8. Es handelt sich also um eine lukanische Vorzugswendung. Das gilt insbesondere für die nur im lk Doppelwerk vorkommende Verbindung von pleonastischem ἀναστάς mit dem Imperativ (Ev 2/Apg 6)[45]. — Zu ἀναστᾶσα δέ als Perikopenanfang vgl. ἀναστὰς δέ Apg 5,17. — ἐν ταῖς ἡμέραις ταύταις: ist eine Wendung, die im NT nur im lk Doppelwerk vorkommt: 4mal im Ev, 3mal in der Apg[46]. Lk 6,12 erscheint sie als Zusatz zu Mk 3,13. —

---

[43] Vgl. J. Jeremias, Nt.Theol. I² 21.
[44] Ob γίνεσθαι auch Lk 8,17 als Umschreibung des Gottesnamens empfunden worden ist, ist schwer zu sagen; zutreffendenfalls handelte es sich auch hier um traditionelles Gut (vgl. Mk 4,22). Auch Lk 20,17 cit. ist traditionell.
[45] Lk 17,19; 22,46/Apg 9,11; 10,13.20; 11,7; 22,10.16.
[46] Lk 1,39; 6,12; 24,18/Apg 1,15; 6,1. Mit Voranstellung des Demonstrativpronomens: Lk 23,7/Apg 11,27.

ἐπορεύθη: πορεύεσθαι, bei Mk fehlend[47], Mt 27, lk Doppelwerk 88 (51/37), Joh 13, sonstiges NT 17 mal, ist ein Verb, das Lukas, wie diese unterschiedlichen Zahlen zeigen, gern gebraucht. Er schreibt es nicht nur 37mal in der Apg, sondern hat es auch oft in den von ihm übernommenen Markusstoff eingefügt, teils als Ersatz für ἀπέρχομαι (Lk 4,42a; 9,12f.; 22,8) bzw. für das von Lukas gemiedene ὑπάγω (5,24; 8,48; vgl. 22,22) oder andere Verben (8,14; vgl. 22,33), teils als Zusatz zu Markus (Lk 4,42b; 19,28.36; 21,8; 22,39). Lukanisch ist auch die Kombination von ἐξέρχομαι und πορεύομαι (→ 13,31 Red). Angesichts dieser Beobachtungen ist πορεύεσθαι im allgemeinen der lk Redaktion zuzuschreiben, doch dürfen die Fälle vorlukanischen Gebrauchs, die → 1,6 Trad genannt sind, und das häufige Vorkommen bei Matthäus nicht übersehen werden. An unserer Stelle spricht die lukanische Färbung der vorangehenden Worte zusätzlich für die Zuweisung von ἐπορεύθη an die Redaktion.

Trad εἰς τὴν ὀρεινήν: im NT nur in der lukanischen Kindheitsgeschichte Lk 1,39.65, daher wohl kaum lukanisch. — εἰς πόλιν Ἰούδα: Eine Stadt namens Juda hat es nie gegeben; sie verdankt vielmehr ihr Auftauchen in Lk 1,39 einer Fehlübersetzung. Im palästinischen Aramäisch bezeichnet nämlich medina a) die Provinz, b) die Großstadt[48]. In der Lk 1,39 zugrundeliegenden Überlieferung war ursprünglich von der „Provinz Judäa" (vgl. Esr 5,8 lihud medinta „zur Provinz Judäa") die Rede; durch Fehlübersetzung wurde daraus im Griechischen die „Stadt Juda". Das gleiche Versehen liegt Mt 10,5 und Apg 8,5 vor; auch hier war ursprünglich in der Überlieferung von der „Provinz" Samaria die Rede. Die Fehlübersetzung geht nicht auf das Konto des Lukas, da er des Aramäischen nicht mächtig war. — Μαριάμ: → 1,27 Trad.

1,41 Red καὶ ἐγένετο ὡς: Periphrastisches ἐγένετο + Zeitbestimmung mit ὡς c.aor. + Verbum finitum → 1,8f. Red sub A; 1,23 Red. — τῆς Μαρίας: → 1,27 Trad. — ἐπλήσθη πνεύματος ἁγίου: → 1,15 Red.

---

[47] Mk 9,30 ist παρεπορεύοντο die besser bezeugte Lesart.
[48] Vgl. J. Jeremias, Jesu Verheißung für die Völker, Stuttgart 1959², 17 Anm. 66. Die Behauptung C. C. Torrey's (Harv.Theol.Rev. 17, 1924, 83ff.), daß indeterminiertes medina „Provinz", determiniertes medinta „Stadt" bedeutet habe, trifft jedenfalls für die ältere Zeit nicht zu, wie Esr 5,8 (s.o. im Text) zeigt, wo die determinierte Form die Bedeutung „Provinz" hat.

Trad ἐσκίρτησεν: σκιρτάω im NT nur 3mal, alle Belege im Nicht-Markusstoff des LkEv (1,41.44; 6,23). In der Seligpreisung 6,23 wird σκιρτάω durch die Übersetzungsvariante ἀγαλλιᾶσθε (Mt 5,12) als vorlukanisch erwiesen → 6,23 Trad.

1,42 Red ἀνεφώνησεν: Lukas hat eine Vorliebe für Worte der Stammsilbe — φων. So schreibt er als einziger neutestamentlicher Autor: ἀναφωνέω (unsere Stelle), ἀσύμφωνος (Apg 28,25), ἐπιφωνέω (Lk 23,21; Apg 12,22; 21,34; 22,24), συμφωνία (Lk 15,25); συμφωνέω fügt er 5,36 in den Markusstoff ein und schreibt er 2mal in der Apg (5,9; 15,15)[49]; προσφωνέω, das im NT (außer Mt 11,16 par. Lk 7,32) nur im Doppelwerk vorkommt (Lk 6,13; 13,12; 23,20/Apg 21,40; 22,2), schreibt Lukas 6,13 gegen Markus 3,13 προσκαλεῖται. — κραυγῇ μεγάλῃ: Selten. In LXX nur Ex 11,6; 12,30. Im NT nur im Doppelwerk (Lk 1,42; Apg 23,9). — ὁ καρπὸς τῆς κοιλίας σου: (ὁ) καρπὸς τῆς κοιλίας Lk 1,42/τῆς ὀσφύος Apg 2,30 (cit.) sind hebraisierende gewählte Bezeichnungen für Nachkommenschaft (der Frau bzw. des Mannes), die sich im NT nur im lk Doppelwerk an den genannten beiden Stellen finden.

Trad εὐλογημένη σύ... καὶ εὐλογημένος ...: Zum Fehlen der Kopula in den beiden Benediktionen → 1,5 Trad mit Anm. 26.

1,43 Red τοῦ κυρίου μου: Unsere Stelle ist der erste der 110 Belege für den christologischen Bezug des Kyriostitels, die sich im lk Doppelwerk finden. Lukas läßt den theologischen Bezug des Titels zurücktreten, weil ihm der christologische der geläufigere war (→ 1,6 Trad). Bei diesem muß unterschieden werden zwischen der Anwendung des Titels auf den irdischen und auf den erhöhten Herrn. Die 14 Stellen des LkEv, an denen der irdische Herr in der Erzählung ὁ κύριος genannt wird, und die 19 Belege im LkEv für die Anrede des Irdischen mit κύριε sind, wie wir sehen werden (→ 7,13 Trad; → 5,8 Trad), vorlukanisch. Das Gros der Stellen jedoch, die den Kyriostitel christologisch verwenden, ist im Doppelwerk auf den Erhöhten bezogen und findet sich in der Apg. Diese Stellen stammen aus der Feder des Lukas, wie schon die vielen Belege in der Apg zeigen, aber auch die zahlreichen mit ihnen zusammenhängenden missionstheologischen Termini, für die Lukas eine Vorliebe hat[50].

---

[49] Sonst im NT nur noch Mt 18,19; 20,2.13.
[50] Vgl. → 1,37 Red S. 54 s.v. ῥῆμα.

Trad πόθεν μοι τοῦτο: Zum Fehlen der Kopula bei Demonstrativa → 1,5 Trad, Anm. 23. — ἵνα ἔλθῃ: An unserer Stelle erscheint zum erstenmal im LkEv ein nicht-finales ἵνα. Lukas steht dieser Redeweise mit Zurückhaltung gegenüber. Von den 22 Belegen für nicht-finales ἵνα, die er in dem von ihm übernommenen Markusstoff vorfand, behielt er nur 8 bei[51] und beseitigte er 14[52]; von sich aus schreibt Lukas nur 1mal im Markusstoff ein nicht-finales ἵνα (Lk 9,45 Zusatz zu Mk 9,32). Eine ähnliche Reserve gegenüber dem nicht-finalen ἵνα läßt die Apg erkennen. Sieht man von drei geprägten Redewendungen ab (Bauer[5] 746 sub 1c: 8,19; 17,15; 27,42), so finden sich in ihr nur 2 nicht-finale ἵνα (16,36; 19,4) gegenüber 10 finalen. Besonders deutlich ist die Zurückhaltung des Lukas gegenüber dem nicht-finalen ἵνα bei einer Reihe von Verbgruppen, die im allgemeinen einen ἵνα-Satz zur Ergänzung nach sich haben, die Lukas jedoch mit dem Infinitiv konstruiert (→ 2,26 Red; § 292). — Ein ganz anderes Bild bietet der Nicht-Markusstoff des LkEv, in dem sich nicht-finales[53] und finales[54] ἵνα die Waage halten (12:11). Der breite Raum, der hier dem nicht-finalen ἵνα eingeräumt wird, ist kennzeichnend für die vorlukanische Tradition; das wird für Lk 4,3; 6,31; 7,6 durch die Mt-Parallelen bestätigt.

1,44 Red ἐγένετο ἡ φωνή: φωνή (singularisch) mit γίνεσθαι gebraucht Lukas 4mal im Ev (1,44; 3,22; 9,35.36), 4mal in der Apg (2,6; 7,31; 10,13; 19,34), sNT nur 2mal[55]. Die 4 Belege in der Apg sowie eine Übernahme von Markus (vgl. Lk 9,35 mit Mk 9,7) und eine Hinzufügung zum Markusstoff (Lk 9,36 Zufügung zu Mk 9,8) lassen erkennen, daß die Wendung — im Unterschied zu (ἐξ)ῆλθεν φωνή[56] — lukanisch ist. — εἰς τὰ ὦτα: (Plur.) kommt als Redens-

---

[51] Mk 5,10.12; 9,18; 10,48.51; 12,19; 14,12.38.
[52] Mk 5,18 (om. Lk 8,38). 23 (om. Lk 8,41). 43 (om. Lk 8,56); 6,8 (om. Lk 9,3). 12 (om. Lk 9,6); 8,30 (om. Lk 9,21); 9,9 (om. Lk 9,36).30 (om. Lk 9,43); 11,28 (om. Lk 20,2); 12,15 (om. Lk 20,24); 14,35 (om. Lk 22,41).49 (om. Lk 22,53); 15,11 (om. Lk 23,18).21 (om. Lk 23,26).
[53] *Nicht-finales* ἵνα: Lk 1,43; 4,3 (= Mt 4,3); 6,31 (= Mt 7,12); 7,6 (= Mt 8,8). 36; 10,40; 11,50; 16,27; 17,2; 21,36; 22,30.32.
[54] *Finales* ἵνα: Lk 6,34; 11,33; 12,36; 14,10.23; 15,29; 16,4.9.24; 19,4.15.
[55] Mk 9,7; Joh 12,30. Mk 1,11 war nicht mitzuzählen, weil die Lesart ohne ἐγένετο (so ℵDΘ) als die kürzere und schwierigere ursprünglich sein wird; Offb 8,5 entfällt wegen des Plurals.
[56] Joh 12,28; Offb 16,17; 19,5 (vgl. 4,5, wo jedoch von φωναί im Plural als von apokalyptischen Phänomenen die Rede ist).

art im NT außer Jak 5,4 nur im Doppelwerk vor: Lk 1,44 (ἐγένετο ἡ φωνὴ ... εἰς τὰ ὦτά μου); 9,44 (θέσθε ὑμεῖς εἰς τὰ ὦτα ὑμῶν)/ Apg 11,22 (ἠκούσθη ... εἰς τὰ ὦτα ...). Lk 9,44 schreibt Lukas die Wendung gegen Markus 9,31. Sie alterniert bei ihm mit εἰς τὰς ἀκοάς (im NT nur Lk 7,1/Apg 17,20). Wir haben es also mit einer spezifisch lukanischen Wendung zu tun. — Was die Präposition εἰς an unserer Stelle betrifft, so wäre klassisch ἐν τοῖς ὠσίν zu erwarten. Wir haben ein Beispiel für die Vermischung von ἐν und εἰς vor uns, die in neutestamentlicher Zeit schon im Gange war. Im NT findet sich der Ersatz von ἐν durch lokales εἰς in merkwürdig ungleichmäßiger Streuung: Mt 2, Mk 5, Lk 6/Apg 19, während JohEv, 2Kor, Eph, Hebr, 1Petr jeweils nur einen Beleg haben. Die Zahlen zeigen, daß wir es mit einer lukanischen Spracheigentümlichkeit zu tun haben[57]. Dieser Schluß wird bestätigt durch eine lukanische Rahmenformulierung (Lk 21,37).

Trad ἐσκίρτησεν: → 1,41 Trad.

1,45 Trad μακαρία ἡ πιστεύσασα: μακάριος (Mt 13, Mk 0, Lk 15/ Apg 2, sNT 16): sämtliche 15 Makarismen des LkEv finden sich im Nicht-Markusstoff; daß sie aus der Tradition stammen, zeigt für 7 von ihnen die Mt-Parallele[58]. Traditionell sind auch die beiden Belege für μακάριος in der Apg, von denen 20,35 ein Jesus zugeschriebenes Sprichwort darstellt und 26,2 Verteidiger-Jargon ist. — Zum unlukanischen Charakter des überwiegenden Fehlens der Formen von εἶναι in den Makarismen des LkEv (Lk 1,45; 6,20Q.21aQ.bQ; 10,23Q; 11,27.28; 12,37.43Q; 14,15; 23,29 — mit Kopula nach μακάριος nur 6,22Q; 7,23Q; 12,38; 14,14) → 1,5 Trad. — κυρίου: Zu κύριος = Gott → 1,6 Trad.

---

[57] An folgenden Stellen des lk Doppelwerks wird ἐν durch lokales εἰς ersetzt: Lk 1,44; 4,23; 9,61; 11,7; 12,21; 21,37 (αὐλίζομαι wird, wie LXX zeigt, üblicherweise mit ἐν konstruiert). — Apg 2,5.22.27.31.39; 7,4.12; 8,23.40; 9,21; 11,22; 12,19; 19,22b; 20,14.16; 21,13; 23,11bis; 25,4. — Die übrigen Belege: Mt 2,23; 4,13; Mk 1,9; 10,10; 13,3.9.16; Joh 1,18; 2Kor 8,6; Eph 3, 16; Hebr 11,9; 1Petr 5,12. — Die Abgrenzung ist öfter unsicher; so mußte von Belegen mit κηρύσσω abgesehen werden, weil dieses Verb sowohl klassisch als auch neutestamentlich in beiden Konstruktionen, mit εἰς wie mit ἐν, belegt ist (§ 206,4).
[58] 6,20.21a.21b.22 (par. Mt 5,3.6.4.11); 7,23 (par. Mt 11,6); 10,23 (par. Mt 13,16); 12,43 (par. Mt 24,46).

1,46 Trad καὶ εἶπεν: → 1,18 Trad. — Μαριάμ: → 1,27 Trad. — τὸν κύριον: → 1,6 Trad.

1,47 Trad σωτῆρι: σωτήρ von Gott findet sich in Lk/Apg nur an dieser Stelle. Lukas selbst verwendet σωτήρ als Attribut Christi: Lk 2,11/Apg 5,31; 13,23.

1,48 Red ἰδοὺ γάρ: findet sich im NT (außer 2Kor 7,11) nur im lk Doppelwerk (Lk 1,44.48; 2,10; 6,23; 17,21/Apg 9,11). — ἀπὸ τοῦ νῦν: begegnet ebenfalls im NT (mit einer Ausnahme: 2Kor 5,16) nur im lk Doppelwerk (Lk 1,48; 5,10; 12,52; 22,18.69/Apg 18,6).

1,49 Trad καὶ ἅγιον τὸ ὄνομα αὐτοῦ: Zum Fehlen der Kopula → 1,5 Trad; zu καί hebraisierend zur Koordination von Wörtern mit selbständigen Sätzen → 1,5 Trad.

1,50 Trad καὶ τὸ ἔλεος: Zum Fehlen der Kopula → 1,5 Trad. — ἔλεος: ἔλεος/ἐλεέω gehört nicht zum geläufigen lukanischen Vokabular. Das Nomen findet sich im dritten Evangelium außer 10,37 nur in der Kindheitsgeschichte (1,50.54.58.72.78: hier immer vom Erbarmen Gottes), nie in der Apg. Bei 3 dieser 6 Belege für das Nomen handelt es sich um die semitisierende LXX-Wendung μεγαλύνειν (Lk 1,58) / ποιεῖν (1,72; 10,37) (τὸ) ἔλεος μετά τινος. Auch ἐλεέω fehlt in Apg; Lukas übernimmt das Verbum nicht aus Mk 5,19; es erscheint bei ihm nur in dem stereotypen formelhaften Bittruf ἐλέησόν με (ἡμᾶς): 16,24; 17,13; 18,38f. (= Mk 10,47f.).

1,51 Trad ἐποίησεν κράτος: Die 3. und 4. Strophe des Magnificat sind formal durch fünf Asyndeta (51a.b.52.53.54) gekennzeichnet. Die Untersuchung der Asyndeta im lk Doppelwerk ergibt folgendes Bild: 1. In dem von ihm übernommenen Markusstoff fand Lukas mindestens 40 Asyndeta vor. Er hat sie systematisch (meist durch Zusatz von δέ, καί, γάρ, οὖν, ὅτι, τοίνυν, τέ) ausgemerzt: 36 Meidefällen stehen nur 4 Übernahmefälle (alle vier mit starker Emphase)[59] gegenüber. Insbesondere wird Asyndeton in der Erzählung (Mk 8,29; 9,38; 10,27.28.29; 12,24) von Lukas konsequent beseitigt. 2. Lukas bildet im Markusstoff zwar 3mal ein Asyndeton[60], in der Apg sogar

---

[59] Mk 1,41/Lk 5,13; Mk 2,9/Lk 5,23; Mk 2,17/Lk 5,32; Mk 12,9b/Lk 20,16.
[60] Lk 21,13.19.23.

13mal[61], doch handelt es sich durchweg um Emphasen[62]. 3. Angesichts der starken Zurückhaltung des Evangelisten gegenüber dem Asyndeton ist es überraschend, daß sich im Nicht-Markusstoff ca. 55 Asyndeta finden, und zwar mit *einer* Ausnahme (7,43)[63] sämtlich in Reden und meist nicht-emphatisch; offensichtlich ist dieses (übrigens aramaisierende[64]) Asyndeton im Redenstoff Kennzeichen der vorlukanischen Überlieferung. Dieser Schluß wird dadurch bestätigt, daß das Asyndeton in Worten Jesu häufig bei Matthäus in denselben Logien wie bei Lukas wiederkehrt[65]. Die 5 Asyndeta in der 3. und 4. Strophe des Magnificat sind also vorlukanischer Psalmenstil. — ἐν βραχίονι αὐτοῦ: Das instrumentale ἐν gibt sich im LkEv an den meisten Stellen als aus der Tradition stammend zu erkennen[66]. An unserer Stelle liegt ein Biblizismus vor. — διανοίᾳ καρδίας αὐτῶν: Artikellose Genitivverbindung → 1,5 Trad.

1,52f. Trad δυνάστας/ταπεινούς; πεινῶντας/πλουτοῦντας: Nicht weniger als 138 verschiedene Logien Jesu werden in den synoptischen Evangelien in der Form des antithetischen Parallelismus überliefert (Mk 30, Mt-Lk-Logien 34, nur bei Mt 44, nur bei Lk 30)[67]. Die große Zahl und die einigermaßen gleichmäßige Verteilung der Belege auf die Überlieferungsschichten darf nun aber nicht dazu verleiten zu übersehen, daß unter den Evangelisten einer ist, der dem antithetischen Parallelismus mit Reserve gegenübersteht: Lukas. In den Stücken des Markusstoffes, die er übernahm, fand er 20 antithetische Parallelismen in Worten Jesu vor; von diesen ließ er 13 passieren[68], während er 7mal einen antithetischen Parallelismus des Markus zerstörte (Mk 2,27; 3,33f. [V. 33 ist nicht neutral, sondern

---

[61] 3,25.26; 7,44.52; 8,21; 10,3b.37; 20,29.33.34.35; 25,10b; 26,8.
[62] Für die Apg-Stellen wies das nach E. Haenchen, Zum Text der Apostelgeschichte, in: ZThK 54 (1957), 44f.
[63] Hawkins[2] 138.
[64] Black[3] 60f.
[65] Z.B. Lk 6,45 par. Mt 12,35; Lk 10,22 par. Mt 11,27; Lk 11,23 par. Mt 12,30; Lk 11,31 par. Mt 12,42; Lk 11,32 par. Mt 12,41; Lk 11,34 par. Mt 6,22; Lk 12,51 par. Mt 10,34; Lk 16,13[bis] par. Mt 6,24[bis]; Lk 17,33 par. Mt 10,39.
[66] Lk 3,16 (= Mt 3,11); 10,27 (3mal cit.); 11,20 (par. Mt 12,28); 14,34 (= Mt 5,13); 22,20 (= 1Kor 11,25); 22,49.
[67] Die 138 Belegstellen sind bei J. Jeremias, Nt.Theol. I[2] 25f. aufgeführt.
[68] Mk 2,19f.22; 4,4—8.11.15—20.21.25; 8,35; 10,18f.31; 11,17 cit.; 12,44; 13,31.

hat negativen Sinn, bildet also mit V. 34 einen antithet. Parall.];
4,31f.; 10,27; 13,11.20; 14,38). Dieser Zurückhaltung des Lukas gegenüber dem antithet. Parall. entspricht es, daß wir an keiner Stelle nachweisen können, daß Lukas von sich aus diese Ausdrucksfigur in Worte Jesu eingefügt hätte[69]. Es spricht vielmehr alle Wahrscheinlichkeit dafür, daß sie, wo immer wir ihr im dritten Evangelium begegnen, vorlukanisch ist. Unsere Stelle, das erste und einzige Vorkommen eines antithet. Parall. in der lukanischen Kindheitsgeschichte, bestätigt als Bestandteil des Magnificat diese Erkenntnis.

1,53 Trad ἐξαπέστειλεν κενούς: Man könnte fragen, ob ἐξαποστέλλω τινὰ κενόν (Lk 1,53) redaktionell ist, da die Wendung Lk 20,10f. wiederkehrt, während die Markusvorlage ἀπέστειλαν κενόν (12,3f.) anbot, und da ἐξαποστέλλω lk Vorzugswort ist (→ 24,49 Red). Doch wäre eine Zuweisung von ἐξαπέστειλεν κενούς (Lk 1,53) an die Redaktion an unserer Stelle voreilig, weil ἐξαποστέλλω τινὰ κενόν Septuagintismus ist (Gen 31,42; Dtn 15,13; 1Βασ 6,3; Hi 22,9) und in dem ganz vom Bibelgriechischen geprägten Magnificat nicht Lukas, sondern die Septuaginta die Feder führt.

1,54 Trad παιδὸς αὐτοῦ: παῖς θεοῦ als archaisierende theokratische Prädikation für Israel, David, Jesus findet sich im NT außer in einem LXX-Zitat (Mt 12,18 cit. Jes 42,1) nur im traditionellen Formelgut des Doppelwerkes: Lk 1,54 im Magnificat, 1,69 im Benedictus, Apg 4,25.27.30 im Gebet, 3,13.26 in kerygmatischen christologischen Wendungen[70]. — ἐλέους: → 1,50 Trad.

1,55 Red ἐλάλησεν πρός: → 1,13 Red.

Trad καθὼς ἐλάλησεν: (gesagt von Gottes Befehl, Verheißung, Drohung) ist eine formelhafte Wendung, die in der LXX 12 (21)mal begegnet[71]. Sie findet sich im NT außer an unserer Stelle nur noch einmal, nicht zufällig ebenfalls in einem Hymnus, dem Benedictus (1,70).

---

[69] Das gilt auch für Lk 20,34f.; denn dieser antithet. Par. ist keine lukanische Neubildung, sondern eine Verdeutlichung des antithet. Par. Mk 12,25.
[70] Zum archaisierenden Charakter der Prädikation vgl. J. Jeremias, παῖς θεοῦ, ThWNT V 676ff., besonders 703ff.
[71] καθὼς ἐλάλησεν (12mal): LXX Dtn 13,18A; 26,19; Ri 1,20B; 2,15B; 1Βασ 28,17; 3Βασ 2,24; 5,19; 8,20; 4Βασ 17,23; 2Chr 6,10; 23,3; Jdt 2,1; ferner

1,46—55 Red Das Magnificat läßt an keiner Stelle mit Sicherheit einen Eingriff der Redaktion erkennen.[72]

1,56 Red σύν: Lukas hat eine ausgesprochene Vorliebe für diese Präposition: von 127 Belegen im NT finden sich allein 75 im Doppelwerk (Ev 23/Apg 52) gegenüber nur 4 bei Matthäus, 6 bei Markus, 3 bei Johannes. Wiederholt schreibt Lukas σύν gegen seine Markusvorlage, teilweise als Ersatz[73], teilweise als Zusatz[74]. An unserer Stelle äußert sich die Bevorzugung des σύν durch Lukas darin, daß er, obwohl er selbst bei dem Verbum μένειν in der Bedeutung „logieren, Quartier nehmen, einkehren" den Gastgeber mit παρά c.dat. einführt (Apg 9,43; 18,3; 21,7.8, klassisch), daneben μένειν σύν τινι (Lk 1,56; 24, 29b) gelten läßt. Die Vorliebe des Lukas für die Präposition σύν erstreckt sich auch auf die Verbkomposita mit συν- (→ 2,19 Red), nicht jedoch auf Nominalkomposita. — ὑπέστρεψεν εἰς τὸν οἶκον αὐτῆς: Die Statistik lehrt auf den ersten Blick, daß wir mit Sicherheit ein lukanisches Vorzugsverb vor uns haben: ὑποστρέφειν fehlt im Mt-, Mk- und JohEv, begegnet dagegen im lk Doppelwerk 32mal (21 + 11), sonst im NT nur noch 3mal[75]. Die an unserer Stelle vorliegende Verbindung von ὑποστρέφειν mit εἰς τὸν οἶκον kehrt noch an 3 Stellen des LkEv wieder, an denen sie sich als redaktionell zu erkennen gibt: Lk 7,10 (Erzählungsabschluß wie 1,56); ebenfalls Abschluß 8,39 (diff. Mk 5,19: ὕπαγε εἰς τὸν οἶκόν σου); 11,24 (diff. Mt 12,44: εἰς τὸν οἶκόν μου ἐπιστρέψω → 11,24 Red).

Trad ἔμεινεν ... σύν: Bei dem Verbum μένειν in der eben genannten Bedeutung führt Lukas den Gastgeber mit παρά c.dat. ein

---

καθὼς ἐλάλησα 3Βασ 9,5; κ. ἐλάλησας Ri 6,36.37; 2Βασ 7,25.27; 3Βασ 8,53; 21,4; 1Chr 17,23 L; κ. ἐλάλησαν (die Propheten): Tob 4,5.

[72] ἐξαποστέλλω (V. 53) und πρός c.acc. nach Verbum dicendi (V. 55) sind zwar lukanisch, aber doch auch geläufig in LXX. Gleiches gilt von ἰδοὺ γάρ und ἀπὸ τοῦ νῦν (V. 48) sowie vom distributiven Singular (V. 51b → 1,66 Red).

[73] Lk 8,38.51 σὺν αὐτῷ diff. Mk 5,18.37 μετ' αὐτοῦ; Lk 20,1 σὺν τοῖς ... diff. Mk 11,27 καὶ οἱ ...; Lk 22,14 σὺν αὐτῷ ... diff. Mk 14,17 μετὰ τῶν ...; Lk 22,56 σὺν αὐτῷ vgl. Mk 14,67 μετὰ τοῦ ....

[74] Lk 5,19; 9,32. Daß Lukas viermal (6,4; 8,9; 9,23.30) das ihm von Markus angebotene σύν nicht aufnahm, erklärt sich durchweg aus äußeren Gründen (stilistische Glättung bzw. Kürzung etc.) und verrät nicht etwa eine Zurückhaltung des Lukas gegenüber σύν. Speziell zu 6,4 vgl. Mt 12,4 (οἱ μετ' αὐτοῦ).

[75] Gal 1,17; Hebr 7,1; 2Petr 2,21.

(vgl. den vorhergehenden Absatz); wenn dafür Lk 1,56; 24,29b σύν, 24,29a μετά c.gen. gesagt wird, so wird das die Stimme der Tradition sein. Offenbar scheiden sich an den Präpositionen, die den Gastgeber einführen, Redaktion und Tradition: παρά c.dat. ist redaktionell, σύν (mit der Variation μετά c.gen. Lk 24,29a) traditionell. — Μαριάμ: → 1,27 Trad.

1,57 Red ὁ χρόνος: Lukas liebt das Substantiv χρόνος (17mal Apg/ 7mal Ev, davon 3mal diff. Mk), doch wird man das Wort wegen seiner Gebräuchlichkeit (sNT 26mal) nicht ohne weiteres in jedem Fall der Redaktion zuweisen können. Als spezifisch lukanisch zu gelten hat jedoch die Wendung χρόνος ἱκανός, die im NT nur bei Lukas vorkommt: 3mal Apg (8,11; 14,3; 27,9) sowie 3mal Ev (8,27 diff. Mk; 20,9 Zusatz zu Mk; 23,8). Lukanisch ist auch der Plural χρόνοι, den Lukas außer an der zuletzt genannten Stelle 23,8 noch 8,29 (Zusatz zu Mk 5,8) und 20,9 (Zusatz zu Mk 12,1) sowie 3mal in Apg (1,7; 3,21; 17,30; sNT 5mal) schreibt. Lukanisch ist an unserer Stelle τοῦ τεκεῖν αὐτήν: Infinitiv + Artikel im Genitiv, abhängig von einem Substantiv → 1,8f. Red sub B 1a.

Trad τῇ δὲ Ἐλισάβετ ἐπλήσθη ὁ χρόνος: Der Dat. commodi in Verbindung mit ἐπλήσθη (ἐπληροῦτο) ὁ χρόνος findet sich im NT nur im Doppelwerk: Lk 1,57 τῇ δὲ Ἐλισάβετ ἐπλήσθη ὁ χρόνος τοῦ τεκεῖν αὐτήν/Apg 7,23 ἐπληροῦτο αὐτῷ τεσσερακονταετὴς χρόνος. Wie wir → 1,23 Trad sahen, ist die Fassung mit ἐπλήσθη vorlukanisch, die mit ἐπληροῦτο lukanisch.

1,58 Trad κύριος: → 1,6 Trad. — ἔλεος: → 1,50 Trad. — καί ... καί ...: Grammatische Parataxe bei logischer Hypotaxe[76] („und [statt als] die Nachbarn ... hörten, daß Gott ihr so große Barmherzigkeit erwiesen hatte, und sie beglückwünschten sie"); diese Redeweise wird von Lukas gemieden. Von 8 derartigen Parataxen, die er in dem von ihm übernommenen Markusstoff vorfand, hat er 6 beseitigt (Mk 4,12.20; 5,26.31; 8,36; 12,19) und nur zwei übernommen (Lk 4,36 vgl. Mk 1,27; Lk 8,29 vgl. Mk 5,4). In der Apostelgeschichte findet sich dieser volkstümliche Semitismus nur selten (7,53; 23,3)[77]. Die Folgerung, die sich ergibt, ist weitreichend: die

---

[76] Vgl. Beyer² 266—286.
[77] Apg 28,26 bis ist nicht mitgezählt, da es sich um zwei LXX-Zitate handelt.

Häufung von 46 Belegen[78] für grammatische Parataxe bei logischer Hypotaxe im Nicht-Markusstoff (davon mehr als 20mal im Mt-Lk-Logiengut) ist vorlukanisch.

1,59 Red καὶ ἐγένετο ἐν ...: → 1,8f. Red sub A; das periphrastische ἐγένετο ist eine von Lukas bevorzugte Konstruktion. Die Kombination a) periphrastisches καὶ ἐγένετο (mit καί) + b) präpositionale Zeitbestimmung + c) asyndetisch angefügtes Verbum finitum kehrt exakt im NT nur Mk 1,9; 4,4; Lk 1,59; 2,46; 7,11; 9,18.33; 11,1; 17,14; 20,1; 24,30.51 wieder.

Trad ἐπὶ τῷ ὀνόματι: begegnet im NT Mt 2, Mk 3, Lk 4/Apg 5. Wo Lukas selbst formuliert, verbindet er ἐπὶ τῷ ὀνόματι mit λαλῶ (Apg 4,17; 5,40), διδάσκω (4,18; 5,28) und βαπτίζομαι (2,38). Hierher gehört auch κηρύσσω ἐπὶ τῷ ὀνόματι (Lk 24,47). Die präpositionale Wendung hat also bei Lukas einen missionstheologischen Klang. Dagegen ist die Verbindung von ἐπὶ τῷ ὀνόματι mit δέχομαι παιδίον Lk 9,48 durch par. Mk 9,37; Mt 18,5, mit ἔρχομαι Lk 21,8 durch par. Mk 13,6; Mt 24,5 als vorlukanisch erwiesen. Zu dieser zweiten Gruppe ist auch der an unserer Stelle (Lk 1,59) vorliegende Semitismus ἐκάλουν αὐτὸ ἐπὶ τῷ ὀνόματι zu rechnen.

1,60 Trad καὶ ἀποκριθεῖσα ... εἶπεν: Lukanische Meidewendung → 1,19 Trad. Sie wird gebraucht, obwohl eine Rede nicht vorangeht. — οὐχί, ἀλλά ...: Ein merkwürdiges Phänomen, auf das man bei der Untersuchung der lukanischen Diktion stößt, ist der völlig verschiedene Gebrauch der Partikel ἀλλά im Nicht-Markusstoff des LkEv und in der Apostelgeschichte. Außerhalb des Markusstoffes findet sich ἀλλά 22mal[79] im LkEv, und zwar abgesehen von Lk 11,33; 18,13 durchweg in Wendungen und Konstruktionen, die in der Apg fehlen[80]. 1. So sucht man in der Apg vergeblich:

οὐχί, ἀλλά: energische Verneinung als Antwort („nein, keinesfalls! Vielmehr"), im lk Sondergut

---

[78] Lk 1,58; 4,25f.27; 6,47.48.49 bis; 7,8 ter.32 bis.33.34; 9,62; 10,8.10.21; 11, 5.7.25f.41; 12,24.31.45.46.47; 13,7.24.25.26f.; 14,5.8f. bis 12 bis; 15,24 bis. 29.32 bis; 16,18; 17,4.6; 18,7; 24,26 (die Liste folgt im wesentlichen Beyer).
[79] Zum Vergleich: Im lukanischen Markusstoff findet sich ἀλλά an folgenden 10 (13) Stellen: Lk 5,14.31f.38; 8,16.27.52; 20,21.38; 21,9 vgl. 22,42.53; 24,6.
[80] Vgl. Bauer⁵ 75—77 s.v. ἀλλά.

	außer an unserer Stelle (1,60) noch dreimal (Lk 13,3.5; 16,30, sonst im NT nur noch Joh 9,9; Röm 3,27, ähnlich 1Kor 10,29). Dazu als 5. Beleg aus dem Nicht-Markusstoff des LkEv:
οὐχὶ ... ἀλλ' ἤ:	Lk 12,51;
ἀλλά:	vor selbständigen Sätzen thematisch den Übergang zu Neuem markierend 6,27; 11,42;
ἀλλά:	mit Imperativ nach negierter Aussage 7,7Q;
ἀλλά:	vor Fragen rhetorisch steigernd 7,25Q.26Q;
ἀλλά γε καί:	hervorhebend 24,21 („aber sogar");
ἀλλὰ καί:	Hinzukommendes stark einführend 12,7; 16,21; 24,22;
ἀλλὰ νῦν:	22,36;
ἀλλ' ὅταν:	14,10.13;
ἀλλ' οὐδέ:	mit markanter Ellipse 23,15;
ἀλλ' οὐχί:	als Einleitung einer rhetorischen Frage („und nicht vielmehr") 17,8;
οὐχ οὕτως, ἀλλά:	in unmittelbarer Wortfolge (im NT singulär) 22,26.

Alle diese Wendungen und Konstruktionen sind für die vorlukanische Tradition kennzeichnend. 2. Die Gegenprobe bestätigt das Ergebnis: In der Apostelgeschichte finden sich zahlreiche Wendungen und Konstruktionen mit ἀλλά, die im Nicht-Markusstoff des LkEv fehlen, also für die lukanische Redaktion charakteristisch sind:

ἀλλά am Satzanfang:	a) das Vorhergehende als erledigt bezeichnend Apg 20,24, b) nach Frage statt Negation 15,11;
ἀλλά mit Imperativ:	a) nach negiertem Imperativ 18,9, b) ohne vorausgehende Negation zur Verstärkung der Aufforderung = „auf!" 9,6; 10,20; 26,16;
ἀλλ' ἵνα μή:	4,17;
ἀλλ' οὐδ' εἰ:	19,2;
ἀλλ' οὐχ:	am Satzanfang 7,48;
οὐ ... ἀλλά:	relative Negation („nicht so sehr ... als") 5,4;

οὐ γάρ ... ἀλλά: 2,15f., in unmittelbarer Wortfolge 16,37;
οὐ μόνον ... ἀλλὰ καί: 19,27; 21,13; 26,29; 27,10; ohne καί (weil das zweite Glied das erste einschließt vgl. § 448,1) 19,26;
οὐδὲ εἷς ... ἀλλά: 4,32;
οὐδέν ἐστιν, ἀλλά: („es stimmt nicht, sondern") 21,24.

In summa: Wir erhalten zwei Listen von ἀλλά-Konstruktionen, von denen die erste für die vorlukanische Tradition, die zweite für die lukanische Redaktion kennzeichnend ist.

1,61 Red εἶπαν πρός: → 1,13 Red. — τῆς συγγενείας: Das Nomen kommt im NT nur im Doppelwerk vor (Lk 1,61; Apg 7,3.14).

Trad καὶ εἶπαν: → 1,18 Trad.

1,62 Red τὸ τί ἂν θέλοι: Der Optativus potentialis gehört zu den charakteristischen Merkmalen der lukanischen Redaktion → 1,29 Red. Kennzeichnend für Lukas ist auch die an unserer Stelle vorliegende Verbindung des Fragepronomens τί sowie der Partikel ἄν mit dem Optativ (→ 1,29 Red sub 2 u. 3). Für lukanische Redaktion spricht weiter, daß mit τό substantivierte indirekte Fragesätze (klassisch) im NT nur 2mal (Röm 8,26; 1Thess 4,1) außerhalb des lk Doppelwerks erscheinen, dagegen 9mal im Doppelwerk: 4mal schreibt Lukas solche durch τό substantivierten indirekten Fragesätze gegen Markus: Lk 9,46 (diff. Mk 9,33); 19,48 (Zufügung zu Mk 11,18); 22,2 (diff. Mk 14,1).4 (diff. Mk 14,10); 2mal schreibt er außerdem so in der Apg (4,21; 22,30) und 3mal im Nicht-Markusstoff (neben unserer Stelle noch Lk 22,23.24). Vgl. Rehkopf, Sonderquelle 25.

1,63 Red ἔγραψεν λέγων: An unserer Stelle begegnet erstmalig im Doppelwerk ein den Evangelien sehr geläufiger Hebraismus: auf ein Verbum dicendi[81] folgt ein pleonastisches λέγων, das eine anschließende direkte Rede ankündigt. Dieses pleonastische λέγων ist ein dem Aramäischen fremder[82] Biblizismus (= lemor), der sich im NT 199mal findet: Mt 50, Mk 26, Lk 62/Apg 29, Joh 17, sNT 15. Das

---

[81] Semitisierendem Sprachgebrauch entsprechend ist an unserer Stelle γράφω als Verbum dicendi behandelt (vgl. LXX 2Βασ 11,15; 4Βασ 10,6; 1Makk 8,31; 11,57; Jos.,Ant. 11,26).
[82] Dalman 20f.

LkEv verwendet das pleonastische λέγων, entsprechend der Vorliebe des Lukas für Biblizismen, am häufigsten von allen Schriften des NT. Von den 91 Belegen im Doppelwerk entfällt ein Drittel auf die Apg; in 25 Fällen handelt es sich um lukanische Einfügungen in den Markusstoff. Es ist angesichts dieser beiden Zahlen keine Frage, daß das pleonastische λέγων eine lukanische Vorzugswendung ist. Wir geben im folgenden eine Liste sämtlicher Verba dicendi im Doppelwerk, die mit pleonastischem λέγων konstruiert werden; bis auf wenige Ausnahmen, zu denen auch unsere Stelle gehört[83], gibt sich die Redeweise durch zusätzliche Indizien (Markus-Vergleich, Sprachgebrauch der Apg, Einzelbeobachtungen) als lukanisch zu erkennen[84]:

αἰνέω	Lk 19,37f. (diff. Mk 11,9)
αἴρω φωνήν	Lk 17,13 (vgl. ἐπαίρω τὴν φωνήν)
ἀνακράζω	Lk 23,18 (diff. Mk 15,11) vgl. κράζω
ἀπαγγέλλω	Apg 5,22f.; 22,26
ἀποκρίνομαι	Lk 3,16/Apg 15,13
ἀποστέλλω[85]	Lk 7,20; 19,14.29f. (diff. Mk 11,1f.); 22,8 ἀπ·... εἰπών (diff. Mk 14,13)/Apg 13,15; 16,35
ἀρνέομαι	Lk 22,57 (par. Mk 14,68)
βλασφημέω	Lk 23,39 (λέγων mit 𝔓75 rell [außer BDL el])
βοάω	Lk 9,38 (diff. Mk 9,17); 18,38 (diff. Mk 10,47)
γογγύζω	Lk 5,30 (diff. Mk 2,16)
γράφω[86]	Lk 1,63
δέομαι	Lk 5,12 (vgl. Mk 1,40)
διαγογγύζω	Lk 15,2; 19,7 (vgl. γογγύζω)
διαλογίζομαι	Lk 5,21 (diff. Mk 2,6); 12,17; 20,14 (diff. Mk 12,7)

---

[83] βλασφημέω λέγων, γράφω λέγων, ἐκπειράζω λέγων, ἐμπαίζω λέγων, ἐπισχύω λέγων, προσεύχομαι λέγων, προφητεύω λέγων. Es handelt sich durchweg um lukanisches Sondergut.
[84] Die mit peinlicher Sorgfalt von Neirynck, Minor Agreements 246—249 zusammengestellten Listen zu „λέγων/λέγοντες in Matthew and Luke and not in Mark" sind in ihrer Brauchbarkeit für unsere Fragestellung dadurch eingeschränkt, daß sie nicht auf den Biblizismus: Verbum dicendi + λέγων + direkte Rede abgestellt sind, sondern auf λέγων allgemein. Ebenso Bauer[5] 927f. s.v. λέγω I 8a—c.
[85] In semitisierender Weise öfter als Verbum dicendi gebraucht (vgl. Anm. 81).
[86] S. Anm. 81.

διαμαρτύρομαι	Apg 20,23
διαμάχομαι	Apg 23,9
διατίθεμαι	Apg 3,25
διϊσχυρίζομαι	Lk 22,59 (diff. Mk 14,70)
δοξάζω	Lk 7,16; 23,47 (diff. Mk 15,39)/Apg 11,18
εἶπον	Lk 7,39; 14,3; 20,2 (diff. Mk 11,28)
εἶπον παραβολήν	Lk 12,16; 15,3
ἐκμυκτηρίζω	Lk 23,35 (diff. Mk 15,31)
ἐκπειράζω	Lk 10,25
ἐμπαίζω	Lk 14,29f.
ἐπαίρω τὴν φωνήν	Apg 14,11; 22,22
ἐπερωτάω	Lk 3,10.14; 9,18 (vgl. Mk 8,27); 18,18 (diff. Mk 10,17); 20,21 (diff. Mk 12,14). 27f. (par. Mk 12,18); 21,7 (diff. Mk 13,3); 22,64/Apg 5,27
ἐπισχύω	Lk 23,5
ἐπιτιμάω	Lk 4,35 (par. Mk 1,25)
ἐπιφωνέω	Lk 23,21 (diff. Mk 15,13)
ἐρωτάω	Lk 23,3/Apg 1,6
θαυμάζω	Apg 2,7
κατηγορέω	Lk 23,2/Apg 24,2
κράζω	Apg 16,17; 19,28
λαλέω	Lk 24,6f. (diff. Mk 16,7)/Apg 8,26; 26,31; 28,25f.
λέγω παραβολήν	Lk 14,7; 18,1f.
παραβιάζομαι	Lk 24,29
παραινέω	Apg 27,9f. (vgl. αἰνέω)
παρακαλέω	Lk 7,4/Apg 2,40; 16,9.15; 27,33
πέμπω[87]	Lk 7,6.19 (vgl. ἀποστέλλω)
προσεύχομαι	Lk 22,41f.
προσκαλέω	Lk 18,16 (diff. Mk 10,14)
προσφωνέω	Lk 7,32; Apg 21,40
προφητεύω	Lk 1,67
συγκαλέω	Lk 15,6.9
συλλαλέω	Lk 4,36 (vgl. Mk 1,27)
συλλογίζομαι	Lk 20,5 (vgl. Mk 11,31)
συμβάλλω	Apg 4,15f.
ὑποβάλλω	Apg 6,11

---

[87] S. Anm. 85.

φωνέω   Lk 8,54 (diff. Mk 5,41)/Apg 16,28
φωνὴ ἐγένετο   Lk 9,35 (diff. Mk 9,7).

1,64 Red παραχρῆμα: ist ein ausgesprochenes Vorzugswort der lukanischen Redaktion; es findet sich im NT außer Mt 21,19f. ausschließlich im lk Doppelwerk: 10mal im Ev/6mal in der Apg. Lukas schreibt das Adverb im Markusstoff fünfmal als Ersatz für das von ihm gemiedene (→ 6,49 Trad S. 150) markinische εὐθύς: Lk 5,25 (diff. Mk 2,12); 8,44 (diff. Mk 5,29).55 (diff. Mk 5,42); 18,43 (diff. Mk 10,52); vgl. Lk 22,60 (diff. Mk 14,72). Da Lukas παραχρῆμα außerdem noch Lk 4,39 und 8,47 in den Markusstoff einfügt, gehen auch die 3 Belege im Nicht-Markusstoff aller Wahrscheinlichkeit nach auf lukanische Redaktion zurück: Lk 1,64; 13,13; 19,11. — εὐλογῶν: Lukas schreibt aktivisches εὐλογέω stets mit Objekt der Person oder Sache; Lk 9,16 fügt er gegen die Markusvorlage (6,41) das Objekt αὐτούς in den Text ein und verwandelt auf diese Weise das Tischgebet in eine Weihe von Brot und Fischen. Da es unwahrscheinlich ist, daß Lukas εὐλόγησεν in 9,16 und 24,30 verschieden interpretiert haben sollte, ist das Verbum auch in 24,30 von ihm transitiv gemeint. Was insbesondere die Wendung εὐλογέω τὸν θεόν anlangt, so findet sie sich im NT nur bei Lukas (1,64; 2,28; 24,53); vor allem an der zuletzt genannten Stelle ist lukanische Redaktion durch den völlig von lukanischer Diktion geprägten Kontext → 24,50—53 Red gesichert.

1,65 Red ἐγένετο ἐπὶ πάντας φόβος: gehört zu den → 1,12 Red als lukanisch erkannten Alternativwendungen zu φόβος ἐπέπεσεν ἐπί τινα. Für lukanische Redaktion spricht ferner der Gebrauch von φόβος als formelhafte Wendung des Chorschlusses nach Wundergeschichten, so im NT außer Mk 4,41 nur im Doppelwerk: Lk 1,65; 5,26; 7,16; 8,37/Apg 5,5.11; an zwei dieser Stellen hat Lukas das Motiv zum Markusstoff hinzugefügt (Lk 5,26 Zusatz zu Mk 2,12; Lk 8,37 Zusatz zu Mk 5,17). — ἐν ὅλῃ τῇ ὀρεινῇ τῆς Ἰουδαίας: Während das NT sonst πᾶσα ἡ Ἰουδαία sagt (Mk 1,5; Mt 3,5; Lk 6,17; Apg 1,8), bevorzugt Lukas da, wo er selbst formuliert, ὅλη ἡ Ἰουδαία (Lk 1,65; 7,17; 23,5/Apg 9,31; 10,37). — διελαλεῖτο: διαλαλεῖν findet sich im NT nur 2mal, beide Male im LkEv. Da Lukas διαλαλεῖν Lk 6,11 in den Markusstoff einfügt, wird das Verbum auch an unserer Stelle auf ihn zurückgehen, zumal Lukas auch sonst Verbkomposita mit δια- bevorzugt: von den 80 im NT begegnenden verschiedenen Verbkomposita mit διa- finden sich bei Mt 20, bei Mk 16, im JohEv 7, im lk Doppelwerk dagegen nicht weniger als 67; von diesen 67 Verbkomposita mit διa- kommen über die Hälfte (36) ausschließlich im lk Doppelwerk vor. Noch profilierter tritt das Doppelwerk hervor, wenn man diese Zahlen durch Nachzählen aller Vorkommnisse von Verbkomposita mit διa- (also einschließlich der Wiederholungen desselben Verbs) kontrolliert: Verbkomposita mit διa- finden sich im ganzen NT 344, davon Mt 32, Mk 32, Lk/Apg 203 (Ev 84 + Apg 119), JohEv 10, sNT 67[88]. Ergebnis: Die lukanische Redaktion hat eine ausgesprochene Vorliebe für Verbkomposita mit διa-. — πάντα τὰ ῥήματα ταῦτα: im NT nur Lk 1,65; 2,19; ohne ταῦτα 2,51; 7,1/Apg 5,20. Die Wendung ist ganz lukanisch (zu ῥῆμα = „Sache" etc. → 1,37 Red sub e; zur rhetorischen Verstärkung durch πᾶς → 1,10 Red). Was das Demonstrativpronomen anlangt, so ist τὸ ῥῆμα τοῦτο/τὰ ῥήματα ταῦτα ein Septuagintismus, der sich im NT nur im lk Doppelwerk findet (11mal): Lk 1,65; 2,15.19; 9,45[bis]; 18,34; 24,11/Apg 5,32; 10,44; 13,42; 16,38[89]. Wie sehr Lukas diese Wendung liebt, zeigt sich daran, daß er Lk 9,45a dem τὸ ῥῆμα seiner Markusvorlage (9,32) das Demonstrativpronomen τοῦτο folgen läßt, in 2 weiteren Fällen (Lk 9,45b; 18,34) die Wendung als ganze in seinen Markusstoff einfügt und sie 4mal in der Apg schreibt.

Trad τῇ ὀρεινῇ: → 1,39 Trad. — τῆς Ἰουδαίας → 1,5 Trad.

1,66 Red ἔθεντο ... ἐν τῇ καρδίᾳ αὐτῶν: Ähnliche Wendungen mit übertragenem τίθημι + folgendem ἐν („zu Herzen nehmen", „sich vornehmen") schreibt im NT nur Lukas, und zwar sowohl im Ev (außer 1,66 noch 21,14: θέτε ... ἐν ταῖς καρδίαις ὑμῶν, Zusatz zu Mk 13,11) als auch in der Apg (1,7: ἔθετο ἐν τῇ ἰδίᾳ ἐξουσίᾳ; 5,4: ἔθου ἐν τῇ καρδίᾳ σου; 19,21: ἔθετο ὁ Παῦλος ἐν τῷ πνεύματι).

---

[88] Noch eine bezeichnende Zahl: In den von ihm übernommenen Markusstoff hat Lukas an 16 Stellen 14 verschiedene Verbkomposita mit διa- eingefügt (Lk 5,15; 6,1.11.12; 8,24.29.39.55; 9,6.7.10.33.41; 18,22.36; 20,14), wobei er zweimal das markinische Simplex in ein Kompositum mit διa- verwandelt hat (ἐγείρουσιν Mk 4,38 wird zu διήγειραν Lk 8,24, δός Mk 10,21 zu διάδος Lk 18,22).

[89] Das NT bietet noch zwei weitere Belege, bei denen jedoch das Demonstrativpronomen vorangestellt ist (Joh 8,20; 10,21). Auch in der LXX überwiegt bei weitem die Nachstellung des Demonstrativpronomens (ca. 130 Nachstellungen stehen nur 17 Voranstellungen gegenüber).

— πάντες οἱ ἀκούσαντες/ἀκούοντες: findet sich im NT nur im lk Doppelwerk: Lk 1,66; 2,18.47/Apg 5,5.11; 9,21; 10,44; 26,29. Die Wendung illustriert die lukanische Vorliebe für πᾶς ὁ + Partizip (→ 1,10 Red). — ἐν τῇ καρδίᾳ αὐτῶν: Der *distributive Singular* an unserer Stelle (ἐν τῇ καρδίᾳ αὐτῶν = „in ihrem Herzen" = „jeder in seinem Herzen") statt des im Griechischen zu erwartenden Plurals (§ 140) ist Semitismus (sehr oft in LXX). Lukas bevorzugt den distributiven Singular vor allem bei καρδία: er fügt ihn 3mal in seine Markusvorlage (Lk 8,12.15; 9,47) ein, bringt ihn außer an unserer Stelle noch 4mal im Evangelium (1,51 Hymnus; 12,34 par. Mt 6,21; 24,32.38 geprägte Wendung → 24,38 Trad), verwendet ihn 3mal in der Apg (2,37; 28,27^{bis} cit.) und schreibt ihn auch bei anderen Substantiven (vgl. Lk 20,22 φόρον δοῦναι scil. „jeder seine Steuer"; 24,4 ἐν ἐσθῆτι ἀστραπτούσῃ scil. „jeder in blitzendem Gewand"; Apg 18,6 τὸ αἷμα ὑμῶν ἐπὶ τὴν κεφαλὴν ὑμῶν scil. „auf eines jeden Haupt"; 21,24 ξυρήσονται τὴν κεφαλήν scil. „jeder sein Haupt"). —

Lk   1,66 τί ἄρα τὸ παιδίον τοῦτο ἔσται;
Apg 12,18 τί ἄρα ὁ   Πέτρος   ἐγένετο;

Wir haben den seltenen Fall vor uns, daß die (durch ἄρα lebhafter gemachte) neutrische Fragepartikel (τί ἄρα = „was wohl", so nur noch Mt 19,27) trotz des persönlichen Subjekts als Prädikat gebraucht wird — wie sonst im NT nur noch Apg 12,18 (vgl. § 299,2; 440,2). — καὶ γὰρ χεὶρ κυρίου ἦν μετ' αὐτοῦ: Lukas liebt erläuternde Bemerkungen (Lk 1,66; 2,50; 3,15; 8,29; 9,14; 12,1; 16,14; 20,20; 23,12; Apg 1,15; 17,21; 23,8).

Trad   χεὶρ κυρίου: ist eine der Septuaginta geläufige Genitivverbindung (38mal). Im NT werden die Hand (8mal) bzw. die Hände (4mal) Gottes wiederholt genannt, in der Form χεὶρ κυρίου jedoch nur 3mal im lk Doppelwerk: Lk 1,66; Apg 11,21; 13,11. Das auffällige Fehlen des Artikels erklärt sich daraus, daß der Wendung χεὶρ κυρίου ein Status constructus (jad jahwe) zugrunde liegt. Wir haben → 1,5 Trad S. 18f. eine große Zahl von solchen artikellosen Genitivverbindungen im Doppelwerk beigebracht und gesehen, daß es sich um geprägtes biblizistisches Sprachgut handelt, das Lukas übernahm.

1,67 Red ἐπλήσθη πνεύματος ἁγίου: ist lukanisch → 1,15 Red. — ἐπροφήτευσεν λέγων: Verba dicendi mit pleonastischem λέγων schreibt Lukas mit Vorliebe → die lange Liste 1,63 Red.

1,68 Trad εὐλογητὸς κύριος ὁ θεὸς τοῦ Ἰσραήλ: Der Satz findet sich wörtlich in LXX (nur ohne τοῦ): 1Βασ 25,32; 3Βασ 1,48; 8,15; Ψ 40[41],14; 71[72],18; 105[106],48. Fehlende Kopula in Segensworten ist nicht lukanisch → 1,5 Trad mit Anm. 26; κύριος ὁ θεός ist ebenfalls nicht lukanisch → 1,16 Trad. — ἐπεσκέψατο: Der spezifisch alttestamentliche Sprachgebrauch, demzufolge ἐπισκέπτεσθαι/ἐπισκοπή die (gnädige) Heimsuchung Gottes bezeichnet, findet sich im NT außer Hebr 2,6 cit. und 1Petr 2,12 nur im lukanischen Doppelwerk (Lk 1,68.78; 7,16; 19,44/Apg 15,14). Dabei fällt die Stelle aus der Apg insofern aus dem Rahmen, als sie ἐπισκέπτεσθαι nicht mit folgendem Acc., sondern mit dem Inf. konstruiert. Da dieser Sprachgebrauch der Apg als lukanisch zu gelten hat (vgl. § 392 Anm. 10), sind die Belege im LkEv der Tradition zuzuweisen; das bestätigt sich für Lk 1,68.78 im Blick auf den hymnischen Kontext (→ 1,57—80 Red S. 77). — λύτρωσιν: Das Wort findet sich im NT außer Hebr 9,12 nur in der lk Kindheitsgeschichte: 1,68; 2,38.

1,69 Trad κέρας σωτηρίας ... ἐν οἴκῳ Δαυίδ: Hebraisierende artikellose Genitivverbindungen sind in der Regel vorlukanisch → 1,5 Trad. — σωτηρίας: Scheinbar beliebig wechselt das lukanische Doppelwerk zwischen σωτηρία (10mal) und σωτήριον (3mal). Das Rätsel löst sich mit der Beobachtung, daß alle drei lukanischen Belege für σωτήριον LXX-Zitate sind (Lk 2,30; 3,6; Apg 28,28). So bleiben nur die 10 σωτηρία-Belege: von ihnen finden sich 3 im Benedictus (Lk 1,69.71.77, also traditionell), 6 in der Apostelgeschichte (4,12; 7,25; 13,26.47 cit.; 16,17; 27,34, also redaktionell), während die 10. Stelle, Lk 19,9, sich vom Inhalt her als traditionelles urkirchliches Gut zu erkennen gibt. — Δαυίδ παιδὸς αὐτοῦ → 1,54 Trad.

1,70 Red καθὼς ἐλάλησεν διὰ στόματος τῶν ἁγίων ἀπ᾽ αἰῶνος προφητῶν αὐτοῦ: Der Satz mit der auffälligen Häufung des Genitivs kehrt bis auf einige Minutien Apg 3,21 wörtlich wieder, was ihn als lukanisch ausweist; zwei Lukanismen bestätigen diesen Schluß: a) διὰ στόματός τινος („durch"), vom Boten gesagt, durch den Gott sein Wort verkünden läßt, ist nicht geläufiger judengriechischer Sprachgebrauch; die Wendung findet sich in der ganzen LXX

nur 2Chron 36,21f. (διὰ στόματος Ἰερεμίου^bis). Im NT findet sie sich nur im Doppelwerk: Lk 1,70/Apg 1,16; 3,18.21; 4,25; 15,7[90].
b) ἀπ᾽ αἰῶνος (LXX: nur 10mal, mit Artikel 13mal) begegnet im NT außer an unserer Stelle (Lk 1,70 par. Apg 3,21) nur noch Apg 15,18 cit. Am 9,11 — mit Abweichungen vom Bibeltext (LXX Am 9,11: καθὼς αἱ ἡμέραι τοῦ αἰῶνος, Apg 15,18: γνωστὰ ἀπ᾽ αἰῶνος). Wir haben einen der zahlreichen Fälle vor uns, in denen Lukas den Bibeltext ungenau zitiert bzw. an ihm feilt (→ 1,13 Red). Unser Ergebnis, daß V. 70 ein lukanischer Zusatz zum Benedictus ist, bereitet sachlich keine Schwierigkeit: der Vers ist entbehrlich.

1,71 Red πάντων: ist durch die LXX-Vorlage nicht gedeckt:

Lk 1,71: ἐκ χειρὸς πάντων τῶν μισούντων ἡμᾶς
Ψ 105[106],10: ἐκ χειρὸς μισούντων

Wir haben eine der zahlreichen Generalisierungen mit Hilfe von πᾶς vor uns, wie sie für Lukas charakteristisch sind → 1,10 Red.

Trad σωτηρίαν: → 1,69 Trad. — ἐχθρῶν: ἐχθροί als Bezeichnung der Heiden qua Feinde Israels liegt im NT nur im Nicht-Markusstoff des LkEv vor: Lk 1,71 (cit. Ψ 105[106],10).74; 19,43[91]. — μισούντων: Lukas schreibt μισέω nicht von sich aus; in der Apg verwendet er es nie; außer Lk 21,17 = Mk 13,13 findet sich μισέω bei ihm nur im Nicht-Markusstoff (6mal): Lk 1,71 cit.; 6,22.27; 14,26; 16,13 (par. Mt 6,24); 19,14.

1,72 Trad ποιῆσαι ἔλεος μετὰ τῶν πατέρων: ἔλεος gehört zum Vokabular der Tradition → 1,50 Trad; die alttestamentliche Wendung ποιεῖν ἔλεος μετά τινος (LXX Ri 1,24; 8,35; 1Βασ 20,8) findet sich im NT nur im Nicht-Markusstoff des 3. Evangeliums, außer an unserer Stelle noch Lk 10,37.

1,73 Trad ὅρκον ὃν ὤμοσεν: Die klassische Figura etymologica (= Verstärkung des Verbs durch einen *Akkusativ* des inneren Objekts,

---

[90] Anders Mt 4,4 cit. Dtn 8,3, wo vom „Mund Gottes" die Rede ist.
[91] Wie die älteste Kirche die Feinde gedeutet hat, die in Ps 110,1, der im NT meistzitierten Bibelstelle, genannt werden, ist nicht sicher zu sagen. Die rabbinische Exegese denkt an die Heiden (vgl. Billerbeck IV 452ff.), die älteste uns bekannte christliche Deutung an die dämonischen Mächte 1Kor 15,24f.

der ein dem Verb stammgleiches bzw. sinnverwandtes Substantiv benutzt) liebt Lukas nicht. Wo er sie im Markusstoff vorfindet, ändert er: Mk 4,41 diff. Lk 8,25; Mk 13,19 diff. Lk 21,23[92]; wo er sie in der Apg bringt, handelt es sich um LXX-Zitate[93] oder um Formelgut[94]. Vielmehr bevorzugt Lukas die Verstärkung des Verbums durch ein stammgleiches Substantiv im *Dativ*. Dieser Septuagintismus, der den hebr. Inf.abs. wiederzugeben versucht, findet sich im lukanischen Doppelwerk Lk 22,15; 23,46; Apg 2,17 cit. 30; 5,28; 16,28; 23,14; 28,10.26 cit.[95]. Angesichts der Zurückhaltung des Lukas gegenüber der Figura etymologica ist man überrascht, im Nicht-Markusstoff auf nicht weniger als 10 Belege für sie zu stoßen: Lk 1,22.73; 2,8.9; 6,48Q.49Q; 7,29; 11,46; 12,50; 24,23[96]. Offensichtlich haben wir es mit einer Spracheigentümlichkeit des Nicht-Markusstoffes zu tun; Einzelbeobachtungen stützen diesen Schluß[97]. Wir haben also an unserer Stelle sehr wahrscheinlich nicht-lukanischen Sprachgebrauch vor uns; dieses Ergebnis wird bestätigt, wenn wir Apg 2,30 zum Vergleich heranziehen, wo gut lukanisch der Dativ steht (ὅρκῳ ὤμοσεν) im Unterschied zum Akkusativ an unserer Stelle (ὅρκον ὃν ὤμοσεν).

1,74 Trad ἐκ χειρὸς ἐχθρῶν: Artikellose Genitivverbindung → 1,5 Trad; zu ἐχθροί → 1,71 Trad.

1,75 Trad πάσαις ταῖς ἡμέραις: Zum dat.temp. → 1,10 Trad.

---

[92] Auch Mk 13,20 (διὰ τοὺς ἐκλεκτοὺς οὓς ἐξελέξατο) fehlt Lk 21,24; doch ist hier der ganze Vers von Lukas nicht übernommen.

[93] Apg 2,17 cit. Jo 3,1; Apg 7,47 cit. 3Βασ 6,2; Apg 7,49 cit. Jes 66,1; Apg 13,41 cit. Hab 1,5.

[94] Apg 19,4 ἐβάπτισεν βάπτισμα ist formelhafte Sprache, wie Mk 10,38f.; Lk 7,29; 12,50 zeigen.

[95] Auffälligerweise griff Lukas die Figur an der Stelle nicht auf, an der Markus sie ihm anbot (Lk 8,56 καὶ ἐξέστησαν οἱ γονεῖς αὐτῆς diff. Mk 5,42 ἐξέστησαν εὐθὺς ἐκστάσει μεγάλῃ).

[96] Nicht mitgezählt ist Lk 11,49, weil hier die Figura etymologica ἀποστελῶ/ ἀποστόλους unbeabsichtigt sein dürfte → 11,49 Red.

[97] Die Figura etymologica Lk 6,48.49 (οἰκοδομέω οἰκίαν) wird durch par. Mt 7,24.26 als vorlukanisch erwiesen; βαπτίζω βάπτισμα ist formelhaft (s. Anm. 94); φοβοῦμαι φόβον μέγαν wird von Lukas (8,25) nicht übernommen, obwohl Markus ihm die Wendung anbot (Mk 4,41); Lk 1,73 (ὅρκον ὀμνύω) ist nicht lukanisch, wie der Vergleich mit Apg 2,30 zeigt (s.o. im Text).

1,76 Trad προφήτης ὑψίστου: Artikellose Genitivverbindung → 1,5 Trad; was speziell artikellose Gen.-Verbindungen mit ὕψιστος anlangt, so finden sie sich im NT nur im Nicht-Markusstoff des LkEv → 1,32 Trad. — ἐνώπιον κυρίου: → 1,15 Trad.

1,77 Trad γνῶσιν σωτηρίας: Artikellose Genitivverbindung → 1,5 Trad. σωτηρίας → 1,69 Trad. — ἐν ἀφέσει ἁμαρτιῶν: Geläufige urchristliche Formel → 1,5 Trad.

1,78 Trad σπλάγχνα ἐλέους θεοῦ: Zu σπλάγχνα vgl. die Bemerkungen zum Verbum σπλαγχνίζομαι ZNW 62 (1971), 177 (zu Lk 15,20 Trad); zu ἔλεος → 1,50 Trad; zur artikellosen Genitivverbindung ἐλέους θεοῦ → 1,5.35 Trad. mit Anm. 34. — ἐπισκέψεται: → 1,68 Trad. — ἐξ ὕψους: im NT nur im Nicht-Markusstoff des dritten Evangeliums: Lk 1,78; 24,49, an beiden Stellen den Gottesnamen umschreibend.

1,79 Trad ἐν σκότει καὶ σκιᾷ θανάτου: Artikellose Genitivverbindung → 1,5 Trad. — ὁδὸν εἰρήνης: Ebenso. Was εἰρήνη anlangt, so wird diese Vokabel in der Apg mit Ausnahme eines Bibelzitates (Apg 10,36 cit. LXX Jes 52,7) stets im profanen Sinn gebraucht (7,26; 9,31; 12,20; 15,33; 16,36; 24,2). Auch im Evangelium verwendet Lukas εἰρήνη nicht von sich aus zur Bezeichnung des Heils im eschatologischen Vollsinn; vielmehr beschränken sich die Belege auf den Nicht-Markusstoff (1,79; 2,14; 10,5.6.6Q; 19,42) sowie auf geprägte Wendungen (Akklamation 19,38 vgl. 2,14; Friedensgruß 7,50; 8,48 par. Mk 5,34; Lk 24,36; vgl. 2,29). εἰρήνη ist also an unserer Stelle vorlukanisch.

1,80 Red τὸ δὲ παιδίον ηὔξανεν καὶ ἐκραταιοῦτο: kehrt in dem Summarium Lk 2,40 wörtlich wieder; die Wendung hat angesichts des intransitiven Gebrauchs von ηὔξανεν als redaktionell zu gelten. αὐξάνω, das klassisch transitiv ist („vermehren", „zunehmen lassen", „wachsen lassen", pass. „wachsen", „zunehmen"), hat nämlich einen jüngeren intransitiven Sprachgebrauch herausgebildet („wachsen", „zunehmen"), der der LXX noch unbekannt ist. Dieses intransitive Aktivum findet sich 8mal (4 + 4) im lk Doppelwerk[98], sonst im NT

---

[98] Lk 1,80; 2,40; 12,27Q($\mathfrak{P}$45.75 B$\aleph$A); 13,19/Apg 6,7; 7,17; 12,24; 19,20. Nur Lk 12,27 ist die Konstruktion wegen der Parallele in Mt 6,28 vorlukanisch.

nur 6mal⁹⁹. Wie geläufig es dem dritten Evangelisten war, ersieht man am besten aus Apg 7,17, wo Lukas das Passiv, das ihm die LXX bot (Ex 1,7 ηὐξήθησαν), in ein intransitives Aktivum umwandelt (ηὔξησεν). – ἐν ταῖς ἐρήμοις: Der generalisierende Plural αἱ ἔρημοι (subst.) findet sich im NT nur im dritten Evangelium (3mal). Lukas schreibt subst. αἱ ἔρημοι außer an unserer Stelle noch Lk 5,16 (diff. Mk 1,45) sowie Lk 8,29 (Zufügung zu Mk 5,8), so daß für Lk 1,80 Redaktion feststeht. – ἀναδείξεως: Die Wortgruppe erscheint im NT nur im lk Doppelwerk: ἀνάδειξις Lk 1,80; ἀναδείκνυμι 10,1; Apg 1,24.

Trad ἡμέρας ἀναδείξεως: Artikellose Genitivverbindung → 1,5 Trad.

1,57–80 Red Die einleitende Erzählung hat Lukas ganz stark gestaltet, ohne ihr jedoch den semitisierenden Klang zu nehmen. So beließ er z.B. in V. 57–66 das 14malige parataktische καί. In auffälligem Kontrast zur Überarbeitung des Rahmens durch Lukas wiederholt sich beim Benedictus das Ergebnis der Analyse des Magnificat: wenn überhaupt, hat bei den Hymnen nur ganz vereinzelt (→ 1,70.71 Red) ein redaktioneller Eingriff stattgefunden.

2,1 Red ἐγένετο ... ἐν ... ἐξῆλθεν: Zum periphrastischen (καί) ἐγένετο (lukanisch) → 1,8f. Red sub A. Die Kombination a) periphrastisches ἐγένετο δέ + b) präpositionale Zeitbestimmung + c) asyndetisch angefügtes Verbum finitum findet sich im NT sonst nur noch Lk 1,8; 2,6; 11,27; 18,35. – ἐν ταῖς ἡμέραις ἐκείναις: Bei den 5 Belegen im LkEv¹ handelt es sich (neben 2 Stellen im Nicht-Markusstoff Lk 2,1; 4,2) um eine Änderung am Markustext (5,35 diff. Mk 2,20), einen Zusatz zu Markus (9,36 Zusatz zu Mk 9,8) und eine Übernahme von ihm (21,23 par. Mk 13,17). Nimmt man die 3 Stellen der Apg hinzu (2,18 cit.; 7,41; 9,37) sowie die Vorliebe des Lukas für das temporale ἐν (→ 1,5 Trad), so wird man die Wendung als lukanisch zu kennzeichnen haben. – δόγμα: Außer Eph 2,15; Kol 2,14, wo es sich aber um göttliche Satzungen handelt, im NT nur im lk Doppelwerk: Lk 2,1 und Apg 17,7 von Verordnungen des Kaisers, 16,4 von solchen der Apostel. – ἀπογράφεσθαι: Das Me-

---

⁹⁹ Mt 6,28Q; Joh 3,30; Kol 2,19; Eph 2,21; 4,15; 2Petr 3,18.
¹ Gesamtvorkommen im NT: Mt 2; Mk 4; Lk 5/Apg 3; Offb 1.

dium im Sinn von „sich ... lassen" begegnet im NT lediglich vereinzelt, und zwar außer bei Paulus nur im lk Doppelwerk: ἀπογράφεσθαι Lk 2,1.3.5/βάπτισαι καὶ ἀπόλουσαι Apg 22,16/κείρασθαι Apg 18,18/ξύρεσθαι Apg 21,24 (§ 317). — πᾶσαν τὴν οἰκουμένην: οἰκουμένη ist lk Vorzugswort[2], das an unserer Stelle, wie sonst im NT nur noch Apg 17,6 und 24,5, hyperbolisch das römische Reich bezeichnet. Lukas liebt Wendungen mit πᾶς (→ 1,10 Red).

2,3 Red ἀπογράφεσθαι: Zum Medium im Sinn von „sich ... lassen" → 2,1 Red.

Trad ἐπορεύοντο: πορεύομαι mit finalem Infinitiv (§ 388.390,1) findet sich im NT außer Joh 14,2 nur im Nicht-Markusstoff des LkEv: Lk 2,3; 14,19.31. — ἑαυτοῦ: ἑαυτοῦ (-ῶν) als „geschwächtes Reflexivum" (so J. M. Moulton, Einleitung in die Sprache des Neuen Testaments, Heidelberg 1911, 140) anstelle des Genitivs der Possessivpronomina „sein", „ihr" begegnet im Doppelwerk nie im Markusstoff und nie in der Apg[3], vielmehr (und hier gleich 16mal) ausschließlich im Nicht-Markusstoff: Lk 2,3.39; 9,60; 11,21; 12,36; 13,19.34; 14,26a ($\mathfrak{P}^{75}$BL). 26b.27.33; 15,20 ($\mathfrak{P}^{75}$BAW); 16,4.5.8; 19,13.

2,4 Red ἀνέβη: ἀναβαίνω mit Inf. d. Zwecks findet sich im NT außer Mt 14,23 nur im lk Doppelwerk (Lk 2,4f.; 9,28; 18,10/Apg 10,9). Lukas schreibt die Konstruktion nicht nur in der Apg, sondern fügt sie auch in den Markusstoff ein (Lk 9,28 diff. Mk 9,2). Die Konstruktion mit ἵνα, die im Doppelwerk nur 1mal vorkommt (→ Lk 19,4 Trad), ist daher der Tradition zuzuweisen. — δὲ καί: Die Partikelverbindung δὲ καί „aber auch", „aber sogar" begegnet im NT besonders häufig bei Paulus (22mal) und bei Lukas (Ev 26/Apg 7mal[4]), sonst nur Mt 3, Mk 2, Joh 8, sNT 5mal[5]. Lukas hat die

---

[2] LkEv dreimal: 2,1; 4,5; 21,26 (Zusatz zu Mk 13,25)/Apg fünfmal: 11,28; 17,6.31 cit.; 19,27; 24,5; sNT 7mal.

[3] Lk 19,36 ist mit אC, Apg 14,14 mit $\mathfrak{P}^{74}$אCD αὐτῶν zu lesen. Nur Apg 21,11 könnte eine Ausnahme sein.

[4] Hawkins 17.37.

[5] Nicht mitgezählt sind die Fälle, an denen keine Partikelverbindung vorliegt, vielmehr zwischen δέ und καί eine Zäsur ist, weil δέ rückwärtsbezogen, καί dagegen vorwärtsbezogen ist wie z.B. Lk 15,28.32. Vgl. J. Jeremias, ZNW 62 (1971), 174 Nr. 9.

Partikelverbindung 6mal zum Markusstoff hinzugefügt (Lk 4,41; 5,36; 20,11.12.31; 21,16); sie war seine „favourite method of giving emphasis"[6], Beispiel: 3,12 „sogar die Zöllner". — ἥτις: → 1,20 Red Anm. 13. — διὰ τὸ εἶναι: Der präpositionale substantivierte Infinitiv ist ein markanter Lukanismus → 1,8f. Red sub B 2. Allein das an unserer Stelle vorliegende διὰ τό mit Infinitiv zur Bezeichnung des Grundes (§ 402,1) findet sich 16mal im lk Doppelwerk (Mt 3, Mk 3, Lk 8/Apg 8, Joh 1, sNT 5); 5 dieser 16 Belege lassen auf das διὰ τό den Infintiv εἶναι folgen, eine Verbindung, die im NT nur im Doppelwerk vorkommt (Lk 2,4; 11,8; 19,11/Apg 18,3; 27,4). 8 Belege entfallen auf die Apg. Wenden wir uns speziell den 8 Belegen, die das LkEv bietet, zu, so entfallen 2 auf den Markusstoff (eine Übernahme der Konstruktion: Lk 8,6 = Mk 4,6 und eine Einfügung in den Markusstoff: Lk 9,7 diff. Mk 6,14), 6 auf den Nicht-Markusstoff. Die ausgesprochene Vorliebe des Lukas für die verwandte Konstruktion ἐν τῷ mit Infinitiv (→ 1,8f. Red) machen auch für diese 6 Belege (Lk 2,4; 6,48; 11,8; 18,5; 19,11; 23,8) lukanische Bearbeitung in hohem Maße wahrscheinlich.

Trad εἰς πόλιν Δαυίδ ... ἐξ οἴκου καὶ πατριᾶς Δαυίδ: Artikellose Genitivverbindungen → 1,5 Trad. — Ἰουδαίαν: (im engeren Sinn) → 1,5 Trad.

2,5 Red ἀπογράψασθαι: → 2,1 Red. — σύν: → 1,56 Red.

Trad Μαριάμ: Die semitische Namensform Μαριάμ ist älter als die hellenisierte Form Μαρία → 1,27 Trad.

2,6 Red ἐγένετο δέ: Zum periphrastischen ἐγένετο → 1,8f. Red sub A. Zu ἐν τῷ c.inf. → 1,8f. Red sub B 2a. Die Kombination von a) ἐγένετο δέ + b) ἐν τῷ mit acc.c.inf. + c) asyndetischer Anschlußsatz im NT nur Lk 1,8; 2,6; 11,27; 18,35 (diff. Mk 10,46). — τοῦ τεκεῖν αὐτήν: → 1,8f. Red sub B 1a.

Trad ἐπλήσθησαν: de tempore → 1,23 Trad.

2,7 Red διότι: → 1,13 Red.

---

[6] Plummer 90.

Trad τόπος: in der Bedeutung „(Sitz-)Platz, Raum zum Aufenthalt" findet sich im NT (außer Joh 14,2f.; Röm 15,23; Offb 12,6.8.14; 20,11) nur im Nicht-Markusstoff des LkEv: Lk 2,7; 14,9bis.10.22. Insbesondere sind für diesen kennzeichnend die Wendungen: τόπος ἐστίν (2,7; 14,22; anders τόπον ἔχειν Röm 15,23; Offb 12,6 und τόπος εὑρίσκεταί τινι 20,11), τόπον κατέχειν (Lk 14,9) sowie ὁ ἔσχατος τόπος (Lk 14,9f.; anders ὁ ἥττων τόπος Mt 20,28 D al).

2,8 Trad φυλάσσοντες φυλακάς: Figura etymologica → 1,73 Trad.

2,9 Red ἄγγελος κυρίου: Der Vergleich von

Lk 2,9: καὶ ἄγγελος κυρίου ἐπέστη αὐτοῖς καὶ δόξα κυρίου περιέλαμψεν ...

mit

Apg 12,7: καὶ ἰδοὺ ἄγγελος κυρίου ἐπέστη καὶ φῶς ἔλαμψεν ...

weist auf die gleiche Hand. Bei der Untersuchung der beiden Verben ἐπέστη und περιέλαμψεν bestätigt sich der lukanische Charakter von 2,9a.b. Was zunächst ἐπέστη anlangt, so findet sich ἐφίστημι im lk Doppelwerk 18mal (Ev 7/Apg 11, sNT nur 3mal). Zweimal schreibt Lukas das Verbum gegen seine Markusvorlage: Lk 4,39 diff. Mk 1,31; Lk 20,1 diff. Mk 11,27. Nur von Lukas wird ferner im NT ἐφίστημι zur Schilderung von (himmlischen) Erscheinungen gebraucht: Lk 2,9; 24,4/Apg 12,7; 23,11 vgl. auch 10,17; 11,11 (gottgesandte menschliche Boten). Alle diese Beobachtungen weisen ἐφίστημι als lukanisch aus. — Wenden wir uns zu περιέλαμψεν, so zeigt sich, daß Lukas eine Vorliebe für die Derivate des Stammes λαμπ- hat; im lk Doppelwerk findet sich: λάμπω (Lk 17,24; Apg 12,7); λαμπάς (Apg 20,8); λαμπρός (Lk 23,11; Apg 10,30); λαμπρῶς (Lk 16,19); λαμπρότης (Apg 26,13); περιλάμπω (im NT nur Lk 2,9 und Apg 26,13, an beiden Stellen transitiv und mit personalem Objekt konstruiert).

Trad ἄγγελος κυρίου ... δόξα κυρίου: Diese und zahlreiche analoge Genitivverbindungen (→ 1,11 Trad S. 31f.) sind im Judengriechischen idiomatisch: Die Artikellosigkeit beider Nomina versucht, einen hebr. Stat.constr. wiederzugeben, der Genitiv κυρίου ersetzt das Tetragramm. Da Lukas den Kyrios-Titel auf Jesus bezieht, sind Wendungen wie die unsere, die Gott als Kyrios bezeichnen, als vorlukanisch einzuordnen (→ 1,6 Trad S. 23f.). — ἐφοβήθησαν φόβον μέγαν: Ein weiteres Beispiel für die eben (V. 8) erwähnte Figura etymologica. Für vorlukanischen Sprachgebrauch spricht zusätzlich, daß Lukas die gleiche Figur wörtlich Mk 4,41 (ἐφοβήθησαν φόβον μέγαν) vorfand, dort aber nicht übernahm, sondern in ein φοβηθέντες δὲ ἐθαύμασαν umwandelte (Lk 8,25).

2,10 Red εὐαγγελίζομαι: Die Statistik erweist das mediale εὐαγγελίζομαι als lukanisches Vorzugswort (23mal im Doppelwerk) → 1,19 Red S. 39. — χαρὰν μεγάλην → 24,52 Red S. 323. — ἥτις: → 1,20 Red (s. auch 2,4). — παντὶ τῷ λαῷ: Lukas hat eine Vorliebe für Wendungen mit πᾶς und für λαός (→ 1,10 Red). Insbesondere die Kombination πᾶς (ἅπας) + ὁ λαός findet sich gehäuft im lk Doppelwerk (Lk 12/Apg 6; übriges NT nur 3). 7mal hat Lukas die Wendung zum Markusstoff hinzugefügt (Lk 8,47; 9,13; 18,43; 19,48; 20,6.45; 21,38).

Trad καὶ εἶπεν αὐτοῖς: καὶ εἶπεν in unmittelbarer Aufeinanderfolge am Satzbeginn mit folgendem Dativ → 1,18.19 Trad.

2,11 Red σωτήρ: σωτήρ (von Christus ausgesagt, lukanisch) → 1,47 Trad. — κύριος: (von Christus ausgesagt, lukanisch) → 1,6 Trad.

Trad σήμερον: mit eschatologischem Beiklang zur Bezeichnung der Gegenwart des Heils findet sich abgesehen vom Vaterunser (Mt 6,11) und von zwei Septuagintazitaten (Ψ 2,7 cit. Apg 13,33; Hebr 1,5; 5,5 und Ψ 94[95],7 cit. Hebr 3,7.13.15; 4,7[bis]) im NT nur Lk 2,11; 4,21; 5,26; 19,5.9 (23,43). Daß 4 (5) Belege im Nicht-Markusstoff stehen, weist auf vorlukanischen Sprachgebrauch. — ἐν πόλει Δαυίδ: Artikellose Genitivverbindung → 1,5 Trad.

2,12 Red (εὑρήσετε[7] βρέφος) ἐσπαργανωμένον: An unserer Stelle begegnet erstmalig im Doppelwerk das prädikative (komplementäre) Partizip (§ 414—16). Diese Redeweise, die sich des Partizips zur Ergänzung des Hauptverbalbegriffs bedient (Beispiel: Lk 2,46 εὗρον αὐτὸν καθεζόμενον), war in neutestamentlicher Zeit zwar noch nicht im Aus-

---

[7] Es ist kennzeichnend für den Stil des Lukas, daß bei ihm εὑρίσκω mit Verba videndi austauschbar ist (Lk 8,35 εὗρον diff. Mk 5,15 θεωροῦσιν; Lk 9,36 εὑρέθη diff. Mk 9,8 εἶδον; vgl. Lk 24,2 εὗρον anders Mk 16,4 θεωροῦσιν). Vgl. Neirynck, Historic Present 551.

sterben, wohl aber in einem starken Rückgang begriffen. Dabei ist das Bild bei den 3 Verbalgruppen, die das Partizip als Komplement benützen, ganz verschieden: a) „fast erloschen" (§ 415) ist im NT das Partizip zur Ergänzung von Verben der Gemütsbewegung (Apg 16,34 ἠγαλλιάσατο πεπιστευκώς); b) am stärksten gehalten hat sich andererseits das Partizip zur Ergänzung von Verben des Wahrnehmens und Erkennens, insbesondere von ἀκούω[8], εἶδον[9] und εὑρίσκω[10]; c) eine Mittelstellung zwischen „fast erloschen" und „erhalten geblieben" nimmt das Partizip zur Ergänzung von Verben des modifizierten Seins und Tuns ein; wie die anschließende Liste zeigt, wird es noch im NT gebraucht, aber mit ungleichmäßiger Verteilung: voran steht das lk Doppelwerk mit 15 Belegen[11]. Es handelt sich um folgende Verben:

	LkEv	Apg	Mt	Mk	Joh	Paulus	sNT
διαλείπω	7,45						
διατελέω		27,33					
ἐγκακέω						Gal 6,9; 2Thess 3,13	
ἐπιμένω		12,16					
λανθάνω							Hebr 13,2
παύομαι	5,4	5,42; 6,13; 13,10; 20,31; 21,32				Eph 1,16; Kol 1,9	Hebr 10,2
ποιέω		21,13		11,5			
καλῶς ποιέω		10,33				Phil 4,14	2Petr 1,19; 3Joh 6
προϋπάρχω	23,12	8,9					
προφθάνω			17,25				
τελέω			11,1				
ὑπάρχω		8,16; 19,36					Jak 2,15
φαίνομαι			6,16.18				

[8] Mk 2, Lk 2/Apg 13, Offb 21, sNT 3 → 4,23 Red S. 124f.
[9] Allein im MkEv 15 Belege.   [10] Mt 7, Mk 6, Lk 13/Apg 10, sNT 5.
[11] Die oben im Text abgedruckte Tabelle ergibt folgende Verteilung: Mt 4, Mk 1, Lk 3/Apg 12, Joh 0, Pls 5, Hebr 2, sNT 3.

Wie sehr das prädikative Partizip dem Stilempfinden des Lukas liegt, sieht man daran, daß er kein Bedenken hat, es in den Bibeltext einzutragen: aus einer ὅτι-Konstruktion, die er LXX Gen 42,2 vorfand (ἀκήκοα ὅτι ἔστιν σῖτος ἐν Αἰγύπτῳ), macht er ein prädikatives Partizip (ἀκούσας δὲ ... ὄντα σιτία εἰς Αἴγυπτον Apg 7,12).

Trad τοῦτο ὑμῖν σημεῖον: Fehlende Kopula bei substantivischem Demonstrativum (wie an unserer Stelle) findet sich bei Lukas nur im Nicht-Markusstoff des Ev: Lk 1,43; 2,12.36f.; 23,38; 24,44 → 1,5 Trad Anm. 23.

2,13 Red σύν: → 1,56 Red. — πλῆθος: ist lk Vorzugswort (LkEv 8/Apg 16, sNT nur 7). 2mal hat es Lukas zum Markusstoff hinzugefügt (Lk 8,37; 19,37). — στρατιᾶς οὐρανίου: Von „der himmlischen Heerschar" ist im NT nur bei Lukas die Rede. Apg 7,42 redet er in Übereinstimmung mit LXX von ἡ στρατιὰ τοῦ οὐρανοῦ[12], Lk 2,13 sagt er στρατιὰ οὐράνιος. Das Adjektiv οὐράνιος, das sonst im NT nur noch Apg 26,19 und 7mal bei Mt[13] vorkommt, ist an unserer Stelle eine Gräzisierung des Status constructus (ἡ στρατιὰ) τοῦ οὐρανοῦ[14]. Wir haben eines der zahlreichen Beispiele dafür vor uns, daß Lukas keine Bedenken hat, am LXX-Text stilistisch zu feilen (→ 1,13 Red). — αἰνούντων τὸν θεόν: αἰνέω wird von Lukas gern gebraucht (im NT Lk 3/Apg 3, Pls 1 cit., Offb 1)[15]. Man beachte, daß Lukas 19,37 (Zusatz zu Mk 11,9) das Verbum und 18,43 (Zusatz zu Mk 10,52) das dazugehörige Substantiv αἶνος in seinen Markusstoff einfügt.

2,14 Trad δόξα ἐν ὑψίστοις θεῷ καὶ ἐπὶ γῆς εἰρήνη ἐν ἀνθρώποις εὐδοκίας: Lobsprüche ohne Kopula (an unserer Stelle zweimal) bildet Lukas nicht von sich aus. Das zeigen schon die spärlichen Belege im Markusstoff und in der Apg: Lk 19,38 cit. par. Mk 11,9f.; Apg 19,28.34 (μεγάλη ἡ Ἄρτεμις) → 1,5 Trad Anm. 26. — θεῷ: θεός ohne Artikel → 1,35 Trad. — εἰρήνη: → 1,79 Trad. — ἀνθρώποις εὐδοκίας: Artikellose Genitivverbindungen übernimmt Lukas aus der Überlieferung (→ 1,5 Trad); auch εὐδοκία (im NT nur

---

[12] 3Βασ 22,19; vgl. 2Chron 33,3.5; Jer 8,2; 19,13; Hos 13,4; Zeph 1,5.
[13] Bei Mt immer mit ὁ πατήρ verbunden.
[14] Vgl. Schürmann, Lukasevangelium I 112 Anm. 124.
[15] Lk 2,13.20; 19,37/Apg 2,47; 3,8f.; Röm 15,11 cit.; Offb 19,5.

Lk 2,14 und 10,21 par. Mt 11,26 sowie 5mal bei Paulus) ist vorlukanisch; das zeigt für Lk 10,21 die Mt-Parallele, für Lk 2,14 der liturgische Klang.

2,15 Red καὶ ἐγένετο ὡς ἀπῆλθον ... ἐλάλουν: Zum periphrastischen ἐγένετο → 1,8f. Red sub A. Die an unserer Stelle vorliegende Kombination von a) καὶ ἐγένετο + b) durch ὡς temp. eingeleiteter Konjunktionalsatz + c) asyndetisch angefügtes Verbum finitum findet sich im NT nur Lk 1,23.41; 2,15; 11,1 und 19,29 (Umformulierung von Mk 11,1); diese Wendung ist also ausgesprochen lukanisch. — ἀπῆλθον: Das Entschwinden der Erscheinung wird von Lukas eigens vermerkt → 1,38 Red. — εἰς τὸν οὐρανόν: → 3,21f. Red. — πρός: πρός c.acc. nach Verba dicendi ist kennzeichnend für die Redaktion → 1,13 Red sub 2. — πρὸς ἀλλήλους: πρὸς ἀλλήλους (Mk 4, Lk 8/Apg 4, Joh 4, sNT 0) wird durch die 4 Belege in Apg (4,15; 26,31; 28,4.25), durch 3-fache Hinzufügung zur Markusvorlage (Lk 4,36; 6,11; 20,14) und durch eine Übernahme (Lk 8,25 = Mk 4,41) als lukanisch erwiesen. Was die Belege im Nicht-Markusstoff anlangt (Lk 2,15; 24,14.17.32), so kehrt die an unserer Stelle vorliegende Kombination λαλεῖν + πρὸς ἀλλήλους in der Apg wieder (26,31); außerdem schreibt Lukas die Komposita συνελάλουν πρὸς ἀλλήλους 4,36 diff. Mk 1,27 und διελάλουν πρὸς ἀλλήλους Lk 6,11 diff. Mk 3,6. Das alles ist gut lukanisch. Dagegen ist πρὸς ἑαυτούς mit reziproker Bedeutung nicht lukanisch (→ 22,23 Trad). Zwar ließ Lukas es in seiner Markusbearbeitung 1mal passieren (Lk 20,5 = Mk 11,31), er mied das reziproke πρὸς ἑαυτούς jedoch Lk 18,26 (diff. Mk 10,26) und ersetzte es Lk 20,14 (diff. Mk 12,7) durch das ihm geläufige πρὸς ἀλλήλους. — διέλθωμεν δὴ ἕως: Lukas bevorzugt Verbkomposita mit δια- → 1,65 Red. Was speziell διέρχομαι anlangt, so bieten Mt 1, Mk 2, Pls 5, sNT 3, dagegen das lk Doppelwerk 30 (Lk 10/Apg 20) Belege. Schon diese Statistik zeigt, daß διέρχομαι lk Vorzugswort ist, andere Beobachtungen bestätigen es. So findet sich διέρχομαι + präpositionales lokales ἕως im NT nur im Doppelwerk (Lk 2,15; Apg 9,38; 11,19), und das gleiche gilt von ἄγω ἕως (Lk 4,29; Apg 17,15), διώκω ἕως (26,11), ἐξάγω ἕως (Lk 24,50), ἐξαποστέλλω ἕως (Apg 11,22), ἔρχομαι ἕως (Lk 4,42 diff. Mk 1,37), πορεύομαι ἕως (Apg 17,14; 23,23), προπέμπω ἕως (21,5). Auch δή = „ja", „doch ja" bei Aufforderungen findet sich außer 1Kor 6,20 nur im Doppelwerk (an unserer Stelle und Apg 13,2; 15,36). — τὸ ῥῆμα τοῦτο: τὸ ῥῆμα τοῦτο/τὰ ῥήματα ταῦτα schreibt im NT nur Lukas → 1,65 Red; zu ῥῆμα = Sache, Angelegenheit → 1,37 Red s.v. e. — τὸ γεγονός: Attributiv gebrauchtes Partizip von γίνομαι („sich ereignen", „geschehen", „stattfinden") begegnet im NT nur im lukanischen Doppelwerk: Lk 2,15 γεγονός; 13,17 γινομένοις/Apg 10,37 γενόμενον. (Zum substantivierten Partizip von γίνομαι → 23,47 Red).

Trad ὁ κύριος: = Gott → 1,6 Trad.

2,16 Red σπεύσαντες: σπεύδω findet sich außer 2Petr 3,12 (transitiv) im NT nur in Lk/Apg (immer intransitiv): Lk 2,16; 19,5.6/Apg 20,16; 22,18. — ἀνεῦραν: im NT nur Lk 2,16 und Apg 21,4. Angesichts der großen Häufigkeit des Simplex im NT (176mal)[16] ist es sehr auffällig, daß das Kompositum ἀνευρίσκω nur an den beiden genannten Stellen auftaucht, beide im Doppelwerk. — τὲ ... καὶ ... καὶ ...: Die enklitische Partikel τέ wird von Lukas in der Apg mit exzessiver Häufigkeit gebraucht: Mt 3, Mk 0, Lk 8/Apg 141, Joh 3, Pls 24, Hebr 19, sNT 4. Im LkEv findet sie sich zwar nur 8mal, doch sind 2 Belege Zusätze zum Markusstoff und dadurch als redaktionell gekennzeichnet (Lk 21,11a.b). Die 8 Belege im LkEv[17] verteilen sich wie folgt: a) Lk 21,11a.b handelt es sich wahrscheinlich um zwei einfache τέ (τέ solitaria, so mit Vorbehalt § 443, Anm. 2), von denen sich in der Apg 66 finden; b) Lk 15,2; 23,12; 24,20 liegt die Korrelation τὲ ... καί (bzw. 22,66 τὲ καί) vor, die Zusammengehöriges oder Entgegengesetztes verbindet und 50mal in der Apg begegnet; c) 2,16 (unsere Stelle) und 12,45 ist diese Korrelation um ein zweites καί erweitert (so sonst im NT nur noch Apg 6,12; 9,18; 13,1; 1Kor 1,30; 2Kor 12,12; Phil 1,7; Hebr 6,19; 9,2; 11,32); d) um ein drittes καί erweitern sie Apg 1,8.13; 21,25; Hebr 2,4. Wenn die Partikel τέ im Ev auch nur 8mal begegnet, so ist doch zu beachten, daß der Sprachgebrauch derselbe ist wie in der Apg[18].

Trad Μαριάμ: → 1,27 Trad.

---

[16] Morgenthaler, Statistik 102.
[17] Lk 14,26 gehört nicht hierher, weil mit 𝔓⁴⁵ ℵAD δέ (nicht τέ) zu lesen ist.
[18] Vgl. noch das Fehlen von εἴτε in beiden Schriften.

2,17 Red ἰδόντες δέ: Die Geschichtsbücher des NT benutzen ἰδών δέ/ἰδόντες δέ, um einen Fortschritt der Handlung zu markieren (Mt 9, Mk 3, Lk 15/Apg 5, sonst nicht im NT). Schon die Statistik zeigt, daß Lukas die Wendung gern schreibt, und seine Markusbearbeitung bestätigt das: Lukas fügt die Wendung öfters in den Markusstoff ein[19]. Da die Partizipialkonstruktion nicht so geläufig war, wie es angesichts des 9maligen Vorkommens bei Mt scheinen könnte (LXX hat sie nur 12mal in Genesis, 4mal in Exodus, Hiob 2,12; 1Makk 4,35), wird man angesichts der Vorliebe des Lukas für die Wendung auch die Belege im Nicht-Markusstoff des LkEv[20] im Zweifelsfall für lukanisch zu halten haben. — περὶ τοῦ ῥήματος: → 1,37 Red.

2,18 Red πάντες οἱ ἀκούσαντες: πάντες οἱ ἀκούσαντες/-οντες im NT nur im lk Doppelwerk → 1,66 Red; → auch 1,10 Red sub 2. — λαληθέντων ... πρὸς αὐτούς: → 1,13 Red sub 2.

Trad ἐθαύμασαν περὶ τῶν λαληθέντων: Lukas verwendet θαυμάζω sowohl transitiv („bewundern") wie intransitiv („sich verwundern"). Das intransitive θαυμάζω wird von ihm entweder absolut[21] oder mit folgendem ἐπί c.dat. (so im NT nur Lukas)[22] oder aber mit folgendem ὅτι-Satz[23] gebraucht. Die Vermutung liegt nahe, daß die aus diesem Rahmen herausfallende, im NT nur an unserer Stelle vorliegende unübliche[24] Verbindung von intransitivem θαυμάζω mit folgendem περί c.gen. nicht lukanisch ist.

2,19 Red Μαρία: → 1,27 Trad. — συνετήρει: Wir sahen zu 1,65 Red, daß Lukas eine Vorliebe für Verbkomposita mit dem Präfix δια- hat. Dasselbe gilt für Verbkomposita mit der von Lukas so sehr geschätzten Präposition σύν (→ 1,56 Red). 1. Wir beginnen mit der Statistik: Im gesamten NT findet sich, Wiederholungen mitgezählt, ein Gesamtaufkommen von 469 Verbkomposita mit συν-; davon entfallen 186

---

[19] Lk 5,12; 8,34.47; 18,24; 20,14 vgl. 22,49; außerdem verwandelt er καὶ ἰδών Mk 5,6 in ἰδὼν δέ Lk 8,28. Einen weiteren Beleg stellt Lk 18,15 dar, doch könnte das dort stehende ἰδόντες δέ von ἰδὼν δέ Mk 10,14 angeregt sein.
[20] Lk 2,17; 5,8; 7,39; 9,54; 13,12; vgl. 22,49.56.
[21] Lk 1,63; 8,25 (Zusatz zu Mk 4,41); 11,14; 24,41/Apg 2,7; 4,13; 13,41 cit. Auch Lk 1,21 gehört hierher, wenn man das ἐν temporal faßt.
[22] Lk 2,33; 4,22; 9,43 (Zusatz zu Mk 9,30); 20,26/Apg 3,12.
[23] Lk 11,38.
[24] Fehlt in LXX und ist relativ selten im Profangriechischen.

Belege auf das Doppelwerk (Lk 79/Apg 107) = 40%[25]. Noch schärfer wird das Bild, wenn man die verschiedenen Verbkomposita auf συν- nur je einfach zählt. Dann erhalten wir im NT eine Gesamtzahl von 128 verschiedenen Verben mit dem Präfix συν-, von denen 72 im lk Doppelwerk vorkommen = 56%. Zur richtigen Würdigung dieser Zahlen muß man sich vor Augen halten, daß das Doppelwerk nur 28% des Umfangs des NT ausmacht. 2. Auf die gleiche Bevorzugung der Verbkomposita auf συν- im Doppelwerk stößt man, wenn man die Markusbearbeitung durch den dritten Evangelisten untersucht. Diese Untersuchung führt auf zwei Beobachtungen: a) In dem von ihm benutzten Markusstoff fand Lukas 21 verschiedene Verbkomposita mit συν- vor; davon hat er 10 übernommen[26], wobei besonders bezeichnend ist, daß Lukas zwar wiederholt das ihm von Markus angebotene Verbum änderte, jedoch mit Bedacht das Präfix συν- beibehielt, so in

Lk 4,36: συνελάλουν   (vgl. Mk 1,27: συζητεῖν)
   8,4: συνιόντος   (vgl.   4,1: συνάγεται)
   8,7: συμφυεῖσαι   (vgl.   4,7: συνέπνιξαν)
   8,42: συνέπνιγον   (vgl.   5,24: συνέθλιβον)
   8,45: συνέχουσιν   (vgl.   5,31: συνθλίβοντα)
   9,37: συνήντησεν   (vgl.   9,14: συζητοῦντας)

b) Nicht weniger als 18 verschiedene Verbkomposita mit συν- hat Lukas in seine Markusvorlage eingearbeitet[27]. Das Ergebnis, daß Lukas mit Vorliebe Verbkomposita mit συν- schreibt, wird an unserer Stelle für συνετήρει durch die lukanische Färbung des Kontextes nachdrücklich bestätigt. — πάντα ... τὰ ῥήματα ταῦτα: Die Wendung (im NT nur Lk 1,65; 2,19) ist lukanisch → 1,65 Red S. 71. Zu ῥῆμα = „Sache" etc. → 1,37 Red S. 54 sub e. — συμβάλλουσα: begegnet im NT nur im LkEv (2mal) und in der Apg (4mal),

---

[25] Die 469 Belege verteilen sich wie folgt: Mt 68, Mk 44, Lk 79/Apg 107, JohEv 20, sNT 151; die relativ hohe Zahl bei Mt verliert an Gewicht, wenn man beachtet, daß es sich dabei 24mal um συνάγω handelt.

[26] Lk 4,36 (vgl. Mk 1,27); 8,4.7 (vgl. Mk 4,1.7); 8,10.14 (par. Mk 4,12.19); 8,42.45 (vgl. Mk 5,24.31); 9,30 (par. Mk 9,4).37 (vgl. Mk 9,14).42 (par. Mk 9,20).

[27] Lk 4,38 (diff. Mk 1,30); 5,15 (diff. Mk 1,45).36 (Zusatz zu Mk 2,21); 8,19 (Zus.z. Mk 3,31).23 (Zus.z. Mk 4,37). 29 (Zus.z. Mk 5,3—5). 37 (Zus.z. Mk 5,17); 9,1 (diff. Mk 6,7).18 (Zus.z. Mk 8,27).32 (Zus.z. Mk 9,4).39 (Zus.z. Mk 9,18); 18,34 (Zus.z. Mk 10,34); 20,5 (diff. Mk 11,31).18 (Zus.z. Mk 12,11); 22,4 (Zus.z. Mk 14,10).5 (diff. Mk 14,11).10 (diff. Mk 14,13). 54 (Zus.z. Mk 14,53); vgl. 23,49.55 (Zus.z. Mk 15,47).

und zwar in beiden Schriften sowohl aktiv transitiv (Lk 2,19/Apg 4,15; 17,18) wie aktiv intransitiv (Lk 14,31/Apg 20,14)[28]. Zur lukanischen Vorliebe für Verbkomposita mit σύν- vgl. die Aufeinanderfolge συντηρέω/συμβάλλω in unserem Vers.

2,20 Red ὑπέστρεψαν: ὑποστρέφω ist lk Vorzugswort → 1,56 Red. — δοξάζοντες ... τὸν θεόν: Lukas fügt diese von ihm bevorzugte (Ev 8/Apg 3) Wendung[29] 2mal in seine Markusvorlage ein (Lk 5,25 Zufügung zu Mk 2,12; Lk 18,43 Zufügung zu Mk 10,52) und schreibt sie 3mal in der Apg (4,21; 11,18; 21,20). Lukanische Redaktion ist an unserer Stelle um so wahrscheinlicher, als es sich um den Schluß der Perikope handelt. — αἰνοῦντες τὸν θεόν: → 2,13 Red S. 83. — πᾶσιν οἷς: Die Attractio relativi findet sich in Lk/Apg ganz erheblich häufiger als in den übrigen Evangelien: Mt 2, Mk 1, Lk 12/Apg 23, JohEv 7, Pls 18, sNT 10mal; sie ist also lukanische Vorzugswendung[30]. Insbesondere liebt Lukas die Attractio relativi nach πάντα. Sie findet sich im ganzen NT (abgesehen von Jud 15bis) nur bei ihm: 2mal als Zusatz zum Markusstoff (Lk 9,43 Zusatz zu Mk 9,30; Lk 19,37 Zusatz zu Mk 11,9), 3mal im Nicht-Markusstoff und 6mal in der Apg. Es handelt sich um folgende Wendungen: πάντων ὧν (Apg 3,21), ἀπὸ πάντων ὧν (13,38), ἐπὶ πᾶσιν οἷς (Lk 2,20; 9,43; 24,25), περὶ πάντων/πασῶν ὧν (3,19; 19,37; Apg 1,1; 10,39; 22,10; 26,2)[31]. Lukanisch ist ferner die Attraktion des Relativpronomens mit Einbeziehung des Bezugsnomens in den Relativsatz (vgl. § 294,5). Sie findet sich im NT außerhalb des Doppelwerks nur selten (z.B. Mt 24,38.44; Joh 9,14; 11,6), dagegen öfter im LkEv (1,4.20; 3,19; 12,40; 17,27.29f.; 19,37) und in der Apg (1,2; 7,20; 21,16; 25,18; 26,7). — ἐλαλήθη πρὸς αὐτούς: Zu λαλεῖν πρός c.acc. → 1,13 Red.

2,1—20 Red Der Abschnitt Lk 2,1—20 ist in beträchtlichem Maß von Lukas redigiert worden; am stärksten lukanisch sind der Anfang (V. 1—5), der sich durch seinen glatten Stil heraushebt, und der Schluß

---

[28] Apg 18,27 Medium intransitiv.
[29] Mt 2, Mk 1, Lk 8/Apg 3, Pls 6, sNT 4.
[30] Hawkins (44f.) folgend beschränken wir uns auf die Fälle, in denen das Relativpronomen an ein Nomen angeglichen ist.
[31] Die Attractio inversa παντὶ ᾧ ... παρ' αὐτοῦ (Lk 12,48) war wegen des Singulars παντί nicht mitzuzählen.

(V. 16—20) mit seinen zahlreichen Lukanismen. Es ist die aus der Apg bekannte Freude am ausmalenden Erzählen, die in der ausgiebigen Redaktion zu Worte kommt. Doch ist die Perikope von Lukas nicht frei geschaffen, vielmehr blickt überall, namentlich in dem Mittelstück (V. 6—15) mit seiner semitisierenden Häufung von Parataxen und Personalpronomina, die von ihm vorgefundene Tradition durch.

2,21 Red τοῦ περιτεμεῖν αὐτόν: Inf. mit Artikel im Genitiv, abhängig von einem Substantiv schreibt Lukas gern → 1,8f. Red S. 28 sub B 1a). — πρὸ τοῦ: Lukas hat eine Vorliebe für den präpositionalen substantivierten Infinitiv; mit πρό findet sich die Konstruktion im Doppelwerk noch Lk 22,15 und Apg 23,15 (→ 1,8f. Red S. 29 sub B 2e).

Trad καί: Folgt man der Einteilung der Perikopen bei Nestle-Aland, so ist 2,21 der erste Fall einer Perikopeneinleitung mit καί im LkEv. Im ganzen beginnen nach Nestle-Aland 32 der 84 Perikopen des dritten Evangeliums mit καί, eine hohe Zahl, die scheinbar auf Indifferenz des Lukas gegenüber dem Einsatz mit oder ohne καί schließen läßt. Doch wäre dieser Schluß irrig, wie sich an Hand von drei Beobachtungen 1. am Markusstoff des LkEv, 2. an der Apg und 3. am Nicht-Markusstoff des LkEv zeigen läßt. 1. In dem von ihm übernommenen Markusstoff fand Lukas nach Nestle-Aland 27mal καί als Perikopenanfang vor. Nur in 5 Fällen übernimmt er das καί der Markusvorlage (Lk 4,31; 5,27; 18,18; 19,47; 21,5), 4mal ändert er leicht, indem er statt bloßem καί ein καὶ ἐγένετο schreibt (Lk 5,12 diff. Mk 1,40; Lk 5,17 diff. Mk 2,1; Lk 9,18 diff. Mk 8,27; Lk 20,1 diff. Mk 11,27), und in nicht weniger als 18 Fällen ersetzt er das bei Markus vorgefundene καί durch δέ (Lk 6,1.12; 8,4.19.22.40; 9,1.28.37. 43; 18,15.31.35; 20,27.41.45; 21,37; 22,7). 2. Dasselbe Bild gibt die Untersuchung der Apg: 44 Perikopenanfängen mit δέ stehen nur 5 mit καί gegenüber. 3. Angesichts dieser dezidierten Abneigung des Lukas gegen καί als Perikopeneinleitung ist es völlig ausgeschlossen, daß Nestle-Aland im Recht sind, wenn sie im Nicht-Markusstoff des Lukas-Evangeliums 23 Perikopenanfänge mit καί postulieren. Bei dieser Abteilung der Perikopen, die z.B. Einzelverse wie 2,21.39.40; 3,14f.; 19,47f. als Perikopen rechnet, handelt es sich um ein Erbgut, das von Auflage zu Auflage mitgeschleppt wird und dringend der Revision bedarf. Bei vorsichtiger Einteilung wird man von Nestle-Alands 23 Perikopenanfängen mit καί im Nicht-Markusstoff etwa die Hälfte gelten lassen können: 2,21.41; 7,18; 10,25; 11,1.14; 14,1; 17,11; 19,29; 22,39; 23,26; 24,13. Von ihnen entfallen drei periphrastische καὶ ἐγένετο-Konstruktionen auf die lukanische Redaktion (11,1; 14,1; 17,11), die restlichen Fälle auf die Tradition. — καὶ ὅτε: findet sich im NT in folgender Verteilung: Mt 2, Mk 5, Lk 6/Apg 2, Offb 10. Lukas gebraucht die Verbindung zwar zweimal in der Apg (1,13; 22,20, an der zweiten Stelle durch Steigerung begründet), fügt sie auch einmal in den Markusstoff ein (Lk 6,13 Zusatz zu Mk 3,13), schreibt jedoch selbst ὅτε δέ (8mal in Apg). Da er zudem καὶ ὅτε mied, wo Markus es ihm anbot (Mk 11,1; 14,12)[32], hat man die Wendung Lk 2,21.22.42; 22,14; 23,33 der Tradition zuzuweisen. — ἐπλήσθησαν: de tempore → 1,23 Trad. — ἐκλήθη τὸ ὄνομα αὐτοῦ: → 1,13 Trad.

2,22 Red κατὰ τὸν νόμον Μωϋσέως: So (mit Artikel vor νόμος und mit Nachstellung von Μωϋσέως) im NT nur Lk 2,22; 24,44/ Apg 15,5; 28,23 und Joh 7,23. — ἀνήγαγον: ἀνάγω ist lk Vorzugswort (Mt 1, Lk 3/Apg 17, Pls 1, Hebr 1). Kennzeichnend für Lukas ist der Gebrauch von ἀνάγομαι (Pass.) als nautischer Terminus technicus „auslaufen" (Lk 1/Apg 13); in dieser Bedeutung hat Lukas 8,22 ἀνήχθησαν in den Markustext (4,36) eingefügt, und zwar absolut gebraucht wie Apg 21,1f.; 27,2; 28,10.

Trad καὶ ὅτε: → 2,21 Trad. — ἐπλήσθησαν: de tempore → 1,23 Trad. — εἰς Ἱεροσόλυμα: In auffallendem Unterschied zu den drei anderen Evangelien (Mk 0, Mt 2, Joh 0) schreibt Lukas in seinem Evangelium 27mal die feierliche Namensform Ἰερουσαλήμ (→ 2,25 Red). Nur an 4 Stellen hat sich bei ihm die hellenistische Form Ἱεροσόλυμα eingeschlichen (2,22; 13,22; 19,28; 23,7). An diesen 4 Stellen folgt er seiner Vorlage. Insbesondere die Aufeinanderfolge von Ἱεροσόλυμα in 2,22 und Ἰερουσαλήμ in 2,25 ist anders nicht zu erklären. Vgl. weiter → 2,25 Red[33]. — τῷ κυρίῳ: → 1,6 Trad.

2,23 Trad ἐν νόμῳ κυρίου: νόμος κυρίου findet sich im NT (im Unterschied zu dem häufigeren νόμος Μωϋσέως) nur in der lukanischen Kindheitsgeschichte (Lk 2,23.24.39); vorlukanisch → 1,5.11 Trad. —

---

[32] Mk 4,6.10 ist nicht mitgezählt, weil Lukas (8,6.9) hier seine Markusvorlage kürzt.
[33] Vgl. J. Jeremias, ΙΕΡΟΥΣΑΛΗΜ 273—276.

τῷ κυρίῳ: → 1,6 Trad; an unserer Stelle stammt τῷ κυρίῳ aus Ex 13,12.15 LXX.

2,24 Red τοῦ δοῦναι θυσίαν: Zu τοῦ + Inf. mit finaler Bedeutung (ohne Abhängigkeit von einer Präposition) → 1,8f. Red S. 28 sub B 1 h. — τὸ εἰρημένον: im NT außer Röm 4,18 nur in den beiden Teilen des lk Doppelwerks: Lk 2,24; Apg 2,16; 13,40.

Trad ἐν τῷ νόμῳ κυρίου: → 2,23 Trad.

2,25 Red Ἱερουσαλήμ:

	Ἱερουσαλήμ[34]	Ἱεροσόλυμα
Mt	2	11
Mk	—	10
Lk	27	4
Apg	36	23
Joh	—	12
Paulus	7	3
Hebr	1	—
Offb	3	—
	76mal	63mal

Die Tabelle erscheint auf den ersten Blick rätselhaft: Eine Gesetzmäßigkeit im Gebrauch der beiden Namensformen gibt sich nicht zu erkennen. Was insonderheit das lk Doppelwerk anlangt, so erheben sich zwei Fragen: 1. Wie kommt es, daß das lk Doppelwerk in frappantem Gegensatz zu den übrigen Evangelien, die nur an einer einzigen Stelle (Mt 23,37: verdoppelte Anrede) Ἱερουσαλήμ bieten, diese Namensform 27 + 36 = 63mal bringt? 2. Wie kommt es, daß Lukas dagegen in der Apg die im Ev nur 4mal benutzte Namensform Ἱεροσόλυμα 23mal schreibt? — 1. Wenden wir uns zunächst der Frage zu, wie sich die ständige Benutzung der Namensform Ἱερουσαλήμ im dritten Evangelium erklärt, so erteilt die Untersuchung der lk Markusbearbeitung erhellende Auskunft über Technik und Absicht der lukanischen Redaktion. Sie ergibt: Lukas fand in dem von ihm bearbeiteten Markusstoff 8mal die Namensform Ἱεροσόλυμα vor. Er übernahm sie 1mal (Lk 19,28 = Mk 11,1), ließ sie 5mal fort (Lk

---

[34] Vgl. J. Jeremias, ebd.

18,31 diff. Mk 10,32a; Lk 19,45 diff. Mk 11,11.15; Lk 20,1 diff. Mk 11,27a; Lk 23,49 diff. Mk 15,41), änderte sie 2mal in Ἰερουσαλήμ (Lk 6,17 diff. Mk 3,8; Lk 18,31 diff. Mk 10,33) und fügte 4mal Ἰερουσαλήμ in den Markusstoff ein (Lk 5,17; 9,31; 21,20.24). Das heißt: Lukas meidet im Ev (außer Lk 19,28) die ihm von Markus gebotene Namensform Ἱεροσόλυμα und schreibt stattdessen Ἰερουσαλήμ. Der Grund ist ohne Frage, daß Ἰερουσαλήμ die Form war, die ihm von seiner Bibel her geläufig war; sagt die LXX doch ständig Ἰερουσαλήμ, während sie die gräzisierte Form nur an wenigen Stellen in den Apokryphen verwendet. Einzig und allein die feierliche Namensform Ἰερουσαλήμ schien Lukas dem Stoff angemessen zu sein. Daß er 19,28 Ἱεροσόλυμα von Markus übernahm, war offensichtlich ein Versehen, und ebenso sind die 3 übrigen Belege für die gräzisierte Form im LkEv zu beurteilen (2,22; 13,22; 23,7). 2. Wenn Lukas in der Apg ganz anders verfährt und hier beide Namensformen ohne erkennbares Prinzip nebeneinander gebraucht, so kommt darin die geringere Dignität zum Ausdruck, die in seinen Augen einer Kirchengeschichte gegenüber einem Evangelium zukam. Man übersehe jedoch nicht, daß Lukas in der Apg in den ersten Kapiteln (mit alleiniger Ausnahme von Apg 1,4) ausschließlich die sakrale Namensform Ἰερουσαλήμ gebraucht und erst mit 8,1 die Promiskuität beider Formen einsetzt[35]. Man kann fragen, ob für Lukas die Ära der Kirche nicht mit Ostern bzw. Himmelfahrt einsetzte, sondern die Gründung der Urgemeinde noch zur Offenbarungszeit gehörte. Zusammenfassend ist festzustellen, daß Lukas im Unterschied zu den drei übrigen Evangelien in seinem Evangelium die sakrale Namensform Ἰερουσαλήμ gebraucht; das 4malige (wohl versehentliche) Vorkommen der profanen Namensform Ἱεροσόλυμα geht zu Lasten der Tradition. — ᾧ ὄνομα Συμεών: Zu dieser elliptischen Wendung → 1,26f. Red S. 46. — καὶ ... οὗτος: zur Fortführung der Beschreibung ist lukanisch → 1,36 Red.

Trad καὶ ἰδοὺ ἄνθρωπος: Zu ἄνθρωπος (Singular und ohne Artikel) als Ersatz für substantivisch gebrauchtes τις bei Lukas sind drei einander ergänzende Feststellungen zu treffen: 1. Dieses dem indefiniten Pronomen entsprechende ἄνθρωπος (= „einer", „jemand")

---

[35] E. Lohse, Σιών, ThWNT VII 326.333ff.

begegnet bei Lukas 11mal[36]: 5mal übernahm er es von Markus[37], 2mal aus der Logienüberlieferung[38]; wir haben es also mit traditionellem Sprachgebrauch zu tun. 2. In der Tat schreibt Lukas das indefinite ἄνθρωπος nicht von sich aus: es fehlt in der Apg, und im Ev fügt Lukas es nicht zum Markusstoff hinzu (mit einer einzigen begründeten Ausnahme[39]). 3. Was speziell das καὶ ἰδοὺ ἄνθρωπος unserer Stelle anlangt, so kommt es im Doppelwerk nur im Nicht-Markusstoff vor (Lk 2,25; 14,2). Da Lukas selbst καὶ ἰδοὺ ἀνήρ/ἄνδρες bevorzugt (→ 5,8 Red), wird es sich bei καὶ ἰδοὺ ἄνθρωπος um eine Wendung traditioneller Herkunft handeln. — ᾧ ὄνομα Συμεών: Fehlende Kopula → 1,5 Trad. — ὁ ἄνθρωπος οὗτος δίκαιος: Ebenfalls fehlende Kopula, hier bei Demonstrativum → 1,5 Trad Anm. 23. Doppelwendungen mit δίκαιος sind vorlukanisch → 1,6 Trad. — παράκλησιν: παράκλησις im eschatologischen Sinn findet sich im NT nur 2mal, beide Stellen im Nicht-Markusstoff des LkEv: Lk 2,25; 6,24 vgl. 16,25. Lukas selbst (Apg 4,36; 9,31; 13,15; 15,31) wie auch das übrige NT (23mal) verwendet das Wort nur im nichteschatologischen Sinn.

2,26 Red ἦν αὐτῷ κεχρηματισμένον: Die im Doppelwerk außerordentlich häufige periphrastische Konstruktion: Form von εἶναι + Participium perfecti (45 Belege) ist kennzeichnend für Lukas → 1,7 Red S. 24. — κεχρηματισμένον ... μὴ ἰδεῖν: Die *Ergänzung von Verben durch einen Infinitiv* ist ein dem klassischen Griechisch geläufiger Sprachgebrauch, der jedoch im hellenistischen Griechisch weithin durch die Konstruktion mit ἵνα und ὅτι verdrängt wird (§ 388—397). Und zwar wird der Infinitiv bei den Verben des Wollens, Sich-Bemühens, Begehrens, Sich-Hütens, Sich-Schämens, Bittens, Ermunterns, Befehlens, Veranlassens, Gestattens usw. durch die Umschreibung mit ἵνα ersetzt (§ 392), bei den Verben der Wahrnehmung, des Glaubens, Hoffens, Sagens, Anzeigens usw. durch die Umschreibung mit ὅτι (§ 397). Nur die gebildeteren Schriftsteller (Lk, Pls,

---

[36] Lk 2,25; 4,33; 5,18; 6,6.48.49; 7,25; 9,25; 13,19; 20,9; 22,10. (Vgl. 7,34, wo ἄνθρωπος jedoch nicht ein substantivisch, sondern ein adjektivisch gebrauchtes τις vertritt).

[37] Lk 4,33 = Mk 1,23; Lk 6,6 = Mk 3,1; Lk 9,25 = Mk 8,36; Lk 20,9 = Mk 12,1; Lk 22,10 = Mk 14,13.

[38] Lk 7,25 = Mt 11,8; Lk 13,19 = Mt 13,31.

[39] Lk 5,18 schreibt Lukas ἄνθρωπος diff. Mk 2,3 wohl deshalb, weil er sein Vorzugswort ἀνήρ (→ 5,8 Red S. 134) vier Worte vorher gebraucht hatte.

Hebr) halten am klassischen Infinitiv fest (§ 392; 396,1). Während beispielsweise die Verben des „Aufforderns", „Befehlens" bei Mk und Mt überwiegend mit ἵνα konstruiert werden, haben die Verben dieser Bedeutung im lk Doppelwerk den (Akk. mit) *Infinitiv* als Ergänzung nach sich, so durchweg κελεύω (Lk 18,40 diff. Mk 10,49/ Apg 16mal), τάσσω (Apg 15,2; 22,10), διατάσσω (Lk 8,55; Apg 18,2; 24,23); ἐπιτάσσω (Lk 8,31; Apg 23,2); προστάσσω (Apg 10,48); παραγγέλλω (Lk 4mal/Apg 11mal); χρηματίζομαι (Lk 2,26; Apg 10,22), vgl. § 392, 1d. Man kann daher für die genannten beiden Verbgruppen des Wollens etc. und der Wahrnehmung etc. die Faustregel aufstellen: im lk Doppelwerk geht die Ergänzung durch den *Infinitiv* im allgemeinen auf das Stilempfinden des Evangelisten, also auf die *Redaktion*, die Ergänzung durch ἵνα bzw. ὅτι dagegen auf die von Lukas übernommene *Tradition* zurück. Beispiele für diese Regel: → ἀγωνίζομαι 13,24 Red; → ἀξιόω 7,7 Red; → δέομαι 10,2 Trad; → ἐλπίζω 6,34 Red; → δοκέω 10,36 Red/12,51 Trad; → ἐάω 22,51 Red; → ἐπεῖδον 1,25 Red; → ἐρωτάω 5,3 Red; → θεάομαι 23,55 Red; → θέλω 6,31 Trad; → νομίζω 2,44 Red (u.ö.). Eine besondere Bemerkung erfordern die Verben des „Bittens" und „Forderns". Für diese Wortgruppe gilt zwar auch, daß ihre (klassische) Ergänzung durch den Infinitiv lukanisch ist, dagegen die (hellenistische) Ergänzung durch ἵνα-Sätze nicht-lukanisch, doch liegt zwischen diesen beiden Polen bei den Verben des Bittens ein Zwischenstadium: Die Ergänzung durch ὅπως (vgl. § 392). Dieser Übergangscharakter der Konstruktion mit ὅπως kommt u.a. darin zum Ausdruck, daß Lukas diese Konstruktion teils aus der Logienüberlieferung übernimmt (Lk 10,2 = Mt 9,38), teils von sich aus schreibt (δέομαι ὅπως Apg 8,24; ἐρωτάω ὅπως 23,20; παρακαλέω ὅπως 25,2f.; προσεύχομαι ὅπως 8,15). Doch zieht er nach den Verben des Bittens den (Akk. mit) Infinitiv vor, der sich in der Apg 19mal, im LkEv 5mal findet[40].

Trad τὸν χριστὸν κυρίου: im NT nur hier, geprägte Wendung → 1,11 Trad.

2,27 Red ἐν τῷ εἰσαγαγεῖν: ἐν τῷ mit Infinitiv ist lk Vorzugswendung → 1,8f. Red sub B 2a. Man beachte das Tempus: Lukas kon-

---

[40] αἰτέομαι Lk 23,23/Apg 3,14; 7,46; 13,28 — ἐρωτάω Lk 5,3; 8,37/Apg 3,3; 10,48; 16,39; 18,20; 23,18 — παρακαλέω Lk 8,41/Apg 8,31; 11,23; 13,42; 14,22; 19,31; 21,12; 24,4; 27,33.34; 28,14.20 — προσεύχομαι Lk 22,40.

struiert als einziger neutestamentlicher Autor ἐν τῷ mit dem Infinitiv des Aorists zur Bezeichnung der Vorzeitigkeit[41], und zwar 9mal: Lk 2,27; 3,21; 9,34 (Zusatz zu Mk 9,7); 9,36 (Zusatz zu Mk 9,8); 11,37; 14,1; 19,15; 24,30 sowie Apg 11,15. Außerdem verrät sich die lukanische Redaktion durch die Verwendung des Verbums εἰσάγειν. Es ist lk Vorzugswort (Lk 3/Apg 6, Joh 1, Hebr 1) und hat an unserer Stelle (wie im NT nur im Doppelwerk) die Bedeutung „hineinbringen" (Lk 2,27/Apg 7,45). — τοὺς γονεῖς: Das unsemitische γονεῖς ist lukanisch → 2,33 Trad. — τοῦ ποιῆσαι: Zu τοῦ + Inf. mit finaler Bedeutung (ohne Abhängigkeit von einer Präposition) → 1,8f. Red S. 28 sub B 1h.

Trad κατὰ τὸ εἰθισμένον: ἐθίζω kommt im NT nur an unserer Stelle vor. Die Wendung κατὰ τὸ εἰθισμένον gehört zur Tradition, da Lukas selbst κατὰ τὸ εἰωθός schreibt: Lk 4,16/Apg 17,2 (→ 1,9 Red S. 29).

2,28 Red καὶ αὐτός: Zum betonten καὶ αὐτός als Satzeinleitung → 1,17 Red. S. 37. — εὐλόγησεν τὸν θεόν: → 1,64 Red S. 70.

2,29—32 Red Das Nunc dimittis (V. 29—32) ist ein Gebet im Parallelismus membrorum, das fast ganz frei von Lukanismen ist; einzig πάντων (V. 31) könnte lukanisch sein (→ 2,31 Trad), und λαός (V. 32) ist lk Vorzugswort (→ 1,10 Red S. 30). Die Gegenprobe stimmt zu diesem Ergebnis: in V. 29—32 findet sich eine ganze Reihe nicht-lukanischer Wendungen → 2,29—32 Trad.

2,29 Trad τὸν δοῦλόν σου δέσποτα: Lk 2,29 ist die einzige Stelle in den synoptischen Evangelien, an der δοῦλος im übertragenen Sinn gebraucht wird; ferner wird das korrespondierende δεσπότης im ganzen NT nur Lk 2,29/Apg 4,24 sowie Offb 6,10 als Gottesanrede verwendet. Es handelt sich um formelhafte traditionelle Wendungen der Gebetssprache[42]. — εἰρήνῃ: → 1,79 Trad.

---

[41] § 404,1. Nicht mitgezählt sind 1Kor 11,21; Hebr 2,8; 3,12, da an diesen drei Stellen der Infinitiv des Aorists nicht die Vorzeitigkeit bezeichnet.
[42] Zu δοῦλος als Selbstbezeichnung des Beters s. J. Jeremias, ThWNT V 678 Anm. 164; zu δεσπότης als Gebetsanrede s. Josephus, Index.

2,30 Trad τὸ σωτήριον: An allen drei Stellen, an denen τὸ σωτήριον im lk Doppelwerk vorkommt (Lk 2,30; 3,6; Apg 28,28), handelt es sich um LXX-Zitate → 1,69 Trad, also um nicht-lukanischen Sprachgebrauch. Von sich aus schreibt Lukas das geläufigere σωτηρία.

2,31 Trad πάντων τῶν λαῶν: οἱ λαοί schreibt Lukas nicht von sich aus; denn in den beiden Versen, an denen der Plural sonst noch im Doppelwerk vorkommt, Apg 4,25.27, handelt es sich um Zitierung von Ψ 2,1 (ἔθνη καὶ λαοί). Dagegen könnte das vom Bibelzitat nicht gedeckte πάντων lukanisch sein, da Lukas eine Vorliebe für den Zusatz von πᾶς zu ὁ λαός hat (→ 2,10 Red).

2,32 Trad ἀποκάλυψιν ἐθνῶν: Artikellose Genitivverbindungen übernahm Lukas aus der Überlieferung (→ 1,5 Trad); auch das Nomen ἀποκάλυψις, das sich nur hier im lukanischen Doppelwerk findet, dürfte der Tradition zuzuweisen sein (→ 2,35 Trad).

2,33 Red ἦν ὁ πατὴρ αὐτοῦ καὶ ἡ μήτηρ θαυμάζοντες ἐπί: Die coniugatio periphrastica ist lukanisch → 1,20 Red. Auf die Redaktion weist auch, daß sich intransitives θαυμάζω mit ἐπί c.dat. im NT nur im Doppelwerk findet. Lukas schreibt so nicht nur in der Apg (3,12), sondern auch in seiner Markusbearbeitung (Lk 9,43 θαυμαζόντων + ἐπί c.dat. = Zusatz zu Mk 9,30; Lk 20,26 θαυμάσαντες + ἐπί c.dat.par. Mk 12,17 ἐξεθαύμαζον + ἐπί c.dat.); gewiß wird auch Lk 2,33; 4,22 (beide Stellen: θαυμάζω + ἐπί c.dat.) aus seiner Feder stammen. Dagegen ist θαυμάζω mit περί c.gen. nicht lukanisch; zur Begründung → 2,18 Trad.

Trad ὁ πατὴρ αὐτοῦ καὶ ἡ μήτηρ: Wie Matthäus, Markus, Johannes, Paulus sagt auch Lukas für „Eltern" bald πατὴρ καὶ μήτηρ (4mal), bald γονεῖς (6mal). Das Nebeneinander hat seine Ursache darin, daß das biblische Hebräisch kein geläufiges Wort für Eltern hat und sich daher mit dem umständlichen πατὴρ καὶ μήτηρ behelfen muß; demgegenüber ist γονεῖς Gräzisierung. Sehen wir zunächst von der lukanischen Kindheitsgeschichte ab, so ergibt sich das folgende Bild: Wo Lukas πατὴρ καὶ μήτηρ sagt, folgt er der Tradition (Lk 8,51 = Mk 5,40; Lk 14,26 par. Mt 10,37; Lk 18,20 cit. Ex 20,12), wo er die gräzisierte Form verwendet, übernimmt er (Lk 21,16 par. Mk 13,12) oder redigiert er Markus (Lk 8,56 Zusatz zu Mk 5,42b;

Lk 18,29 diff. Mk 10,29). Auf die Kindheitsgeschichte angewendet heißt das: Lk 2,33 (πατὴρ καὶ μήτηρ) folgt Lukas der Tradition, 2,27.41.43 (γονεῖς) ist wahrscheinlich lukanische Redaktion.

2,34 Red εἶπεν πρός: Verba dicendi mit πρός c.acc. → 1,13 Red S. 33. — ἀντιλεγόμενον: ἀντιλέγειν findet sich im LkEv sonst noch 20,27 sowie Apg 13,45; 28,19.22 (sNT 1mal Joh, 3mal Paulus); hierher gehört auch ἀντεῖπον als Ersatz für den fehlenden Aorist von ἀντιλέγω (im NT nur Lk 21,15/Apg 4,14). Das lk Doppelwerk bietet also 7 Belege für ἀντιλέγω/ἀντεῖπον, das übrige NT nur 4. Neben der Statistik sprechen für lukanische Diktion: die 4 Belege in der Apg und die Einführung von ἀντιλέγω/ἀντεῖπον in den Markusstoff: Lk 20,27 diff. Mk 12,18 und Lk 21,15 diff. Mk 13,12.

Trad Μαριάμ: → 1,27 Trad. — πολλῶν: → 1,14 Trad.

2,35 Red διελεύσεται: → 2,15 Red S. 84. — ὅπως ἄν: ὅπως ἄν mit Konjunktiv des Aorists, eine der LXX geläufige Konstruktion, begegnet im NT, abgesehen von einem paulinischen Bibelzitat[43], nur in den beiden Teilen des Doppelwerks: Lk 2,35/Apg 3,20; 15,17. An der zuletzt genannten Stelle Apg 15,17 cit. Am 9,12 LXX hat Lukas das ἄν zum Bibeltext hinzugefügt.

Trad ἀποκαλυφθῶσιν: Lukas scheint das Verbum nicht von sich aus zu schreiben; er gebraucht es jedenfalls nie in Apg und nie im Markusstoff. Die 5 Belege im Nicht-Markusstoff (Lk 2,35; 10,21.22; 12,2; 17,30) sind also wahrscheinlich der Tradition zuzuschreiben, zumal drei von ihnen (10,21.22; 12,2) eine Parallele bei Mt haben. Auch das Substantiv ἀποκάλυψις, das im Doppelwerk nur Lk 2,32 vorkommt, wird der Tradition entstammen (→ 2,32 Trad). — πολλῶν: → 1,14 Trad. — διαλογισμοί: διαλογισμός kommt im LkEv 6mal vor und fehlt in der Apg. Von den 6 Belegen sind vier Umgestaltungen der Markusvorlage (5,22; 6,8; 9,46f.); sie sind also redaktionell. Anders ist über die beiden Belege im lukanischen Sondergut, 2,35 und 24,38, zu urteilen: diese beiden Stellen werden durch ihren unmittelbaren Kontext der Tradition zugewiesen; für unsere Stelle vgl. die vorangehenden Lemmata, während διαλογισμοί in 24,38 durch die völlig singuläre Wendung διαλογισμοὶ ἀναβαίνουσιν ἐν τῇ καρδίᾳ als nicht-lukanisch ausgewiesen ist (→ 24,38 Trad).

---

[43] Röm 3,4 cit. Ψ 50[51],6: ὅπως ἂν δικαιωθῇς.

2,36 Trad αὕτη προβεβηκυῖα ἐν ἡμέραις: → 1,7 Trad; zum Fehlen der Kopula bei Demonstrativum → 1,5 Trad mit Anm. 23.

2,37 Red καὶ αὕτη: Zur Akzentuierung αὕτη → 1,17 Red S. 37 Anm. 93. Καὶ οὗτος/αὕτη zur Fortführung der Beschreibung ist lukanisch → 1,36 Red.

Trad καὶ αὕτη χήρα: Zum Fehlen der Kopula bei Demonstrativum → 1,5 Trad mit Anm. 23. — ἀφίστατο τοῦ ἱεροῦ: intr. ἀφίστημι fehlt bei Mt, Mk, Joh und findet sich im NT nur im lk Doppelwerk (4/5), bei Paulus (3) und im Hebr (1), wird also von Lukas gern benutzt. Von den verschiedenen Konstruktionen bevorzugt Lukas diejenige mit folgendem ἀπό (Lk 4,13; 13,27 cit./Apg 5,38; 12,10; 15,38; 19,9; 22,29; sNT 3mal); auch der absolute Gebrauch von intr. ἀφίστημι (NT nur Lk 8,13 diff. Mk 4,17) geht auf Lukas zurück; man wird daher die an unserer Stelle als dritte Variationsmöglichkeit benutzte Verbindung von intr. ἀφίστημι mit dem bloßen Genitiv (im NT nur noch 1Tim 4,1) auf die Überlieferung zurückzuführen haben.

2,38 Red αὐτῇ τῇ ὥρᾳ: αὐτὸς ὁ, αὐτὴ ἡ, mit Substantiv der Zeit (ἡμέρα, ὥρα, καιρός)[44] findet sich im NT nur im lk Doppelwerk, und zwar 9mal im Ev und 2mal in der Apg[45]. An allen diesen Stellen hat αὐτός demonstrative Bedeutung („dieser", „jener", nicht: „derselbe", „eben derselbe"). Daß Lukas die Wendung von sich aus schreibt, ergibt sich aus Apg 16,18; 22,13 sowie aus Lk 20,19 (Zusatz zu Mk 12,12). — ἐπιστᾶσα: ἐφιστάναι ist lk Vorzugswort → 2,9 Red S. 80. — πᾶσιν τοῖς προσδεχομένοις: → 1,10 Red S. 30f. (πᾶς ὁ + Partizip schreibt Lukas gern). — Ἰερουσαλήμ: → 2,25 Red S. 91f.

Trad λύτρωσιν Ἰερουσαλήμ: Artikellose Genitivverbindung → 1,5 Trad; zu λύτρωσις → 1,68 Trad.

---

[44] Vgl. J. Jeremias, Ἐν ἐκείνῃ τῇ ὥρᾳ, (ἐν) αὐτῇ τῇ ὥρᾳ, in: ZNW 42 (1949), 214—217 zur vielseitigen Bedeutung dieser Wendung.
[45] Lk 2,38; 10,21; 12,12; 13,1.31; 20,19 (Zusatz zu Mk 12,12); 23,12; 24,13. 33/Apg 16,18; 22,13. Vgl. Bruder 116f.; Moulton-Geden 130f.; Hawkins 16; Moulton-Turner, Grammar III 194.

2,39 Red καὶ ὡς ἐτέλεσαν πάντα τά ...: Die Wendung kehrt wörtlich (bis auf den Ersatz von καί durch δέ) Apg 13,29 wieder, wird also an beiden Stellen von derselben Hand stammen. Auch Lk 18,31, wo τελεσθήσεται Teil eines Zusatzes zu Mk 10,33 ist, kommt das Verb aus der Feder des Lukas[46].

Trad καὶ ὡς ἐτέλεσαν: ὡς als temporale Konjunktion wird von Lukas mit Vorliebe mit δέ verbunden: von den 29 Belegen der Apg für temporales ὡς liegt in nicht weniger als 28 Fällen die Kombination ὡς δέ vor, so auch 2mal im LkEv (5,4; 7,12). Die Tradition dagegen zieht καὶ ὡς (mit Aorist) vor: Lk 2,39; 15,25; 19,5. 41; 22,66; 23,26[47]; alle 6 Stellen finden sich im Nicht-Markusstoff → 1,23 Red. — νόμον κυρίου: → 2,23 Trad. — ἑαυτῶν: Zum „geschwächten Reflexivum" → 2,3 Trad.

2,40 Red τὸ δὲ παιδίον ηὔξανεν καὶ ἐκραταιοῦτο: Der Anfang des Summariums V. 40 ist wörtlich dem Summarium 1,80 gleich. → 1,80 Red, auch zu αὐξάνειν (intr.akt.).

Trad χάρις θεοῦ: Artikellose Genitivverbindung → 1,5 Trad; Lukas übernimmt mit χάρις θεοῦ eine vorgeprägte Formel: 2Kor 1,12; Hebr 2,9; 1Petr 4,10; Ign Sm 13,2; vgl. Gal 1,6 (χάρις Χριστοῦ). Zu χάρις im LkEv → 1,30 Trad. Zu θεός (ohne Artikel) → 1,35 Trad.

2,21—40 Red Der Abschnitt 2,21—40 ist stark durch nicht-lukanischen Sprachgebrauch geprägt. Bezeichnend ist, daß er — abgesehen von dem Schlußvers — kein einziges Mal δέ bringt, dafür aber 23 satzverbindende καί.

2,41 Red ἐπορεύοντο: → 1,39 Red S. 56. — γονεῖς: → 2,33 Trad S. 96f. — Ἰερουσαλήμ: → 2,25 Red S. 91f. — τῇ ἑορτῇ τοῦ πάσχα: Lukas liebt plerophorischen Ausdruck bei Festbezeichnungen. So ersetzt er im Markusstoff die Wendung τὸ πάσχα καὶ τὰ ἄζυμα (14,1) durch ἡ ἑορτὴ τῶν ἀζύμων ἡ λεγομένη πάσχα (Lk 22,1) und verbindet er Fest- und Sabbathbezeichnungen mit ἡμέρα bzw. ἡμέραι: 4mal im Ev, 6mal in der Apg[48]. Man wird ihm daher

---

[46] Dagegen ist τελέω Lk 22,37 vorlukanisch → 22,37 Trad.
[47] In der Apg findet sich ein einziges Mal καὶ ὡς (1,10), aber mit Imperfekt.
[48] Lk 4,16; 13,14.16; 14,5/Apg 2,1; 12,3; 13,14; 16,13; 20,6.16.

auch das volltönende ἡ ἑορτὴ τοῦ πάσχα zuzuschreiben haben, obwohl er Apg 12,4 die Kurzform τὸ πάσχα gebraucht.

Trad καί: als Perikopenanfang → 2,21 Trad. — τῇ ἑορτῇ τοῦ πάσχα: dat.temp. wird von Lukas nicht geschätzt und im wesentlichen nur in geprägten Wendungen gebraucht → 1,10 Trad.

2,42 Trad καὶ ὅτε: → 2,21 Trad.

2,43 Red ἐν τῷ ὑποστρέφειν: ἐν τῷ mit Inf. → 1,8f. Red S. 28f. sub B 2a; ὑποστρέφω → 1,56 Red S. 63. — ὑπέμεινεν: In der Bedeutung „zurückbleiben (von Personen)" findet sich ὑπομένω im NT nur im lk Doppelwerk (Lk 2,43/Apg 17,14). Hinzu kommt, daß Lukas gern Verbkomposita mit μένω schreibt; er benutzt 7 von ihnen[49]. — Ἱερουσαλήμ: → 2,25 Red S. 91f. — γονεῖς: → 2,33 Trad S. 96f.

2,44 Red νομίσαντες: νομίζω mit folgendem (acc.c.) inf. findet sich im NT außer 2mal bei Paulus[50] nur im lk Doppelwerk (7mal): Lk 2,44/Apg 7,25; 8,20; 14,19; 16,13.27; 17,29. Dazu stimmt, daß im Doppelwerk bei den Verben des Glaubens, Hoffens u.s.w. der (klassische) Infinitiv (so unsere Stelle) die Redaktion, die (hellenistische) Konstruktion mit ὅτι dagegen die Tradition kennzeichnet (→ 2,26 Red S. 93f.). — ἀνεζήτουν: ἀναζητεῖν τινα („jemanden aufsuchen", „nach jemandem suchen") im NT nur im lk Doppelwerk: Lk 2,44. 45/Apg 11,25.

Trad ἡμέρας ὁδόν: Artikellose Genitivverbindung → 1,5 Trad. — καὶ τοῖς γνωστοῖς: γνωστός (Lk 2/Apg 10, Joh 2, Pls 1) kommt im LkEv nur im Nicht-Markusstoff vor, an beiden Stellen substantivisch mit Artikel im Plural von Personen gebraucht (Lk 2,44; 23,49 — so sonst nie im NT). In der Apg dagegen wird das Wort an allen 10 Stellen adjektivisch von Sachen, meist unpersönlich in der Form γνωστόν, benutzt: das ist der lukanische Gebrauch, während an unserer Stelle die Tradition hervorzutreten scheint.

---

[49] διαμένειν: Lk 1,22; 22,28; ἐμμένειν: Apg 14,22; 28,30; ἐπιμένειν: Apg 10, 48; 12,16; 21,4.10; 28,12.14; καταμένειν: Apg 1,13; περιμένειν: Apg 1,4; προσμένειν: Apg 11,23; 13,43; 18,18; ὑπομένειν: Lk 2,43; Apg 17,14.
[50] 1Kor 7,26; 1Tim 6,5. Vgl. 1Kor 7,36.

2,45 Red ὑπέστρεψαν: → 1,56 Red S. 63. — Ἰερουσαλήμ: → 2,25 Red S. 91f. — ἀναζητοῦντες: → 2,44 Red.

2,46 Red καὶ ἐγένετο μετά …: Das periphrastische ἐγένετο ist eine von Lukas bevorzugte Konstruktion → 1,8f. Red S. 25 sub A. Die Kombination a) καὶ ἐγένετο (mit καί) + b) präpos. Zeitbestimmung + c) asyndetisches Verbum finitum im NT noch Mk 1,9; 4,4; Lk 1,59; 7,11; 9,18.33; 11,1; 17,14; 20,1; 24,30.51.

2,47 Red ἐξίσταντο δὲ πάντες οἱ ἀκούοντες: ἐξίστημι findet sich im lk Doppelwerk 11mal (sNT 6), darüber hinaus wiederholt Lukas den Satz ἐξίσταντο δὲ πάντες οἱ ἀκούοντες wörtlich in Apg 9,21 (vgl. Apg 2,12). Zu πάντες οἱ ἀκούοντες → 1,66 Red S. 72. — ἐξίσταντο … ἐπὶ τῇ συνέσει: wird ebenso lukanisch sein wie θαυμάζω + ἐπί c.dat. → 2,33 Red.

2,48 Red εἶπεν πρός: (c.acc.) → 1,13 Red S. 33. — ὀδυνώμενοι: Das Verb kommt im NT nur im lk Doppelwerk vor (4mal): Lk 2,48; 16,24f./Apg 20,38.

Trad ἐξεπλάγησαν: ἐκπλήσσω kommt im NT nur im Passiv vor (13mal, davon LkEv 3mal, Apg 1mal), und zwar abgesehen von unserer Stelle nur im Imperfekt (10mal) und je 1mal im Inf.praes. und im Part.praes. (so Apg 13,12). Lk 2,48 fällt aus dem Rahmen, weil nur hier der Aorist 2 auftaucht. Da das Imperfekt ἐξεπλήσσοντο Lk 4,32 aus Mk 1,22 übernommen und Lk 9,43 in den Mk-Text eingefügt wurde, dürfte der Aorist 2 aus der Tradition stammen. — καὶ εἶπεν → 1,18 Trad.

2,49 Red εἶπεν πρός: (c.acc.) → 1,13 Red S. 33. — τί ὅτι: τί ὅτι (Verkürzung von τί γέγονεν ὅτι) im NT (außer einer sekundären Variante zu Mk 2,16) nur im lk Doppelwerk: Lk 2,49/Apg 5,4.9.

Trad καὶ εἶπεν: → 1,18 Trad. — τί ὅτι …, οὐκ ᾔδειτε: Im Rahmen des Markusstoffes übernimmt Lukas 6mal eine Doppelfrage (Lk 5,21.22f.; 6,3f.9; 20,2; 21,7), und 8mal vermeidet er sie (Lk 8,11.16.25; 9,25.41; 20,22; 22,46.71). Nie jedoch bildet er von sich aus eine Doppelfrage. Man wird also die Doppelfragen, die sich im Nicht-Markusstoff des LkEv finden, als nicht-lukanisch anzusehen und der Tradition zuzuschreiben haben (2,49; 6,39.41f.; 7,31; 10,26;

11,11f.18f.; 13,15f.18; 14,3𝔓⁷⁵BD; 16,11f.; 22,27); vollends gilt das für die Folge von drei Fragen (6,32—34; 17,7—9.17f.) bzw. drei Doppelfragen (7,24—26). Für Lk 6,32—34.41f.; 7,24—26; 11,11f. wird die Zuweisung der Doppelfragen an die Tradition durch den Matthäusvergleich, für 13,18 durch den Vergleich mit Mk 4,30 bestätigt. — τοῦ πατρός μου: ὁ πατήρ μου/ὑμῶν (also mit Possessivpronomen) als Gottesbezeichnung findet sich in Lk/Apg nur im Nicht-Markusstoff: Lk 2,49; 6,36; 10,22; 12,30.32; 22,29; 24,49. Das Vorliegen vorlukanischen Sprachgebrauchs wird außerdem in drei Fällen durch die Mt-Parallele ausgewiesen (Lk 6,36 vgl. Mt 5,48; Lk 10,22 vgl. Mt 11,27; Lk 12,30 vgl. Mt 6,32).

2,50 Red καὶ αὐτοί: Zum emphatischen satzeinleitenden καὶ αὐτός → 1,17 Red S. 37f. — οὐ συνῆκαν: Lukas liebt erläuternde Zwischenbemerkungen → 1,66 Red.

2,51 Red ἦν ὑποτασσόμενος: Zur coniugatio periphrastica am Perikopenschluß → 1,20 Red S. 42f. — διετήρει: Das Verb kommt im NT nur Lk 2,51 und Apg 15,29 vor. Zur Vorliebe des Lukas für Verbkomposita mit δια- → 1,65 Red S. 70f. — πάντα τὰ ῥήματα: Die Wendung (im NT nur Lk 2,51; 7,1/Apg 5,20) ist lukanisch → 1,65 Red S. 71; zu ῥῆμα = „Sache" etc. → 1,37 Red S. 54 sub e.

2,52 Trad χάριτι παρὰ θεῷ καὶ ἀνθρώποις: Zu χάρις im LkEv → 1,30 Trad; zum Fehlen des Artikels vor θεός → 1,35 Trad. παρὰ θεῷ καὶ ἀνθρώποις ist offenbar geprägte Wendung, vgl. das verwandte Summarium μετὰ κυρίου καὶ μετὰ ἀνθρώπων (1Βασ 2,26) sowie ἐνώπιον κυρίου καὶ ἀνθρώπων (Prov 3,4).

2,41—52 Red Der denkbar scharfe sprachliche Kontrast zwischen der sorgfältig formulierten Periode 1,1—4 und der Härte des semitisierenden Griechisch in 1,5—2,52 ist ein eindrucksvoller Beleg für die Treue, mit der Lukas seine Quellen wiedergibt. Er hielt offensichtlich das Griechisch der Kindheitsgeschichte angesichts seiner Verwandtschaft mit dem LXX-Griechisch für dem heiligen Stoff angemessen und glaubte daher nur dazu berechtigt zu sein, vorsichtig und zurückhaltend hier und da stilistisch zu feilen; vor allem die beiden großen Hymnen in Lk 1 ließ er intakt. Neu gestaltet dagegen hat er mit der aus der Apg bekannten Freude am anschaulichen Erzählen Anfang und Schluß der Weihnachtsgeschichte und vor allem die Geschichte vom zwölfjährigen Jesus, die nur spärliche Kennzeichen vorlukanischen Sprachgebrauchs aufweist.

3,1 Red τετρααρχοῦντος: Abgesehen von Mt 14,1 findet sich τετραάρχης (Lk 3,19; 9,7; Apg 13,1)/τετρααρχέω (Lk 3,1ᵗᵉʳ) nur im lk Doppelwerk. Lukas legt Wert auf richtige Titel und verbessert den Titel βασιλεύς, den Herodes Antipas Mk 6,14 erhält, in das korrekte τετραάρχης Lk 9,7.

Trad Ἰουδαίας: → 1,65 Trad.

3,2 Trad ῥῆμα θεοῦ: An der Genitivverbindung ῥῆμα θεοῦ (κυρίου, χριστοῦ) ist das Fehlen des Artikels vor beiden Substantiven auffällig. Die Abwesenheit des Artikels vor ῥῆμα ist Einwirkung eines Status constructus (→ 1,5 Trad); sein Fehlen vor θεοῦ ist völlig unlukanisch (das Doppelwerk hat 262mal den Artikel vor θεός, er fehlt nur ganz selten → 1,35 Trad). Wir haben es bei der doppelten Artikellosigkeit mit einem traditionellen Hebraismus zu tun, was durch die LXX (23 Belege für artikelloses ῥῆμα κυρίου) und das NT selbst (Lk 3,2; Röm 10,17; Eph 6,17; Hebr 6,5; 11,3) bestätigt wird. Lukas selbst schreibt *mit* doppeltem Artikel: τὸ ῥῆμα τοῦ κυρίου (Lk 22, 61𝔓⁶⁹·⁷⁵Bא diff. Mk 14,72; ferner Apg 11,16).

3,3 Trad πᾶσαν τὴν περίχωρον τοῦ Ἰορδάνου: wird durch Gen 13,10f. LXX und par. Mt 3,5 als traditionelle Wendung kenntlich. — κηρύσσων βάπτισμα μετανοίας εἰς ἄφεσιν ἁμαρτιῶν: Daß diese Wendung Mk 1,4 verbotenus, Lk 24,47 in passivischer freier Fassung wiederkehrt, zeigt neben Anklängen in der Apg (2,38; 5,31; 10,43; 13,38; 26,18), daß wir es mit urkirchlichem Formelgut zu tun haben.

3,4 Red ὡς γέγραπται: im NT außer Mk 7,6 nur im Doppelwerk: Lk 3,4 (anders Mk 1,2 καθὼς γέγραπται) und Apg 13,33. — ἐν βίβλῳ: Zur Bezeichnung einer biblischen Schriftrolle verwendet Lukas nebeneinander βίβλος (Lk 2/Apg 2) und βιβλίον (Lk 3mal). Was βίβλος anlangt, so schreibt er es außer an unserer Stelle in der Apg (1,20: ἐν βίβλῳ ψαλμῶν; 7,42: ἐν βίβλῳ τῶν προφητῶν) sowie in seiner Markusbearbeitung (Lk 20,42: ἐν βίβλῳ ψαλμῶν); dagegen bleibt βιβλίον bei ihm auf eine Perikope des Nicht-Markusstoffes beschränkt (Lk 4,17a.b.20). Das ergibt ein klares Bild: im lk Doppelwerk ist die Bezeichnung der biblischen Schriftrolle mit βίβλος redaktionell, die mit βιβλίον traditionell.

Trad ἐν βίβλῳ λόγων Ἡσαίου: Artikellose Genitivverbindungen übernimmt Lukas aus der Tradition → 1,5 Trad. — φωνὴ βοῶντος: Artikellose Genitivverbindung → 1,5 Trad. — τὴν ὁδὸν κυρίου: Zum artikellosen adnominalen Genitiv κυρίου (Septuagintismus, den Lukas gern übernimmt) → 1,11 Trad S. 31f. — τὰς τρίβους αὐτοῦ: Alle drei Synoptiker ändern τὰς τρίβους τοῦ θεοῦ ἡμῶν (LXX Jes 40,3) in τὰς τρίβους αὐτοῦ (Mt 3,3; Mk 1,3; Lk 3,4); sie wollen also den Gedanken ausschließen, daß Gott es sei, dem der Täufer den Weg bereitet, und beziehen den im unmittelbar vorangehenden Halbvers genannten κύριος auf Jesus. Ihre Übereinstimmung zeigt, daß die christologische Deutung von Jes 40,3 bereits vorlukanisch war.

3,4—6 Red φωνὴ βοῶντος ἐν τῇ ἐρήμῳ ...: = cit. LXX Jes 40, 3—5; Lukas ändert jedoch das LXX-Zitat, indem er den Reim εὐθείας/λείας (V. 5)[1] bildet → 1,13 Red S. 34f.

3,7 Red τοῖς ... ὄχλοις: Der Plural οἱ ὄχλοι kommt im NT in merkwürdiger Streuung vor: Mt 30, Mk 1, Lk 16/Apg 7, Joh 1, Briefe 0, Offb 1; abgesehen von 3 vereinzelten Belegen begegnet also der Plural οἱ ὄχλοι im NT nur im MtEv (30) und im Doppelwerk (23)[2]. Die Vorliebe des Lukas für den Plural οἱ ὄχλοι äußert sich auch darin, daß er ihn 7mal in der Apg schrieb (8,6; 13,45; 14,11.13.18f.; 17, 13) und 6mal in den Markusstoff einfügte (Lk 4,42; 5,15; 8,42.45; 9,11.18). Von den verbleibenden 10 Belegen finden sich 2 in der Logienüberlieferung (Lk 7,24 par. Mt 11,7; Lk 11,14 par. Mt 12,23) und 8 im lukanischen Sondergut, meist in Perikopeneinleitungen (Lk 3,7.10; 5,3; 11,29; 12,54; 14,25; 23,4.48).

3,7—9 Trad ἔλεγεν οὖν ...: Unser Abschnitt (par. Mt 3,7—10) ist das erste Stück aus der Matthäus und Lukas gemeinsamen Logienüberlieferung. Bis auf die Einleitung und einige minimale Unterschiede

---

[1] Ich verdanke den Hinweis auf den Reim Herrn Pastor Arfken — Göttingen.
[2] Ganz anders der Singular: Mt 19, Mk 37, Lk 25/Apg 15, Joh 19, Briefe 0, Offb 3.

(Lk 3,8 καρπούς//Mt 3,8 καρπόν; Lk 3,8 ἄρξησθε//Mt 3,9 δόξητε; Lk 3,9 ἤδη δὲ καί//Mt 3,10 ohne καί) stimmen beide Evangelien wörtlich überein, was auf vorlukanische Tradition weist.

3,8 Red καρπούς: Während Mt an dieser Stelle einen semitisierenden distributiven Singular bringt (Mt 3,8: ποιήσατε οὖν καρπόν „bringt [jeder] Frucht"), hat Lukas den im Griechischen zu erwartenden Plural (Lk 3,8: ποιήσατε οὖν καρπούς vgl. § 140). Die Lk-Fassung ist also das Ergebnis einer Gräzisierung. (Zum distributiven Singular → 1,66 Red.)

Trad μὴ ἄρξησθε: Von den bei 3,7—9 Trad genannten drei Unterschieden zu Mt sind der erste und dritte mit Wahrscheinlichkeit auf die lukanische Redaktion zurückzuführen → V. 8 Red; → V. 9 Red, dagegen wird ἄρξησθε Lk 3,8 vorlukanisch sein. Denn abundantes ἄρχομαι (Medium) mit Inf. findet sich zwar durchaus häufig im LkEv (Mt 12, Mk 25, Lk 25, Joh 1), doch darf man sich durch die Statistik nicht täuschen lassen: In Wahrheit liebt Lukas diese semitisierende Wendung nicht. Schon das nur vereinzelte Vorkommen in der Apg sollte hellhörig machen. Es kommt hinzu, daß Lukas von den 12(13) Fällen eines solchen pleonastischen ἄρχομαι, die er im Markusstoff vorfand, nur 2(3) übernahm[3] und 10 tilgte[4]. Von sich aus schreibt er die Wendung nur ganz selten[5]. Wohl aber findet sie sich 19mal im Nicht-Markusstoff[6]. Sie ist also kennzeichnend für die vorlukanische Tradition. Diese Zuweisung bestätigt sich anhand einer weiteren Beobachtung. 7mal, darunter an unserer Stelle, wird im NT abundantes ἄρχομαι (med.) + Inf. mit Bezug auf die *Zukunft* gebraucht: Lk 3,8; 12,45 (par. Mt 24,49); 13,25.26; 14,9.29; 23,30. Auch dieser Sprachgebrauch ist nicht lukanisch, denn sämtliche Belege finden sich im Nicht-

---

[3] Lk 19,45 (= Mk 11,15); 20,9 (= Mk 12,1); vgl. 22,23 (Mk 14,19).
[4] Lk 5,15 (diff. Mk 1,45); 6,1 (diff. Mk 2,23); 8,37 (diff. Mk 5,17).39 (diff. Mk 5,20); 9,2 (diff. Mk 6,7).11 (diff. Mk 6,34); 18,28 (diff. Mk 10,28).31 (diff. Mk 10,32).38 (diff. Mk 10,47); 21,8 (diff. Mk 13,5). Nicht mitzuzählen war Lk 9,22, weil par. Mk 8,31 ἤρξατο nicht pleonastisch, sondern eigentlich gemeint ist.
[5] Lk 5,21 (Zusatz zu Mk 2,6) und (in Aufnahme dieser Stelle) 7,49; außerdem 9,12 (diff. Mk 6,35); 19,37 (Zusatz zu Mk 11,9).
[6] 3,8; 4,21; 7,15.24Q.38; 11,29.53; 12,1.45Q; 13,25.26; 14,9.18.29; 15,14. 24; 22,23; 23,2.30.

Markusstoff, nie schreibt Lukas so von sich aus. — λέγω γὰρ ὑμῖν: An dieser Stelle (par. Mt 3,9) begegnet zum ersten Mal bei Lukas das im NT auf die Evangelien und die Apostelgeschichte beschränkte formelhafte λέγω ὑμῖν/σοι (Mt 58; Mk 16; Lk 47/Apg 1; Joh 25; sNT 0). Die 47 Belege im LkEv verteilen sich auf: 6 im Markusstoff[7] und 41 im Nicht-Markusstoff[8]. Was zunächst die 6 Belege für λέγω ὑμῖν/σοι im Markusstoff anlangt, so ergibt der synoptische Vergleich, daß Lukas die Formel nie von sich aus schreibt; er streicht sie vielmehr Mk 5,41 und gebraucht sie nur 1mal in der Apg (5,38). Sie ist also vorlukanisch, was durch die zahlreichen Parallelen zwischen Matthäus und Lukas im Logiengut (u.a. unsere Stelle) bestätigt wird. Für die Verwendung der Formel im LkEv an den 41 Stellen des Nicht-Markusstoffes ist folgendes kennzeichnend: 1. Dreimal geht ihr ein ἀμήν voran (Lk 4,24; 12,37; 23,43), an dessen Stelle ἐπ' ἀληθείας, ναί, ἀληθῶς, γάρ oder δέ treten kann (Belege → 4,24 Trad); 2. λέγω ὑμῖν/σοι steht 13mal asyndetisch am Satzbeginn (→ 7,9 Trad); 3. es wird 5mal parenthetisch gebraucht (→ 12, 51 Trad); 4. in 12 Fällen folgt ὅτι (außer an unserer Stelle noch 4,24; 10,12.24; 12,37.44; 14,24; 15,7; 18,8; 19,26; 22,16.37); 5. 6mal wird mit γάρ konstruiert (außer an unserer Stelle noch 10,24; 14,24; 22,16.18.37); 6. einmal liest man οὗ χάριν λέγω σοι (7,47); 7. Vorausstellung des Dativs findet sich 5mal (→ 6,27 Trad); 8. 7mal folgt ein Imperativ (→ 6,27 Trad); 9. 3mal heißt es: ναί λέγω ὑμῖν (7,26; → 11,51 Trad; 12,5); 10. Oft hat λέγω ὑμῖν im Nicht-Markusstoff summierende Funktion: am Ende eines Gleichnisses (11,8; 12,37.59; 14,24; 15,7.10; 16,9; 18,8.14; 19,26) oder einer Erörterung (7,28.47; 10,12; 11,51; 13,35; 22,34) oder vor der Wiederholung einer feierlichen Erklärung (12,5; 13,5). Zu unserer Stelle ist sub 4 und 5 zu vergleichen.

3,9 Red δὲ καί: → 2,4 Red S. 78f.; → ZNW 62 (1971), 174 sub Nr. 9; Hawkins 37.

3,10 Red ἐπηρώτων ... λέγοντες: Zum pleonastischen λέγων → 1,63 Red S. 67ff. — οἱ ὄχλοι: → 3,7 Red.

---

[7] Lk 5,24; 9,27; 18,17.29; 21,3.32.
[8] Lk 3,8Q; 4,24f.; 6,27; 7,9.14.26.28.47; 10,12.24; 11,8f.51; 12,4f.8.22.27Q. 37.44Q.51.59; 13,3.5.24.35; 14,24; 15,7.10; 16,9; 17,34; 18,8.14; 19,26.40; 22,16.18.34.37; 23,43.

3,11 Trad ἀποκριθεὶς δὲ ἔλεγεν: nicht lukanisch → 1,19 Trad S. 39f. — δύο χιτῶνας: Im LkEv wird die adjektivisch gebrauchte Kardinalzahl dem Bezugsnomen 35mal vorangestellt und 38mal nachgestellt, scheinbar völlig willkürlich[9]. In Wahrheit bevorzugt Lukas die Nachstellung der Kardinalzahl. Das ergibt sich a) aus seiner Behandlung des Markusstoffes. Er fand bei Markus, soweit er ihn übernahm, dreimal eine *nach*gestellte Kardinalzahl vor: in allen drei Fällen griff er die Nachstellung auf[10], außerdem fügte er von sich aus dreimal eine nachgestellte Kardinalzahl in den Markusstoff ein[11]. Anders verfuhr Lukas dagegen in den 7 Fällen, in denen ihm Markus eine *voran*gestellte Kardinalzahl anbot: er ließ zwar 2mal die Voranstellung passieren[12], ersetzte sie aber 5mal durch Nachstellung[13]. Diese lukanische Vorliebe für die nachgestellte Kardinalzahl wird b) durch die Apg bestätigt: 44 Nachstellungen stehen 11 Voranstellungen gegenüber; dabei ist besonders lehrreich, daß Lukas in Apg 7,6 cit. 42 cit. zweimal sogar Zahlen des Bibeltextes umstellt: während die Septuaginta Gen 15,13 mit Voranstellung der Zahl τετρακόσια ἔτη und Am 5,25 τεσσαράκοντα ἔτη liest, zitiert er mit Nachstellung: ἔτη τετρακόσια (Apg 7,6) bzw. ἔτη τεσσεράκοντα (Apg 7,42). Angesichts dieser ausgesprochenen Bevorzugung der *Nach*stellung der Kardinalzahl durch Lukas wird man die 33 *Voran*stellungen der Kardinalzahl, die sich im Nicht-Markusstoff des Ev finden, mit Wahrscheinlichkeit als nicht lukanisch ansprechen dürfen: Lk 2,24 cit.; 3,11; 5,2; 7,41; 10,35; 11,5; 12,6.52; 13,7.14.16; 14,31.31; 15,4.7.7.10.11; 16,6.7.13.17.28; 17,12; 19,13.13.16.17.18. 19.24.25; 22,30. Daß diese Voranstellungen in der Tat ganz überwiegend der Tradition zuzuweisen sind, wird für die Mehrzahl von ihnen dadurch bestätigt, daß es sich um Gleichnismaterial handelt, bei dem Lukas sich mit Eingriffen zurückhält, für ein zweites Bündel von Belegen dadurch, daß auch die Matthäus-Parallelen die Kardinalzahl voranstellen (Lk 12,6; 16,13.17; 19,13.16.18.24; 22,30 par. Mt 10,29; 6,24; 5,18; 25,15.20.22.28; 19,28) und für Lk 2,24 cit. durch die Voranstellung von δύο in der LXX-Vorlage Lev 12,8. — τῷ μὴ

---

[9] Berücksichtigt sind alle Fälle, in denen das Zahlwort adjektivisch gebraucht wird und das zugehörige Nomen keinen Artikel hat.
[10] Lk 8,42 vgl. Mk 5,42; Lk 9,28 vgl. Mk 9,2; Lk 21,2 vgl. Mk 12,42.
[11] Lk 9,13.14b.30.
[12] Lk 9,3 vgl. Mk 6,9; Lk 20,29 vgl. Mk 12,20.
[13] Lk 8,43 diff. Mk 5,25; Lk 9,13 diff. Mk 6,38; Lk 9,14 diff. Mk 6,44; Lk 9,17 diff. Mk 6,43; Lk 9,33 diff. Mk 9,5.

ἔχοντι: Verneinte Partizipien mit Artikel (Mt 4; Mk 0; Lk 7/Apg 0; sNT 44) kommen im LkEv ausschließlich im Nicht-Markusstoff vor[14]. Lukas liebt solche negierten Partizipialkonstruktionen nicht, wie ihr gänzliches Fehlen in dem von ihm übernommenen Markusstoff und in der Apg zeigt; er bevorzugt stattdessen Relativ- bzw. Fragesätze. Die 7 Belege im LkEv sind darum der Tradition zuzuweisen, was übrigens für Lk 11,23^{bis}; 19,26 ohnehin durch die Übereinstimmung mit Mt 12,30; 25,29 gesichert ist. — ὁμοίως ποιείτω: ὁμοίως ποιέω kommt im NT außer Joh 5,19 nur im Nicht-Markusstoff des LkEv vor (3,11; 6,31; 10,37) und wird vorlukanisch sein. Matthäus sagt dafür ποιέω ὡσαύτως (20,5; 21,36).

3,12 Red δὲ καί: → 2,4 Red S. 78f. — εἶπαν πρός: (c.acc.) → 1,13 Red S. 33.

3,13 Red ὁ δὲ εἶπεν πρός: (c.acc.) → 1,13 Red. — πλέον: Die Schreibung πλέον (attisch) statt des üblichen πλεῖον (18mal im NT) findet sich im NT nur Lk 3,13; Apg 15,28; Joh 21,15; sie ist also lukanisch. — τὸ διατεταγμένον: Lukas hat eine Vorliebe für mit δια- zusammengesetzte Verben (→ 1,65 Red S. 70f.). So wird auch das Verbum διατάσσω von ihm bevorzugt gebraucht (Mt 1, Lk 4/Apg 5, Pls 6). Lk 8,55 fügt er es in den Markusstoff ein. Besonders charakteristisch ist für ihn das substantivierte Part.perf.pass. τὸ διατεταγμένον (= das Befohlene), weil es im NT nur im Doppelwerk (Lk 3,13/Apg 23,31) vorkommt (an beiden Stellen mit folgendem Dativ des Befehlsempfängers) und weil es ein Analogon in der ebenfalls lukanischen Wendung πάντα τὰ προστεταγμένα σοι (also mit προς-) Apg 10,33 (→ 1,10 Red S. 30 sub 2) hat. Da Lukas in der Apg sowohl von διατάσσω als auch von προστάσσω das Part.perf.pass. schreibt, wird man Lk 17,9f. (πάντα) τὰ διαταχθέντα wegen des Aorists der Tradition zuzuschreiben haben.

Trad πλέον παρά: Die Präpositionen παρά c.acc. und ὑπέρ c.acc. finden sich in den Ev als Vergleichspartikeln nach Komparativ nur im Nicht-Markusstoff des dritten Evangeliums: Lk 3,13 (πλέον παρὰ τὸ διατεταγμένον ὑμῖν); 16,8 (φρονιμώτεροι ὑπὲρ τοὺς υἱοὺς τοῦ φωτός). Da Lukas dort, wo er von sich aus formuliert, als Vergleichspartikel nach Komparativ ἤ benutzt (Lk 9,13 Zusatz zu Mk 6,38; Apg 4,19;

---

[14] 3,11; 11,23Q.23Q; 12,48; 19,26Q.27; 22,36.

5,29; [20,35 cit.]; 27,11) oder den Genitiv setzt[15], gelegentlich auch einmal πλήν c.gen. (Apg 15,28), ist die Konstruktion mit παρά c.acc. und ὑπέρ c.acc. nach Komparativ der Tradition zuzuweisen. — πράσσετε: in der Bedeutung „eintreiben, einfordern" neutestamentlich nur im lukanischen Sondergut: 3,13; 19,23 (anders Mt 25,27: κομίζειν).

3,14 Red ἐπηρώτων ... λέγοντες: Zum pleonastischen λέγων → 1,63 Red.

Trad καὶ εἶπεν αὐτοῖς: καὶ εἶπεν am Satzbeginn mit folgendem Dativ → 1,18.19 Trad S. 39.41 — συκοφαντήσητε: Das Verb findet sich im NT nur im lukanischen Sondergut: 3,14; 19,8.

3,15 Red προσδοκῶντος δὲ τοῦ λαοῦ: Lukas liebt solche erläuternden Zwischenbemerkungen → 1,66 Red. Auf die Kombination λαός/προσδοκάω waren wir schon → 1,21 Red gestoßen. Beide Vokabeln werden von Lukas bevorzugt gebraucht, vgl. für λαός → 1,10 Red S. 30, für προσδοκάω → 1,21 Red S. 44. — διαλογιζομένων πάντων ... μήποτε αὐτὸς εἴη ...: διαλογίζομαι mit indirektem Fragesatz und Optativus obliquus findet sich im NT nur noch Lk 1,29. Der Optativus obliquus ist darüber hinaus ausgesprochen lukanisch → 1,29 Red S. 48 sub 1 mit Anm. 22; lukanisch ist auch die Vorliebe für des Präsens des Optativs → 1,29 Red sub 2. — πάντων: Lukas liebt die rhetorische Verstärkung durch πᾶς → 1,10 Red S. 30 (vgl. ZNW 62, 1971, 185). Angesichts des redaktionellen Charakters der Rahmenverse 3,15—16a.18—20 ist πάντων 3,15, πᾶσιν 3,16, πάντων 3,19 und πᾶσιν 3,20 der lukanischen Neigung für πᾶς zuzuschreiben.

3,16 Red ἀπεκρίνατο λέγων: Zum pleonastischen λέγων → 1,63 Red. — πᾶσιν: → 1,10 Red.

Trad ἀπεκρίνατο: Während im NT der Aor.Pass. ἀπεκρίθην etwa 200mal vorkommt, begegnet der Aor.Med. ἀπεκρινάμην im NT nur 7mal, im LkEv außer 3,16 nur noch 23,9[16]. Angesichts dieser

---

[15] Lk 11,31f. par. Mt 12,41f.; Lk 12,23 par. Mt 6,25; Lk 21,3 par. Mk 12,43; Apg 4,22; 23,13.21; 24,11; 25,6.
[16] Mt 27,12; Mk 14,61; Lk 3,16; 23,9; Joh 5,17.19; Apg 3,12.

Ungewöhnlichkeit wird man ἀπεκρίνατο Lk 3,16; 23,9 als vorlukanisch anzusprechen haben[17]. — οὗ ... αὐτοῦ: Bei Lukas findet sich das Pronomen abundans, das im NT 18mal vorkommt, nur Lk 3,16 und 3,17; an beiden Stellen stammt es aus der Überlieferung, wie par. Mk 1,7 und Mt 3,12 (an beiden Stellen οὗ ... αὐτοῦ) zeigen[18]. — ἱκανός: mit folg. Inf. (nur hier im Doppelwerk) stammt aus der Überlieferung (vgl. Mk 1,7; Mt 3,11). — ὑποδήματα: Lukas zitiert unser Täuferwort nochmals (verkürzt) Apg 13,25, hier aber mit dem kollektiven Singular τὸ ὑπόδημα τῶν ποδῶν, die „Fußbekleidung". Er schreibt diesen Septuagintismus (LXX Ex 3,5; Jos 5,15; 3Βασ 2,5; Ψ 59[60],8; 107[108],9; vgl. Jes 5,27 ΑΘΣ) als einziger neutestamentlicher Schriftsteller, außer Apg 13,25 noch 7,33 cit. Ex 3,5. Daß Lukas diesen ihm eigenen kollektiven Sprachgebrauch Apg 13, 25 benutzt, ist um so beachtenswerter, als ihm für das Täuferwort der Plural τὰ ὑποδήματα durch die Überlieferung (Lk 3,16) vorgegeben war. Offenbar schreibt Lukas da, wo er selbst formuliert, den kollektiven Singular (Apg 13,25), wo er der Überlieferung folgt, den Plural (Lk 3,16 vgl. Mk 1,7; Lk 10,4 vgl. Mt 10,10, so auch Lk 15,22; 22,35).

3,17 Trad οὗ ... αὐτοῦ: → 3,16 Trad.

3,18 Red 3,18 ist Wort für Wort lukanisch: πολλὰ μὲν οὖν καὶ ἕτερα: Wir haben hier die Verschmelzung von 3 lukanischen Wendungen vor uns: 1. πολλὰ ... καὶ ...: πολλά durch pleonastisches καί mit einem anderen Adjektiv oder Nomen verbunden, findet sich im NT außer Joh 20,30 nur im Doppelwerk: Lk 3,18/Apg 25,7 (vgl. § 442, 7a); 2. μὲν οὖν: *Fortleitendes* μὲν οὖν ist lukanische Vorzugswendung: Lk 3,18 (einziges μὲν οὖν im LkEv)/Apg 27mal, sNT nur 4 (vgl. Bauer[5] 995 s.v. μέν 2e); 3. πολλὰ ... ἕτερα: Diese Kombination begegnet im NT außer Mt 15,30 nur im lk Doppelwerk: Lk 3,18; 8,3; 22,65/Apg 15,35. Insbesondere das an unserer Stelle im Ev zum erstenmal auftauchende ἕτερος schreibt Lukas mit Vorliebe: Lk 32/Apg 17mal (man vergleiche damit den Befund in den anderen Evangelien: Mt 9, Mk 0, Joh 1mal). Kennzeichnend für den luka-

---

[17] H. Schürmann, Das Lukasevangelium I, Freiburg/Basel/Wien 1969, 171 Anm. 64.
[18] W. F. Bakker, Pronomen abundans and pronomen coniunctum (Verhandelingen der Kon.ned.Akad. van Wetenschappen), Amsterdam—London 1974, 40.42.

nischen Sprachgebrauch von ἕτερος ist, daß a) ἕτερος bei Lukas seine klassische dualische Bedeutung praktisch aufgegeben hat. Man erkennt das am deutlichsten an der ausgiebigen Verwendung der Vokabel in Aufzählungen, so in Gleichnissen: Lk 8,5—8 ὃ μὲν ... ἕτερον ... ἕτερον ... ἕτερον (diff. Mk 4,4—8 ὃ μὲν ... ἄλλο ... ἄλλο ... ἄλλα); 14,18—20 ὁ πρῶτος ... ἕτερος ... ἕτερος (diff. Mt 22,5f. ὃς μὲν ... ὃς δὲ ... οἱ δὲ λοιποί); 16,5.7 τῷ πρώτῳ ... ἑτέρῳ ...; 19,16—20 ὁ πρῶτος ... ὁ δεύτερος ... ὁ ἕτερος (diff. Mt 25,20—24); 20,10—12 δοῦλον ... ἕτερον ... τρίτον (diff. Mk 12,2—5), aber auch in der Erzählung: 3,18 πολλὰ ... καὶ ἕτερα; 8,3 καὶ ἕτεραι πολλαί; 9,57—61 τις ... ἕτερον ... ἕτερος (vgl. Mt 8,19—21 εἷς ... ἕτερος); 11,15f. τινὲς ... ἕτεροι; 22,56—59 παιδίσκη τις ... ἕτερος ... ἄλλος τις (diff. Mk 14,66—70); 22,65 ἕτερα πολλά. Der Verlust des dualischen Charakters von ἕτερος bei Lukas wird auch daran sichtbar, daß er ἕτερος gleichbedeutend mit dem von ihm gemiedenen ἄλλος gebraucht (Lk 10,1; 11,26 [par. Mt 12,45]; 16,18; 23,32; so stets in der Apg, nämlich 17mal, bis auf 23,6). b) Abgesehen von der unter c) sofort zu besprechenden Gegenüberstellung (ὁ) εἷς/ὁ ἕτερος begegnet dualisches ἕτερος im NT nur an zwei Stellen im dritten Evangelium: Lk 5,7; 14,31; hier folgt Lukas seiner Vorlage. c) Die Gegenüberstellung (ὁ) εἷς/ὁ ἕτερος (Mt 2, Lk 7/Apg 1, Pls 1)[19] schreibt Lukas teils von sich aus (Apg 23,6, hier jedoch adjektivisch), teils übernimmt er sie aus der Tradition (Lk 16,13[bis] par. Mt 6,24[bis]). Es ist sicher kein Zufall, daß es gerade eine Formel ist, in der bei Lukas der klassische dualische Gebrauch von ἕτερος am deutlichsten fortlebt. — παρακαλῶν: παρακαλέω wird von Lukas gern in der Bedeutung „ermahnen" gebraucht[20]. — εὐηγγελίζετο τὸν λαόν: Mediales εὐαγγελίζεσθαι mit Nennung der Adressaten im Akkusativ ist lukanische Vorzugswendung → 1,19 Red S. 39, vgl. auch → 8,1 Red S. 176; λαός ist ebenfalls lk Vorzugswort → 1,10 Red.

3,19 Red καὶ περὶ πάντων: Lukas fügt wiederholt einen generalisierenden Ausdruck zu bereits spezifizierten Wendungen hinzu[21]: Lk 3,19 (+ καὶ περὶ πάντων); 5,9 (+ καὶ πάντας τοὺς σὺν αὐτῷ); 11,42 (+ καὶ

---

[19] Mt 6,24[bis]; Lk 7,41; 16,13[bis]; 17,34.35; 18,10; 23,39f.; Apg 23,6 (hier adjektivisch); 1Kor 4,6.
[20] Lk 3,18/Apg 2,40; 11,23; 14,22; 15,32; 16,40; 20,1.2.
[21] Beobachtet von Cadbury, Style 115f., der die o.g. Beispiele beibrachte (Lk 11,50 würde ich nicht hierher stellen).

πᾶν λάχανον); 13,28 (+ καὶ πάντας τοὺς προφήτας); 19,47 (+ καὶ οἱ πρῶτοι τοῦ λαοῦ); 21,29 (+ καὶ πάντα τὰ δένδρα); 23,48 (+ καὶ πάντες ...); 24,10 (+ καὶ αἱ λοιπαί). — ... ὧν ἐποίησεν πονηρῶν: Es hängt mit der → 1,10 Red S. 30f. festgestelllten Vorliebe des Lukas für rhetorisches πᾶς zusammen, daß die Attractio relativi nach πάντα im NT (außer Jud 15bis) nur bei ihm begegnet; die Belege findet man → 2,20 Red S. 88. Eine Attractio relativi mit (τὰ) πονηρά formuliert Lukas wie an unserer Stelle auch Apg 25,18: ὧν ἐγὼ ὑπενόουν πονηρῶν.

3,20 Red προσέθηκεν καὶ τοῦτο ἐπὶ πᾶσιν: προστίθημι ist eine von Lukas bevorzugte Vokabel (Mt 2, Mk 1, Lk 7/Apg 6, sNT 2). Es fällt auf, daß sich im dritten Evangelium die Konstruktion von προστίθημι mit τὶ ἐπί τι (Lk 12,25 par. Mt 6,27) neben der mit τὶ ἐπί τινι (Lk 3,20) findet. Da die Konstruktion von ἐπί mit dem Akkusativ (Lk 12,25) nach Ausweis der Mt-Parallele der Tradition zugehört, wird unsere Stelle, die ἐπί mit dem Dativ konstruiert, der Redaktion zuzuweisen sein. Ferner findet sich im NT *nur* in Lk/Apg die semitisierende Verwendung von προστίθημι zur Umschreibung der Adverbien „wiederum, weiterhin" (Lk 3/Apg 1). Lukas schreibt in diesen Fällen mit LXX προσέθετο (Med.) c.inf.: so Apg 12,3 und 2mal gegen seine Markusvorlage (Lk 20,11.12 diff. Mk 12,4.5); nur Lk 19,11 hat er dafür Part.act.aor. 2 + vb. finitum προσθεὶς εἶπεν; doch wird auch diese Variante lukanisch sein, da es sich 19,11 um eine Perikopeneinleitung handelt, die Wort für Wort redaktionell ist → 19,11 Red S. 277f. — ἐπὶ πᾶσιν: Lukas hat eine Vorliebe für rhetorische Verstärkung durch πᾶς → 1,10 Red S. 30. — κατέκλεισεν ἐν φυλακῇ: Für die Verhaftung Johannes des Täufers sagt Markus ἔδησεν ἐν φυλακῇ (6,17), Matthäus ἐν φυλακῇ ἀπέθετο (14,3), das LkEv dagegen κατέκλεισεν ἐν φυλακῇ (so unsere Stelle). Die Wiederkehr dieser Wendung in Apg 26,10 (sonst nicht im NT) zeigt, daß sie lukanisch ist.

3,1—20 Red Im Bericht über Johannes den Täufer 3,1—20 sind die Worte des Täufers bis auf geringfügige Spuren der Redaktion intakt geblieben, V. 16b f. ist sogar völlig frei von Lukanismen; dagegen sind die Schlußverse V. 18—20 ein von Lukas formulierter Perikopenschluß.

3,21 Red ἐγένετο δὲ ... ἀνεῳχθῆναι ... καταβῆναι ... γενέσθαι: γίνεσθαι mit folgendem Infinitiv, um das Eintreten der vom

Verb bezeichneten Handlung hervorzuheben[22], begegnet im NT bei Mt nur 18,13, bei Mk nur 2,23, bei Lukas dagegen 5mal im Ev[23] und 17mal in der Apg. Nimmt man hinzu, daß Lukas die Wendung 2mal in seinen Markusstoff einfügt (Lk 6,6.12), so haben wir zu schließen, daß wir es bei γίνεσθαι mit folgendem Infinitiv mit einer lk Vorzugswendung zu tun haben. — ἐν τῷ βαπτισθῆναι: Dasselbe gilt von ἐν τῷ mit Infinitiv (→ 1,8f. Red sub B 2a); insbesondere ist der Infinitiv des Aorists zur Bezeichnung der Vorzeitigkeit lukanisch (→ 2,27 Red). — ἅπαντα τὸν λαόν: ἅπας wird ebenfalls von Lukas mit Vorliebe gebraucht. Schon die Statistik ist eindrucksvoll: während ἅπας im übrigen NT nur sporadisch vorkommt (Mt 3, Mk 3, Joh 1, Eph 1, Past 1, Jak 1), bietet das Doppelwerk 22 Belege (Ev 11/Apg 11)[24]. Kennzeichnend für Lukas ist besonders die Wendung ἅπας ὁ λαός (außer an unserer Stelle noch, mit Nachstellung von ἅπας, Lk 19,48; 20,6) und ἅπαν τὸ πλῆθος (8,37; 19,37; 23,1/Apg 25,24). 7 Einfügungen von ἅπας in den Markusstoff[25] und 11 Belege in der Apg runden das Bild ab und bestätigen den redaktionellen Charakter von ἅπας im Doppelwerk. — προσευχομένου: Es gehört zu den Eigentümlichkeiten des 3. Evangelisten, daß er häufiger von einem Beten Jesu spricht, abgesehen von der Gethsemaneperikope 7mal. Da es sich in 5 dieser 7 Fälle um Zusätze des Lukas zum Markusstoff handelt (Lk 5,16; 6,12; 9,18.28f.), also um Redaktion, könnten auch die beiden restlichen Belege (3,21; 11,1) analog einzuordnen sein. In der Tat ist zum mindesten 11,1 ganz von lukanischer Diktion geprägt (→ 11,1 Red).

3,21.22 Red τὸν οὐρανόν ... ἐξ οὐρανοῦ: Die ältere Überlieferung der Taufe Jesu erwähnte 2mal den Himmel in der semitisierenden Pluralform (Mk 1,10f. par. Mt 3,16f.), während Lukas beide Male den Singular schreibt (3,21f.). Auch sonst ist der Plural οἱ οὐρανοί bei Lukas völlig zurückgedrängt. Er schreibt ihn im Doppelwerk nur 6mal (Ev 4/Apg 2), den Singular dagegen 53mal (Ev 29/Apg 24), eine Relation, die in etwa dem Befund in der LXX entspricht (Plural 48, Singular 612). Bei den 6 Pluralbelegen im Doppelwerk han-

---

[22] Bauer⁵ 316 s.v. γίνομαι I 3e.
[23] Nämlich dreimal im Markusstoff (Lk 6,1 = Mk 2,23; Lk 6,6 diff. Mk 3,1; Lk 6,12 diff. Mk 3,13) und zweimal im Nicht-Markusstoff (Lk 3,21; 16,22).
[24] Wo die Handschriften zwischen πᾶς und ἅπας schwanken, ist bei der Zählung der Text von Nestle-Aland²⁵ zugrunde gelegt.
[25] Lk 4,40; 5,26; 8,37; 9,15; 19,37.48; 21,15.

delt es sich durchweg um konventionelles Formelgut (→ 10,20 Trad S. 189); die 53 Singularbelege gehen zum größeren Teil auf das Konto des Lukas[26], einige sind jedoch schon vorlukanisch[27].

Trad Der Lukas mit Mk 1,9—11; Mt 3,13.16f. gemeinsame Wortlaut hat als traditionelles Gut zu gelten, das aus der Überlieferung stammt. Speziell zu 3,22 ἀγαπητός: → 6,27 Trad.

3,23 Red καὶ αὐτός: Zum „christologischen" καὶ αὐτός → 1,17 Red S. 37f. — ἦν ... ἀρχόμενος: Diese coniugatio periphrastica im Perikopenanfang und im Zusammenhang mit einer Zeitangabe ist lukanisch → 1,20 Red sub d; dazu stimmt, daß absoluter Gebrauch von medialem ἄρχεσθαι im NT nur im Doppelwerk: Lk 3,23/Apg 11,4 zu finden ist. — ὡσεὶ ἐτῶν τριάκοντα: Im Unterschied zu dem überaus häufigen ὡς ist ὡσεί im NT seltener; nur im Doppelwerk begegnet die Partikel öfter (Mt 3, Mk 1, Lk 9/Apg 6, sNT 2). Bei Zahlen und Maßen (= „ca.") findet sie sich im NT (abgesehen von Mt 14,21) ausschließlich im Doppelwerk 7/4[28]. Daß Lukas zudem wiederholt ὡσεί zu Zahlen seines Markusstoffes hinzufügt[29], bestätigt seine Vorliebe für diese Partikel. — ἐνομίζετο: νομίζω ist lk Vorzugswort: Mt 3, Lk 2/Apg 7, Pls 3.

4,1 Red πλήρης πνεύματος ἁγίου: πλήρης mit Genitiv ist lk Vorzugswendung: Abgesehen von Mk 8,19 und Joh 1,14 kommt die Konstruktion im NT nur im Doppelwerk vor (Ev 2/Apg 8mal); Lk 5,12 wird sie von Lukas in den Markusstoff (diff. Mk 1,40) eingefügt. Ins-

---

[26] So die 24 Belege für den Singular in der Apg und 3 Zusätze des Singulars zum Markustext (8,5; 19,38; 21,11).
[27] So die Übernahme von 4 Markus-Singularen (Lk 9,16; 20,4f.; 21,33) und der Singular in denjenigen Matthäus-Lukas-Logien, in denen beide Evangelisten unabhängig voneinander den Singular bieten: Lk 9,58 (Mt 8,20); Lk 10,15 (Mt 11,23); Lk 10,21 (Mt 11,25); Lk 12,56 (vgl. Mt 16,3b); Lk 13,19 (Mt 13,32); Lk 16,17 (Mt 5,18); ferner feste Wendungen wie σημεῖον ἐξ οὐρανοῦ Lk 11,16 (Mt 16,1) bzw. ἀπ' οὐρανοῦ 21,11 (Mk 8,11); vgl. Offb 12,1.3; 15,1 (→ 11,16 Trad), ὁ οὐρανὸς καὶ ἡ γῆ (Lk 10,21; 12,56; 16,17; 21,33) und ein Bibelzitat, in dem schon die LXX den Singular bot: Lk 9,54 vgl. 4Βασ 1,10.12.
[28] Lk 3,23; 9,14a.b. 28; 22,41.59; 23,44/Apg 1,15; 2,41; 10,3; 19,7.
[29] Lk 9,14a (Zusatz zu Mk 6,44); 9,14b (Zusatz zu Mk 6,40); 9,28 (Zusatz zu Mk 9,2); vgl. noch Lk 22,59 mit Mk 14,70 und Lk 23,44 mit Mk 15,33.

besondere die Wendung πλήρης πνεύματος ἁγίου (Lk 4,1/Apg 6,5; 7,55; 11,24; ohne ἅγιον 6,3) sowie die Auslassung des Partizips ὤν nach πλήρης (Lk 4,1; 5,12/Apg 6,3.5.8; 13,10; vgl. § 418,6) ist charakteristisch für Lukas. — ὑπέστρεψεν: → 1,56 Red S. 63.

Trad τῷ πνεύματι: τὸ πνεῦμα, absolut und in bonam partem (vom göttlichen Geist im Unterschied zu den Dämonen) gebraucht, findet sich zwar sehr häufig im NT, aber nur selten in den synopt. Ev (zB Lk 2,27: ἦλθεν ἐν τῷ πνεύματι εἰς τὸ ἱερόν). Beim absolut und in bonam partem gebrauchten τὸ πνεῦμα hat der bestimmte Artikel in der Regel nicht, wie man nach § 252a erwarten möchte, anaphorische Bedeutung. Beschränkt man sich auf diejenigen Fälle, in denen der anaphorische Bezug einwandfrei ist, so wird man bei τὸ πνεῦμα im NT nur drei Fälle anerkennen können: Mk 1,12 par. Mt 4,1 par. Lk 4,1 (Rückbezug auf den Geistempfang bei Jesu Taufe). 14 (Rückbezug auf 4,1a.b); Apg 2,4b (Rückbezug auf 2,4a)[1]. Das heißt: Obwohl die drei Synoptiker in der Einleitung zur Versuchungsgeschichte stark differieren und obwohl absolutes τὸ πνεῦμα bei ihnen ganz selten ist, sind sich alle drei darin einig, daß zur Einleitung der Versuchungsgeschichte ein anaphorischer Artikel vor absolutes πνεῦμα gehört, der auf die Taufe Jesu zurückverweist (Mk 1,12 τὸ πνεῦμα; Mt 4,1 ὑπὸ τοῦ πνεύματος; Lk 4,1 ἐν τῷ πνεύματι). Diese Übereinstimmung der Synoptiker zeigt, daß wir es mit ganz alter urkirchlicher Überlieferung zu tun haben.

4,2 Red ἐν ταῖς ἡμέραις ἐκείναις: Die Wendung ist lukanisch → 2,1 Red S. 77. — συντελεσθεισῶν: συντελέω: Lk 2/Apg 1; sNT nur noch Mk 13,4 und zwei LXX-Zitate (Röm 9,28; Hebr 8,8). Lukas liebt Verbkomposita mit συν- (→ 2,19 Red). Nur im Doppelwerk begegnet συντελέω de tempore (Lk 4,2/Apg 21,27).

4,3 Red εἶπεν δέ: → 1,13 Red.

Trad εἰπέ … ἵνα: Das nicht-finale ἵνα liebt Lukas nicht (→ 1,43 Trad). Was insonderheit die judengriechische Wendung εἰπόν/εἰπέ (Imperativ) + ἵνα anlangt, so findet sie sich im NT nur 4mal (Mt 4,3; 20,21; Lk 4,3; 10,40). Sie wird für Lk 4,3 durch die Parallele Mt 4,3 als vorlukanisch ausgewiesen.

---

[1] Bauer[5] 1342 s.v. πνεῦμα 5da.

4,4 Red πρός: (c.acc.) nach Verba dicendi → 1,13 Red S. 33; ἀποκρίνεσθαι πρός kommt außer Joh 8,33 im NT nur im Doppelwerk vor: Lk 4,4 (diff. Mt 4,4); 6,3 (diff. Mk 2,25)/Apg 3,12; 5,8; 25,16.

4,5 Red ἀναγαγὼν αὐτὸν ἔδειξεν: ἀνάγω ist lk Vorzugswort → 2,22 Red. — Dem Partizip ἀναγαγών + Verb.fin. (ἔδειξεν) entspricht in der Mt-Parallele (4,8) eine Parataxe (παραλαμβάνει αὐτὸν ... καὶ δείκνυσιν). Für die Beurteilung dieser Alternative hilft die Analyse der lk Markusbearbeitung weiter. Sie ergibt, daß Lukas mehr als 50mal ein Partizipium mit und ohne Artikel in den von ihm übernommenen Markusstoff eingeführt hat: a) 40mal in Fällen, in denen er bei Markus zwei durch καί koordinierte Verben vorfand[2], b) 4mal anstelle eines Relativsatzes[3] und c) 9mal anstelle anderer Konstruktionen der Markus-Vorlage[4]. Wir stoßen also auf eine ausgesprochene Vorliebe des Lukas für das nicht-verneinte[5] Partizip. Danach sind die Fälle im Logien-Gut zu beurteilen, in denen Matthäus, wie an unserer Stelle, eine Parataxe[6] bzw. einen Relativsatz[7], Lukas dagegen ein meist substantiviertes Partizip[8] bietet: alle Wahrscheinlichkeit spricht dafür, daß das Partizip lukanische Redaktion ist. — τῆς οἰκουμένης: par. Mt 4,8: (τὰς βασιλείας) τοῦ κόσμου. Lukas ersetzt das von ihm gemiedene Wort κόσμος (→ 11,50 Trad S. 209) durch das von ihm bevorzugte οἰκουμένη (→ 2,1 Red S. 78). — ἐν στιγμῇ χρό-

---

[2] Von den 40 bei Cadbury, Style 134f., aufgeführten Belegen entfallen 7 auf die Passionsgeschichte.
[3] Lk 8,8 (diff. Mk 4,9); 8,21 (diff. Mk 3,35); 20,27b (diff. Mk 12,18) vgl. 23,49 (diff. Mk 15,41). In einem einzigen Fall ersetzt Lukas umgekehrt die ihm durch Markus angebotene Partizipialkonstruktion durch einen Relativsatz (20,47 diff. Mk 12,40), jedoch tut er es vermutlich aus stilistischen Erwägungen: er will das markinische Anakoluth beseitigen.
[4] Lk 8,45 (diff. Mk 5,30); 20,2 (diff. Mk 11,28) schreibt Lukas das Partizip anstelle eines Verbs im Fragesatz; 5,14 (diff. Mk 1,44) anstelle eines Asyndeton; 8,38 (diff. Mk 5,19); 9,33 (diff. Mk 9,6); 9,48c (diff. Mk 9,35); 18,18 (diff. Mk 10,17) anstelle eines Satzes mit ἀλλά, γάρ, εἰ, ἵνα; 9,25 (diff. Mk 8,36) anstelle eines Infinitivs; 22,3 (diff. Mk 14,10) anstelle einer Apposition.
[5] Zu den verneinten Partizipialkonstruktionen (nicht lukanisch) → 3,11 Trad S. 108 mit Anm. 14.
[6] Mt 4,8; 5,15; 8,21.
[7] Mt 5,32.39; 7,24(bis).26; 10,33; 11,17; 12,32; 23,12(bis).35.
[8] Lk 4,5; 6,29.47.48.49; 7,32; 9,59; 11,33.51; 12,9.10; 14,11(bis); 16,18; 18,14(bis).

νου: Zum temporalen ἐν → 1,5 Trad S. 15f., zu χρόνος → 1,57 Red S. 64.

4,6 Red ἅπασαν: ἅπας ist lk Vorzugswort → 3,21 Red S. 113. Daß hier in der Tat Redaktion vorliegt, ergibt sich aus einer zusätzlichen Erwägung: das pluralische Personalpronomen αὐτῶν hängt Lk 4,6 in der Luft (σοὶ δώσω τὴν ἐξουσίαν ταύτην ἅπασαν καὶ τὴν δόξαν αὐτῶν), während der Plural αὐτῶν bei Matthäus guten Sinn gibt (4,8: δείκνυσιν αὐτῷ πάσας τὰς βασιλείας τοῦ κόσμου καὶ τὴν δόξαν αὐτῶν). Klammert man aber die bei Lukas gegenüber Matthäus überschießende Wendung τὴν ἐξουσίαν ταύτην ἅπασαν καί aus, so gewinnt αὐτῶν auch bei Lukas den Bezug auf τὰς βασιλείας.

Trad καὶ εἶπεν αὐτῷ: (= Mt 4,9) → 1,18.19 Trad.

4,7 Red ἐνώπιον: Lukas hat eine Vorliebe für ἐνώπιον → 1,17 Red S. 38.

4,8 Trad καὶ ἀποκριθεὶς ... εἶπεν αὐτῷ: ist, wie wir → 1,19 Trad sahen, lukanische Meidewendung.

4,9 Red Ἰερουσαλήμ: → 2,25 Red.

Trad καὶ εἶπεν αὐτῷ: → 1,18.19 Trad.

4,10 Red τοῦ διαφυλάξαι σε: cit. Ψ 90[91],11; die drei Worte fehlen par. Mt 4,6; Lukas ergänzt sie nach der Septuaginta. Der Infinitiv mit abundantem τοῦ nach Verben des Beabsichtigens, Beschließens, Ermahnens, Befehlens, Sich-Ausbittens ist ein Septuagintismus, der für Lukas charakteristisch ist, wie das 4/5malige Vorkommen im LkEv und der Apg sowie das Fehlen im übrigen NT (bis auf Jak 5,17) zeigt[9] → 1,8f. Red S. 28 sub B 1d.

4,12 Trad καὶ ἀποκριθεὶς εἶπεν αὐτῷ: → 1,19 Trad. Lukanische Meidewendung. — ἐκπειράσεις (cit. Dtn 6,16 LXX) ist ein nur biblisch bezeugtes Kompositum. Lukas bevorzugt das Simplex → 10,25 Trad.

---

[9] Lk 4,10 cit.; 5,7; 9,51; 22,31/Apg 15,20; 20,3; 21,12; 23,20; 27,1; Jak 5,17.

4,13 Red συντελέσας: Lukas bevorzugt Verbkomposita mit συν- → 2,19 Red S. 86f., außerdem gab sich das Verb συντελέω bereits 4,2 als lukanisch zu erkennen (→ 4,2 Red S. 115). — ἀπέστη ἀπ' αὐτοῦ: ἀφίστημι, verbunden mit ἀπό statt mit bloßem Genitiv, ist lukanisch → 2,37 Trad; lukanisch ist an unserer Stelle auch, daß das Entschwinden der Erscheinung berichtet wird (→ 1,38 Red S. 54f.) und daß das mit ἀπέστη ἀπ' αὐτοῦ (vgl. Apg 12,10) geschieht. — ἄχρι καιροῦ: An Stelle des geläufigeren μέχρι schreibt Lukas gern ἄχρι, hier (wie Lk 1,20 und 17,27Q sowie 14mal in Apg) als uneigentliche Präposition gebraucht. Die Wendung ἄχρι καιροῦ, die im NT ausschließlich im Doppelwerk vorkommt, kehrt, ebenso wie andere Wendungen mit ἄχρι (→ 1,20 Red S. 43), in der Apg wieder (13,11).

4,14 Red ὑπέστρεψεν: → 1,56 Red S. 63. — καθ' ὅλης τῆς περιχώρου: καθ' ὅλου/ὅλης + Subst. des Ortes im Gen. begegnet im NT nur im lk Doppelwerk: außer an unserer Stelle noch 23,5 sowie 3mal in der Apg (9,31.42; 10,37)[10]. Daß Lk 23,5 (καθ' ὅλης τῆς Ἰουδαίας καὶ ἀρξάμενος ἀπὸ τῆς Γαλιλαίας) Apg 10,37 (bis auf fehlendes καί) wörtlich wiederkehrt, zeigt besonders deutlich, daß καθ' ὅλης redaktionell ist. — Das Substantiv ἡ περίχωρος (scil. γῆ), des öfteren in der LXX vorkommend, wird von Lukas gern gebraucht (Mt 2, Mk 1, Lk 5/Apg 1, sNT 0). Er übernahm es einmal von Markus (Lk 4,37 vgl. Mk 1,28), einmal aus der Täuferüberlieferung (→ 3,3 Trad S. 103), fügte es Lk 8,37 (diff. Mk 5,17) in den von ihm übernommenen Markusstoff ein und schrieb es Apg 14,6. Man wird ihm daher das Vorkommen der Vokabel auch in 4,14 und 7,17 zuzuschreiben haben, zumal an beiden Stellen der Kontext redaktionell gefärbt ist. — φήμη ἐξῆλθεν ... περὶ αὐτοῦ: Es ist eine stilistische Eigentümlichkeit des Lukas, daß er die aramaisierende Wendung[11] φήμη ἐξῆλθεν Lk 4,14 / ἐξεπορεύετο ἦχος 4,37 / διήρχετο ... ὁ λόγος 5,15 / ἐξῆλθεν ὁ λόγος 7,17 an allen vier Stellen, an denen sie bei ihm vorkommt, mit περὶ αὐτοῦ verbindet (anders Mk 1,28; Mt 9,26; Joh 21,23).

---

[10] Apg 13,49 lesen außerdem 𝔓⁷⁴ ℵ A al ebenfalls καθ' ὅλης; Lk 8,39 (diff. Mk 5,20) steht ohne Sinnunterschied der Akkusativ καθ' ὅλην τὴν πόλιν.
[11] Black³ 136.

Trad ἐν τῇ δυνάμει τοῦ πνεύματος: Zu dem formelhaften Wortpaar δύναμις/πνεῦμα → 1,17 Trad. — φήμη ἐξῆλθεν: Daß der Aramaismus φήμη ἐξῆλθεν auch Mt 9,26 begegnet, verrät den traditionellen Charakter der Wendung. Lukas vermeidet 2mal das Verbum ἐξέρχεσθαι, wenn er vom „Sich-Verbreiten" einer Kunde redet: Lk 4,37 ἐξεπορεύετο ἦχος diff. Mk 1,28; Lk 5,15 διήρχετο ... ὁ λόγος. Man hat daher zusammen mit unserer Stelle auch 7,17 (ἐξῆλθεν ὁ λόγος [12]) der Tradition zuzuschreiben.

4,1—14 Red Der Wortlaut, den Lukas mit Matthäus gemeinsam hat, stammt aus der Überlieferung. Die Analyse der Differenzen zwischen beiden Evangelisten ergibt, daß sich die Änderungen, die Lukas an der ihm überlieferten Gestalt der Versuchungsgeschichte vornahm, im wesentlichen auf stilistische Korrekturen beschränken.

4,15—30 Trad Unsere Perikope gibt sich schon durch 18 satzverbindende καί als vorlukanische Überlieferung zu erkennen.

4,15 Red καὶ αὐτός: Zum betonten „christologischen" καὶ αὐτός → 1,17 Red.

Trad ἐν ταῖς συναγωγαῖς αὐτῶν: Die Wendung „ihre Synagoge(n)", die eine Kluft zwischen Christentum und Judentum aufreißt und das Ende der gottesdienstlichen Gemeinschaft zwischen beiden impliziert, kommt bei Matthäus 5mal (+ 23,34: ὑμῶν), bei Markus 2mal, bei Lukas nur an unserer Stelle vor. Lukas liebt die Wendung nicht: an beiden Stellen, an denen er sie in dem von ihm übernommenen Markusstoff vorfand, hat er das Possessivpronomen ersatzlos gestrichen (Lk 4,33 diff. Mk 1,23; Lk 4,44 diff. Mk 1,39), außerdem fehlt die Wendung völlig in der Apostelgeschichte. Wenn das αὐτῶν trotzdem in Lk 4,15 auftaucht, so ist das nur so zu erklären, daß Lukas nicht selbst formuliert, sondern der Tradition folgt.

4,16 Red οὗ: Obwohl im NT ὅπου[13] viel gebräuchlicher ist als οὗ[14], schreibt Lukas ὅπου nur selten (Ev 5/Apg 2). Von den neun ὅπου,

---

[12] Vgl. Joh 21,23 ἐξῆλθεν ... ὁ λόγος.
[13] ὅπου Mt 13, Mk 15, Lk/Apg 5/2, Joh 30, sNT 17. Summa: 82.
[14] οὗ Mt 5, Lk 5/Apg 9, sNT 8. Summa: 27.

die ihm Markus anbot[15], mied er acht und übernahm er nur ein einziges (Lk 22,11 = Mk 14,14b), was auf ein systematisches Vorgehen schließen läßt. Die übrigen vier Belege für ὅπου im LkEv entnahm er tatsächlich der Logienüberlieferung[16]. Von sich aus schreibt Lukas, wie die neun Belege in der Apg zeigen[17], οὗ und zwar im Ev und in der Apg in einheitlichem Sprachgebrauch jeweils nach einem Substantiv mit räumlicher Bedeutung. Die fünf Belege des LkEv für οὗ (alle im Nicht-Markusstoff) entsprechen also lukanischer Diktion: 4,16.17; 10,1; 23,53; 24,28. — ἦν τεθραμμένος: εἰμί + Part.perf. ist lukanisch → 1,7 Red S. 24. — κατὰ τὸ εἰωθὸς αὐτῷ: alterniert mit κατὰ τὸ ἔθος (→ 1,9 Red S. 29) und κατὰ τὸ εἰθισμένον (→ 2,27 Trad S. 95). Im NT kommt τὸ εἰωθός nur im lk Doppelwerk vor, außer an unserer Stelle noch Apg 17,2 (auch hier mit Dativ); der Apg-Beleg zeigt, daß κατὰ τὸ εἰωθός lk ist (→ 1,9 Red).

Trad Ναζαρά: Lk 4,16 (אB*Ξ 33 *e* sa Or) ist neben Mt 4,13 (B*א^{corr}Z 33 κ Or) die einzige Stelle im NT, an der die Form Ναζαρά (mit der ungewöhnlichen Endung -ά) auftaucht. Sie ist um so auffälliger, als alle drei Synoptiker bisher die geläufigere Form Ναζαρέθ gebrauchten (Mk 1,9; Mt 2,23; Lk 1,26; 2,4.39.51); diese Form wird durch Apg 10,38 als die der lukanischen Redeweise entsprechende erwiesen. Die Namensform Ναζαρά an unserer Stelle ist daher als vorlukanischer Tradition entstammend anzusprechen. — ἐν τῇ ἡμέρᾳ τῶν σαββάτων: Das ἐν *temporale* fehlt in der Wendung Apg 13,14; 16,13. Diese Fassung *ohne ἐν* temp. wird durch die Apg als lukanische Ausdrucksweise erwiesen, während die an unserer Stelle vorliegende Formulierung (*mit ἐν* temp.) vorlukanisch sein wird. Die Wendung (ἐν) τῇ ἡμέρᾳ τῶν σαββάτων/τοῦ σαββάτου ist ein Septuagintismus, der im NT nur im lukanischen Doppelwerk vorkommt, und zwar in jeder der beiden Fassungen 3mal: mit dem Plural τῶν σαββάτων Lk 4,16; Apg 13,14; 16,13 und mit dem Singular τοῦ σαββάτου Lk 13,14.16; 14,5. Beide Fassungen, die auch in der Septuaginta alternieren (22 Plur./8 Sing.), haben singularische Bedeutung: „am Sabbath". Denn der *Plural* τὰ σάββατα bezeichnet an unserer Stelle weder „die Sabbathtage" noch „die Wochen", sondern (wie oft in

---

[15] In dem von Lukas übernommenen Markusstoff steht ὅπου: Mk 2,4a.b; 4,5.15; 5,40; 6,10; 9,18; 14,14a.b.
[16] Lk 9,57 par. Mt 8,19; Lk 12,33f. par. Mt 6,20f.; Lk 17,37 par. Mt 24,28.
[17] Apg 1,13; 2,2; 7,29; 12,12; 16,13; 20,6B.8; 25,10; 28,14.

LXX und 16mal im NT[18]) den *einzelnen Sabbathtag*. Diese Verbindung von pluralischer Form und singularischer Bedeutung erklärt sich vom Aramäischen her; der status emphaticus singularis šabbᵉta wurde im griechischen Sprachbereich irrtümlich als neutrische Pluralform aufgefaßt und mit τὰ σάββατα (statt mit τὸ σάββατον) wiedergegeben. Diesen Sprachgebrauch: τὰ σάββατα = „der Sabbath" fand Lukas 5mal in seinem Markusstoff vor und beseitigte ihn an allen 5 Stellen, indem er dreimal den Plural τὰ σάββατα durch den Singular ersetzte[19] und zweimal den Kontext derart umformulierte, daß τὰ σάββατα pluralische Bedeutung gewann[20]. Angesichts dieser Ablehnung ist man überrascht festzustellen, daß Lukas nun doch je zweimal im Nicht-Markusstoff des Evangeliums (4,16; 13,10) und in der Apg (13,14; 16,13) τὰ σάββατα mit singularischer Bedeutung schreibt. Doch klärt sich der Fall sehr leicht auf: Lk 13,10 dürfte Lukas das τοῖς σάββασιν, das ihm seine Vorlage anbot, pluralisch verstanden und darum nicht beanstandet haben; an den übrigen drei Stellen handelt es sich um die formelhafte Septuagintawendung ἡ ἡμέρα τῶν σαββάτων (22mal), die Lukas unbedenklich übernehmen konnte (Lk 4,16; Apg 13,14; 16,13), weil durch das vorangestellte τῇ ἡμέρᾳ die singularische Bedeutung von τὰ σάββατα klargestellt war. Fazit: ἡ ἡμέρα τῶν σαββάτων (= der Sabbath) ist eine traditionelle Wendung (Septuagintismus), die Lukas übernahm.

4,17 Red οὗ: → 4,16 Red.

Trad βιβλίον (zweimal): βιβλίον zur Bezeichnung von biblischen Schriften kommt im NT außer Gal 3,10; Hebr 9,19; 10,7 nur in unserer Perikope vor. Das Fehlen der Vokabel in der Apostelgeschichte sowie die Bevorzugung von (artikellosem) βίβλος durch Lukas (→ 3,4 Red) weist die 3 Belege für βιβλίον in Lk 4,17a.b.20 der Tradition zu. — ἦν γεγραμμένον: Obwohl Lukas die periphrastische Konjugation εἰμί + Part.perf. ohne Artikel liebt (§ 352, → 1,7 Red), schreibt er sonst nie ἦν γεγραμμένον im Doppelwerk. Die Wendung ist also vor-lukanisch.

---

[18] Mt 6, Mk 5, Lk 2/Apg 2, Pls 1.
[19] Lk 6,1 (diff. Mk 2,23); 6,7 (diff. Mk 3,2).9 (diff. Mk 3,4).
[20] Lk 4,31 (diff. Mk 1,21); 6,2 (diff. Mk 2,24).

4,18 Trad πνεῦμα κυρίου: cit. LXX → 1,11 Trad. — ἔχρισεν: χρίω kommt in den Geschichtsbüchern des NT nur im Doppelwerk vor (Lk 1/Apg 2, Pls 1, Hebr 1). Das Verb wird außer 2Kor 1,21 stets von Christus ausgesagt und zwar Lk 4,18 (cit. LXX Jes 61,1) und Hebr 1,9 (cit. LXX Ψ 44[45],8) in zwei Schriftzitaten, Apg 4,27 und 10,38 in zwei aus diesen Schriftzitaten erwachsenen Wendungen der christologischen Formelsprache.

4,19 Red κηρῦξαι ἐνιαυτόν: Lukas vermeidet den Semitismus seiner Vorlage Jes 61,2 LXX καλέσαι ἐνιαυτόν („ein Jahr [aus-]rufen") — ein Beispiel dafür, daß er sich nicht davor scheut, am Bibeltext stilistisch zu feilen → 1,13 Red.

Trad ἐνιαυτὸν κυρίου: cit. LXX → 1,5.11 Trad.

4,20 Red ἦσαν ἀτενίζοντες αὐτῷ: Form von εἶναι mit Part.praes. zur Umschreibung des Imperfekts ist lukanisch (→ 1,20 Red). Dazu stimmt, daß ἀτενίζω im NT außer 2Kor 3,7.13 nur im Doppelwerk (und zwar 12mal) begegnet. Das häufige Vorkommen in der Apg (zehnmal)[21] erweist das Verb, das sich in den Evangelien nur Lk 4,20 und 22,56 findet, als lk Vorzugswort. Die an unserer Stelle vorliegende Verbindung mit dem Dativ der Person (statt des üblichen εἴς τινα) ist kennzeichnend für Lukas: Lk 4,20; 22,56/Apg 3,12; 10,4; 14,9; 23,1.

Trad βιβλίον: → 4,17 Trad.

4,21 Red πρός: (c.acc.) nach Verba dicendi zur Bezeichnung des Angeredeten → 1,13 Red.

Trad ἤρξατο: Abundantes ἄρχομαι → 3,8 Trad S. 105. — σήμερον: → 2,11 Trad S. 81. — πεπλήρωται: Im dritten Evangelium ist unsere Stelle der erste von 74 Belegen für das Passivum divinum in Worten Jesu. Von diesen 74 Passiva divina entfallen 15[22] auf den von Lukas übernommenen Markusstoff und 59 auf den Nicht-Markusstoff des LkEv. Schon die Tatsache, daß Lukas 29mal ein Passivum

---

[21] Apg 1,10; 3,4.12; 6,15; 7,55; 10,4; 11,6; 13,9; 14,9; 23,1.
[22] Lk 4,43; 5,13.20.23.35; 8,10.12.17.18 bis; 9,22.44; 18,31; 20,17.35.

divinum aus dem Mt-Lk-Logiengut (Q) übernahm[23], läßt seine Abhängigkeit von der Überlieferung erkennen. Das bestätigen auch die 10 Fälle, in denen Lukas ein Passivum divinum im Gefolge seiner Markusvorlage schreibt[24]. Wenn Lukas schließlich dreimal ein ihm von Markus dargebotenes Passivum divinum beseitigt (Lk 8,10 cit.; 21,15.19), andererseits aber auch fünfmal Passiva, die als Umschreibungen göttlichen Handelns verstanden werden können, in den Markustext einfügt[25], wird man fragen müssen, ob er bei der Behandlung der Passiva nicht eher von stilistischen als von theologischen Motiven geleitet war; es ist jedenfalls sehr fraglich, ob er noch dasselbe Gespür für die Umschreibungen göttlichen Handelns hatte wie die von ihm aufgegriffene ältere Überlieferung.

4,22 Red ἐθαύμαζον ἐπὶ τοῖς λόγοις: Intransitives θαυμάζειν mit ἐπί c.dat. ist lukanisch → 2,33 Red.

Trad τῆς χάριτος: → 1,30 Trad. — καὶ ἔλεγον: καὶ ἔλεγεν (-ον) am Satzbeginn ist eine Wendung, die von Lukas gemieden wird; im Unterschied zu Markus, der sie 20mal bringt, schreibt er so nur 3mal im Evangelium (Lk 4,22; 6,5; 23,42) und einmal in Apg (9,21). In dem von ihm übernommenen Markusstoff fand Lukas καὶ ἔλεγεν (-ον) am Satzbeginn 13mal vor: er behielt die Wendung nur einmal bei (Lk 6,5 vgl. Mk 2,27) und mied sie 12mal[26]. Er selbst zieht am Satzbeginn ἔλεγεν (-ον) δέ (→ 1,13 Red) vor. Man wird daher die beiden Belege für καὶ ἔλεγεν (-ον) am Satzbeginn, die sich im Nicht-Markusstoff finden (4,22; 23,42), der Tradition zuzuweisen haben. — υἱὸς ... Ἰωσήφ: Artikellose Genitivverbindung → 1,5 Trad.

---

[23] Lk 6,21.37.38; 7,22bis; 10,15; 11,2.9bis.10.29; 12,2ter.7.10bis.31; 13,28.34.35; 14,11bis; 17,34bis.35bis; 18,14bis. Die restlichen 30 Belege finden sich im lukanischen Sondergut: Lk 4,21.25.26.27; 6,37bis.38; 7,47bis.48; 10,20; 11,50.51; 12,48bis; 13,32; 14,14; 16,25bis.26; 17,9.10.17.30; 18,14; 19,42; 22,16.22.37; 24,7. — Eine alphabetische Liste der als Passiva divina gebrauchten Verben findet sich in: J. Jeremias, Nt.Theol. I² 22 Anm. 13 und 15.

[24] Lk 5,13.20.23.35; 8,10.18bis;9,44; 20,17. Hinzu kommt 8,17 (γνωσθῇ), wo sich Lukas vermutlich von dem bei Markus (4,22) vorgefundenen Passivum divinum φανερωθῇ leiten ließ.

[25] Lk 4,43; 8,12; 9,22; 18,31; 20,35.

[26] Lk 8,4 (diff. Mk 4,2).8 (diff. Mk 4,9).10 (diff. Mk 4,11).16 (diff. Mk 4,21).18 (diff. Mk 4,24).25 (diff. Mk 4,41).45 (diff. Mk 5,31); 9,4 (diff. Mk 6,10).7 (diff. Mk 6,14).27 (diff. Mk 9,1).43f. (diff. Mk 9,31); 20,2 diff. Mk 11,28.

4,23 Red πρός: (c.acc.) → 1,13 Red S. 33. — πάντως: im NT außer bei Paulus (fünfmal) nur im lk Doppelwerk: Lk 4,23/Apg 21,22; 28,4. Da Lukas eine Vorliebe für Wendungen mit πᾶς hat, entspricht das Adverb πάντως seinem Sprachgefühl. — ἐρεῖτέ μοι τὴν παραβολὴν ταύτην: λέγειν/εἰπεῖν παραβολήν ist eine lk Vorzugswendung. Sie begegnet im NT außer Mk 12,12 nur im LkEv, und zwar viermal im Markusstoff[27], zehnmal im Nicht-Markusstoff[28]. Beschränken wir uns auf die Formulierung mit ταύτην (λέγω τὴν παραβολὴν ταύτην), dann ist die Wendung sogar ganz auf das dritte Evangelium beschränkt 4,23; 12,41; 13,6; 15,3; 18,9; 20,9 (diff. Mk 12,1).19 (diff. Mk 12,12). Besonders bemerkenswert ist die Einheitlichkeit des Sprachgebrauchs im dritten Evangelium beim Vergleich mit Matthäus und Markus. Während sich nämlich bei diesen eine Fülle verschiedener Wendungen findet (παραβολαῖς λαλεῖν; παραβολὴν εἰπεῖν; παραβολὴν παρατιθέναι; ἐν παραβολῇ τιθέναι; ἐν παραβολαῖς διδάσκειν/εἰπεῖν/λαλεῖν/λέγειν), sagt Lukas stets λέγειν/εἰπεῖν παραβολήν, nur einmal εἰπεῖν διὰ παραβολῆς (Lk 8,4). Diese Neigung des Lukas, den Sprachgebrauch zu vereinheitlichen, kann man auch an seiner Bearbeitung des Markusstoffes beobachten: das ihm von Markus vorgegebene ἐν παραβολαῖς λαλεῖν (Mk 12,1) ändert er in λέγειν τὴν παραβολὴν ταύτην (Lk 20,9), das ihm von Markus angebotene τὴν παραβολὴν εἶπεν (Mk 12,12) formt er durch Umstellung in die bei ihm ständige Wortfolge εἶπεν τὴν παραβολήν um (Lk 20,19); außerdem fügt er zum Markusstoff zweimal eine von ihm neu gebildete Einleitungsformel mit λέγειν/εἰπεῖν παραβολήν hinzu (Lk 5,36; 21,29). Wie stereotyp Lukas diese Formel gebraucht, sieht man schließlich daran, daß er auch da den Singular setzt, wo mehrere Bildworte (5,36) bzw. Gleichnisse (15,3) folgen. — ὅσα ἠκούσαμεν γενόμενα: Lukas schreibt gern ἀκούω mit prädikativem Partizip: zweimal im Ev, dreizehnmal in der Apg. Beide Vorkommen im Evangelium sind lehrreich. Lk 18,36 ist es deshalb, weil Lukas hier zu dem ihm vorgegebenen ἀκούσας der Markusvorlage (Mk 10,47) ein prädikatives Partizip (ὄχλου διαπορευομένου) hinzufügt; es bestätigt sich damit, was schon dem dreizehnfachen Vorkommen nach ἀκούω in der Apg zu entnehmen war, daß Lukas die Konstruktion liebt. Was unsere Stelle anlangt, so liegt der besondere Fall vor, daß ἀκούω mit einem Acc. des Part. zur Angabe des Inhaltes des Gehörten (ὅσα

---

[27] Lk 5,36; 20,9.19; 21,29.
[28] Lk 4,23; 6,39; 12,16.41; 13,6; 14,7; 15,3; 18,1.9; 19,11.

ἠκούσαμεν γενόμενα) verbunden ist; so konstruiert Lukas auch Apg 7,12 cit.; 9,4; 26,14, sonst im NT nur noch 2Thess 3,11; 3Joh 4; Offb 5,13. Zum prädikativen Partizip vgl. weiter → 2,12 Red S. 81ff. — εἰς τὴν Καφαρναούμ: Die Verdrängung von ἐν durch lokales εἰς ist lukanisch → 1,44 Red.

Trad καὶ εἶπεν: am Satzbeginn → 1,18 Trad. — ὧδε: Das von den Attizisten verpönte [29] ὧδε findet sich im LkEv 16mal (11mal im Nicht-Markusstoff, 5mal im Markusstoff). Lukas übernimmt zwar im allgemeinen ὧδε, wo die Überlieferung es ihm anbot [30], schreibt es aber nur zweimal in der Apg (9,14.21) und bevorzugt da, wo er selbst formuliert, αὐτοῦ [31] und das von den Attizisten empfohlene [32] ἐνθάδε [33].

4,24 Red εἶπεν δέ: → 1,13 Red.

Trad ἀμὴν λέγω ὑμῖν: ἀμήν wird in den Evangelien ausschließlich in Worten Jesu und, was singulär ist, ohne Bezug auf vorangehende Rede (also nicht-responsorisch) gebraucht, immer gefolgt von λέγω ὑμῖν/σοι (→ 3,8 Trad). Im LkEv kommt ἀμὴν λέγω ὑμῖν/σοι, verglichen mit den anderen Evangelien, nur selten vor (Mt 30, Mk 13, Lk 6, Joh ἀμὴν ἀμήν 25). Einen Einblick in die Art und Weise, wie Lukas das ἀμήν behandelt, gibt seine Markusbearbeitung. In dem von ihm übernommenen Markusstoff fand Lukas 5mal ein ἀμήν vor: er übernahm es dreimal (Lk 18,17 = Mk 10,15; Lk 18,29 = Mk 10,29; Lk 21,32 = Mk 13,30) und übersetzte es zweimal mit ἀληθῶς (Lk 9,27 diff. Mk 9,1; Lk 21,3 diff. Mk 12,43). Mit anderen Worten: Lukas behandelte ἀμήν äußerst schonend: er hat es im Markusstoff keinmal ersatzlos gestrichen. Wenn wir uns dem Nicht-Markusstoff des dritten Evangeliums zuwenden, so bietet sich ein anderes Bild dar. Zwar findet sich auch hier dreimal ἀμήν (4,24;

---

[29] Larfeld 211.
[30] Zum Angebot von ὧδε in der schriftlichen und mündlichen vorlukanischen Überlieferung vgl. Lk 9,12 mit Mk 8,4; Lk 9,33 mit Mk 9,5; Lk 9,41 mit Mt 17,17; Lk 11,31f. mit Mt 12,41f.; Lk 17,21.23 mit Mt 24,23 (vgl. Mk 13,21); Lk 21,6 mit Mk 13,2; Lk 24,6 mit Mk 16,6.
[31] Lk 9,27 ersetzt Lukas das ὧδε, das ihm Markus (9,1) anbot, durch αὐτοῦ; so schreibt er auch Apg 18,19; 21,4.
[32] Larfeld 213.
[33] Lk 24,41/Apg fünfmal (10,18; 16,28; 17,6; 25,17.24).

12,37; 23,43), im übrigen jedoch wird a) ἀμήν auf verschiedene Weise übersetzt (mit ἐπ᾽ ἀληθείας 4,25; ναί 7,26Q; 11,51Q; 12,5; ἀληθῶς 12,44Q; γάρ 22,16.18 vgl. Mk 14,25; δέ 13,35 $\mathfrak{P}^{75}$BAD) oder ersatzlos fortgelassen (7,9Q.28Q; 10,12Q.24Q; 12,59Q; 15,7Q; 22,34 vgl. Mk 14,30) bzw. b) die ganze Wendung ἀμὴν λέγω ὑμῖν ersetzt (durch πλήν 10,14Q, πλὴν ἰδού 22,21 vgl. Mk 14,18, καί 11,29 vgl. Mk 8,12; 12,10 vgl. Mk 3,28, δέ 16,17Q) oder ganz weggelassen (13,25Q; 17,6Q). Diese starke Tendenz, ἀμήν zu meiden, entspricht nicht der lukanischen Technik, wie wir sie soeben aus seiner Markusbearbeitung kennen lernten, und ist daher der Tradition anzulasten. — οὐδεὶς προφήτης: Die beiden Prophetensprichwörter Lk 4,24 und 13,33 teilen inhaltlich die radikale Skepsis und formal das Schema Negation am Anfang, Ortsangabe am Ende.

4,25 Red ἐπὶ ἔτη τρία: ἐπί c.acc. de tempore findet sich im NT — abgesehen von der Wendung ἐφ᾽ ὅσον (χρόνον)[34] — ausschließlich im lk Doppelwerk (Lk 3/Apg 14) und Hebr 11,30. Alle drei Stellen im Ev haben Analoga in der Apg: Lk 4,25 ἐπὶ ἔτη τρία/Apg 19,10 ἐπὶ ἔτη δύο; Lk 10,35 ἐπὶ τὴν αὔριον = Apg 4,5; Lk 18,4 ἐπὶ χρόνον/Apg 18,20 ἐπὶ πλείονα χρόνον[35].

Trad ἐπ᾽ ἀληθείας: → V. 24 Trad. — πολλαὶ χῆραι ... καὶ ... ἐπέμφθη: = konzessiv-parataktische Konstruktion („obwohl es zur Zeit des Elia in Israel viele Witwen gab ..."), nicht-lukanisch; Lukas ist der grammatischen Parataxe bei logischer Hypotaxe abgeneigt → 1,58 Trad S. 64f. — ἐν ταῖς ἡμέραις Ἠλίου: → 1,5 Trad am Anfang. — ὅτε: Das im NT seltene (Mk 1; Lk 2; Joh 5; Past 1), ein Relativpronomen nach Substantiv der Zeit ersetzende ὅτε relativum fand Lukas im Markusstoff nur 14,12 vor und ersetzte es durch (ἐν) ᾗ (Lk 22,7). Da Lukas ὅτε relativum nicht zu schätzen scheint, wird man die zwei Belege im Nicht-Markusstoff des LkEv (4,25; 17,22) der Tradition zuzuschreiben haben. — ἐκλείσθη: Pass.divinum → 4,21 Trad. — ἐγένετο λιμὸς μέγας: Die Wendung ἐγένετο λιμός kommt im NT ausschließlich im Nicht-Markusstoff des dritten Evangeliums vor: außer an unserer Stelle noch Lk 15,14. γίνεσθαι umschreibt, wie auch sonst

---

[34] Mt 9,15; 2Petr 1,13; + χρόνον Röm 7,1; 1Kor 7,39; Gal 4,1.
[35] Die übrigen elf Stellen in Apg: 3,1; 13,31; 16,18; 17,2; 19,8.34; 20,9.11; 24,4; 27,20; 28,6.

wiederholt im Nicht-Markusstoff, das Handeln Gottes (→ 1,38 Trad). Lukanisch ist die Wendung nicht, denn Lukas selbst schreibt λιμοὶ ἔσονται (Lk 21,11 par. Mk 13,8, vgl. Apg 11,28) sowie ἦλθεν λιμός (Apg 7,11 cit.) gegen LXX Gen 41,54 (καὶ ἐγένετο λιμός). Daß ἐγένετο λιμός in der Tat eine vorlukanische Redeweise ist, bestätigt eine Untersuchung von λιμός. Zu dieser Vokabel will beachtet sein, daß das Substantiv sowohl maskulin wie feminin gebraucht wird; im LkEv begegnen beide Genera: 4,25 das Maskulinum (λιμὸς μέγας), 15,14 das Femininum (λιμὸς ἰσχυρά). Apg 11,28 (λιμὸν μεγάλην) gibt den Ausschlag: Lukas selbst schreibt das von den Attizisten verpönte Femininum (Lk 15,14; Apg 11,28), ergo hat das Maskulinum unserer Stelle als nicht-lukanisch zu gelten.

4,26 Trad ἐπέμφθη: Pass.divinum → 4,21 Trad. — εἰ μή: nach Negation („außer", „sondern") ist ein Semitismus, der sich im LkEv 10mal, in Apg nur 1mal findet. Von den 7 Fällen, die ihm der übernommene Mk-Stoff anbot, übernahm Lukas 4, von denen er 2 durch den Zusatz von μόνος gräzisierte (so auch Apg 11,19)[36], während er in 3 Fällen die Wendung beseitigte[37]. Von den 6 Belegen im Nicht-Markusstoff sind 3 durch die Matthäus-Parallele als vorlukanisch ausgewiesen[38]; die restlichen drei (4,26.27; 17,18) sind, da Lukas die Wendung nicht ohne Vorbehalt schreibt, ebenfalls der Tradition zuzuweisen.

4,27 Trad καὶ πολλοὶ λεπροὶ ἦσαν ... καὶ ... ἐκαθαρίσθη: Konzessive Parataxe → 4,25 Trad. — εἰ μή: → 4,26 Trad.

4,28 Red ἐπλήσθησαν ... θυμοῦ: πίμπλημι (Pass.) mit Gen.abstr. → 1,15 Red.

4,29 Red ἀναστάντες: Pleonastisches ἀναστάς ist lk Vorzugswendung → 1,39 Red S. 55. — ὥστε: ὥστε mit Inf. zum Ausdruck der beabsichtigten Folge[39] kommt im NT außer bei Mt (10,1; 27,1) nur im LkEv vor: 4,29; 20,20, dazu ὡς mit Inf. 9,52 𝔓[45.75]ℵB. Daß

---

[36] Lk 8,51 vgl. Mk 5,37; Lk 18,19 vgl. Mk 10,18; + μόνος Lk 5,21 vgl. Mk 2,7; + μόνους Lk 6,4 vgl. Mk 2,26; + μόνον Apg 11,19.
[37] Mk 6,8; 9,8f.
[38] Lk 10,22[bis] par. Mt 11,27[bis]; Lk 11,29 par. Mt 12,39.
[39] § 391,3.

Lukas selbst es ist, der das finale ὥστε + Inf. schreibt, sieht man daraus, daß er es 20,20 in den Markustext (12,13) einfügt, um die Wiederholung eines ἵνα zu vermeiden.

4,30 Red αὐτὸς δέ: Lukas schreibt gern αὐτὸς (-οί) δέ. Das ergibt sich schon aus der Statistik[40], deutlicher noch aus der Behandlung des von ihm übernommenen Markusstoffes: Lukas fand in ihm die Wendung einmal vor und behielt sie bei (Lk 8,54 αὐτὸς δέ = Mk 5,40), darüber hinaus fügte er sie fünfmal in seinen Markusstoff ein (Lk 5,16; 6,8.11; 8,37; 18,39). Das für den lukanischen Stil eigentlich Charakteristische ist jedoch die Häufigkeit des christologischen αὐτὸς δέ („ER aber"), das dem christologischen καὶ αὐτός entspricht, das uns → 1,17 Red S. 37 als typisch lukanisch begegnet war. Das christologische αὐτὸς δέ findet sich im NT außer Mt 8,24; Mk 1,8; 5,40; Joh 2,24 nur achtmal bei Lukas (4,30; 5,16; 6,8; 8,37.54; 11,17.28; 23,9). — διελθών: διέρχομαι ist lk Vorzugswort → 2,15 Red. — ἐπορεύετο: → 1,39 Red.

4,15—30 Red Zusammenfassend ist zu sagen, daß Lukas im ganzen die volkstümliche Erzählweise unserer Geschichte, die sich u.a. in den achtzehn Sätze-verbindenden καί verrät, belassen hat; nur am Schluß hat er stärker eingegriffen.

4,31—44 = MARKUSBLOCK

---

[40] Mt 3, Mk 2, Lk 10/Apg 2, Joh 1, Pls 4, Hebr 1.

5,1 Red ἐγένετο δὲ ἐν τῷ ... ἐπικεῖσθαι ... καὶ αὐτὸς ... καὶ εἶδεν: Die Perikopeneinleitung ist lukanisch. Zu der dreiteiligen von Lukas bevorzugten Konstruktion a) periphrastisches ἐγένετο + b) präpositionale Zeitbestimmung + c) Verbum finitum → 1,8f. Red S. 25 sub A. Die an unserer Stelle vorliegende Kombination: a) Eingangsformel mit δέ (ἐγένετο δέ) + b) Zeitbestimmung in Form von ἐν τῷ mit acc.c.inf. (→ 1,8f. Red S. 28f. sub B 2a) + durch καὶ αὐτός eingeleiteter Umstandssatz + c) mit καί eingeleiteter Anschlußsatz (καὶ εἶδεν), findet sich im NT nur hier. — ἐπίκειμαι: kommt in der Bedeutung „be-, herandrängen, zusetzen" im NT nur im lk Doppelwerk vor: außer an unserer Stelle noch Lk 23,23 und Apg 27,20. Daß das in der Tat lukanischer Sprachgebrauch ist, wird dadurch bestätigt, daß Lukas die Synonyma θλίβω und ἐπιπίπτω, die ihm Markus (3,9.10) anbot, ebenso wie das Nomen θλῖψις, das er dreimal bei Markus vorfand (4,17; 13,19.24), nicht aufgriff. — τὸν λόγον τοῦ θεοῦ ist nach Ausweis der Apg ein von Lukas bevorzugter Terminus (Mt 1, Mk 1, Lk 4/Apg 12[1]; Joh 1; Paulus 11, sNT 9). Er bezeichnet in der Apg durchgängig das nachösterliche Kerygma, im LkEv ebenso konsequent die Verkündigung Jesu: Lk 5,1; 8,11 (diff. Mk 4,14 τὸν λόγον). 21 (diff. Mk 3,35 τὸ θέλημα τοῦ θεοῦ); 11,28 (vgl. 8,21). — καὶ αὐτός: Zum „christologischen" καὶ αὐτός → 1,17 Red S. 37. — ἦν ἑστώς: εἰμί + Part.perf. ist lukanisch → 1,7 Red.

5,1.2 Red τὴν λίμνην: Lukas vermeidet konsequent die Bezeichnung des Sees Genezareth als θάλασσα (= alttestamentlich-talmudisch jam/jamma); wo er sie in dem von ihm übernommenen Markusstoff vorfand, läßt er sie entweder ganz fort (Mk 2,13; 3,7; 4,1[ter]; 5,13d. 21; vgl. 1,16) oder ersetzt er sie durch andere Wendungen (Lk 8,24 diff. Mk 4,39; Lk 8,25 diff. Mk 4,41; Lk 8,26 diff. Mk 5,1; Lk 8,33 diff. Mk 5,13c). Er selbst bevorzugt (ebenso wie Josephus) den Terminus λίμνη, der (abgesehen von sechsmal Offb, dort immer „Feuersee") nur bei ihm und stets als Bezeichnung des Sees Genezareth vorkommt (5,1f.; 8,22f.33). — Das LkEv schildert gern, an Drastik Markus noch übertreffend, den *Zulauf der Massen* zu Jesus: Die Men-

---

[1] Apg 4,31; 6,2.7; 8,14; 11,1; 12,24; 13,5.7.44.46; 17,13; 18,11 (12,24 ist θεοῦ zu lesen, 16,32 dagegen κυρίου).

schen suchen ihn (Lk 4,42); in früher Morgenstunde strömt „das ganze Volk" zum Tempelplatz seinetwegen (21,38); in Galiläa wartet die Menge auf ihn (8,40); man will ihn nicht fortziehen lassen (4,42); jedermann will ihn berühren (6,19); Myriaden umdrängen ihn (12,1); die Menschen versperren den Zugang zu ihm (5,19; 8,19); ja, Jesus läuft Gefahr, am Seeufer ins Wasser gedrängt zu werden (5,1). Da es sich überwiegend um Zusätze zum Markusstoff und um Perikopenrahmen handelt, ist die Verstärkung des Motivs des Zulaufs auf Lukas selbst zurückzuführen.

5,2 Trad δύο πλοῖα: Voranstellung der Kardinalzahlen vor das Bezugsnomen ist nicht lukanisch → 3,11 Trad.

5,3 Red ἠρώτησεν ... ἐπαναγαγεῖν: ἐρωτάω (Mt 4, Mk 3, Lk 15/Apg 7, Joh 29, sNT 6) ist lukanisches und johanneisches Vorzugswort; Lukas hat es in den von ihm übernommenen Markusstoff dreimal eingefügt[2] und hat in drei weiteren Fällen das Kompositum ἐπερωτάω, das ihm Markus anbot, durch das Simplex ersetzt[3]. In der erstmalig Ψ 121,6; 136,3 nachweisbaren Bedeutung „bitten" gebraucht Lukas das Verbum 16mal (Lk 10/Apg 6), vorzugsweise mit folgendem Infinitiv wie an unserer Stelle (Lk 5,3); so hat er Lk 8, 37 (ἠρώτησεν ... ἀπελθεῖν) diff. Mk 5,17 (ἤρξαντο παρακαλεῖν ... ἀπελθεῖν) den Infinitiv des Markus beibehalten und konstruiert er in der Apg ἐρωτάω („bitten") in 5 von 6 Fällen mit folgendem Infinitiv (3,3; 10,48; 16,39; 18,20; 23,18). Nur im Nicht-Markusstoff läßt das LkEv auf ἐρωτάω „bitten" ein ὅπως (Lk 7,3; 11,37; vgl. Apg 23,20) bzw. ein ἵνα (→ 7,36 Trad; 16,27) folgen. Da wir ὅπως als lukanisch erkannten (→ 2,26 Red Ende), bestätigt sich die Regel, daß bei den Verben des Bittens die Ergänzung mit dem Infinitiv und mit ὅπως lukanisch ist, die Ergänzung mit ἵνα dagegen auf die Tradition zurückgeht → 2,26 Red. — τοὺς ὄχλους: Der Plural ist lukanisch → 3,7 Red.

Trad Σίμωνος: Die Untersuchung der Namen, die Petrus in unserer Perikope trägt, führt auf einen dreifachen auffälligen Tatbestand: 1. Lk 5,8 ist die einzige Stelle im gesamten lukanischen Dop-

---

[2] Lk 4,38 diff. Mk 1,30; Lk 8,37 diff. Mk 5,17; Lk 19,31 diff. Mk 11,3.
[3] Lk 9,45 (ἐρωτῆσαι) diff. Mk 9,32 (ἐπερωτῆσαι); Lk 20,3 (ἐρωτήσω) diff. Mk 11,29 (ἐπερωτήσω); Lk 23,3 (ἠρώτησεν) diff. Mk 15,3 (ἐπερώτησεν).

pelwerk, an der die Verbindung Σίμων Πέτρος (ohne Zusätze wie ὃς ἐπικαλεῖται) zu lesen ist. 2. Der Eigenname Σίμων, der die älteste Überlieferung kennzeichnet[4], begegnet in unserer Perikope in einer bei Lukas ungewöhnlichen Häufung (6mal: V. 3.4.5.8.10a.b)[5]. 3. Die Namensform Πέτρος (ohne Zusatz), die für Lukas die geläufige ist (Lk 17/Apg 52), fehlt in unserer Perikope. Zusammenfassend ist zu sagen, daß man sich wundert, daß Lukas einen seiner Diktion so fremden Sprachgebrauch passieren ließ. Dieser Großzügigkeit, die auch sonst für seine Behandlung des Nicht-Markusstoffes kennzeichnend ist, verdanken wir die Hinweise auf die Herkunft unserer Perikope aus der Tradition. — ὀλίγον: Zum adverbiellen Gebrauch des Akkusativs ὀλίγον → 7,47 Trad.

5,4 Red ὡς δέ: ὡς als temporale Konjunktion kommt im lk Doppelwerk 47mal vor (Ev 18/Apg 29) und ist schon durch diese Zahl als lk Vorzugswendung gesichert (sNT: Mk 1, Joh 18, Pls 4). Von den 29 Belegen für temporales ὡς in der Apg bieten 28 ὡς (temp.) + δέ; diese Verbindung ist daher auch an den beiden Stellen, an denen sie im LkEv (5,4; 7,12) vorkommt, mit Sicherheit der Redaktion zuzuschreiben (→ auch 1,23 Red). — ἐπαύσατο: ist ein von Lukas gern benutztes Wort (Lk 3/Apg 6, sNT 6), das er 8,24 diff. Mk 4,39 in den Markusstoff einfügt. Im Nicht-Markusstoff steht dafür ἐκλείπω (Lk 16,9; 22,32; 23,45). — ἐπαύσατο λαλῶν: Bereits zu → 2,12 Red S. 81ff. sahen wir, daß Lukas eine Vorliebe für das stark im Rückgang befindliche prädikative Partizip hat; in Verbindung mit παύομαι schreibt er es außer an unserer Stelle noch Apg 5,42; 6,13; 13,10; 20,31; 21,32. — εἶπεν πρός: πρός c.acc. nach Verba dicendi ist lukanisch → 1,13 Red.

Trad Σίμωνα: → 5,3 Trad.

---

[4] Obwohl alle drei Synoptiker überwiegend Πέτρος bzw. Σίμων Πέτρος sagen, lassen sie Petrus von Jesus stets mit Σίμων angeredet werden (typisch das Nebeneinander Mk 14,37 λέγει τῷ Πέτρῳ Σίμων; ferner Mt 16,17 Σίμων Βαριωνά; 17,25 Σίμων; Lk 22,31 Σίμων, Σίμων; Joh 1,42 Σίμων ὁ υἱὸς Ἰωάννου; 21,15.16.17 Σίμων Ἰωάννου; einzige Ausnahme Lk 22,34 Πέτρε); für hohes Alter der Σίμων-Überlieferungsschicht spricht ferner das aramäische Patronymikon Mt 16,17 und der alte Osterruf Lk 24,34.
[5] Zu vergleichen ist nur die Korneliusgeschichte: Apg 10,5.18.32; 11,13.

5,5 Red ἐπιστάτα: ἐπιστάτης begegnet im NT ausschließlich im dritten Evangelium (7mal), und zwar stets als am Satzanfang stehende Anrede an Jesus[6]. Im Rahmen seiner Markusbearbeitung hat Lukas den Vokativ ἐπιστάτα einmal in den von ihm übernommenen Stoff eingefügt (Lk 8,45 Zusatz zu Mk 5,31); außerdem schreibt er ἐπιστάτα als Ersatz für die bei Markus vorgefundene Anrede ῥαββί (Lk 9,33 diff. Mk 9,5)[7] bzw. διδάσκαλε (Lk 8,24 diff. Mk 4,38; Lk 9,49 diff. Mk 9,38). Demnach sind auch die beiden restlichen Belege im NT für ἐπιστάτα, Lk 5,5 und 17,13, als lukanisch anzusprechen. — ῥήματι: ῥῆμα ist lk Vorzugswort → 1,37 Red.

Trad καὶ ἀποκριθεὶς εἶπεν: Lukanische Meidewendung → 1,19 Trad. — Σίμων: → 5,3 Trad.

5,6 Red πλῆθος: wird von Lukas bevorzugt gebraucht → 1,10 Red; → auch 2,13 Red; πλῆθος πολύ findet sich im NT, abgesehen von Mk 3,7f., nur im lk Doppelwerk: Lk 5,6; 6,17; 23,27/Apg 14,1; 17,4. — διερρήσσετο: Außer bei Mt (einmal) und Mk (einmal) begegnet διαρ(ρ)ήσσω nur noch im lk Doppelwerk: Lk 5,6; 8,29/Apg 14,14. Da Lukas διαρ(ρ)ήσσω (8,29) als Ersatz für markinisches διασπάω ... καὶ ... συντρίβω (Mk 5,4) gebraucht und da er eine Vorliebe für Verbkomposita mit δια- (→ 1,65 Red S. 70f.) hat, ist auch in Lk 5,6 mit einem Lukanismus zu rechnen.

5,7 Red κατένευσαν ... τοῦ ... συλλαβέσθαι: Infinitiv mit abundantem Artikel im Genitiv, abhängig von einem Verb des Beabsichtigens, Ermahnens, Befehlens, Sich-Ausbittens, ist eine von Lukas bevorzugte Konstruktion → 1,8f. Red S. 28 sub B 1d; → 4,10 Red.

Trad ἑτέρῳ: Dualisch gebrauchtes ἕτερος findet sich im NT außer an unserer Stelle nur noch 14,31, an beiden Stellen folgt Lukas der Tradition → 3,18 Red sub 3. — ἐλθόντας: Wie wir → 1,39 Red gesehen haben, schreibt Lukas häufig abundantes ἀναστάς, auch abundantes σταθείς ist lukanisch (→ 19,8 Red). Doch wäre es voreilig, von daher auf eine allgemeine Vorliebe des Lukas für abundantes Partizip zu schließen; vielmehr sind die abundanten Partizipien

---

[6] Lk 5,5; 8,24 (verdoppelt).45; 9,33.49; 17,13.
[7] Vgl. Lk 18,41 (κύριε) diff. Mk 10,51 (ῥαββουνί).

der Verben der Bewegung sonst vorlukanisch, wie eine Untersuchung a) von ἐρχόμενος/ἐλθών, b) der Komposita von ἔρχομαι, c) von πορευόμενος/πορευθείς sowie d) des Phänomens in der Apg zeigt. a) ἐρχόμενος/ἐλθών findet sich als abundantes Partizip im NT nur in den drei ersten Evangelien (Mt 15, Mk 8, Lk 11). Lukas liebt diesen sowohl dem Hebräischen wie dem Aramäischen geläufigen Semitismus[8] nicht. Er bevorzugt ohnehin πορεύεσθαι gegenüber ἔρχεσθαι und seinen Komposita[9], und was speziell das abundante Partizip von ἔρχεσθαι anlangt, so vermied er es, wenn sein Markusstoff es ihm anbot[10]. Alle 11 lukanischen Belege für abundantes ἐρχόμενος/ἐλθών stehen im Nicht-Markusstoff[11] und sind um so zuversichtlicher der Tradition zuzuschreiben, als vier von ihnen sich durch Matthäus-Parallelen[12] als vorlukanisch zu erkennen geben und es sich bei weiteren 4 Stellen (Lk 13,14; 15,25; 16,21; 18,5) um das Partizip praesens von ἔρχομαι handelt, das abundant im NT nur im Nicht-Markusstoff des LkEv vorkommt. b) Was die Partizipien der Komposita von ἔρχομαι anlangt, so kommen von diesen im NT nur ἀπελθών (Mt 10, Mk 4, Lk 6, Joh 1)[13] und παρελθών (Lk 12,37; 17,7) abundant vor. Es scheint danach zunächst, als ob Lukas zwar das Simplex ἐρχόμενος/ἐλθών von sich aus nicht abundant schreibt (s.o. sub a), wohl aber die Komposita ἀπελθών und παρελθών. Doch verschiebt sich das Bild, wenn man beachtet, daß vier der sechs lukanischen Belege für abundantes ἀπελθών (Lk 5,14; 9,59; 19,32; 22,13) insofern als Scheinbelege zu werten sind, als Lukas jeweils lediglich ein abundantes Verbum seiner Vorlage aus stilistischen Gründen partizipial wiedergegeben hat, und daß sich 22,4 in seiner Markusvorlage (14,10) das Verb ἀπῆλθεν fand. Einzig Lk 9,60b schreibt er das abundante ἀπελθών von sich aus in einem lukanischen Zusatz. Was abundantes παρελθών anlangt, so kommt es im NT nur zweimal vor; beide Be-

---

[8] Belege bei Dalman 16f.
[9] H. J. Cadbury, Style 177.
[10] Lk 8,41 diff. Mk 5,23; Lk 20,21 diff. Mk 12,14; Lk 21,2 diff. Mk 12,42, ferner vgl. Lk 22,47 mit Mk 14,45; Lk 23,50 mit Mk 15,43; Lk 24,1 mit Mk 16,1.
[11] ἐρχόμενος: Lk 13,14; 15,25; 16,21; 18,5; ἐλθών: 5,7; 7,3Q; 11,25 Q; 12,37. 43Q; 14,9; 19,23Q.
[12] Lk 7,3 par. Mt 8,7; Lk 11,25 par. Mt 12,44; Lk 12,43 par. Mt 24,46; Lk 19,23 par. Mt 25,27.
[13] Mt 13,28.46; 14,15; 18,30; 25,18.25; 26,36.42.44; 27,5; Mk 6,27.36f.; 14,12; Lk 5,14; 9,59f.; 19,32; 22,4.13; Joh 12,36.

lege finden sich im Nicht-Markusstoff des LkEv (12,37; 17,7), beide beziehen sich auf ein Bildwort, das von der Bedienung bei Tisch handelt, und bei beiden spricht der Kontext für vorlukanische Überlieferung. c) Abundanter Gebrauch von πορευόμενος/πορευθείς findet sich im NT nur bei Matthäus und Lukas (Mt 12, Lk 10); die Komposita von πορεύομαι werden im NT nicht abundant gebraucht. Vier der 10 Lukas-Belege für abundantes πορευόμενος/πορευθείς sind durch Markus veranlaßt: drei von ihnen (Lk 9,12f.; 22,8) durch abundantes ἀπελθόντες bei Markus (6,36f.; 14,12), die vierte Stelle Lk 8,14 (πορευόμενοι) durch Mk 4,19 (εἰσπορευόμεναι). Die restlichen 6 Stellen (Lk 7,22Q; 9,52; 13,32; 14,10; 15,15; 17,14) gehören dem Nicht-Markusstoff an und dürften vorlukanisch sein: für Lk 7,22 wird das durch die Mt-Parallele (11,4) bezeugt. In keinem Fall läßt sich jedenfalls nachweisen, daß abundantes πορευόμενος/πορευθείς von Lukas hinzugefügt wurde, ohne daß er einen Anhalt in seiner Quelle gehabt hätte. d) Wenn es noch einer letzten Bestätigung dafür bedürfte, daß Lukas von sich aus abundante Partizipien der Verben des Gehens und Kommens nicht schreibt, so liefert sie die Apg, der das Phänomen unbekannt ist[14].

5,8 Red ἰδὼν δέ: → 2,17 Red. — ἀνήρ: Die Statistik ist eindrucksvoll: ἀνήρ (ohne die besonders bei Paulus häufige Bedeutung „der Ehemann", „der Mann" im Gegensatz zur „Frau") findet sich im NT 127mal, davon nicht weniger als 116mal im lk Doppelwerk (Lk 23/Apg 93)[15]. Man muß, um diese Zahl zu würdigen, mit ihr den Befund im übrigen NT kontrastieren: Mt 4, Mk 2, Joh 1, Pls 5; erst so wird man erkennen, daß wir es mit einem ausgesprochenen Vorzugswort des Doppelwerks zu tun haben. An unserer Stelle ist neben der Häufigkeit des Vorkommens noch ein weiteres Indiz für den spezifisch lukanischen Gebrauch von ἀνήρ zu notieren: die klassischem Vorbild folgende „Adjektivierung" von Substantiven durch ἀνήρ (§ 242): Lk 5,8 (ἀνὴρ ἁμαρτωλός); 11,32 (ἄνδρες Νινευῖται par. Mt 12,41); 17,12 (λεπροὶ ἄνδρες); 19,7 (ἁμαρτωλῷ ἀνδρί); 24,19 (ἀνὴρ προφήτης)[16], ein Phänomen, das sich im NT sonst nur in der

---

[14] Apg 16,37.39 ist ἐλθόντες nicht abundant, sondern im Gegenteil betont.
[15] Die 23 Belege im LkEv sind: 5,8.12.18; 6,8; 7,20; 8,27.38.41; 9,14.30.32.38; 11,31.32; 14,24; 17,12; 19,2.7; 22,63; 23,50bis; 24,4.19.
[16] Möglich bleibt für ἁμαρτωλός und λεπρός außer der substantivischen auch die adjektivische Auffassung.

Apg findet[17]. Darüber hinaus ist zweierlei kennzeichnend für den lk Sprachgebrauch von ἀνήρ: 1. die Verwendung von ἀνήρ als Ersatz für indefinites τις: Lk 5,18 (Zusatz zu Mk 2,3); 8,41 (diff. Mk 5,23 εἷς); 9,38 (diff. Mk 9,17 εἷς); 19,2; 23,50 (Zusatz zu Mk 15,42) und 16mal in der Apg und 2. die Wendung καὶ ἰδοὺ ἀνήρ, die im NT ebenfalls nur im lk Doppelwerk vorkommt, und zwar elfmal, davon fünfmal gegen Markus: Lk 5,12 (diff. Mk). 18 (diff. Mk); 8.41 (diff. Mk); 9,30 (diff. Mk). 38 (diff. Mk); 19,2; 23,50; 24,4/Apg 1,10; 8,27; 10,30[18].

Trad Σίμων Πέτρος: → 5,3 Trad. — προσέπεσεν τοῖς γόνασιν Ἰησοῦ: dürfte vorlukanisch sein, da Lukas προσπίπτω mit Dativ der Person konstruiert (Lk 8,28.47; Apg 16,29). — ἁμαρτωλός: substantivisch und adjektivisch gebraucht, ist häufig bei Lukas (Mt 5, Mk 6, Lk 18, sNT 18). Er übernimmt die Vokabel 2mal von Markus (Lk 5,30 = Mk 2,16b; Lk 5,32 = Mk 2,17), meidet sie aber auch 2mal (Lk 5,29 diff. Mk 2,15; Lk 9,26 diff. Mk 8,38), fügt sie nie in den Mk-Stoff ein, verwendet sie auch nie in Apg. Da er sie nicht von sich aus schreibt (allenfalls Lk 24,7 könnte von ihm stammen), wird man die 16 Belege, die sich im Nicht-Markusstoff finden, der Tradition zuzuschreiben haben (Lk 5,8; 6,32.33.34[bis]; 7,34Q.37.39; 13,2; 15,1.2.7.10; 18,13; 19,7; vgl. 24,7). Insbesondere ist vorlukanische Herkunft für das formelhafte Wortpaar „Zöllner und Sünder" (Lk 5,30; 7,34; → 15,1 Red) und für den christologisch anstößigen Text 7,34 par. Mt 11,19 gesichert; für ἁμαρτωλός Lk 15,7.10 ergibt sie sich aus der Paronomasie ḥādhwa (Freude)/ḥᵃdha ḥaṭᵉja (ein Sünder)[19], für 7,37 aus dem Stichwortzusammenhang mit V. 34 (vox: ἁμαρτωλός). — κύριε: als Anrede an den irdischen Herrn findet sich im LkEv 19mal[20]; 17 Belege stehen im Nicht-Markusstoff, nur 2 in dem von Lukas übernommenen Markusstoff. Beginnen wir mit diesen beiden Ausnahmen, so ist das Ergebnis, daß Lukas 5,12 κύριε zu Markus 1,40 hinzugefügt hat und daß er 18,41 κύριε als Ersatz für ῥαββουνί verwendet (diff. Mk 10,51). Beide Ausnahmen sind je-

---

[17] Dabei 14mal in der Anrede ἄνδρες ἀδελφοί, 16mal in Verbindung mit Gentilicien.
[18] Dagegen ist καὶ ἰδοὺ ἄνθρωπος vorlukanisch → 2,25 Trad.
[19] Black³ 184. Die Paronomasie ist vorlukanisch, da Lukas selbst das Aramäische nicht beherrschte.
[20] 5,8.12; 6,46[bis]; 7,6; 9,54.59.61; 10,17.40; 11,1; 12,41; 13,23; 17,37; 18, 41; 19,8; 22,33.38.49.

doch nicht lukanische Prägung, vielmehr zeigt der Vergleich mit Matthäus (Mt 8,2; 20,33), daß Lukas der Tradition folgt. Von sich aus schreibt Lukas ἐπιστάτα, wenn der irdische Herr angeredet wird (→ 5,5 Red), während er κύριε, wie die Apg[21] zeigt, für die Anrede an den erhöhten Herrn reserviert. Die Verwendung von κύριε im LkEv als Anrede an den irdischen Herrn ist also nicht lukanisch. Entsprechendes gilt für ὁ κύριος als Bezeichnung des irdischen Herrn in der Erzählung (→ 7,13 Trad).

5,9 Red θάμβος: im NT nur Lk 2/Apg 1mal. Lk 4,36 schreibt Lukas statt des ihm von Markus (1,27) angebotenen Verbums (ἐθαμβήθησαν) die Wendung ἐγένετο θάμβος. Da Lukas auch in der Apg (3,10: ἐπλήσθησαν θάμβους) sowie an unserer Stelle (θάμβος γὰρ περιέσχεν αὐτόν) das Substantiv (nicht aber das Verb) verwendet, ist θάμβος der lukanischen Redaktion zuzuschreiben. — πάντας → 1,10 Red; → 3,19 Red. — τοὺς σὺν αὐτῷ: Lukas hat eine ausgesprochene Vorliebe für die Präposition σύν → 1,56 Red. Insbesondere ist die elliptische Wendung οἱ σύν τινι (ohne folgendes ὄντες) typisch lukanisch. Im NT kommt sie (abgesehen von Gal 2,3)[22] nur in Lk/Apg vor (sechsmal)[23]; Lk 9,32 bringt Lukas die Wendung ὁ δὲ Πέτρος καὶ οἱ σὺν αὐτῷ in einem Zusatz zu Mk 9,4. — ὧν (𝔓75BD) συνέλαβον: Attractio relativi ist lk Vorzugswendung → 2,20 Red.

5,10 Red δὲ καί: Lukas bevorzugt die Partikelverbindung δὲ καί → 2,4 Red S. 78f. — πρός c.acc.: Lukas liebt es, Verba dicendi mit πρός c.acc. zur Bezeichnung der Angeredeten zu konstruieren → 1,13 Red S. 33. — ἔσῃ ζωγρῶν: Zur coniugatio periphrastica → 1,20 Red S. 42f.

Trad Ἰάκωβον καὶ Ἰωάννην: Während Markus und Matthäus bei der Erwähnung der beiden Zebedaiden ausnahmslos Jakobus voranstellen[24], ist das Doppelwerk gespalten: Lk 5,10; 6,14; 9,54 wird ebenfalls Jakobus, dagegen 8,51; 9,28[25] und Apg 1,13 Johannes vorangestellt. Welches die Lukas selbst geläufige Reihenfolge war, er-

---

[21] Apg 1,6; 7,59.60; 9,5.10.13; 22,8.10.19; 26,15.
[22] Hier singularisch ὁ σὺν ἐμοί.
[23] Lk 5,9; 9,32 (Zusatz zu Mk 9,4); 24,24.33/Apg 5,17.21.
[24] Mt 4,21; 10,2; 17,1; Mk 1,19.29; 3,17; 5,37; 9,2; 10,35.41; 13,3; 14,33.
[25] So ist mit ℵABC zu lesen; die Variante Ἰάκωβον καὶ Ἰωάννην 𝔓45.75D ist Angleichung an die Parallele Mk 9,2; Mt 17,1.

sieht man daraus, daß es sich bei der Voranstellung des Johannes Lk 8,51; 9,28 um Korrekturen am Markusstoff handelt, in dem Jakobus vorangestellt war (Mk 5,37; 9,2). Das heißt: die alte palästinische Überlieferung stellte Jakobus voran, vermutlich als den älteren der beiden Brüder. Im heidenchristlichen Bereich dagegen war Jakobus, der schon 44 n.Chr. das Martyrium erlitten hatte, weniger bekannt als Johannes, der eine führende Rolle in der kleinasiatischen Kirche spielte, weshalb Lukas seinen Namen im Markusstoff (Lk 8,51; 9,28) und in der Elferliste Apg 1,13 voranstellte. — υἱοὺς Ζεβεδαίου: Artikellose Genitivverbindung → 1,5 Trad. — Σίμωνι: → 5,3 Trad. — καὶ εἶπεν: → 1,18 Trad. — Σίμωνα: → 5,3 Trad. — μὴ φοβοῦ: → 1,13 Trad.

5,12—6,19 = MARKUSBLOCK.

6,20—7,50 Trad Übereinstimmungen im Wortlaut von Matthäus und Lukas sind im allgemeinen der (schriftlichen oder mündlichen) Tradition zuzuschreiben und werden nur aus besonderem Anlaß eigens aufgeführt.

6,20 Red καὶ αὐτός: Zum „christologischen" καὶ αὐτός → 1,17 Red S. 37f.

6,20b—23 Trad μακάριοι/ **V. 24—26:** οὐαί: Nicht nur die beiden Strophen sind antithetisch parallel gebaut, sondern auch die je vier Sätze, aus denen sie sich zusammensetzen: V. 20b//24; 21a//25a; 21b//25b; 22f.//26. Der antithetische Parallelismus ist vorlukanisch → 1,52f. Trad. — Unlukanisch ist auch die Ellipse der Kopula nach μακάριοι (6,20.21a.b) → 1,45 Trad und → 1,5 Trad.

6,21 Trad χορτασθήσεσθε (*par. Mt 5,6*): Zum Pass. divinum in Worten Jesu → 4,21 Trad.

6,22 Red ἕνεκα: im NT außer Mt 19,5 nur im lk Doppelwerk. Während das NT sonst durchgängig ἕνεκεν/εἵνεκεν (also mit Schlußkonsonant) schreibt, begegnet an vier Stellen die attische Form mit Schlußvokal (ἕνεκα), davon dreimal im Doppelwerk: Mt 19,5; Lk 6,22/Apg 19, 32; 26,21.

Trad ἐκβάλωσιν τὸ ὄνομα ὑμῶν ὡς πονηρόν: (*par. Mt 5,11 εἴπωσιν πᾶν πονηρὸν καθ' ὑμῶν*) ist ein Übersetzungsfehler, der auf aram. 'appeq šum biš 'al = „verleumden" zurückgeht. Die matthäische Überlieferung („alles erdenklich Schlechte über jemanden verbreiten") übersetzte korrekt, die lukanische („jemandes Namen als schlechten hinauswerfen") sklavisch wörtlich[1]. Der Fehler muß vorlukanisch sein, da Lukas des Aramäischen nicht mächtig war.

6,23 Red ἐν τῷ οὐρανῷ: Die Mt-Parallele (5,12) bietet den semitisierenden Plural ἐν τοῖς οὐρανοῖς. Der Singular, den Lukas schreibt, wird redaktionell sein wie → 3,21f. Red.

---

[1] Black[3] 135f., eine Beobachtung von Wellhausen, Evangelium Lucae, Berlin 1904, 24 weiterführend.

Trad ἐν ἐκείνῃ τῇ ἡμέρᾳ: Die Wendung ἐκείνη ἡ ἡμέρα (bzw. ἡ ἡμέρα ἐκείνη) im Singular mit *eschatologischer* Bedeutung, ein im Urchristentum gängiger Sprachgebrauch (Mt 3[2], Mk 2[3], Lk 4/Apg 0, Joh 3, Pls 4), ist Lukas nicht geläufig. Sie fehlt in Apg und kommt im Evangelium nur im Nicht-Markusstoff vor, außer an unserer Stelle noch Lk 10,12 (ἐν τῇ ἡμέρᾳ ἐκείνῃ), 17,31 (ἐν ἐκείνῃ τῇ ἡμέρᾳ) und 21,34 (ἡ ἡμέρα ἐκείνη). Lukas selbst gebraucht die Wendung in der Apg im nicht-eschatologischen alltäglichen Sinn[4]. — σκιρτήσατε: σκιρτήσατε (Lk 6,23)/ἀγαλλιᾶσθε (Mt 5,12) ist eine vorlukanische Übersetzungsvariante: aram. duṣ bedeutet 1. hüpfen (so Lk 6,23), 2. jubeln (so Mt 5,12)[5]. — ἰδού: ohne folgendes Verbum finitum → 1,5 Trad bei Anm. 27. — ἐν τῷ οὐρανῷ: οὐρανός/οὐρανοί als Umschreibung für Gott übernimmt Lukas im Rahmen des Markusstoffes 3mal (Lk 18,22 par. Mk 10,21; Lk 20,4 par. Mk 11,30; Lk 20,5 par. Mk 11,31), verwendet die Redeweise aber nicht von sich aus, auch nicht in der Apg. Die 7 Belege im Nicht-Markusstoff sind daher der Tradition zuzuschreiben, zumal 3 von ihnen durch die Mt-Parallele als vorlukanisch ausgewiesen werden: Lk 6,23 = unsere Stelle (vgl. Mt 5,12); 10,20; 11,16 (vgl. Mt 16,1); 12,33 (vgl. Mt 6,20); 15,7.18.21. — κατὰ τὰ αὐτά: („auf ganz dieselbe Weise, ganz ebenso") im NT nur im Nicht-Markusstoff des LkEv: Lk 6,23.26; 17,30[6].

6,24 Trad πλήν: Als adversative Konjunktion („jedoch, indessen") begegnet πλήν im LkEv mit auffallender Häufigkeit (Mt 5, Lk 15/Apg 1, Pls 5, Offb 1). Auf Grund dieses Zahlenbildes war es bis vor kurzem allgemeine Überzeugung, daß adversatives πλήν ein hervorstechendes stilistisches Kennzeichen der lukanischen Redaktion sei. Diese Auffassung hat Rehkopf widerlegt[7]. Er zeigte, daß alles dafür spricht, daß das als adversative Konjunktion gebrauchte πλήν vorlukanisch ist: 1. Alle 15 Belege im LkEv[8] finden sich in den Nicht-

---

[2] Mt 7,22; 24,36 (par. Mk); 26,29 (par. Mk).
[3] Mk 13,32; 14,25.
[4] Apg 2,41; 8,1.
[5] Black[3] 158. 193.
[6] Der Singular κατὰ τὸ αὐτό Apg 14,1 gehört nicht hierher, weil er eine andere Bedeutung hat: „zusammen, gemeinsam" (Bauer[5] 805).
[7] Rehkopf 8—11.19f.96.
[8] Lk 6,24.35; 10,11.14 (vgl. Mt 11,22.24).20; 11,41; 12,31; 13,33; 17,1 (vgl. par. Mt 18,7); 18,8; 19,27; 22,21.22.42 (vgl. Mt 26,39); 23,28.

Markusblöcken; insbesondere hat Lukas das adversative πλήν nie in den von ihm übernommenen Markusstoff eingefügt; 2. Lukas selbst gebraucht πλήν klassisch als uneigentliche Präposition („außer") Apg 8,1; 15,28; 27,22, nur 1mal als Konjunktion (aber mit folgendem ὅτι „außer daß" Apg 20,23, ebenfalls klassisch)[9]. 3. Das hohe Alter des adversativen πλήν im LkEv bestätigt sich schließlich am Problem der sog. Judaskommunion. Bekanntlich berichten Markus und Matthäus einerseits, Lukas andererseits die Verratsansage an verschiedener Stelle: Markus/Matthäus zufolge geschah sie vor dem Abendmahl (Mk 14,18—21 par. Mt 26,21—25), im LkEv dagegen erst nach den Einsetzungsworten (22,21—23). Die lukanische Stoffanordnung mußte früh äußerst anstößig erscheinen, weil sie eindeutig voraussetzt, daß Judas an der Eucharistie teilnahm. Einen ersten Versuch, den Anstoß zu beseitigen, stellt das adversative πλήν Lk 22,21 dar, mit dem Judas trotz der Teilnahme am Mahl von der Heilsgabe des Abendmahls ausgeschlossen wird[10]. Markus/Matthäus gingen noch einen Schritt weiter: sie ließen den Verräter bereits vor der Eucharistie entlarvt und doch wohl auch (vgl. Joh 13,27) entfernt werden. — οὐαί: Die Interjektion οὐαί (mit Dativ[11]) schreibt Lukas nur im Evangelium, und zwar außer an unseren vier Stellen (6,24. 25a.b.26) noch: 10,13Q.13Q; 11,42Q.43.44Q.46.47Q.52Q; 17,1Q; 21,23Mk; 22,22Mk, nach Ausweis der Parallelen offenbar nie von sich aus. — παράκλησιν: im eschatologischen Sinn nicht lukanisch → 2,25 Trad.

6,26 Red πάντες οἱ ἄνθρωποι: (diff. 6,22 ohne πάντες) → 1,10 Red sub 3.

Trad κατὰ τὰ αὐτά: → 6,23 Trad.

6,27 Trad ἀλλά: vor selbständigen Sätzen thematisch den Übergang zu Neuem markierend ist vorlukanisch → 1,60 Trad. — ὑμῖν λέγω: Formelhaftes λέγω ὑμῖν/σοι ist vorlukanisch → 3,8 Trad. Vorlukanisch sind ferner an unserer Stelle zwei Nuancen: a) die Voranstellung des Dativobjekts (ὑμῖν/σοι λέγω), die sich bei Lukas außer

---

[9] § 449.
[10] H. Schürmann, Lk 22,19b—20 als ursprüngliche Textüberlieferung, in: Biblica 32 (1951), 386f. = Traditionsgeschichtliche Untersuchungen zu den synoptischen Evangelien, Düsseldorf 1968, 174.
[11] Nur 6,25b steht an Stelle des Dativs ein Nominativ mit Artikel als Vokativ.

5,24 (= Mk 2,11) nur im Nicht-Markusstoff findet (Lk 6,27; 7,14; 11,9; 16,9; 23,43), b) der anschließende Imperativ, der bei Lukas nach λέγω ὑμῖν/σοι ebenfalls außer 5,24 (= Mk 2,11) nur im Nicht-Markusstoff erscheint (6,27; 7,14; 11,9; 12,4.5.22; 16,9; die Kombination beider Phänomene wie 6,27; 7,14; 11,9; 16,9 sonst im NT: Mk 2,11; 5,41; 13,37). — ἀγαπᾶτε: Untersucht man die Verwendung der Wortgruppe ἀγαπάω/ἀγάπη/ἀγαπητός im Doppelwerk, so stößt man auf einen zweifachen auffälligen Tatbestand. 1. In der Apostelgeschichte beschränkt sich das Vorkommen der Wortgruppe auf eine einzige Stelle mit reichlich weitem Sinn: im Brief der Jerusalemer Gemeindeleiter ist die Rede von „unseren liebwerten (ἀγαπητοῖς) Barnabas und Paulus" (15,25). Im Evangelium hat Lukas von den drei ἀγαπητός-Belegen der Markus-Überlieferung zwei aufgegriffen (Lk 3,22 = Mk 1,11; Lk 20,13 = Mk 12,6) und den dritten durch ἐκλελεγμένος ersetzt (Lk 9,35 diff. Mk 9,7); auch ἀγαπάω ließ er an der einzigen Stelle, an der Markus es ihm anbot, fort (Mk 10,21: er stieß sich wohl an dem Affekt Jesu). Was schließlich den Nicht-Markusstoff anlangt, so hat Lukas ἀγαπάω Lk 6,27.32[quater] und 16,13 nach Ausweis der Matthäus-Parallelen (5,44.46[bis]; 6,24) aus der Überlieferung übernommen. Das heißt: So weit wir kontrollieren können, schreibt Lukas die Wortgruppe nur im Gefolge der Überlieferung. 2. Auffallend ist sodann die im NT einmalige Bedeutungsbreite, die die Wortgruppe bei Lukas besitzt. Sie bezeichnet Jesus als den Eingeborenen (Lk 3,22 vgl. Mk 1,11: ὁ υἱός μου ὁ ἀγαπητός), erscheint als Feindesliebe (Lk 6,27.35 par. Mt 5,44.46), als Gottesliebe (Lk 11,42) und Nächstenliebe (Lk 10,27 cit., vgl. in unabhängiger Überl. Mk 12,30f.33a.b), hat aber auch ganz profanen Sinn, wenn vom heißgeliebten Erstgeborenen (Lk 20,13 par. Mk 12,6), von liebwerten Brüdern (Apg 15,25), von Sympathie (Lk 16,13 par. Mt 6,24), Wohlwollen (Lk 7,5), Dankbarkeit (7,42.47a.b), Gutes-Antun (6,32[quater] par. Mt 5,46[bis]) und Versessensein-auf-etwas (Lk 11,43 ἀγαπᾶτε par. Mt 23,6 φιλοῦσιν) die Rede ist. Das heißt: Das LkEv liebt den Gebrauch der Wortgruppe ἀγαπάω κτλ im profanen Sinn; die Parallelen zeigen, daß diese Bedeutungsbreite bereits auf die Überlieferung zurückgeht.

6,27f. Trad ἀγαπᾶτε ... ποιεῖτε ... εὐλογεῖτε ... προσεύχεσθε: Die asyndetische Aufreihung von Imperativen wird von Lukas in dem von ihm übernommenen Markusstoff konsequent beseitigt (Mk 1,44; 2,11; 4,39; 6,38; 10,14.21.49); Lukas schreibt auch nie ein solches Asyndeton von sich aus. Daher: die im Nicht-Markusstoff begegnenden asyndetischen Imperative (z.B. Lk 6,27f.; 12,19; 15,23) sind vorlukanisch.

6,29 Red τῷ τύπτοντί σε: Dem lukanischen Partizip τῷ τύπτοντι (mit Artikel) entspricht in der Mt-Parallele (5,39) ein Relativsatz. Wie wir → 4,5 Red S. 116 gesehen haben, ist in solchen Fällen die Lukas-Fassung redaktionell.

Trad τὴν ἄλλην: Im Unterschied zu den anderen Evangelien zeigt Lukas geringe Neigung zum Gebrauch von ἄλλος (Mt 30, Mk 22, Lk 11/Apg 8, Joh 32, sNT 51), ja man wird ἄλλος geradezu als lukanisches Meidewort zu bezeichnen haben. Gewiß schreibt er ἄλλος 8mal in Apg, doch entfallen davon 6 Belege auf die geprägten Verbindungen ἄλλος πρὸς ἄλλον (Apg 2,12) und ἄλλοι ἄλλο τι (19,32; 21,34), die beiden restlichen auf die geläufigen Wendungen οὐδεὶς ἄλλος (4,12; vgl. Joh 15,24; Gal 5,10) sowie ἄλλος τις (Apg 15,2; vgl. Lk 22,59). Entscheidend ist die Bearbeitung, die Lukas dem Markusstoff zuteil werden läßt. Hier fand er in den von ihm übernommenen Partien 12mal ἄλλος vor; von diesen Belegen ließ er nur 5 passieren[12], während er in 7 Fällen ἄλλος tilgte oder ersetzte[13]; aus eigenem Antrieb fügte er die Vokabel nur 1mal zum Markusstoff hinzu[14]. Was schließlich die 5 Belege im Nicht-Markusstoff anlangt (Lk 6,29; 7,8. 19=20; 22,59), so werden Lk 6,29 und 7,8 durch die Mt-Parallelen (5,39; 8,9) der Tradition zugewiesen, der man dann auch 7,19=20 und 22,59 zuzuschreiben haben wird. — σου τὸ ἱμάτιον: Diese *Wortfolge* mit vorangestelltem Possessivpronomen ist nicht die im NT übliche. Vielmehr werden die Possessivpronomina μου, σου, ἡμῶν und ὑμῶν im NT ganz überwiegend ihrem Bezugswort nachgestellt. Was speziell das LkEv anlangt, so stehen in ihm 272 Nachstellungen der genannten vier Pronomina nur 22 Fälle gegenüber, in denen (wie an unserer Stelle) das Pronomen seinem Bezugswort vorangeht. Diese Bevorzugung der Nachstellung der vier Possessivpronomina im LkEv

---

[12] Vier der Belege finden sich in den Markusblöcken: Lk 9,8b par. Mk 6,15b; Lk 9,19b.c par. Mk 8,28b.c; Lk 20,16 par. Mk 12,9. Aus der Passionsgeschichte gehört als fünfter Beleg Lk 23,35 par. Mk 15,31 hierher.
[13] Lk 8,6 (ἕτερον) diff. Mk 4,5; Lk 8,7 (ἕτερον) diff. Mk 4,7; Lk 8,8 (ἕτερον) diff. Mk 4,8; Lk 8,14 (τὸ δέ) diff. Mk 4,18; Lk 9,8a (ὑπό τινων) diff. Mk 6,15a; Lk 20,11 (ἕτερον) diff. Mk 12,4; Lk 20,12 (τρίτον) diff. Mk 12,5.
[14] Lk 5,29 (ἄλλων) Zusatz zu Mk 2,15.

wird durch drei Beobachtungen bestätigt: 1. Lukas fand in dem von ihm übernommenen Markusstoff je zwei Belege für Voranstellung von μου (Mk 5,30f.) und σου (Mk 2,5.9) vor[15]. In allen 4 Fällen ersetzte er die Voranstellung durch Nachstellung: Mk 5,30 (τίς μου ἥψατο τῶν ἱματίων) diff. Lk 8,45 (τίς ὁ ἁψάμενός μου); Mk 5,31 (τίς μου ἥψατο) diff. Lk 8,46 (ἥψατό μού τις); Mk 2,5.9 (σου αἱ ἁμαρτίαι) diff. Lk 5,20.23 (αἱ ἁμαρτίαι σου). Ebenso verfuhr Lukas mit dem Bibeltext: die Voranstellung des Pronomens, die ihm Gen 30,23 LXX anbot (μου τὸ ὄνειδος), ersetzte er Lk 1,25 durch Nachstellung (ὄνειδός μου) → 1,13 Red. Das heißt: Lukas liebt die Voranstellung von μου und σου nicht. 2. Die Apg bestätigt diese Feststellung insofern, als in ihr 126[16] Nachstellungen von μου, σου, ἡμῶν und ὑμῶν nur 9 Voranstellungen gegenüberstehen[17], die sich überdies teilweise stilistisch erklären; z.B. schreibt Lukas Apg 2,26 μου ἡ καρδία (mit Voranstellung von μου gegen Ψ 15[16],9 ἡ καρδία μου), vermutlich weil er einen Chiasmus herstellen wollte: μου ἡ καρδία ... ἡ γλῶσσά μου; ebenso geht es ihm 10,31 um den Chiasmus, 22,1 um den eleganten Satzbau. 3. Sämtliche 22 Belege des dritten Evangeliums für Voranstellung von μου (6,47; 7,44b.45; 10, 29; 12,18; 14,23f.26f.33; 19,8.23), σου (6,29; 7.44a.48; 15,30; 16,6f.) und ὑμῶν (11,19; 12,30.35; 22,53)[18] finden sich im Nicht-Markusstoff. Mit alleiniger Ausnahme von Lk 22,53 ist in allen Fällen das Possessivpronomen nicht emphatisch. Da mithin die Absicht einer besonderen Betonung als Motiv für die Voranstellung bis auf Lk 22, 53 fortfällt, bleibt nur die Erklärung, daß wir es bei der Voranstellung der Possessivpronomina im LkEv mit vorlukanischem Sprachgebrauch zu tun haben; vorlukanische Herkunft der Voranstellung bestätigt für Lk 6,47 die Parallele Mt 7,24, vgl. auch Lk 14,26.27 mit Mt 10,37.38. — ἀπὸ τοῦ ... τὸν χιτῶνα μὴ κωλύσῃς: Lukas hat eine gewisse Vorliebe für κωλύειν: Mt 1, Mk 3, LkEv 6/Apg 6, Pls 4, sNT 3. Die Person, die an etwas gehindert bzw. von etwas abgehalten wird, führt er regelmäßig im Akkusativ ein (9,49; 11,52; 18,16/Apg 8,36; 11,17; 24,23; 27,43), einzig an unserer Stelle mit semitisierendem ἀπό; sie gibt sich damit als vorlukanisch zu erkennen.

---

[15] Belege für die Voranstellung von ἡμῶν und ὑμῶν fand Lukas in seinem Markusstoff nicht vor.
[16] μου: 34mal; σου: 40mal; ἡμῶν: 28mal; ὑμῶν: 24mal.
[17] μου: 1,8; 2,26; 21,13; 22,1; σου: 10,31; 22,18; ἡμῶν: 16,20; ὑμῶν: 3,19; 27,34.
[18] Zu 21,34 → 21,34 Trad, Anm. 1. — Voranstellung von ἡμῶν fehlt im LkEv.

6,30 Trad παντὶ αἰτοῦντι: Substantiviertes Partizip nach πᾶς („jeder") schreibt Lukas mit Vorliebe, wie die folgenden Zahlen erkennen lassen: Matthäus 17, Markus 2, Doppelwerk 51 (27/24), Joh 13. Vgl. noch zur Vorliebe des Lukas für πᾶς → 1,10 Red und zu seiner Vorliebe für Partizipien → 4,5 Red. Ganz anders liegt es bei der Wendung πᾶς + Partizip *ohne* Artikel. Sie findet sich bei Lukas nur ganz vereinzelt, nämlich an unserer Stelle παντὶ αἰτοῦντί σε δίδου und 11,4 ἀφίομεν παντὶ ὀφείλοντι ἡμῖν. Die Seltenheit der Belege zeigt, daß wir es mit nicht-lukanischem Sprachgebrauch zu tun haben; der zweite Beleg stammt ja auch aus dem sicher vorlukanischen Vaterunser. — ἀπαίτει: ἀπαιτέω im NT nur im LkEv: 6,30; 12,20; beide Belege im Nicht-Markusstoff.

6,31 Trad καθώς ... ὁμοίως: Korrelatives καθώς ... ὁμοίως/καθώς ... οὕτως/καθώς ... κατὰ τὰ αὐτά findet sich im Doppelwerk nur im Nicht-Markusstoff des Evangeliums (6,31: ὁμοίως; 11,30; 17,26; 24,24: οὕτως; 17,28—30: κατὰ τὰ αὐτά), was auf nicht-lukanischen Sprachgebrauch weist. Vorlukanisch ist auch die an unserer Stelle vorliegende Wendung ὁμοίως ποιέω → 3,11 Trad. — θέλετε ἵνα ποιῶσιν: Im lk Doppelwerk wird θέλω 32mal mit Infinitiv und nur an unserer Stelle mit ἵνα konstruiert; schon dieses Zahlenverhältnis zeigt, daß θέλω ἵνα nicht lukanisch ist, zumal Lukas das nicht-finale ἵνα nicht schätzt (→ 1,43 Trad). Der nicht-lukanische Charakter von θέλω ἵνα wird bestätigt durch die Mt-Parallele zu unserer Stelle (Mt 7,12) und durch die Beobachtung, daß die Verba des Wollens und Begehrens von Lukas mit Infinitiv, von der Alltagssprache mit ἵνα konstruiert wurden → 2,26 Red.

6,32—34 Trad ποία ..., ποία ..., ποία ...: Doppelfragen, an unserer Stelle eine Folge von 3 Fragen, bildet Lukas nicht von sich aus → 2,49 Trad. Auch die Mt-Parallele hat hier Fragen, und zwar vier (5, 46f.). — Zum antithetischen Parallelismus → 1,52f. Trad.

6,32 Trad ἀγαπᾶτε ... ἀγαπῶντας: → 6,27 Trad. — χάρις: in der Bedeutung „Lohn" (Lk 6,32.33.34) bzw. „Dank" (Lk 17,9) ist vorlukanisch → 1,30 Trad. — καὶ γάρ: Die Partikelverbindung καὶ γάρ wird in doppelter Bedeutung gebraucht: 1. mit *steigernder* Funktion = *nam etiam* = *denn auch; ja auch,* so im lk Doppelwerk nur im Nicht-Markusstoff des LkEv: 6,32.33; 7,8Q; 11,4; 2. mit *satzverbindender* Funktion = *etenim* = *nämlich, doch, denn,* so im lk Doppelwerk 1,66; 22,37.59/Apg 19,40. Steigerndes καὶ γάρ wird Lk 7,8 durch die Mt-Parallele (8,9) und Lk 11,4 durch den Kontext (Vaterunser) der Tradition zugewiesen; bei den Belegen für satzverbindendes καὶ γάρ dagegen ist das Bild uneinheitlich: Apg 19,40 wird durch die Apg als lukanisch, Lk 22,59 durch par. Mk 14,70; Mt 26,73 als traditionell kenntlich. — ἁμαρτωλοί: ἁμαρτωλός, substantivisch (wie an unserer Stelle) und adjektivisch, schreibt Lukas nicht von sich aus → 5,8 Trad. — ἀγαπῶντας ... ἀγαπῶσιν: → 6,27 Trad.

6,33 Trad καὶ γὰρ ... ποιοῦσιν: Die Mt-Parallele bietet in dem analogen Satz das Adverb μόνον. Da Matthäus dieses Adverb 3mal zu Markus hinzufügte (Mt 9,21; 14,36; 21,19; vgl. 10,42), ist die Lk-Fassung ohne μόνον als die ursprüngliche anzusehen. Dasselbe gilt für Lk 7,7 (ohne μόνον) par. Mt 8,8. — καὶ γάρ: → 6,32 Trad. — ἀγαθοποιῆτε ... ἀγαθοποιοῦντας: Von sich aus schrieb Lukas ἀγαθουργέω Apg 14,17. Wo er der Überlieferung folgt, greift er das ihm angebotene ἀγαθοποιέω auf (Lk 6,9 = Mk 3,4; vgl. ferner 6,33bis 35). — χάρις: → 6,32 Trad. — ἁμαρτωλοί: → 6,32 Trad.

6,34 Red ἐλπίζετε λαβεῖν: Von den Evangelien konstruiert nur das dritte ἐλπίζω mit dem Infinitiv (Lk 6,34; 23,8), so auch Apg 26,7 ἐλπίζει καταντῆσαι; das ist lukanischer Sprachgebrauch → 2,26 Red S. 93. An allen drei genannten Stellen ist das Subjekt des Infinitivs mit dem des regierenden Verbums ἐλπίζω identisch. Unterscheiden sich beide, so läßt Lukas auf ἐλπίζω einen ὅτι-Satz folgen (Lk 24,21; Apg 24,26)[19].

Trad χάρις: → 6,32 Trad. — ἁμαρτωλοὶ ἁμαρτωλοῖς: → 6,32 Trad. — ἀπολάβωσιν: ἀπολαμβάνειν mit der Nuance „zurückempfangen, wiedererlangen" kommt im NT nur im Nicht-Markusstoff des LkEv vor, außer an unserer Stelle noch Lk 15,27.

6,35 Trad πλήν: als adversative Konjunktion ist vorlukanisch → 6,24 Trad. — ἀγαπᾶτε: → 6,27 Trad. — ἀγαθοποιεῖτε: → 6,33 Trad. — υἱοὶ ὑψίστου: Artikellose Genitivverbindungen mit ὕψιστος finden sich im NT nur im Nicht-Markusstoff des LkEv → 1,32 Trad.

---

[19] Auch Paulus läßt auf ἐλπίζω den Infinitiv folgen, wenn dessen Subjekt mit dem des regierenden Verbums identisch ist, dagegen einen ὅτι-Satz bei verschiedenem Subjekt. Lediglich Phlm 22 bildet eine Ausnahme.

6,36 Trad ὁ πατὴρ ὑμῶν: → 2,49 Trad.

6,37f. Trad κριθῆτε (par. Mt 7,1) ... καταδικασθῆτε ... ἀπολυθήσεσθε ... (V. 38) δοθήσεται ... ἀντιμετρηθήσεται (par. Mt 7,2): Zum Passivum divinum → 4,21 Trad. — Zum antithetischen Parallelismus (V. 37a.b//c.38a) → 1,52f. Trad.

6,37 Trad οὐ μή ... οὐ μή: → 1,15 Trad.

6,38 Trad δώσουσιν: Die (in der rabbinischen Literatur übliche) Umschreibung des Gottesnamens durch die 3.Pers.pl. findet sich im NT ausschließlich im Sondergut des LkEv (6mal): außer an unserer Stelle noch Lk 12,20 (ἀπαιτοῦσιν). 48 (παρέθεντο). 48 (αἰτήσουσιν); 16,9 (δέξωνται); 23,31 (ποιοῦσιν). Lukas selbst ist dieser Sprachgebrauch nicht geläufig[20].

6,39 Red εἶπεν δὲ καὶ παραβολήν: ist redaktionell, vgl. zu εἶπεν δέ → 1,13 Red S. 33, zur Partikelverbindung δὲ καί → 2,4 Red S. 78, zur Wendung εἰπεῖν/λέγειν παραβολήν → 4,23 Red.

Trad μήτι ... οὐχί ...: Doppelfragen bildet Lukas nicht von sich aus → 2,49 Trad. — ἐμπεσοῦνται: Gnomisches Futur in rhetorischen Fragen schreibt Lukas im Markusstoff nur 1mal, Markus folgend (Lk 20,15 par. Mk 12,9), nie in Apg. Im Nicht-Markusstoff findet sich dagegen die hohe Zahl von 17 Belegen: 6,39; 7,42; 11,5[bis].11bis.12bis.18; 12,42; 14,5[bis].31; 16,11.12; 17,7.8. Daß das vorlukanische Tradition ist, wird für 11,11[bis].12bis.18; 14,5[bis] durch die Mt-Parallelen zusätzlich bestätigt.

6,40 Red πᾶς: πᾶς in Lk 6,40 ist überschüssig gegenüber Mt 10,25 und dürfte — angesichts der Vorliebe des Lukas für die Verstärkung der Aussage durch πᾶς — auf ihn zurückgehen (→ 1,10 Red).

6,41—42 Trad τί ...; πῶς ...: Doppelfragen bildet Lukas nicht von sich aus → 2,49 Trad. Gleiches gilt von den antithetischen Parallelismen → 1,52f. Trad. — Lk 6,41f. stellt insofern ein besonders kompliziertes Gebilde dar, als hier der antithetische Parallelismus, der das

---

[20] S. J. Jeremias, Nt. Theol. I[2] 20.22f.

Ganze (V. 41f.) umfaßt, in sich nochmals drei antithetische Parallelismen birgt, die auf dem Gegensatz Splitter/Balken beruhen.

6,41 Trad τοῦ ἀδελφοῦ σου: An unserer Stelle kommt übertragen gebrauchtes ἀδελφός (Volksgenosse, Mitchrist, Mitjünger, Nächster) zum erstenmal vor im lukanischen Doppelwerk (7/53mal). An den 7 Stellen im Evangelium greift Lukas durchweg vorlukanische Überlieferung auf; das ergibt sich für Lk 8,21 aus der Vorlage Mk 3,34; für Lk 6,41f. (viermal) aus par. Mt 7,3—5; für Lk 17,3 aus par. Mt 18,15 und für Lk 22,32 aus dem Kontext (z.B. vgl. das altertümliche Σίμων 22,31 → 5,3 Trad Anm. 4). Zwischen dem dritten Evangelium und der Apostelgeschichte besteht ein großer Unterschied im Sprachgebrauch. Im Evangelium hat übertragen gebrauchtes ἀδελφός (abgesehen von dem Vokativ 6,42) stets einen possessiven Genitiv (μου, σου) bei sich, in der Apostelgeschichte findet sich ein solcher nur in drei Septuaginta-Zitaten[21], sonst nicht, trotz der großen Zahl von 53 Belegen. Es hat also eine semantische Entwicklung stattgefunden. Im Vergleich zu der lukanischen Überlieferung spiegelt die Apostelgeschichte ein späteres Stadium wider, in dem absolut gebrauchtes ἀδελφός bereits zum Terminus für „Christ" geworden ist. — κατανοεῖς: Nur an unserer Stelle stammt κατανοέω aus dem vorlukanischen Logiengut (vgl. Mt 7,3). An allen übrigen Stellen ist κατανοέω lukanisch (→ 12,24 Red).

6,42 Red δύνασαι: → 16,2 Trad S. 255. — οὐ βλέπων: Während das Partizip in der Regel mit μή negiert wird, finden sich im lk Doppelwerk einige Beispiele für das klassische οὐ: Im LkEv ist der einzige Beleg 6,42, aus der Apg gehören hierher Apg 7,5; 26,22; 28,17 (vgl. § 430,2). Dieses οὐ beim Partizip ist eines der vielen Beispiele für das Bemühen des Lukas um ein sorgfältiges Griechisch; es ist kein Zufall, daß er diesem Bemühen in der Apg freieren Raum geben konnte als in den schon weitgehend präformierten Logien seines Evangeliums.

Trad πῶς: Asyndeton am Satzanfang (anders par. Mt 7,4) ist nicht lukanisch → 1,51 Trad. — τῷ ἀδελφῷ σου: → 6,41 Trad. — ἄφες: ἀφίημι in der Bedeutung „zulassen" ist vorlukanisch → 22,51 Red. — ὑποκριτά: ὑποκριτής kommt im NT nur bei

---

[21] 3,22; 7,23.37.

den Synoptikern vor, und zwar stets im Munde Jesu (Mt 13, Mk 1, Lk 3), ganz überwiegend im Vokativ. Im LkEv findet sich die Vokabel nur im Nicht-Markusstoff. Da ὑποκριτά Lk 6,42 nach Ausweis der Mt-Parallele (7,5) vorlukanisch ist, legt sich die gleiche Beurteilung für die beiden anderen Stellen (12,56; 13,15) nahe. — τότε διαβλέψεις: τότε mit Ind.fut. begegnet im LkEv 7mal, durchweg vorlukanisch. Das ergibt sich für unsere Stelle aus der Mt-Parallele (7,5), für Lk 5,35; 21,27 aus der Übernahme von Markus (2,20; 13, 26), für Lk 13,26; 14,9f.; 23,30 aus dem abundanten ἄρχομαι (Med.), das vorlukanisch ist (→ 3,8 Trad). Dazu stimmt, daß τότε mit Ind.fut. in der Apg fehlt. — ἀδελφοῦ σου: → 6,41 Trad.

6,43 Trad οὐ γὰρ ... οὐδὲ ...: Antithetische Parallelismen bildet Lukas nicht von sich aus → 1,52f. Trad. — καλὸν ... σαπρὸν ... σαπρὸν ... καλόν: Die erste Inversion im Lukasevangelium. Form, Inhalt und Breite der Bezeugung machen es sehr wahrscheinlich, daß die Inversionen ursprünglich isolierte Logien waren:

Lk 6,43 (par. Mt 7,18 vgl. 17; 12,33);
    9,24 (par. 17,33; Mk 8,35; Mt 10,39; Joh 12,25);
    13,30 (par. Mk 10,31; Mt 19,30; 20,16);
    14,11 (par. 18,14; Mt 23,12);
    16,13 (par. Mt 6,24; Thom.Ev. 47). —

πάλιν: Im Unterschied zu den übrigen Evangelien, die πάλιν sehr oft gebrauchen (Mt 16, Mk 28, Joh 43), finden sich im LkEv nur 3 Belege, in der Apg 5. Angesichts dieser starken Zurückhaltung des Lukas gegenüber der Vokabel müssen die drei Belege im LkEv der Tradition zugeschrieben werden; dafür spricht auch, daß πάλιν an jeder der drei Stellen eine andere Bedeutungsnuance hat (6,43 gegenüberstellend „andererseits", 13,20 anreihend „ferner", 23,20 eine Wiederholung bezeichnend „nochmals").

6,44 Red βάτου: (ὁ) ἡ βάτος („der Dornstrauch") kommt im NT einmal bei Markus vor (12,26, hier attizistisch maskulin) und viermal bei Lukas (hier hellenistisch feminin). Von diesen vier Lukas-Stellen lassen zwar Lk 6,44 und Apg 7,30 das Genus offen, aber Lk 20,37 und Apg 7,35 steht der feminine Artikel, Lk 20,37 sogar als Korrektur zu dem maskulinen Artikel par. Mk 12,26 und gegen LXX Ex 3,2.

Trad συλλέγουσιν ... τρυγῶσιν: Neben der Verwendung zur Umschreibung des Gottesnamens (→ 6,38 Trad) wird die dritte Pers. plur. in den Evangelien in aramaisierender Redeweise als unpersönlicher Plural („man") gebraucht. Lukas fand die Redeweise bei Markus an vielen Stellen vor. Er übernahm sie zwar 5mal von ihm (Lk 4,38; 8,35; 18,15; 21,12.27), merzte sie jedoch meistens auf verschiedene Weise aus: durch Einführung eines Subjekts (4,40; 5,15. 18.33; 6,7; 8,49), durch Passivkonstruktion (8,20; 9,17; 22,7) und durch Kürzung (9,11). In der Apg finden sich nur drei Belege (3,2; 19,19b.c). Bei dieser Abneigung des Lukas gegen den unpersönlichen Plural wird man die wenigen Belege im Nicht-Markusstoff (Lk 6,44 par. Mt 7,16; Lk 14,35; 17,21.23 par. Mt 24,26) der Überlieferung zuschreiben, was durch die Mt-Parallelen bestätigt wird.

6,45 Trad ὁ ἀγαθὸς ἄνθρωπος: Asyndeton (auch par. Mt 12,35) ist vorlukanisch → 1,51 Trad. Gleiches gilt vom antithetischen Parallelismus → 1,52f. Trad.

6,46 Trad κύριε, κύριε: → 5,8 Trad und par. Mt 7,21.

6,47 Red (πᾶς) ὁ ... ἀκούων ... καὶ ποιῶν: Den Partizipien ἀκούων und ποιῶν entspricht in der Mt-Parallele (7,24a) ein Relativsatz. Wie wir → 4,5 Red S. 116 gesehen haben, ist in solchen Fällen die Lukas-Fassung redaktionell. — ὑποδείξω ὑμῖν: ὑποδείκνυμι findet sich außer Mt 3,7 par. Lk 3,7 nur im Doppelwerk: Lk 3,7; 6,47; 12,5/Apg 9,16; 20,35.

6,47—49 Trad Zum antithetischen Parallelismus (par. Mt 7,24—27) → 1,52f. Trad.

6,47 Trad πᾶς ...: Asyndeton am Satzanfang (anders par. Mt 7,24) ist nicht lukanisch → 1,51 Trad; ebenso nicht die grammatische Parataxe bei logischer Hypotaxe → 1,58 Trad; ebenso nicht das semitisierende Anakoluth nach πᾶς ὁ [ὅς] → 12,8f. Trad. — μου τῶν λόγων: Voranstellung enklitischer Pronomina (μου, σου) ist nicht lukanisch → 6,29 Trad; an unserer Stelle wird die Voranstellung des μου zusätzlich durch die Übereinstimmung mit par. Mt 7,24 als vorlukanisch erwiesen.

6,48 Red οἰκοδομοῦντι: Partizip (ohne Artikel) anstelle eines Relativsatzes (so par. Mt 7,24b) ist lukanisch → 4,5 Red S. 116. — οὐκ ἴσχυσεν σαλεῦσαι: ἰσχύω kommt im LkEv achtmal vor, an allen acht Stellen (6,48; 8,43; 13,24; 14,6.29f.; 16,3; 20,26) negiert und mit folgendem Infinitiv (13,24 ist er zu ergänzen); an zwei Stellen hat Lukas diese Konstruktion in den Markustext eingetragen (Lk 8,43 diff. Mk 5,26; Lk 20,26 Zusatz zu Mk 12,17); er schreibt sie viermal in der Apg (6,10; 15,10; 25,7; vgl. 27,16). Sonst findet sie sich im NT nur Mt 8,28; 26,40 (par. Mk 14,37); Mk 5,4; (9,18); Joh 21,6. — διὰ τό: (c.inf.) → 1,8f. Red S. 29 sub B 2b; → 2,4 Red.

Trad ὅμοιός ἐστιν: Asyndeton am Satzanfang (anders par. Mt 7,24) ist nicht lukanisch → 1,51 Trad. — ἀνθρώπῳ: Zum indefiniten ἄνθρωπος (Sg. und ohne Artikel) → 2,25 Trad. — οἰκοδομοῦντι οἰκίαν: Figura etymologica entspricht nicht lukanischem Sprachgebrauch → 1,73 Trad. — ἔσκαψεν καὶ ... καὶ ...: Grammatische Parataxe bei logischer Hypotaxe ist nicht lukanisch → 1,58 Trad.

6,49 Red οἰκοδομήσαντι: → 6,48 Red. — συνέπεσεν: par. Mt 7,27 hat das Simplex ἔπεσεν. Das Kompositum dürfte redaktionell sein, da Lukas Verbkomposita mit συν- liebt (→ 2,19 Red).

Trad ἀκούσας καὶ ...: Grammatische Parataxe bei logischer Hypotaxe → 1,58 Trad. — ἀνθρώπῳ: Indefinites ἄνθρωπος → 2,25 Trad. — οἰκοδομήσαντι οἰκίαν: = Figura etymologica → 1,73 Trad. — προσέρρηξεν ... καὶ ...: Grammatische Parataxe bei logischer Hypotaxe → 1,58 Trad. — εὐθύς: häufig bei Markus (40mal), findet sich im LkEv nur an dieser einen Stelle, in Apg nur 10,16. Außer durch die Spärlichkeit der Belege im Doppelwerk wird das vulgäre Adverb durch die lukanische Markusbearbeitung als nichtlukanischer Sprachgebrauch erwiesen: Lukas fand εὐθύς in dem von ihm übernommenen Mk-Stoff 18mal (+ 4mal Passionsgeschichte) vor; 15mal hat er das Adverb ersatzlos gestrichen, in 5 Fällen hat er es durch παραχρῆμα [22] und in je einem weiteren Fall durch εὐθέως [23]

---

[22] Lk 5,25 diff. Mk 2,12; Lk 8,44 diff. Mk 5,29; Lk 8,55 diff. Mk 5,42; Lk 18,43 diff. Mk 10,52; vgl. Lk 22,60 diff. Mk 14,72.
[23] Lk 5,13 diff. Mk 1,42.

bzw. εἶτα[24] ersetzt; er hat also εὐθύς in keinem einzigen Fall von der Markusvorlage übernommen, behandelt vielmehr die Vokabel als Meidewort. Sie stammt demnach auch an unserer Stelle aus der Tradition.

6,20—49 Red Lukas hat in den Wortlaut der Feldrede nur ganz geringfügig eingegriffen, ganz offensichtlich aus Ehrfurcht vor dem Wort Jesu.

7,1 Red ἐπειδή: kommt im NT außer bei Paulus (fünfmal) nur im lk Doppelwerk vor: Lk 7,1; 11,6/Apg 13,46; 14,12; 15,24. — ἐπλήρωσεν: Der Gebrauch von πληρόω im rein profanen Sinne von „beendigen"[1] ist kennzeichnend für das lk Doppelwerk: Lk 7,1/Apg 7, 23.30; 9,23; 12,25; 13,25; 14,26; 19,21; 24,27, sonst im NT nur Mk 1,15; Joh 7,8. — πάντα τὰ ῥήματα: Die Wendung ist lukanisch → 1,65 Red S. 71; zum missionstheologischen Gebrauch von τὰ ῥήματα („die Verkündigung") → 1,37 Red S. 54 sub f (am Ende). — εἰς τὰς ἀκοάς: mit εἰς und Plural im NT nur im lk Doppelwerk (Lk 7,1; Apg 17,20). — τοῦ λαοῦ: lk Vorzugswort → 1,10 Red.

7,2 Red ἑκατοντάρχου: Getreu seiner Abneigung gegen Fremdworte (→ 10,18 Trad S. 187) schreibt Lukas nie das lateinische κεντυρίων (im NT nur Mk 15,39.44f.), sondern konsequent die griechische Form ἑκατοντάρχης (Lk 3/Apg 13mal). — τινος: Adjektivisches τις ist markantes Kennzeichen für Lukas → 1,5 Red.

Trad κακῶς ἔχων: Die Wendung κακῶς ἔχω (Mt 5; Mk 4; Lk 2; sNT 0) findet sich im Lukas-Evangelium nur 5,31 und 7,2 (unsere Stelle). Lukas steht ihr mit Reserve gegenüber. Nur in einem von drei Fällen, in denen sie ihm durch die Markus-Vorlage angeboten wurde, übernahm er sie (Lk 5,31 par. Mk 2,17), während er sie Lk 4,40a (ὅσοι εἶχον ἀσθενοῦντας) diff. Mk 1,32 ersetzte und Lk 4,40b diff. Mk 1,34 ganz fortließ. Seinerseits bevorzugt er νόσος (→ 7,21 Red) und ἀσθένεια (→ 8,2 Red). Da er κακῶς ἔχω sonst nicht verwendet, wird man die Wendung auch an unserer Stelle der Tradition zuzuschreiben haben. — ἤμελλεν τελευτᾶν: Das Imperfekt von

---

[24] Lk 8,12 diff. Mk 4,15.
[1] Bauer[5] 1331 sub 2; 1333 sub 5.

μέλλω wird im NT teils mit dem Augment ἠ- (so LkEv 4mal/Apg 3, Joh 4², Hebr 1, Offb 1), teils mit dem Augment ἐ- (so Apg 1mal, Joh 3, Offb 1) geschrieben. Was das Doppelwerk anlangt, so bietet es mit Ausnahme von Apg 21,27 stets ἤμελλον (Lk 7,2; 9,31; 10,1; 19,4; Apg 12,6; 16,27; 27,33). Das Imperfekt von μέλλω mit folgendem Infinitiv schreibt von den Synoptikern nur Lukas. Vor allem die Belege aus der Apostelgeschichte zeigen, daß dieser Sprachgebrauch redaktionell ist; für Lk 9,31 kommt hinzu, daß wir es hier mit einem Zusatz zu Markus (9,4) zu tun haben, für Lk 10,1; 19,4 die lukanische Färbung des unmittelbaren Kontextes. Anders ist jedoch über die Kombination Imperfekt von μέλλω mit einem Verbum des Sterbens, Tötens etc. im Infinitiv zu urteilen. Denn diese Kombination stammt aus der Tradition, wie sich aus der breiten Streuung Lk 7,2; Apg 16,27; Joh 4,47; 11,51; 12,33; 18,32; Offb 3,2 ergibt und wie der Vergleich unserer Stelle Lk 7,2 (ἤμελλεν τελευτᾶν) mit Joh 4,47 (ἤμελλεν ἀποθνῄσκειν) bestätigt, der auf den Schluß führt, daß die Kombination in der Heilungsgeschichte Lk 7,1ff. par. Joh 4,46ff. verwurzelt war. — ἔντιμος: in den Evangelien nur im Nicht-Markusstoff des LkEv: 7,2; 14,8.

7,3 Red πρεσβυτέρους τῶν Ἰουδαίων: Diese Wendung kommt im NT nur in den beiden Teilen des Doppelwerks vor: Lk 7,3 und Apg 25,15; sie ist lukanisch. — ἐρωτῶν ... ὅπως: In der Bedeutung „bitten" wird ἐρωτάω im lk Doppelwerk teils durch nachfolgenden Infinitiv (Lk 5,3; 8,37/Apg 3,3; 10,48; 16,39; 18,20; 23,18), teils durch ὅπως (Lk 7,3; 11,37/Apg 23,20), teils durch ἵνα (Lk 7,36; 16,27) ergänzt. Wie wir → 2,26 Red S. 94 gesehen haben, ist die Konstruktion mit Infinitiv und mit ὅπως lukanisch. — διασώσῃ: Es entspricht der Vorliebe des Lukas für Verbkomposita mit δια- (→ 1,65 Red S. 70f.), daß διασῴζειν außer Mt 14,36; 1Petr 3,20 im NT nur bei ihm vorkommt (Lk 1/Apg 5mal).

Trad ἐλθών: Abundantes ἐλθών ist nicht lukanisch → 5,7 Trad. Das wird für unsere Stelle durch die Parallele Mt 8,7 bestätigt.

7,4 Red παραγενόμενοι πρὸς τὸν Ἰησοῦν: Die Statistik weist παραγίνομαι als markantes lukanisches Vorzugswort aus: Mt 3, Mk 1, Lk 8/Apg 20, Joh 1, sNT 3; Lukas schreibt das Verb im Ev 8,19

---

[2] Joh 11,51 ist wegen der guten Bezeugung (ABD) hier mitgezählt.

(παρεγένετο) gegen Mk 3,31 (ἔρχονται). Vorzugsweise benutzt er das Partizip von παραγίνομαι als Übergangswendung (Lk 7,4.20; 14,21/Apg 13mal). Die Konstruktion παραγίνομαι πρός τινα findet sich außer Mt 3,13 nur im Doppelwerk (Lk 7,4.20; 8,19; 11,6/Apg 20,18). Alle diese Beobachtungen führen übereinstimmend zu dem Schluß, daß παραγενόμενοι πρὸς τὸν Ἰησοῦν in Lk 7,4 lukanisch ist. — παρεκάλουν ... λέγοντες: Lukas ergänzt παρακαλέω gern durch pleonastisches λέγων + direkte Rede (→ 1,63 Red S. 69), öfter auch durch Infinitiv (Lk 8,41/Apg elfmal), vereinzelt durch ὅπως (Apg 25,2f.); dagegen stammt die Ergänzung durch nicht-finales ἵνα aus Markus (Lk 8,31 par. Mk 5,10; Lk 8,32 par. Mk 5,12).

7,5 Red ἀγαπᾷ: Im LkEv findet sich eine große Bedeutungsbreite der Wortgruppe ἀγαπάω κτλ → 6,27 Trad.

7,6 Red ἐπορεύετο σύν: Zu πορεύομαι → 1,39 Red S. 56; zur Vorliebe des Lukas für σύν → 1,56 Red S. 63. — ἔπεμψεν ... λέγων: Die Verbindung von πέμπω mit pleonastischem λέγων zur Einführung der direkten Rede (→ 1,63 Red S. 69) findet sich im NT nur Lk 7,6.19. Die Analogie des unmittelbar auf 7,19 folgenden ἀπέστειλεν ... λέγων (→ 7,20 Red S. 161) erweist die Wendung als lukanisch. — ὁ ἑκατοντάρχης: → 7,2 Red.

Trad μακρὰν ἀπέχοντος: Die Wendung μακρὰν ἀπέχω findet sich im NT nur im Nicht-Markusstoff des Lukas-Evangeliums: 7,6 (unsere Stelle); 15,20. Da Lukas selbst μακρὰν ὑπάρχω schreibt (Apg 17,27) und da das Übliche μακρὰν εἰμί (Mk 12,34; Mt 8,30; Joh 21,8) war, wird μακρὰν ἀπέχω eine dritte vorlukanische Variation sein. — φίλους: Trotz der Alltäglichkeit der Vokabel φίλος wird man nicht unbeachtet lassen dürfen, daß sie in den Synoptikern (abgesehen von Mt 11,19) nur bei Lukas vorkommt, und zwar 15mal. Alle Belege (bis auf 21,16 = Zusatz zu Mk 13,12) stehen im Nicht-Markusstoff. Auch wenn Lukas die Vokabel in der Apg 3mal verwendet, so sind zum mindesten einige Fälle profilierten Gebrauchs wie Lk 7,34 (par. Mt 11,19) oder 16,9 typisch für die vorlukanische Tradition. — κύριε: als Anrede an den irdischen Herrn → 5,8 Trad und par. Mt 8,8. — ἱκανός: ist nach Ausweis der Statistik ein markantes lukanisches Vorzugswort → 7,12 Red; → 23,8 Red. Nur vereinzelt wurde Lukas die Vokabel von der Überlieferung angeboten, so Lk 3,16 vgl. Mk 1,7; Mt 3,11 sowie an unserer Stelle vgl. Mt 8,8. Auch sprachlich fallen diese beiden Stellen aus dem lukanischen Rahmen: Lk 3,16 ist die einzige Stelle im lk Doppelwerk, an der auf ἱκανός der Infinitiv folgt, 7,6 die einzige mit folgendem ἵνα. — ἵνα: Daß das nicht-finale ἵνα vorlukanisch ist (→ 1,43 Trad), wird für unsere Stelle durch die Parallele Mt 8,8 bestätigt.

7,7 Red διό: → 1,35 Red S. 51. — ἐμαυτὸν ἠξίωσα: ἀξιόω und καταξιόω („für angemessen erachten") mit nachfolgendem Infinitiv findet sich im NT ausschließlich im lk Doppelwerk (ἀξιόω: Lk 7,7; Apg 15,38; 28,22; καταξιόω: Lk 20,35; Apg 5,41). Die (klassische) Ergänzung durch den Infinitiv ist kennzeichnend für Lukas (→ 2,26 Red S. 93); den entspricht, daß es sich, wie der Parallelenvergleich zeigt, sowohl Lk 7,7 (vgl. Mt 8,9) als auch Lk 20,35 (vgl. Mk 12,25) um lukanische Zusätze handelt. Mit ἐμαυτὸν ἠξίωσα ist die sinnverwandte, ebenfalls das Reflexivpronomen der 1. Pers. mit einem Verbum verbindende lukanische Wendung ἥγημαι ἐμαυτὸν μακάριον (Apg 26,2) zu vergleichen[3]. — ἰαθήτω: 1. Während ἰάομαι in den übrigen Schriften des NT nur relativ selten vorkommt[4], liegt es anders beim lukanischen Doppelwerk; hier wird das Verbum 15mal gebraucht (Ev 11/Apg 4). Diese 15 Belege für ἰάομαι im Doppelwerk stammen zum Teil aus der Tradition (so das LXX-Zitat von Jes 6,10 cit. Apg 28,27, so die beiden Lk-Stellen 7,7 und 8,47, die durch die Entsprechungen Mt 8,8 und Mk 5,29 als vorlk kenntlich werden), zum größeren Teil jedoch handelt es sich um redaktionelle Zusätze zum Markus-Stoff[5]. Nimmt man hinzu, daß das zugehörige Substantiv ἴασις im NT nur im Doppelwerk vorkommt[6], so ist deutlich, daß wir es bei ἰάομαι/ἴασις mit einem lk Vorzugswort zu tun haben. 2. Lk hat für ἰάομαι/ἴασις einen für ihn kennzeichnenden Sprachgebrauch bevorzugt. a. Mit einer Ausnahme[7] wird die Wortgruppe an allen verbleibenden 17 Stellen von ihm nie im übertragenen, vielmehr stets *im eigentlichen Sinn* gebraucht. b. Außerdem wird Lk 6,18 die Krankheit *mit* ἀπό eingeführt, ein unklassischer Sprachgebrauch, den Lk auch im Zusammenhang mit θεραπεύω anwendet[8].

---
[3] Schramm 42 Anm. 5.
[4] Mt 4, Joh 3, Mk, Hebr, 1Petr und Jak je 1mal.
[5] Lk 5,17; 6,18f.; 9,2.11.42.
[6] Lk 13,32; Apg 4,22.30.
[7] Apg 28,27 (cit. Jes 6,10).
[8] Lk 5,15; 6,18b; 7,21; 8,2 (durchweg redaktionell).

c. Schließlich wird das Deponens ἰάομαι im Doppelwerk meist (11mal) *in aktiver Bedeutung*[9] gebraucht, nur 4mal in passiver[10]. Dieser aktive Gebrauch findet sich im NT (abgesehen von dem LXX-Zitat Mt 13,15 = Apg 28,27 = Joh 12,40 cit. Jes 6,10 sowie von Joh 4,47) nur bei Lk. Er ist das für Lk eigentlich Typische an seinem Sprachgebrauch von ἰάομαι.

Trad ἀλλά: mit Imperativ nach negierter Aussage ist vorlukanisch (→ 1,60 Trad), wie für unsere Stelle durch par. Mt 8,8 bestätigt wird.

7,8 Trad καὶ γάρ: = Mt 8,9, hier steigernd „ja auch" → 6,32 Trad. — λέγω τούτῳ ... καὶ ἄλλῳ ... καὶ τῷ δούλῳ μου: Die Aufzählung kehrt wörtlich Mt 8,9 wieder; die 3fache Parataxe bei logischer Hypotaxe („wenn ... und wenn ... und wenn") ist nicht lukanisch → 1,58 Trad; ἄλλος ist lukanisches Meidewort → 6,29 Trad.

7,9 Red ἐθαύμασεν αὐτόν: Transitives θαυμάζω („sich wundern über") kommt im NT nur im Doppelwerk (Lk 7,9; 24,12; Apg 7,31) und Joh 5,28; Jud 16 vor. Daß die Konstruktion lukanisch ist, ergibt sich für Lk 24,12 aus dem Objekt τὸ γεγονός (→ 24,12 Red S. 312), für Apg 7,31 aus dem typisch lukanischen τὸ ὅραμα (Mt 1, Apg 10) und für unsere Stelle aus dem Vergleich mit der Parallelstelle Mt 8,10, an der θαυμάζω absolut gebraucht wird. — τῷ ἀκολουθοῦντι αὐτῷ ὄχλῳ: Lukas setzt gelegentlich das Partizip zwischen Artikel und Substantiv: 1,1; 7,9 (diff. Mt 8,10); 21,1 (diff. Mk 12,41); 22,52 (diff. Mk 14,48); 23,48[11].

Trad στραφείς: Im Lukas-Evangelium wird στρέφω stets als Participium pass. in reflexiver Bedeutung verwendet, um die Hinwendung Jesu zu Personen zu beschreiben. Alle 7 Belege finden sich im Nicht-Markusstoff (Lk 7,9.44; 9,55; 10,23; 14,25; 22,61; 23,28). Lukas selbst schreibt statt dessen das Kompositum ἐπιστρέψας (Apg 9,40; 16,18). — λέγω ὑμῖν: Formelhaft gebrauchtes λέγω ὑμῖν/σοι ist vorlukanisch → 3,8 Trad. An unserer Stelle kommt als zusätzliches Altersindiz der asyndetische Satzanfang hinzu. λέγω ὑμῖν/σοι als Asyndeton am Satzbeginn findet sich nie bei Matthäus, Markus, Jo-

---

[9] Lk 5,17; 6,19; 9,2.11.42; 14,4; 22,51; Apg 9,34; 10,38; 28,8.27.
[10] Lk 6,18; 7,7; 8,47; 17,15.
[11] Rehkopf 73.

hannes, wohl aber 13mal im lukanischen Nicht-Markusstoff (Lk 7, 9.28; 10,12; 11,8; 12,59; 13,27; 15,7; 17,34; 18,8.14; 19,26.40; 22,34). Dieser Sprachgebrauch ist vorlukanisch, da Lukas dem Asyndeton mit großer Zurückhaltung gegenübersteht → 1,51 Trad S. 60f.
— πίστιν εὗρον: → 18,8 Trad.

7,10 Red ὑποστρέψαντες εἰς τὸν οἶκον: ist eine lukanische Wendung → 1,56 Red S. 63. — ὑγιαίνοντα: ὑγιαίνω im eigentlichen Sinn kommt im NT außer 3Joh 2 nur im LkEv vor: Lk 5,31; 7,10; 15,27. Das Verbum wird auch dadurch als redaktionell erwiesen, daß Lukas es in seiner Bearbeitung des Markusstoffs verwendet (Lk 5,31 ὑγιαίνοντες diff. Mk 2,17 ἰσχύοντες).

7,11 Red καὶ ἐγένετο ἐν τῷ ἑξῆς ἐπορεύθη: Das periphrastische ἐγένετο ist, wie wir zu → 1,8f. Red S. 25 sub A gesehen haben, ein für Lukas charakteristischer Septuagintismus, den er 33mal verwendet. Die an unserer Stelle vorliegende Kombination von a) καὶ ἐγένετο (also mit καί) + b) nichtinfinitivische präpositionale Zeitbestimmung + c) asyndetisch angefügter Anschlußsatz begegnet im NT außer Mk 1,9 nur bei Lukas: 1,59; 2,46; 7,11; 20,1. An der zuletzt genannten Stelle hat Lukas die Konstruktion in den Markustext (12,1) eingefügt. — ἐν: Lukas liebt das temporale ἐν → 1,5 Trad S. 15f. — ἐν τῷ ἑξῆς: Das Adverb ἑξῆς findet sich (ebenso wie das Kompositum καθεξῆς) im NT nur in Lk/Apg[12]. Das Auftauchen von καθεξῆς im Prooemium Lk 1,3, eine Einfügung von ἑξῆς in den Markusstoff[13] sowie das je dreimalige Vorkommen beider Formen in der Apg bestätigen die Vorliebe des Lukas für (καθ)εξῆς. Ihm ist die Vokabel auch an den beiden Stellen zuzuschreiben, an denen sie im Nicht-Markusstoff des LkEv vorkommt. An beiden Stellen handelt es sich um dieselbe Ellipse (Lk 7,11: ἐν τῷ ἑξῆς scil. χρόνῳ und 8,1: ἐν τῷ καθεξῆς scil. χρόνῳ), und beide Stellen gehören zu einer ganz von lukanischem Sprachgebrauch geprägten Perikopeneinleitung. — ἐπορεύθη: → 1,39 Red. Wie dort weist auch an unserer Stelle der Kontext das lk Vorzugswort πορεύομαι der Redaktion zu. — καλουμένην: Das Partizip καλούμενος zur Einführung eines Namens oder Beinamens ist lukanisch → 1,36 Red S. 53.

---

[12] ἑξῆς: Lk 7,11; 9,37/Apg 21,1; 25,17; 27,18, καθεξῆς: Lk 1,3; 8,1/Apg 3,24; 11,4; 18,23.
[13] Lk 9,37 (diff. Mk 9,14).

— συνεπορεύοντο αὐτῷ: Sowohl πορεύομαι (→ 1,39 Red S. 56) wie Verbkomposita mit συν- (→ 2,19 Red S. 86) gebraucht Lukas bevorzugt. συμπορεύομαί τινι in der Bedeutung „zusammen gehen, gemeinsam reisen mit jemandem" findet sich im NT nur im LkEv: 7,11; 14,25; 24,15. Mk 10,1, der vierten Belegstelle im NT, hat das Verb dagegen eine andere Bedeutung („sich versammeln") und ist daher mit πρός c.acc. konstruiert.

7,12 Red ὡς δέ: ὡς als temporale Konjunktion, insbesondere in Verbindung mit δέ, ist lk Vorzugswendung → 5,4 Red S. 131. — ἤγγισεν: ἐγγίζω, das an unserer Stelle zum erstenmal im LkEv auftaucht, wird durch 24 Belege im Doppelwerk (Mt 7, Mk 3, Lk 18/ Apg 6, sNT 8), davon sieben Einfügungen in den Markusstoff (Lk 18,35.40; 19,37; 21,8.20.28; 22,1)[14], als lk Vorzugswort kenntlich[15]. — καὶ ἰδού: zur Einleitung des Nachsatzes nach Konjunktionalsatz mit ὡς temp., im NT sonst nur noch Apg 1,10, ist lukanisch (→ 1,20 Red S. 42 s.v. καὶ ἰδού 1c). — μονογενὴς υἱός: μονογενής hat im NT nur im LkEv, und zwar hier an allen drei Stellen[16], profane Bedeutung[17]. Weiter ist den drei Belegen im LkEv gemeinsam, daß es sich um Wundergeschichten handelt und daß jeweils ein Elternteil im Dativ genannt wird. Das Adjektiv ist ein Topos der Wundergeschichten; Lukas hat ihn zweimal in die Markusvorlage eingearbeitet[18]. — καὶ αὕτη: Zur Akzentuierung → 1,17 Red S. 37 Anm. 93; zu καὶ οὗτος/αὕτη zur Fortführung der Beschreibung → 1,36 Red S. 53. — ὄχλος τῆς πόλεως ἱκανός: Eine typisch lukanische Wendung: a) ὄχλος mit folgendem Genitiv findet sich im NT nur im Doppelwerk (5,29; 6,17; 7,12/Apg 1,15; 6,7); zweimal hat Lukas zu Gun-

---

[14] Lk 22,47 (ἤγγισεν) ist nicht als lukanischer Zusatz gezählt, weil es aus der Überlieferung stammt (Mk 14,42).
[15] Die Feststellung, daß ἐγγίζω lk Vorzugswort ist, schließt nicht aus, daß das Verbum gelegentlich schon von der lukanischen Quelle gebraucht war. So wird man die beiden Stellen im Doppelwerk, an denen sich die Wendung καὶ ὡς (...) ἤγγισεν findet (Lk 15,25; 19,41), zur Tradition rechnen, da καὶ ὡς (mit καί!) als temporale Konjunktion vorlukanisch ist → 1,23 Red S. 45. Vorlukanisch sind auch die wenigen Stellen, an denen Lukas ἐγγίζω aus dem Logiengut (Lk 10,9.11 par. Mt 10,7) und aus Markus (Lk 19,29 par. Mk 11,1; Lk 22,47 par. Mk 14,42) entnahm.
[16] Lk 7,12; 8,42; 9,38.
[17] Sonst im NT wird die Vokabel immer im heilsgeschichtlichen Sinn gebraucht: von Christus Joh 1,14.18; 3,16.18; 1Joh 4,9; von Isaak Hebr 11,17.
[18] Lk 8,42 Zusatz zu Mk 5,23; Lk 9,38 Zusatz zu Mk 9,17.

sten dieser Konstruktion in seine Markusvorlage eingegriffen[19], zweimal verwendet er sie in der Apg. b) ἱκανός ist Vorzugswort des Lukas, wie die Statistik lehrt (Mt 3, Mk 3, Lk 9/Apg 18, Pls 7) und die lukanische Markusbearbeitung bestätigt: dreimal fügte Lukas das Adjektiv in den von ihm übernommenen Markusstoff ein (Lk 8,27.32; 20,9). c) Die Kombination ὄχλος ἱκανός schließlich begegnet im NT außer Mk 10,46 nur im lk Doppelwerk: Lk 7,12; Apg 11,24.26; 19,26. — σὺν αὐτῇ: Lukas hat eine Vorliebe für σύν → 1,56 Red S. 63.

Trad καί (αὕτη ἦν χήρα): Wo Lukas selbst formuliert, meidet er das hebraisierende καί zur Koordination von Wörtern mit selbständigen Sätzen → 1,5 Trad S. 20.

7,13 Trad ὁ κύριος: (absolut, mit Artikel) als Bezeichnung des irdischen Herrn in der Erzählung findet sich in den Evangelien nur 15mal im LkEv[20] und 5mal im JohEv[21]. Nirgendwo schreibt Lukas so im Markusstoff oder in der Apg, vielmehr finden sich sämtliche Lukasbelege im Nicht-Markusstoff. Lukas folgt also der Tradition[22], ebenso wie bei der Anrede des irdischen Herrn mit κύριε (→ 5,8 Trad). — ἐσπλαγχνίσθη: Das Verb kommt im NT nur bei den Synoptikern vor: Mt 5, Mk 4, Lk 3 (alle 3 Belege im Nicht-Markusstoff: 7,13; 10,33; 15,20). Lukas fand es in dem von ihm übernommenen Markusstoff zweimal vor, an beiden Stellen auf Jesus bezogen (Mk 1,41; 6,34); er vermied es beide Male, offenbar weil er sich an dem Affekt Jesu stieß. Wir haben daher die einzige Stelle im LkEv, die trotz dieser Hemmung vom Erbarmen Jesu spricht (7,13), der Tradition zuzuweisen. — καὶ εἶπεν αὐτῇ: → 1,18 Trad; → 1,19 Trad.

7,14 Trad σοὶ λέγω: Formelhaftes ὑμῖν/σοὶ λέγω mit Voranstellung des Personalpronomens und folgendem Imperativ ist vorlukanisch → 6,27 Trad.

---

[19] Lk 5,29 (ὄχλος πολὺς τελωνῶν) diff. Mk 2,15 (πολλοὶ τελῶναι); Lk 6,17 (ὄχλος πολὺς μαθητῶν αὐτοῦ) diff. Mk 3,7 (μετὰ τῶν μαθητῶν αὐτοῦ).
[20] Lk 7,13.19; 10,1.39.41; 11,39; 12,42a; 13,15; 16,8; 17,5.6; 18,6; 19,8; 22,61a.b. (Nicht hierher gehören 19,31.34 par. Mk 11,3, wo es sich um Rede, nicht um Bericht handelt, ferner Lk 24,3, wo der Eigenname genannt ist, und 24,34, wo wir es mit einem liturgischen Ruf zu tun haben.)
[21] Joh 4,1; 6,23; 11,2; 20,20; 21,12.
[22] Erkannt von Rehkopf 95.

7,15 Trad ἀνεκάθισεν: Die Vokabel kommt im NT nur im Doppelwerk vor (Lk 7,15/Apg 9,40). An beiden Stellen handelt es sich um die seltene intransitive Konstruktion, an beiden Stellen auch um Demonstration einer Totenerweckung: der Tote richtet sich auf, ein traditionelles Motiv in solchen Erweckungsgeschichten[23]. — ἤρξατο: Abundantes ἄρχομαι ist nicht lukanischer Sprachgebrauch → 3,8 Trad. — καὶ ἔδωκεν αὐτὸν τῇ μητρὶ αὐτοῦ: = cit. 3Βασ 17,23, wo es sich ebenfalls um eine Totenerweckung handelt. Lukas hat 9,42 in einem Zusatz zu Markus (9,27) das LXX-Zitat aufgegriffen, er selbst schreibt aber statt ἔδωκεν das Kompositum ἀπέδωκεν.

7,16 Red ἔλαβεν δὲ φόβος: Lukas schreibt nach Ausweis der Apg und seiner Markusbearbeitung φόβος ἐπέπεσεν ἐπί τινα (Lk 1,12; Apg 19,17), ἐγένετο φόβος ἐπί τινα (Lk 1,65; Apg 5,5.11) bzw. ἐγίνετό τινι φόβος (2,43), ἐπλήσθησαν φόβου (Lk 5,26 Zusatz zu Mk 2,12) und φόβῳ μεγάλῳ συνείχοντο (Lk 8,37 Zusatz zu Mk 5,17). Es spricht daher große Wahrscheinlichkeit dafür, daß auch die Wendung ἔλαβεν δὲ φόβος (einziger Beleg im NT: Lk 7,16, unsere Stelle) von ihm stammt. — ἐδόξαζον τὸν θεὸν λέγοντες: δοξάζω τὸν θεόν ist lk Vorzugswendung → 2,20 Red S. 88; zum pleonastischen λέγων → 1,63 Red S. 67. — τὸν λαὸν αὐτοῦ: → 1,10 Red.

Trad προφήτης: Jesus wird im dritten Evangelium fünfmal der Titel προφήτης beigelegt, davon zweimal[24] im Gefolge von Markus. Lukas liebt den Titel nicht, wie die Apostelgeschichte zeigt, in der Jesus lediglich in 3 Septuaginta-Zitaten als Prophet bezeichnet wird[25] (vermutlich war ihm dieser Titel für Jesus zu niedrig). Die 3 Belege[26] im Nicht-Markusstoff des Evangeliums (Lk 7,16.39; 24,19) sind daher wohl der Tradition zuzuschreiben. — ἐπεσκέψατο: → 1,68 Trad.

7,17 Red ἐν ὅλῃ τῇ Ἰουδαίᾳ: ὅλη ἡ Ἰουδαία ist lukanisch → 1,65 Red S. 70, ebenso ist lukanisch Ἰουδαία in der Bedeutung „Gesamt-

---

[23] Vgl. Mk 5,42 par. Lk 8,55 (ἀνέστη); Apg 9,41 (ἀνέστησεν αὐτήν). Profanbelege bei Bauer[5] 138.
[24] Lk 9,8 vgl. Mk 6,15; Lk 9,19 vgl. Mk 8,28.
[25] Apg 3,22 cit. 23 cit.; 7,37 cit.
[26] Lk 4,24; 13,33 sind nicht mitgezählt, da προφήτης in beiden Fällen nicht als Titel Jesu, sondern im Zusammenhang einer Sentenz erscheint.

palästina" → 1,5 Trad S. 17f. — περὶ αὐτοῦ: περὶ αὐτοῦ nach ἐξῆλθεν ὁ λόγος ist lukanisch → 4,14 Red S. 118. — πάσῃ τῇ περιχώρῳ: Lukas bevorzugt περίχωρος → 4,14 Red.

Trad ἐξῆλθεν: → 4,14 Trad.

7,11—17 Red Zusammenfassend ist zu sagen, daß die 15 Sätze verbindenden καί die Geschichte als volkstümliche Erzählung kennzeichnen. Lukas hat kräftig in die Gestaltung des Rahmens eingegriffen, den Kern der Geschichte (V. 13—15) jedoch ganz intakt gelassen.

7,18—35 Trad In diesem Abschnitt stehen sich die Matthäus- und Lukas-Fassung der Logien besonders nahe. Es wird daran erinnert, daß alle Gemeinsamkeiten der beiden Evangelisten der Tradition zuzuweisen sind. Unsere Untersuchung kann sich daher im wesentlichen auf die Frage beschränken, ob die Abweichungen der Redaktion oder der Tradition zuzuschreiben sind.

7,18 Red ἀπήγγειλαν: ἀπαγγέλλω gibt sich schon von der Statistik her als von Lukas gern gebrauchte Vokabel zu erkennen (Mt 8, Mk 3, Lk 11/Apg 16, Joh 1, sNT 5). Die statistische Auswertung wird durch die lukanische Markusbearbeitung bestätigt: Neben einer Übernahme aus Markus[27] arbeitete Lukas das Verbum fünfmal in seinen Markusstoff ein: er schrieb es je einmal anstelle der ihm von Markus angebotenen farblosen Verben λέγειν[28]/εἰπεῖν[29], zweimal anstelle des markinischen διηγεῖσθαι[30] und fügte es Lk 18,37 als Zusatz in die Markusvorlage (10,47) ein. Doch muß man sich vor dem Schematisieren hüten. Die Vorliebe der lk Redaktion für ἀπαγγέλλω schließt nicht aus, daß das Verbum gelegentlich aus der Tradition stammt, so — wie die Übereinstimmung mit Matthäus zeigt — Lk 7,22 (= Mt 11,4) und Lk 24,9 (vgl. Mt 28,8).

---

[27] Lk 8,34 = Mk 5,14 (nur an diesen beiden Stellen findet sich ἀπαγγέλλειν εἰς im NT).
[28] Lk 8,20 diff. Mk 3,32.
[29] Lk 8,47 diff. Mk 5,33.
[30] Lk 8,36 diff. Mk 5,16; Lk 9,36 diff. Mk 9,9. Wenn Lukas umgekehrt in zwei Fällen διηγεῖσθαι anstatt des ihm von Markus gebotenen ἀπαγγέλλειν schreibt (Lk 8,39 diff. Mk 5,19; Lk 9,10 diff. Mk 6,30), so läßt sich dieser Tatbestand zumindest für Lk 8,39 leicht erklären: Lukas meidet hier ἀπαγγέλλειν offenbar aus stilistischen Gründen; er hatte das Verbum wenige Verse vorher bereits zweimal benutzt (Lk 8,34.36).

Trad καί: Zum Perikopenanfang mit καί (diff. Mt 11,2 δέ) → 2,21 Trad. — καὶ προσκαλεσάμενος δύο τινὰς τῶν ...: Diese Wendung kehrt wörtlich Apg 23,23 wieder: καὶ προσκαλεσάμενός τινας δύο τῶν ..., nur hier mit Nachstellung der Kardinalzahl hinter τινας. Da diese Wortfolge lukanisch ist (→ 3,11 Trad), wird die Voranstellung von δύο vor das Pron. indefinitum an unserer Stelle vorlk sein.

7,19 Red ἔπεμψεν ... λέγων: Zum pleonastischen λέγων → 1,63 Red; direkte Rede nach πέμπω λέγων nur noch → 7,6 Red.

Trad τὸν κύριον: Zum absoluten Gebrauch von ὁ κύριος (= Jesus) in der Erzählung (nicht lukanisch) → 7,13 Trad. — ἄλλον (= V. 20) ist lukanisches Meidewort → 6,29 Trad.

7,20f. Red Die beiden Verse 7,20f. stellen gegenüber Matthäus einen Überschuß dar, der ganz von Lukanismen geprägt ist.

7,20 Red παραγενόμενοι ... πρὸς αὐτόν: ist lukanisch → 7,4 Red. — ἄνδρες: ἀνήρ ist ein Lieblingswort des Lukas (116mal ohne die Bedeutung „Ehemann") → 5,8 Red. — ἀπέστειλεν ... λέγων: Lukas benutzt gern pleonastisches λέγων zur Einführung der direkten Rede (= hebr. *lemor* → 1,63 Red S. 67). Was speziell ἀποστέλλω ... λέγων anlangt (Mt 5, Mk 2, Lk 4/Apg 2, Joh 1, sNT 0 vgl. LXX Gen 38,25; 2Βασ 14,32), so wird diese Verbindung durch die Apg (13,15; 16,35) und durch die Einfügung in den Markustext (Lk 19,29f. λέγων diff. Mk 11,2; Lk 22,8 εἰπών diff. Mk 14,13) sowie durch den Kontext von 7,20f. als lukanischer Sprachgebrauch ausgewiesen. Zu (ἐξ)αποστέλλω εἰς mit persönlichem Bezug → 11,49 Red.

7,21 Red ἐν ἐκείνῃ τῇ ὥρᾳ: Diese Wendung (Mt 2, Mk 1, Lk 1/Apg 1) findet sich im LkEv nur hier. Da Lukas sie auch Apg 16,33 schreibt und da er das temporale ἐν liebt (→ 1,5 Trad S. 15f.), wird unser Beleg seiner Hand zu verdanken sein, zumal der ganze Vers ein redaktionelles Summarium ist. — ἐθεράπευσεν ... ἀπὸ νόσων ...: θεραπεύω ἀπό mit Nennung der Krankheit findet sich im NT nur im LkEv (5,15; 6,18; 7,21; 8,2). Da Lukas θεραπεύω ἀπό 5,15 in seinen Markusstoff einfügt (Zusatz zu Mk 1,45) und in einem anderen Fall seine Markusvorlage zugunsten dieser Wendung geändert hat (Lk 6,18³¹ diff. Mk 3,10), werden auch die beiden Belege im Nicht-Markusstoff (Lk 7,21; 8,2) auf seine redaktionelle Arbeit zurückzuführen sein, zumal beide Verse Wort für Wort lukanisch geprägt sind. — νόσων: Unbeschadet der Alltäglichkeit von νόσος läßt sich zeigen, daß Lukas dieses Substantiv gern von sich aus gebraucht: Mt 5, Mk 1, Lk 4/Apg 1, sNT 0. Einmal konnte er das Wort seiner Markusvorlage entnehmen³², zweimal fügte er es in diese ein³³, außerdem schreibt er es Apg 19,12; dabei ist beachtenswert, daß sein Sprachgebrauch sich von dem des Matthäus unterscheidet, bei dem νόσος immer als Glied eines Wortpaares erscheint³⁴. Auch an unserer Stelle (7,21), dem einzigen Beleg im Nicht-Markusstoff des LkEv, ist demnach νόσος (auch abgesehen von dem Wort für Wort redaktionell geprägten Kontext) als lukanisch anzusprechen. — πνευμάτων πονηρῶν: πνεῦμα πονηρόν begegnet im NT außer Mt 12, 45 nur im lk Doppelwerk: Lk 7,21; 8,2; 11,26Q/Apg 19,12.13.15.16. Wie unsere Stelle wird Lukas 8,2 außerdem durch den Kontext als redaktionell ausgewiesen. — τυφλοῖς: Der redaktionelle Einschub 7,20f. nennt die Blinden an letzter Stelle als Überleitung zu V. 22, wo sie an erster Stelle stehen. — ἐχαρίσατο βλέπειν: χαρίζομαι im NT nur bei Paulus (16mal) und siebenmal im lk Doppelwerk (LkEv 3/Apg 4)³⁵. Das Vorkommen in der Apg sowie der Charakter unserer Stelle als sekundäre Situationsangabe machen es wahrscheinlich, daß alle drei Belege im LkEv lukanischer Sprachgebrauch sind.

7,22 Trad καὶ ἀποκριθεὶς εἶπεν αὐτοῖς: Lukanische Meidewendung → 1,19 Trad. — πορευθέντες: Abundantes πορευόμενος/πορευθείς ist nicht lukanisch → 5,7 Trad sub c; an unserer Stelle wird der vorlukanische Sprachgebrauch zusätzlich durch die Matthäus-Parallele (11,4) ausgewiesen (→ 1,6 Trad sub e). — καθαρίζονται ... ἐγείρονται (par. Mt 11,5): Pass. divinum → 4,21 Trad.

---

[31] Bauer⁵ 709 zieht ἀπό mit Recht zu ἐθεραπεύοντο (anders 530, wo ἀπό mit ἐνοχλούμενοι verbunden wird; ἐνοχλέω wird jedoch stets mit ὑπό c.gen. konstruiert).
[32] Lk 4,40 νόσοις ποικίλαις par. Mk 1,34 ποικίλαις νόσοις.
[33] Lk 6,17 Zusatz zu Mk 3,8; Lk 9,1 Zusatz zu Mk 6,7.
[34] Mt 4,23; 9,35; 10,1: + μαλακία; 4,24 + βάσανοι; 8,17 cit. + ἀσθένειαι.
[35] Lk 7,21.42.43/Apg 3,14; 25,11.16; 27,24.

7,23 Trad σκανδαλισθῇ: Die Wortgruppe σκανδαλίζω/σκάνδαλον wird von Lukas gemieden. Er bringt sie nur 3mal (anders Mt 19, Mk 8), stets in Anlehnung an die Logienüberlieferung (Lk 7,23 par. Mt 11,6; Lk 17,1.2 par. Mt 18,7.6), nie in der Apg und nimmt Lk 8,13 das σκανδαλίζεσθαι nicht auf, das ihm Markus 4,17 anbot.

7,24—26 Trad Doppelfragen, an unserer Stelle eine Folge von 3 Doppelfragen (par. Mt 11,7—9), bildet Lukas nicht von sich aus → 2,49 Trad. Auch der antithetische Parallelismus ist nicht lukanisch → 1,52f. Trad.

7,24 Red λέγειν πρός: Zu πρός c.acc. nach Verba dicendi → 1,13 Red.

Trad ἤρξατο: → 3,8 Trad. — τοὺς ὄχλους: → 3,7 Red.

7,25 Red ἱματισμῷ: Lukanisch (Lk 2/Apg 1, Joh 1, 1Tim 1). Von den drei Belegen im Doppelwerk ist einer eine Besserung am Markustext (Lk 9,29 ὁ ἱματισμὸς αὐτοῦ diff. Mk 9,3 τὰ ἱμάτια αὐτοῦ), ein anderer steht in der Apg (20,33). — ὑπάρχοντες: Von den 60 Belegen für ὑπάρχω im NT (Mt 3, Lk 15/Apg 25, Pls 12, sNT 5) finden sich vierzig allein im lk Doppelwerk. Gibt sich das Verbum somit bereits aus der Statistik als lukanisches Vorzugswort zu erkennen, so zeigt Lukas darüber hinaus eine besondere Vorliebe für den Gebrauch von ὑπάρχειν als Ersatz für εἶναι mit Prädikatsnomen (Lk 7/Apg 16, Pls 9, sNT 3, so auch an unserer Stelle diff. Mt 11,8)[36], wiederholt hat Lukas dieses ὑπάρχειν als Ersatz für εἶναι in den Markusstoff eingefügt (Lk 8,41; 9,48b; vgl. 23,50). Ferner ist charakteristisch für ihn, daß er als einziger neutestamentlicher Autor τὰ ὑπάρχοντά τινι (also mit Dativ der Person) schreibt → 8,3 Red S. 178, weshalb das sinngleiche, auf den Nicht-Markusstoff beschränkte τὰ ὑπάρχοντά τινος (also mit Genitiv der Person) der Tradition zuzuweisen ist → 11,21 Trad.

---

[36] Lk 7,25; 8,41; 9,48; 11,13; 16,14.23; 23,50/Apg 2,30; 3,2; 4,34; 5,4; 7,55; 8,16; 16,3.20.37; 17,24.29; 19,36; 21,20; 22,3; 27,12.34; Röm 4,19; 1Kor 7,26; 11,7; 12,22; 2Kor 8,17; 12,16; Gal 1,14; 2,14; Phil 2,6; Jak 2,15; 2Petr 2,19; 3,11.

Trad ἀλλὰ τί ἐξήλθατε …: Vor Fragen rhetorisch steigerndes ἀλλά ist vorlukanisch → 1,60 Trad. — ἐνδόξῳ: außer 1Kor 4,10; Eph 5,27 nur im Nicht-Markusstoff des dritten Evangeliums: 7,25 (von der Kleidung „vornehm"); 13,17 (von den Taten Gottes „herrlich")[37].

7,26 Trad ἀλλὰ τί ἐξήλθατε …: → 7,25 Trad. — ναὶ λέγω ὑμῖν: kommt im NT nur Lk 7,26 par. Mt 11,9; Lk 11,51; 12,5 vor und stammt, wie die Mt-Parallele zeigt, aus der Logienüberlieferung.

7,27 Trad ἰδοὺ ἀποστέλλω …: Es folgt in V. 27 eine Täuferweissagung, bestehend aus einem wörtlichen Zitat von Ex 23,20 LXX und Reminiszenzen an Mal 3,1 LXX. In dieser neuen Fassung wird die Täuferweissagung auch von den beiden anderen Synoptikern zitiert: Mk 1,2; Mt 11,10. Daraus ergibt sich, daß die neue christliche Fassung der Weissagung schon in fester Formulierung umlief, ehe die Synoptiker sie aufgriffen. „The passage was one of the commonplaces of Messianic prophecy, and had been stereotyped in an independent Greek form before the Evangelists made use of it"[38]. — ἔμπροσθεν: als uneigentliche Präposition gebraucht („vor")[39], ist eine Vokabel, deren Verwendung im Doppelwerk nach der Statistik (Mt 18, Mk 2, Lk 8/Apg 2, Joh 5, sNT 9) scheinbar keine Besonderheiten aufweist. In Wahrheit schätzt Lukas sie nicht und schreibt sie nur selten von sich aus. Von den 8 Belegen im LkEv stammen nämlich 4 aus der Logienüberlieferung (Lk 7,27 par. Mt 11,9; 10,21 par. Mt 11,26; 12,8a.b par. Mt 10,32a.b). Die beiden Belege, die ihm der Mk-Stoff anbot, umging Lukas (Lk 5,25 diff. Mk 2,12; Lk 9,29 diff. Mk 9,2); zwar fügte er ἔμπροσθεν Lk 5,19 in den Markusstoff ein, aber doch wohl nur als Variation zu ἐνώπιον 5,18. In der Apg schließlich verwendete er ἔμπροσθεν nur 2mal (10,4: ἔμπροσθεν τοῦ θεοῦ; 18,17: ἔμπροσθεν τοῦ βήματος). Statt ἔμπροσθεν bevorzugt Lukas ἐνώπιον (Lk 22/Apg 13 → 1,17 Red), daneben auch ἐναντίον (im NT nur im Doppelwerk 3/2) und ἔναντι (im NT nur Lk 1/Apg 1) → 1,6 Red. Angesichts der Reserve, mit der Lukas ἔμπροσθεν als Präposition gebraucht, wird man auch die restlichen Stellen (Lk 14,2; 19,27; 21,36) der Tradition zuzuweisen haben.

---

[37] S. Bauer⁵ 521f.
[38] Plummer 204.
[39] Zu ἔμπροσθεν als Ortsadverb „voraus" (Lk 19,4) und „vorwärts" (19,28) → 19,4 Trad.

7,28 Trad Der antithetische Parallelismus entspricht nicht lk Diktion → 1,52f. Trad. — λέγω ὑμῖν: Zu λέγω ὑμῖν/σοι → 3,8 Trad sub 10; λέγω ὑμῖν als asyndetischer Satzanfang ist nicht lukanisch → 7,9 Trad.

7,29 Red πᾶς ὁ λαός: πᾶς (ἅπας) ὁ λαός: Lk 12/Apg 6, sNT 3 → 2,10 Red.

Trad ἐδικαίωσαν: δικαιόω mit menschlichem Subjekt findet sich im NT nur im Nicht-Markusstoff des Lukas-Evangeliums: außer an unserer Stelle (7,29) noch 10,29 und 16,15. Diese beiden Stellen fallen außerdem durch einen Sprachgebrauch (aktivisches δικαιόω mit Reflexivpronomen) auf, der weder sonst im NT noch außerhalb des NT bezeugt ist[40]. All das ist nicht lukanisch, da Lukas, wo er selbst formuliert, sich dem üblichen neutestamentlichen Gebrauch von δικαιόω (Gott Subjekt) anschließt[41]. — βαπτισθέντες τὸ βάπτισμα: βάπτισμα βαπτίζομαι ist eine formelhaft gebrauchte (Mk 10,38f.; Lk 7,29; 12,50; Apg 19,4) Figura etymologica → 1,73 Trad mit Anm. 94.

7,30 Red βουλήν: Lukanisches Vorzugswort: fehlt bei Mt, Mk, Joh; von den zwölf neutestamentlichen Belegen für βουλή finden sich neun im Doppelwerk[42].

Trad οἱ νομικοί: Für die jüdischen Gesetzeslehrer hat Lukas drei verschiedene Bezeichnungen: 1. In dem von ihm übernommenen Markusstoff fand er die Bezeichnung γραμματεύς; er übernahm sie in der Regel[43], fügte sie ein paarmal hinzu[44] und schrieb so dreimal in der Apostelgeschichte[45]. Die Bezeichnung wird also von Lukas sowohl traditionell wie redaktionell gebraucht. 2. Im Nicht-Markusstoff des dritten Evangeliums dagegen werden die Schriftgelehrten

---

[40] S. J. Jeremias, Beobachtungen zu neutestamentlichen Stellen an Hand des neugefundenen griechischen Henoch-Textes, in: ZNW 38 (1939), 117f.
[41] Apg 13,38.39, vgl. Lk 18,14.
[42] Lk 7,30; 23,51/Apg 2,23; 4,28; 5,38; 13,36; 20,27; 27,12.42. Im übrigen NT 1Kor 4,5; Eph 1,11; Hebr 6,17.
[43] Übernahmen aus Markus: Lk 5,21.30; 9,22; 19,47; 20,1.46; 22,2.(66).
[44] Zusätze zu Markus: Lk 6,7; 20,19.39.
[45] 4,5; 6,12; 23,9.

(neben vereinzeltem γραμματεύς)[46] mit νομικός bezeichnet[47]. Daß sowohl Matthäus (22,35) wie Lukas (10,25) νομικός unabhängig voneinander in der Einleitung zur Frage nach dem größten Gebot verwenden, zeigt, daß die Vokabel hier der Tradition zugehört. 3. Die Bezeichnung νομοδιδάσκαλος endlich findet sich im Doppelwerk nur an zwei redaktionellen Stellen: Lk 5,17 (Zusatz zu Mk 2,2) und Apg 5,34.

7,31 Trad τίνι ...; καὶ τίνι ...; ὅμοιοί εἰσιν: Doppelfragen bildet Lukas nicht von sich aus → 2,49 Trad.

7,32—34 Trad καὶ οὐκ ... καὶ οὐκ ... καὶ λέγετε ... καὶ λέγετε: Die viermalige grammatische Parataxe bei logischer Hypotaxe ist nicht lukanisch → 1,58 Trad. Gleiches gilt von dem antithetischen Parallelismus V. 33//34 (par. Mt 11,18//19) → 1,52f. Trad. Die enge Berührung im Wortlaut mit Mt 11,16—19 bestätigt, daß wir es mit vorlukanischer Überlieferung zu tun haben.

7,32 Red παιδίοις τοῖς ... καθημένοις καὶ προσφωνοῦσιν ἀλλήλοις: Die Kombination der beiden Verben findet sich auch in der Mt-Parallele (11,16); sie stammt also aus der Logienüberlieferung. Lukanisch ist jedoch die Konstruktion: Partizip mit Artikel als nachgestelltes Attribut zu artikellosem Nomen. Diese Konstruktion begegnet im dritten Evangelium sonst nur noch 23,49 (γυναῖκες αἱ συνακολουθοῦσαι αὐτῷ[48]); in der Apg dagegen liest man sie nicht weniger als 12mal[49]. Lukas teilt die Vorliebe für diese im NT nur verstreut vorkommende Ausdrucksweise[50] mit Paulus (19 Belege).

Trad ἐν ἀγορᾷ: Lukas schreibt außer an unserer Stelle stets mit Artikel ἐν τῇ ἀγορᾷ (Apg 17,17), ἐν ταῖς ἀγοραῖς (Lk 11,43; 20,46), εἰς τὴν ἀγοράν (Apg 16,19); daher wird das artikellose formelhafte (§ 255) ἐν ἀγορᾷ (Lk 7,32) vorlukanisch sein.

---

[46] 11,53; 15,2; 23,10.
[47] Lk 7,30; 10,25; 11,45f.52; 14,3.
[48] Anders 𝔓75Bpc, die vor γυναῖκες den Artikel haben, doch dürfte die Lesart ohne Artikel vor γυναῖκες als die kürzere die ursprüngliche sein.
[49] Apg 1,12; 4,12; 7,35; 9,22; 10,1.41; 11,21; 19,11.17.26; 20,19; 27,14.
[50] Mt 2mal (23,16.24), Joh 1 (1,18), Hebr 2 (6,7; 9,3), Jak 2 (4,12.14), 1Petr 3 (1,7.10.21), 2Joh 1 (7), Jud 2 (4.6). — Offb 14,18 gehört nicht hierher, da die Lesart ohne Artikel vor ἔχων die ältere sein dürfte.

7,34 Trad φίλος τελωνῶν: → 7,6 Trad.

7,35 Red πάντων τῶν τέκνων: Lukas bevorzugt Wendungen mit πᾶς → 1,10 Red S. 30; an unserer Stelle bestätigt der Vergleich mit der Mt-Parallele (11,19: ohne πάντων) lukanische Redaktion.

Trad καὶ ἐδικαιώθη ἡ σοφία ἀπό ...: δικαιοῦμαι mit ἀπό des Urhebers „vonseiten" (§ 210,2) findet sich noch LXX Jes 45,25 (ἀπὸ κυρίου δικαιωθήσονται) und par. Mt 11,19 (ἐδικαιώθη ἡ σοφία ἀπό). Die Übereinstimmung von Lk 7,35 mit par. Mt 11,19 zeigt, daß die Wendung vorlukanisch ist.

7,18—35 Red Die Täuferperikope ist nur in der Einleitung V. 18 und in dem redaktionellen Einschub 7,20f. stark lukanisch geprägt, während Lukas sonst nur geringfügig eingegriffen hat. Wieder zeigt sich, daß der dritte Evangelist Überlieferungen, in denen Jesus zu Worte kommt, nach Möglichkeit so übernommen hat, wie sie ihm dargeboten wurden.

7,36 Red κατεκλίθη: Scheinbar verwendet Lukas die κατα-Komposita der Verben des Zu-Tische-Liegens (κατακλίνω 5, κατάκειμαι 2, intr. καταλύω 2) und die ἀνα-Komposita dieser Bedeutung (ἀνάκειμαι 2, ἀνακλίνω 2, ἀναπίπτω 4, προσαναβαίνω 1, συνανάκειμαι 3) unterschiedslos. In Wahrheit bevorzugt er nach Ausweis seiner Markusbearbeitung die κατα-Komposita. Er fand nämlich in dem von ihm übernommenen Markusstoff drei ἀνα-Komposita mit der Bedeutung „zu Tische liegen" vor und verwandelte sie sämtlich in κατα-Komposita:

Mk 2,15 συνανέκειντο wird zu ἦσαν ... κατακείμενοι Lk 5,29;
Mk 6,39 ἀνακλιθῆναι wird zu κατακλίνατε Lk 9,14;
Mk 6,40 ἀνέπεσαν wird zu κατέκλιναν Lk 9,15.

Außerdem fügt er Lk 9,12 ein intransitives καταλύω („einkehren") zum Markusstoff (6,36) hinzu. Schließlich bekundet Lukas seine Bevorzugung der κατα-Komposita der Verben des Zu-Tische-Liegens dadurch, daß er als einziger neutestamentlicher Autor κατακλίνω und intr. καταλύω schreibt. Man darf daher schließen: Im Zweifelsfalle gehen im LkEv die ἀνα-Komposita der Verben des Zu-Tische-Liegens (Lk 7,49; 11,37; 12,37; 13,29; 14,10[ter].15; 17,7; 22,14.27[bis]) auf die Tradition, die κατα-Komposita (5,29; 7,36f.; 9,12.14f.; 14,8; 19,7; 24,30) auf die Redaktion zurück.

Trad ἠρώτα ... ἵνα: Wenn Lukas von sich aus formuliert, läßt er auf ἐρωτάω in der Bedeutung „bitten" einen Infinitiv[51], seltener ein ὅπως[52] folgen. ἐρωτάω ἵνα dagegen, das bei ihm nur im Nicht-Markusstoff vorkommt (Lk 7,36; 16,27), ist, ebenso wie δέομαι ἵνα (→ 21,36 Trad), vorlukanisch (→ 2,26 Red; → 5,3 Red); Lukas übt auch sonst Zurückhaltung gegenüber dem nichtfinalen ἵνα (→ 1,43 Trad).

7,37 Red καὶ ἰδοὺ γυνή ... καὶ ἐπιγνοῦσα: καὶ ἰδού mit folgendem Nominativ ohne Verbum finitum + mit καί eingeleiteter Anschlußsatz bei gleichem Subjekt ist lukanisch → 1,36 Red S. 52. — ἥτις: Zu ὅστις als Ersatz für das einfache Relativ-Pronomen → 1,20 Red S. 43. — κατάκειται: → 7,36 Red.

Trad ἁμαρτωλός: → 5,8 Trad. Auf vorlukanische Überlieferung weist an unserer Stelle auch der Stichwortzusammenhang 7,34 ἁμαρτωλῶν/7,37 ἁμαρτωλός.

7,38 Red παρὰ τοὺς πόδας: ist eine lk Vorzugswendung, die sich im NT außer Mt 15,30 nur im Doppelwerk (Lk 4/Apg 5) findet. Lukas verwendet sie nicht nur in der Apg (4,35.37; 5,2; 7,58; 22,3), sondern fügt sie auch in den Markusstoff ein (Lk 8,35 diff. Mk 5,15; Lk 8,41 diff. Mk 5,22); sie ist auch an den beiden restlichen Stellen des Evangeliums (Lk 7,38; 17,16) auf Lukas zurückzuführen, weil das übrige NT πρὸς τοὺς πόδας bevorzugt[53]. — κατεφίλει: Im NT wird das Simplex φιλέω sehr häufig benutzt (25mal), jedoch nur zweimal im LkEv, nie in der Apg; die beiden Lk-Belege für φιλέω werden durch die Parallelen als traditionell erwiesen (Lk 20,46 par. Mt 23,6 und Lk 22,47 par. Mt 26,48; Mk 14,44). Ganz anders dagegen liegt es bei dem Kompositum καταφιλέω. Es kommt im NT nur 6mal vor, davon jedoch 4mal im Doppelwerk (Lk 7,38.45; 15, 20/Apg 20,37), ist also lukanisch.

---

[51] Lk 5,3; 8,37 (diff. Mk 5,17); Apg 3,3; 10,48; 16,39; 18,20; 23,18.
[52] Lk 7,3; 11,37; Apg 23,20.
[53] Während Lukas „niederfallen" mit παρὰ τοὺς πόδας verbindet (Lk 8,41; 17,16), sagt das NT sonst „niederfallen πρὸς τοὺς πόδας" (Mk 5,22; 7,25; Joh 11,32; Offb 1,17), und während Lukas im Markusstoff seines Evangeliums vom „Sitzen παρὰ τοὺς πόδας" spricht (Lk 8,35 diff. Mk 5,15; vgl. Apg 22,3), findet man im Nicht-Markusstoff des LkEv „sitzen πρὸς τοὺς πόδας" (Lk 10,39). Das heißt: παρὰ τοὺς πόδας ist kennzeichnend für die Redaktion, πρὸς τοὺς πόδας für die Tradition.

Trad ἤρξατο: → 3,8 Trad.

7,39 Red ἰδὼν δέ: → 2,17 Red. — εἶπεν ... λέγων: Zum pleonastischen λέγων → 1,63 Red. — ἥτις → 1,20 Red.

Trad προφήτης: → 7,16 Trad. — ἁμαρτωλός: → 7,37 Trad.

7,40 Red εἶπεν πρὸς αὐτόν: πρός c.acc. nach Verba dicendi zur Bezeichnung des Angeredeten ist lk Vorzugswort → 1,13 Red. — ἔχω σοί τι εἰπεῖν: ἔχω mit folgendem Infinitiv = „können", „müssen" findet sich im NT in acht Schriften je einmal und im JohEv zweimal[54], dagegen im Doppelwerk elfmal (Lk 7,40.42; 12,4.50; 14,14; Apg 4,14; 23,17.18.19; 25,26a; 28,19).

Trad καὶ ἀποκριθεὶς ... εἶπεν: καί als Überleitungspartikel vor ἀποκριθείς ist nicht lukanisch → 1,19 Trad. — φησίν: Das *Praesens historicum*, das hier erstmalig im Doppelwerk auftaucht, hat Lukas, wie schon die erstaunliche Statistik zeigt (Mt 78, Mk 151, Lk 7/Apg 14, Joh 162), als ausgesprochen unschön empfunden. In dem von ihm übernommenen Markusstoff fand er es 93mal vor und hat es nicht weniger als 92mal getilgt, nur einmal (ganz offensichtlich versehentlich) stehen gelassen (Lk 8,49 ἔρχεται par. Mk 5,35 ἔρχονται), nie dagegen hinzugefügt. Das heißt: Lukas hat die vielen Praesentia historica, die ihm der Markusstoff anbot, Vers für Vers systematisch ausgemerzt. Dem Nicht-Markusstoff gegenüber war Lukas ähnlich streng: er ließ (abgesehen von 4 formelhaften Redeeinleitungen: 7,40 φησίν; 11,45 λέγει; 17,37 λέγουσιν; 24,36 λέγει) nur zweimal ein Praesens historicum passieren: 11,37 ἐρωτᾷ; 24,12 βλέπει[55]. In der Apostelgeschichte wiederholt sich das Bild: Lukas schreibt hier zehnmal φησίν, zweimal λέγει, sonst nur je einmal θεωρεῖ (Apg 10,11) und εὑρίσκει (10,27). Unser Ergebnis, das sich bei

---

[54] Mt 18,25a; Mk 14,8 (wo ποιῆσαι aus dem Zusammenhang zu ergänzen ist); Joh 8,26; 16,12; Eph 4,28a; Tit 2,8; Hebr 6,13; 2Pt 1,15; 2Joh 12; 3Joh 13.
[55] Zu den Belegstellen: Die beiden Stellen Lk 24,12 und 36 sind trotz des Fehlens in D it ursprünglicher Lukastext, vgl. J. Jeremias, Abendmahlsworte[4] 143f.; die Praes.hist. Lk 17,37 und Apg 26,25 sind zu der Liste von Hawkins 149 hinzuzufügen.

der Untersuchung des Markusstoffes, des Nicht-Markusstoffes und der Apostelgeschichte wiederholte, lautet: Das Praesens historicum ist — bis auf die Redeeinleitung φησίν/λέγει — lukanische Meidewendung. Wo es trotzdem auftaucht, stammt es aus der Tradition.

7,41 Red (δανειστῇ) τινι: → 1,5 Red S. 15. — δηνάρια πεντακόσια: Auffällig ist der Wechsel in der Stellung der Kardinalzahl: am Versanfang steht sie dem Bezugswort voran (δύο χρεοφειλέται), dann wird sie ihm nachgestellt (δηνάρια πεντακόσια). Lukas bevorzugt die Nachstellung → 3,11 Trad S. 107; sie wird auch an unserer Stelle redaktionell sein. Wie so oft läßt Lukas nämlich einen ihm nicht genehmen Sprachgebrauch zunächst passieren, um ihn dann aber in der Wiederholung zu verbessern. Einen ähnlichen Wechsel von der vorangestellten zur nachgestellten Kardinalzahl findet man → 12,6 Red; ferner vgl. → 15,4 Trad mit → 15,8 Red sowie → 22,16 Trad mit → 22,18 Red.

Trad δύο χρεοφειλέται: Die Vokabel χρεοφειλέτης kommt im NT nur 2mal vor (Lk 7,41; 16,5), beide Belege in Gleichnissen des Nicht-Markusstoffes des LkEv. Das sieht sehr nach vorlukanischer Tradition aus. Dafür spricht in der Tat die Voranstellung der Kardinalzahl (nicht-lukanisch → 3,11 Trad). — ἦσαν (c.dat.pers.): Zur traditionellen Gleichniseinleitung gehört ἔχειν (7mal im lukanischen Nicht-Markusstoff: 11,5; 13,6; 15,4.8.11; 16,1; 17,7 sowie Mt 21,28); εἶναί τινι Lk 7,41 ebenso wie γίνεσθαί τινι Mt 18,12 (par. ἔχειν Lk 15,4) sind vorlukanische Übersetzungsvarianten zu diesem die Gleichnisse einleitenden ἔχειν. — ὁ εἷς ... ὁ ἕτερος: Dualisches ἕτερος ist vorlukanisch → 3,18 Red.

7,42 Red ἐχόντων ... ἀποδοῦναι → 7, 40 Red. — ἐχαρίσατο: → 7,21 Red.

Trad μὴ ἐχόντων: Zum Asyndeton → 1,51 Trad. — ἀγαπήσει: Gnomisches Futur in rhetorischen Fragen ist vorlukanisch → 6,39 Trad. Gleiches gilt für die Wortgruppe ἀγαπ —, insbesondere in der Bedeutung „dankbar sein" → 6,27 Trad.

7,43 Red ὑπολαμβάνω: begegnet im NT außer 3Joh 8 nur im lk Doppelwerk: Lk 7,43; 10,30/Apg 1,9; 2,15. Die an unserer Stelle vorliegende Bedeutung „annehmen, meinen, vermuten"[56], kehrt Apg 2,15 wieder. — ἐχαρίσατο: → 7,21 Red S. 162. — ὀρθῶς: findet sich im NT außer Mk 7,35 (wo indes ὀρθῶς die Bedeutung „normal" hat) nur im LkEv: 7,43; 10,28; 20,21. An der zuletzt genannten Stelle ersetzt Lukas das ungelenke ἀληθὴς εἶ seiner Mk-Vorlage (Mk 12,14) durch gutes Griechisch, wenn er daraus ὀρθῶς λέγεις macht (E. Norden, 357 Anm. 2). — ἔκρινας: κρίνω in der abgeschwächten Bedeutung „urteilen, meinen, erklären, halten"[57] im NT außer bei Paulus (dreimal) nur bei Lukas: Lk 7,43/Apg 4,19; 13,46; 15,19; 16,15; 26,8.

Trad ἀποκριθεὶς Σίμων εἶπεν: Das ist neben Mk 8,29 der einzige Fall im NT von asyndetischer Anfügung der formelhaften Wendung ἀποκριθείς + finites Verbum dicendi. Lukas selbst schreibt stets ἀποκριθεὶς δέ (19mal im Evangelium, 6mal in Apg) → 1,19 Trad. — ὁ δὲ εἶπεν αὐτῷ: Diese Wendung liegt Lukas nicht. Er fand sie 12mal in dem von ihm übernommenen Markusstoff vor: 11mal mied er sie[58], nur 1mal behielt er sie bei (Lk 8,48 = Mk 5,34). Innerhalb des Markusstoffes begegnet die Formel sonst nur noch Lk 18,29, durch Mt 19,28 als vorgegeben erwiesen, und zweimal in der Passionsgeschichte[59]. Schwerer noch als diese Beobachtungen wiegt der Umstand, daß Lukas ὁ δὲ εἶπεν + Dativ kein einziges Mal in der Apostelgeschichte schreibt. Vielmehr bevorzugt er ὁ δὲ εἶπεν πρός c.acc. (5mal diff. Mk, 4mal Apg)[60]. Daher spricht alle Wahrscheinlichkeit dafür, daß die 12 Belege für ὁ δὲ εἶπεν + Dativ, die sich im Nicht-Markusstoff des Doppelwerks finden, nicht aus der Feder des Lukas stammen, sondern vorlukanisch sind[61].

7,44 Trad στραφείς: → 7,9 Trad; + πρός τινα im NT nur im lukanischen Sondergut: Lk 7,44; 10,23; 23,28. — τῷ Σίμωνι ἔφη: Zum Dativ → 1,19 Trad. — εἰσῆλθον ...: Asyndeton → 1,51 Trad. — σου εἰς τὴν οἰκίαν: Vorangestelltes enklitisches μου/σου ist nicht lukanisch → 6,29 Trad. — ὕδωρ ... δάκρυσιν: V. 44c//d

---

[56] Bauer⁵ 1672 sub 4.
[57] Bauer⁵ 892 sub 2.
[58] Mk 6,37; 8,28; 9,23; 10,18.51; 11,6.29; 12,15.16.17; vgl. 14,20.
[59] Lk 22,9 vgl. Mk 14,12; Lk 22,10 vgl. Mk 14,13.
[60] Lk 4,43; 5,33.34; 8,21; 20,25; Apg 4,19; 12,15; 22,10; 28,21.
[61] Lk 7,43; 12,14; 14,16; 15,27.29.31; 16,6; 17,37; 22,25.33.38; 24,19.

sowie V. 45 a//b; V. 46a//b; V. 47a//b sind antithetische Parallelismen, eine Stileigenart, die Lukas nicht von sich aus verwendet.[62] — μου τοὺς πόδας: → 6,29 Trad.

7,45 Red ἀφ' ἧς: Im LkEv begegnen nebeneinander elliptisches ἀφ' οὗ (scil. χρόνου 13,7.25; 24,21; sNT Offb 16,18) und ἀφ' ἧς (scil. ὥρας/ ἡμέρας 7,45/Apg 24,11; sNT 2Petr 3,4), beides erstarrte Formeln mit der Bedeutung „seitdem". Im Blick auf den Beleg in der Apg (24,11) wird man erwägen, ἀφ' ἧς dem Evangelisten und ἀφ' οὗ der Tradition zuzuschreiben. — (οὐ διέλειπεν) καταφιλοῦσα: Lukas hat eine Vorliebe für das im Rückgang begriffene prädikative Partizip zur Ergänzung von Verben des modifizierten Seins und Tuns (§ 414) → 2,12 Red. Außerdem bevorzugte er, wie wir zu → 7,38 Red sahen, das Kompositum καταφιλέω gegenüber dem Simplex φιλέω.

Trad φίλημα/καταφιλοῦσα: Antithetischer Parallelismus → V. 44 Trad. — οὐ διέλειπεν: διαλείπω (im NT nur hier) wird nicht lukanisch sein, da Lukas παύομαι bevorzugt (Ev 3/Apg 6; sNT 6). — μου τοὺς πόδας: Voranstellung des Possessivpronomens ist nicht lukanisch → 6,29 Trad.

7,46 Trad ἐλαίῳ τὴν κεφαλήν/μύρῳ ... τοὺς πόδας: Antithetischer Parallelismus → V. 44 Trad.

7,47 Red ἀφέωνται: begegnet im NT nur 6mal: Lk 5,20.23; 7,47.48; Joh 20,23; 1Joh 2,12. Lukas ersetzt das Praes ἀφίενται, das ihm Markus 2,5.9 anbot, durch das Perf ἀφέωνται Lk 5,20.23; auch an unserer Stelle wird das Perf. von ihm stammen.

Trad Antithetischer Parallelismus → V. 44 Trad. — οὗ χάριν λέγω σοι: Formelhaftes λέγω ὑμῖν/σοι → 3,8 Trad sub 6 und 10. — ἀφέωνται: Passivum divinum in Worten Jesu → 4,21 Trad. — αἱ ἁμαρτίαι ... αἱ πολλαί: Zum inkludierenden πολλοί → 1,41 Trad. — ἠγάπησεν ... ἀγαπᾷ: ἀγαπᾶν = „dankbar sein" → 6,27 Trad. Der antithetische Parallelismus V. 47b//d ist die einzige Stelle in den Evangelien, die ἀγαπάω κτλ. absolut gebraucht, und zwar 2mal; schon die Singularität der Konstruktion macht es wahrschein-

---

[62] J. Jeremias, ZNW 62 (1971), 176 sub V. 17; Nt.Theol. I² 27 mit Anm. 18.

lich, daß wir es mit Tradition zu tun haben. — πολύ/ὀλίγον: Das adverbiell gebrauchte substantivische πολλά hat Lukas in keinem der zahlreichen Fälle, in denen Markus es ihm anbot, übernommen[63]; es ist also lukanisches Meidewort. Ist aber der adverbiell gebrauchte Plural πολλά unlukanisch, dann gilt auch für die Gegenüberstellung der adverbiell gebrauchten Singulare πολύ[64] und ὀλίγον[65], daß sie zur Tradition gehören[66]. — ἀφίεται: Passivum divinum → 4,21 Trad.

7,48—50 Red wiederholt Lk 5,20f. (mit nur leichten Änderungen) und nimmt 8,48b (wörtlich) vorweg. Die Übereinstimmungen erstrecken sich sogar auf die Wortfolge: in beiden Lukas-Fassungen lautet sie zuerst ἀφέωνται ... αἱ ἁμαρτίαι (Lk 7,48 par. 5,20), dann aber wird übereinstimmend ἁμαρτίαι vorangestellt (Lk 7,49 par. 5,21)[67]. Im einzelnen finden sich in 7,48—50 noch folgende lukanischen Charakteristika:

7,48 Red εἶπεν δέ: → 1,13 Red. — ἀφέωνται → 7,47 Red.

7,49 Red ἤρξαντο: Ein pleonastisches ἄρχομαι (dep.) hat Lukas 5,21 in den Mk-Text eingefügt; auch an unserer Stelle, die sich Lk 5,21 zum Vorbild genommen hat, wird daher ἤρξαντο von Lukas stammen. — τίς οὗτός ἐστιν: τίς (...) οὗτος, auf Jesus bezogen, findet sich im NT außer Mt 21,10; Mk 4,41 nur im LkEv (viermal). Lk 5,21 (diff. Mk 2,7) schreibt Lukas die Wendung gegen seine Markusvorlage, die ihm τί οὗτος οὕτως λαλεῖ anbot; er übernimmt sie Lk 8,25 aus par. Mk 4,41, fügt sie Lk 9,9 (Zusatz zu Mk 6,16) in seinen Markusstoff ein und wiederholt sie an unserer Stelle im Anschluß an Lk 5,21. Wir haben es also mit lukanischem Sprachge-

---

[63] Lk 4,41 diff. Mk 3,12; Lk 5,15 diff. Mk 1,45; Lk 8,4 diff. Mk 4,2; Lk 8,31 diff. Mk 5,10; Lk 8,41 diff. Mk 5,23; Lk 8,52 diff. Mk 5,38; Lk 8,56 diff. Mk 5,43; Lk 9,11 diff. Mk 6,34; Lk 23,2 diff. Mk 15,3. — In der Wendung πολλὰ παθεῖν (Mk 5,26; 8,31; 9,12) dürfte πολλά als Akkusativ gemeint sein (Hawkins 35) und daher nicht hierher gehören.
[64] Mk 12,27; Lk 7,47a/Apg 18,27.
[65] Lk 5,3; 7,47b.
[66] Cadbury, Style 199f.; Schramm 39.
[67] Markus 2,5f. ist an diesem Tausch der Wortfolge nicht beteiligt, wie überhaupt seine Fassung (Mk 2,5f. + 5,34) unserem Text ferner steht als Lk 5,20f. + 8,48.

brauch zu tun. — ὃς καί: καί nach Relativ-Pronomen (abundant und daher im Deutschen unübersetzt) findet sich in den Evangelien bei Matthäus nie, bei Markus zweimal und bei Johannes einmal[68], im lk Doppelwerk dagegen 20mal. Von den vier auf das LkEv entfallenden Belegen (6,13.14; 7,49; 10,30[69]) sind die beiden ersten (Lk 6,13.14) lukanische Markusbearbeitung; zusammen mit den sechzehn Apg-Belegen[70] zeigen sie, daß Lukas die Wendung bevorzugt[71].

7,50 Red εἶπεν δὲ πρός (τὴν γυναῖκα): → 1,13 Red S. 33 sub 1.2. — ἡ πίστις σου ... εἰς εἰρήνην: wird Lk 8,48b wörtlich wiederholt. — πορεύου (diff. Mk 5,34 ὕπαγε): ὑπάγω ist lukanisches Meidewort → 10,3 Trad S. 184, während Lukas πορεύομαι liebt → 1,39 Red.

7,36—50 Red Die Perikope ist von Lukas nur zurückhaltend stilistisch überarbeitet worden. Er beließ ihr die zahlreichen Parataxen in V. 36—38, die Aufeinanderfolge von vier Partizipien in V. 37f., die dreimalige Wiederholung des αὐτοῦ nach τοὺς πόδας in V. 38 und die Häufung der Asyndeta (41 Anf., 42 Anf., 43 Anf., 44b.45.46). Doch gab er der Perikope einen neuen Abschluß: die Verse 48—50 stammen ganz aus seiner Feder, wobei ihm Lk 5,20f. + Mk 5,34 (vgl. Lk 8,48) als Vorlage diente[72].

8,1 Red καὶ ἐγένετο: Zum periphrastischen ἐγένετο als lk Vorzugswendung → 1,8f. Red S. 25 sub A. Die Kombination a) καὶ ἐγένετο/ἐγένετο δέ + b) präpositionale Zeitbestimmung mit ἐν + c) mit καὶ αὐτός/καὶ αὐτοί eingeführter Anschlußsatz findet sich im NT nur Lk

---

[68] Mk 3,14.19; Joh 21,20.
[69] Lk 10,39 ist nicht mitgezählt, weil das Relativpronomen ἥ von 𝔓45.75 ℵL nicht gelesen wird.
[70] 1,3.11; 7,45; 10,39; 11,30; 12,4; 13,22; 17,34; 22,5; 24,6 bis; 26,10.26.29; 27,23; 28,10. Vgl. E. Haenchen, Apostelgeschichte[13] 108 Anm. 6.
[71] Wenn er 6,16 das καί nach Relativpronomen, das ihm Mk 3,19 anbot, strich, so nicht aus Abneigung gegen die Konstruktion, sondern vermutlich weil er die Redeweise im unmittelbar Vorhergehenden bereits zweimal (Lk 6,13.14) gebraucht hatte.
[72] A. Jülicher, Die Gleichnisreden Jesu II, Tübingen 1910, 299 bezeichnet V. 48—50 zutreffend als „lucanisches Anhängsel".

8,1.22; 9,51; 24,15 (davon 8,22 lukanische Markusbearbeitung)[1]. — ἐν τῷ καθεξῆς: καθεξῆς kommt im NT nur im lk Doppelwerk vor (Lk 1,3; 8,1/Apg 3,24; 11,4; 18,23). An unserer Stelle ist ferner lukanisch: das temporale ἐν → 1,5 Trad und die Ellipse ἐν τῷ καθεξῆς (scil. χρόνῳ) → 7,11 Red. — καὶ αὐτός: Zum „christologischen" καὶ αὐτός → 1,17 Red. — διώδευεν ...: In Lk 8,1 begegnet erstmalig ein Schema, das im LkEv noch zweimal wiederkehrt:

8,1:   διώδευεν   κατὰ πόλιν κ. κώμην
                  κηρύσσων καὶ εὐαγγελιζόμενος

9,6:   διήρχοντο κατὰ τὰς κώμας
                  εὐαγγελιζόμενοι καὶ θεραπεύοντες

13,22: διεπορεύετο κατὰ πόλεις κ. κώμας
                  διδάσκων καὶ πορείαν ποιούμενος.

Auf ein mit δια- gebildetes Verbkompositum folgen eine lokale κατά-Wendung und hierauf zwei die Tätigkeit Jesu bzw. seiner Jünger beschreibende, durch καί verbundene Partizipien. Da das Schema Lk 9,6 in den Markusstoff (6,12) eingebaut ist, ist es als lukanisch erwiesen. Das bestätigt die Einzeluntersuchung. — διώδευεν: διοδεύω, im NT nur im lk Doppelwerk (Lk 8,1/Apg 17,1), gibt sich durch das von Lukas gern gebrauchte Kompositum mit δια- (→ 1,65 Red S. 70) sowie durch das Vorkommen in der Apg (17,1) als lukanisch zu erkennen. Relativ groß ist die Zahl der Synonyma zu διοδεύω, die sich im Doppelwerk finden: διαπορεύομαι: Lk 3/Apg 1mal, Pls 1 (→ 13,22 Red S. 231), διέρχομαι: Lk 10/Apg 20mal (→ 2,15 Red S. 84), ὁδεύω: Lk 10,33, ὁδοιπορέω: Apg 10,9, πορείαν ποιοῦμαι: Lk 13,22 (→ 13,22 Red S. 231). Sie dürften bis auf ὁδεύω (→ 10,33 Trad) sämtlich lukanisch sein. — κατὰ πόλιν καὶ κώμην: Lukas hat eine Vorliebe für räumliches κατά c.acc. Sieht man von den geprägten Wendungen κατ᾽ ἰδίαν, κατ᾽ οἶκον und κατὰ πρόσωπον ab, so ergibt sich das folgende bezeichnende Zahlenbild für räumliches κατά c.acc. im NT: Lk 11/Apg 30, sNT 7[2]. Beschränkt man die Fragestellung auf den distributiven

---
[1] Nicht hierher gehören 5,1 (weil der Anschlußsatz erst mit V. 2 beginnt); 5,17 (Anschlußsatz beginnt mit V. 18 καὶ ἰδού), 14,1f. (Anschlußsatz beginnt mit V. 2 καὶ ἰδού) und 17,11ff. (Anschlußsatz beginnt wahrscheinlich mit V. 12).
[2] Die 11 Belege im LkEv finden sich: 8,1.4.39; 9,6.18; 10,4.32.33; 13,22; 15, 14; 21,11. — sNT: Mt 24,7; Mk 4,10; 13,8; Röm 14,22; Phil 3,14; Tit 1,5; Jak 2,17.

Gebrauch des räumlichen κατά c.acc.[3], so lauten die Zahlen: Lk 5/ Apg 7, sNT 3[4]. Achten wir speziell auf das Vorkommen der distributiven Wendung κατὰ πόλιν („Stadt für Stadt"), so findet man sie im NT nur Lk 8,4/Apg 15,21.36; 20,23; Tit 1,5; κατὰ κώμην begegnet nur Lk 9,6 (Plur. mit Artikel) und κατὰ πόλιν καὶ κώμην nur 8,1 (Sing.) und 13,22 (Plur.). Wir stellen also erneut fest, daß Lukas 8,1 ganz von lukanischer Diktion geprägt ist. — κηρύσσων καὶ εὐαγγελιζόμενος τὴν β. τ. ϑ.: entspricht Wort für Wort lukanischer Diktion. Die Wendungen: κηρύσσω τὴν β. τ. ϑ. (Lk 8,1; 9,2 Zusatz zu Mk 6,7; Apg 20,25 [ohne τοῦ ϑεοῦ]; 28,31), εὐαγγελίζομαι [med.] τὴν β. τ. ϑ. (Lk 4,43 diff. Mk 1,38; Lk 8,1; pass. 16,16; περὶ τῆς β. τ. ϑ. Apg 8,12) begegnen im NT ausschließlich im lk Doppelwerk. Lukanisch sind insbesondere die Vorliebe für den medialen Gebrauch von εὐαγγελίζομαι → 1,19 Red S. 39, die Verbindung des medialen εὐαγγελίζεσϑαι mit einem Verbum dicendi zu einem Doppelausdruck[5] und die Zufügung von ἡ βασιλεία τοῦ ϑεοῦ zu Verben der Verkündigung[6]. — σύν: Lukas hat eine ausgesprochene Vorliebe für die Präposition συν → 1,56 Red.

8,2 Red γυναῖκές τινες: Zum adjektivischen τις → 1,5 Red.
— αἵ: Daß Lukas am Anfang von V. 2 αἵ (und nicht wie in V. 3 αἵτινες) schreibt, entspricht seinem stilistischen Empfinden: er vermeidet οἵτινες/αἵτινες aus euphonischen Gründen nach τινές (vgl. z.B. Lk 9,27; 20,27). — ἦσαν: εἰμί + Part.Perf. ist lukanisch → 1,7 Red S. 24. — τεϑεραπευμέναι ἀπό: ϑεραπεύω ἀπό mit Nennung der Krankheit findet sich im NT nur im LkEv → 7,21 Red S. 161. — πνευμάτων πονηρῶν: → ebd. — ἀσϑενειῶν: Wie wir sahen (→ 7,2 Trad S. 151), schätzt Lukas die Wendung κακῶς ἔχειν nicht; er schreibt für „Krankheit" gern νόσος (→ 7,21 Red S. 162) sowie ἀσϑένεια. Was ἀσϑένεια anlangt, so ist die Verwendung der Vokabel in der speziellen Bedeutung „Krankheit" kennzeichnend für das lk Doppelwerk. Während nämlich die Wortgruppe ἀσϑέ-

---

[3] Bauer[5] 803 s.v. κατά II 1d (die Abgrenzung von dem der räumlichen Erstreckung II 1a ist an einigen Stellen unsicher).
[4] Lk 8,1.4; 9,6; 13,22; 22,11; Apg 8,3; 14,23; 15,21.36; 20,20.23; 22,19; Mt 24,7; Mk 13,8; Tit 1,5.
[5] Im NT nur: Lk 8,1 (κηρύσσειν καὶ εὐαγγελίζεσϑαι); 20,1 diff. Mk 11,27; Apg 5,42; 15,35 (διδάσκειν καὶ εὐαγγελίζεσϑαι).
[6] Lk 4,43 diff. Mk 1,38; 9,2 diff. Mk 6,7; 9,11 diff. Mk 6,34; 9,60 diff. Mt 8,22.

νεια/ἀσθενέω/ἀσθένημα/ἀσθενής im NT überwiegend von Schwachheiten aller Art gebraucht wird, hat sie im Doppelwerk mit einer Ausnahme[7] immer die Bedeutung „krank": Lk 4,40 (diff. Mk 1,32); 5,15 (diff. Mk 1,45); 8,2; 10,9 (vgl. Mt 10,8); 13,11f./Apg 4,9; 5,15f.; 9,37; 19,12; 28,9. — ἡ καλουμένη: Statt des sonst im NT üblichen λεγόμενος zur Einführung des Namens oder Beinamens einer Person oder Sache schreibt Lukas gerne καλούμενος (ἐπικαλούμενος/ἐπικληθείς) → 1,36 Red S. 53. — ἀφ' ἧς ... ἐξεληλύθει: Während Markus in Berichten über Dämonenaustreibungen ἐξέρχομαι stets mit ἐκ konstruiert (5mal), gebrauchen Matthäus (2mal) und Lukas (Ev 9/Apg 1) in exorzistischen Zusammenhängen das Kompositum immer mit ἀπό. Bei der Analyse der zehn Belege für exorzistisches ἐξέρχεσθαι ἀπό im Doppelwerk ist davon auszugehen, daß Lukas in dem von ihm übernommenen Markusstoff dreimal ein ἐξέρχεσθαι ἐκ vorfand; er änderte in allen drei Fällen in ἐξέρχεσθαι ἀπό[8]; außerdem fügte er dreimal ein ἐξέρχεσθαι ἀπό in den Markusstoff ein[9]; schließlich verwandelte er das absolute ἐξέρχεσθαι seiner Markusvorlage (5,13) in ein ἐξέρχεσθαι ἀπό (8,33). Auch an der einzigen Stelle in der Apg (16,18), die von einer Dämonenaustreibung handelt, konstruiert Lukas ἐξέρχεσθαι mit ἀπό. So verbleiben nur noch zwei Belege für exorzistisches ἐξέρχεσθαι ἀπό im Doppelwerk: Lk 8,2 und 11,24. Von ihnen ist unsere Stelle nach Ausweis des Kontextes ganz sicher lukanisch, während 11,24 durch die Parallele Mt 12,43 als vorlukanisch ausgewiesen wird. Wir sehen also, daß Lukas einmal ein vom Exorzismus handelndes ἐξέρχεσθαι ἀπό, das seine Überlieferung ihm anbot, übernahm (11,24), daß aber in allen übrigen neun Fällen die Konstruktion ἐξέρχεσθαι ἀπό auf ihn selbst zurückgeht. — δαιμόνια ἑπτά: Kein neutestamentlicher Autor gebraucht δαιμόνιον so oft wie Lukas. Sehen wir von der Wendung δαιμόνια ἐκβάλλειν ab, die vorlukanisch ist[10] und bei den drei Synoptikern je siebenmal vorkommt, so ergeben sich folgende Zahlen: Mt 4, Mk 4, Lk 16/Apg 1, Joh 6, Pls 5, sNT 4. Nicht weniger als zehnmal hat Lukas δαιμόνιον in den Markusstoff eingefügt[11]. Auch die Nachstel-

---

[7] Apg 20,35: ἀσθενέω „ich bin bedürftig".
[8] Lk 4,35a diff. Mk 1,25; Lk 4,35b diff. Mk 1,26; Lk 8,29 diff. Mk 5,8.
[9] Lk 4,41 Zusatz zu Mk 1,34; Lk 8,35 Zusatz zu Mk 5,14; Lk 8,38 Zusatz zu Mk 5,18.
[10] → 11,14 Trad.
[11] Lk 4,33.35; 8,27.29.30.33.35.38; 9,1.42.

lung der Kardinalzahl entspricht seinem Sprachgebrauch (→ 3,11 Trad).

8,3 Red ἕτεραι πολλαί: am Schluß von Aufzählungen entspricht lukanischem Sprachgebrauch → 3,18 Red S. 110f. sub 3a. — αἵτινες: ὅστις, ἥτις, ὅτι schreibt Lukas gern als Ersatz für das einfache Relativpronomen → 1,20 Red S. 43f. mit Anm. 13—15. — διηκόνουν: Lukas gebraucht, wie schon Mk 15,41 vor ihm, διακονέω Lk 8,3/Apg 19,22 nicht nur vom Tischdienst, sondern von Dienstleistungen aller Art. — ἐκ τῶν ὑπαρχόντων αὐταῖς: ὑπάρχειν ist lk Vorzugswort: von 60 Belegen im NT stehen 40 im Doppelwerk (→ 7,25 Red S. 163). Kennzeichnend für den lukanischen Gebrauch des Wortes ist, daß Lukas als einziger neutestamentlicher Autor τὰ ὑπάρχοντά τινι (also substantiviertes Partizip mit *Dativ* der Person) schreibt (so außer an unserer Stelle Lk 12,15 und Apg 4,32), weshalb τὰ ὑπάρχοντα mit *Genitiv* der Person, das bei Lukas auf den Nicht-Markusstoff beschränkt ist, wegen der breiten Bezeugung (Lk 11,21; 12,33.44; 14,33; 16,1; 19,8; ferner Mt 19,21; 24,47; 25,14; 1Kor 13,3; Hebr 10,34) der Tradition zuzuordnen ist → 11, 21 Trad.

8,1—3 Red Bis auf die Eigennamen ist Lk 8,1—3 Wort für Wort lukanisch.

Trad Einziger Anhaltspunkt für traditionelles Gut: Die Namen waren Lukas gewiß vorgegeben.

8,4—9,50 = MARKUSBLOCK

9,51 Red ἐγένετο δὲ ἐν τῷ ... καὶ αὐτὸς ... ἐστήρισεν: Das periphrastische ἐγένετο ist lk Vorzugswendung → 1,8f. Red S. 25 sub A; die an unserer Stelle vorliegende Kombination a) Eingangsformel (καὶ ἐγένετο/ἐγένετο δέ) + b) präpositionale Zeitbestimmung mit ἐν + c) durch καὶ αὐτός (→ 1,17 Red S. 37) eingeleiteter Anschlußsatz findet sich im NT nur Lk 8,1.22; 9,51; 24,15 (davon 8,22 lukanische Markusbearbeitung). — ἐν τῷ c.inf.: lukanisch → 1,8f. Red S. 28 sub B 2a. — συμπληροῦσθαι τὰς ἡμέρας: Lukas hat eine Vorliebe für Verbkomposita mit συν- (→ 2,19 Red S. 86); so findet sich συμπληρόω (immer passivisch) im NT nur im lk Doppelwerk: Lk 8,23 (diff. Mk 4,37 γεμίζεσθαι); 9,51 (συμπληροῦσθαι τὰς ἡμέρας)/Apg 2,1 (συμπληροῦσθαι τὴν ἡμέραν). Die an unserer Stelle vorliegende Wendung συμπληροῦσθαι τὰς ἡμέρας wird durch ihre (bis auf den Numerus von ἡμέρα) wörtliche Übereinstimmung mit Apg 2,1 als lukanisch erwiesen. Auch das Simplex πληροῦμαι, de tempore gebraucht, ist lukanisch (Lk 21,24/Apg 7,23.30; 9,23; 24,27, sonst im NT nur Mk 1,15; Joh 7,8). — ἀναλήμψεως: ἡ ἀνάλημψις in der Bibel nur Lk 9,51; doch findet sich das entsprechende Verbum ἀναλαμβάνειν (neben 2mal Eph und 2mal Past) achtmal in der Apg[1], so daß das Verbum und mit ihm auch das Substantiv als lukanisch anzusprechen sein werden. — καὶ αὐτός: Zum „christologischen" καὶ αὐτός → 1,17 Red. — τοῦ πορεύεσθαι: πορεύομαι ist lk Vorzugswort → 1,39 Red S. 56; der Infinitiv mit abundantem τοῦ nach Verben des Beabsichtigens, Beschließens, Ermahnens, Befehlens, Sich-Ausbittens ist ein von Lukas bevorzugter Septuagintismus → 1,8f. Red sub B 1d; → 4,10 Red. — Ἰερουσαλήμ: Mit der Verwendung der sakralen Form Ἰερουσαλήμ steht das LkEv (abgesehen von einer einzigen Stelle: Mt 23, 37bis) allein da unter den vier Evangelien → 2,25 Red.

9,52 Red πρὸ προσώπου αὐτοῦ: Die artikellose präpositionale Wendung πρὸ προσώπου τινός ist ein Septuagintismus, der bei allen drei Synoptikern in dem LXX-Zitat Mal 3,1 vorkommt (Mt 11,10 par. Mk 1,2 par. Lk 7,27), sonst nur im lukanischen Doppelwerk (Lk 9,52; 10,1; Apg 13,24). Man beachte, daß die Perikopeneinleitung

---

[1] Apg 1,2.11.22; 7,43; 10,16; 20,13.14; 23,31; davon haben vier Belege (1,2. 11.22; 10,16) die Bedeutung „aufnehmen, in die Höhe nehmen".

Lk 10,1—2a Wort für Wort lk ist. — ὡς ἑτοιμάσαι αὐτῷ: Als finale Partikel mit nachfolgendem Infinitiv kommt ὡς im NT nur dreimal vor, davon zweimal im Doppelwerk: Lk 9,52 ὡς ($\mathfrak{P}^{45.75}$B$\aleph$) ἑτοιμάσαι; Apg 20,24 ὡς τελειῶσαι (ACD); Hebr 7,9 ὡς ἔπος εἰπεῖν.

Trad πορευθέντες: abundantes Partizip, vorlukanisch → 5,7 Trad S. 134 sub c.

9,53 Red ἦν πορευόμενον: Zu πορεύομαι → 1,39 Red S. 56; zur Coniugatio periphrastica → 1,20 Red S. 42. — Ἰερουσαλήμ: → 9,51 Red.

Trad ἐδέξαντο: Das Simplex δέχομαι in der Bedeutung „gastlich aufnehmen" begegnet bei Lukas 10mal. 5mal hat er es aus Markus übernommen (Lk 9,5 par. Mk 6,11; Lk 9,48^{quater} par. Mk 9,37^{quater}), und Lk 10,10 gibt dieselbe Überlieferung wieder wie Mt 10,14. Da Lukas für „gastlich aufnehmen" die Komposita von δέχομαι vorzieht (→ 10,38 Red S. 193) und da das Simplex in dieser Bedeutung in der Apg nicht vorkommt, spricht alles dafür, daß Lukas das Simplex für „gastlich aufnehmen" auch Lk 9,53 (unsere Stelle); 10,8; 16,4.9 nicht von sich aus schrieb.

9,54 Red ἰδόντες δέ: ἰδὼν δέ/ἰδόντες δέ ist eine von Lukas gern benutzte Wendung zur Markierung eines Fortschritts der Handlung → 2,17 Red.

Trad Ἰάκωβος καὶ Ἰωάννης: Die Nennung des Jakobus vor Johannes ist vorlukanisch → 5,10 Trad. — κύριε: als Anrede des irdischen Herrn ist nicht lukanisch → 5,8 Trad. — ἀπὸ τοῦ οὐρανοῦ: Der Singular war an unserer Stelle durch die Septuaginta (4Βασ 1,10.12) vorgegeben → 3,21f. Red.

9,55 Trad στραφείς: ist nicht lukanisch → 7,9 Trad.

9,56 Red ἐπορεύθησαν: → 1,39 Red S. 56. — ἑτέραν: Zum nichtdualischen ἕτερος → 3,18 Red.

9,57 Red τις ... (59) πρὸς ἕτερον ... (61) καὶ ἕτερος: ἕτερος ist lk Vorzugswort, das Lukas gern in Aufzählungen gebraucht → 3,18 Red S. 110f. — πρὸς αὐτόν: Zur Konstruktion von Verba dicendi mit πρός c.acc. → 1,13 Red.

Trad πορευομένων αὐτῶν ἐν τῇ ὁδῷ: Die Wendung πορεύομαι ἐν τῇ ὁδῷ ist nicht lukanisch (Lukas selbst schreibt πορεύεσθαι κατὰ τὴν ὁδόν) → 1,6 Trad S. 23 sub c. — ὅπου: schreibt Lukas trotz seiner Gebräuchlichkeit selten; er zieht οὗ vor (→ 4,16 Red). Alle fünf Belege für ὅπου im dritten Evangelium stammen aus der Überlieferung: Lk 9,57 (par. Mt 8,19); 12,33.34 (par. Mt 6,20.21); 17,37 (par. Mt 24,28); 22,11 (par. Mk 14,14b).

9,58 Trad καὶ εἶπεν: in unmittelbarer Aufeinanderfolge am Satzbeginn mit Dativ ist vorlukanisch → 1,18f. Trad. — αὐτῷ: Der Dativ nach Verba dicendi, den Lukas nicht liebt (→ 1,19 Trad S. 41), wird an unserer Stelle durch die Parallele im Matthäus-Lukas-Logiengut (Mt 8,20) als vorlukanisch bestätigt. — ἀλώπεκες ... ὁ υἱὸς τοῦ ἀνθρώπου: Zum antithetischen Parallelismus → 1,52f. Trad. — τοῦ οὐρανοῦ: Der Singular, der im allgemeinen lukanisch ist, wird an unserer Stelle durch Mt 8,20 als vorlukanisch ausgewiesen (→ 3,21f. Red).

9,59 Red εἶπεν δὲ πρός c.acc.: → 1,13 Red S. 33. — ἕτερον: ἕτερος in Aufzählungen → 3,18 Red S. 110f. — ἀπελθόντι: Sowohl Lukas wie Matthäus bieten an dieser Stelle pleonastisches ἀπελθόντι (bzw. ἀπελθεῖν). Dem Partizip ἀπελθόντι + Inf. (θάψαι) bei Lukas entspricht bei Matthäus (8,21) eine Parataxe (... ἀπελθεῖν καὶ θάψαι). Wie wir → 4,5 Red gesehen haben, ist in solchen Fällen die Partizipialfassung sekundär.

Trad ἕτερον: ἕτερος ist → 3,18 Red als lukanisches Vorzugswort bestimmt worden. An unserer Stelle jedoch wird die Vokabel durch Mt 8,21 als vorlukanisch ausgewiesen. — κύριε (so ist mit $\mathfrak{P}^{45.75}$𝔖pm zu lesen): ist als Anrede des irdischen Herrn vorlukanisch → 5,8 Trad S. 135. — ἀπελθόντι: Abundantes ἀπέρχομαι auch in der Parallele Mt 8,21 und daher vorlukanisch → 5,7 Trad sub b.

9,60 Red εἶπεν δέ: → 1,13 Red S. 33. — σὺ δὲ ἀπελθὼν διάγγελλε τὴν βασιλείαν τοῦ θεοῦ: ist Zuwachs, wie der Vergleich mit Mt 8,22 zeigt; daß es sich dabei um eine lukanische Hinzufügung handelt, wird durch die in dem Halbvers enthaltenen Lukanismen erwiesen: διαγγέλλω begegnet im NT außer Röm 9,17 cit. nur im Doppelwerk: Lk 9,60/Apg 21,26. Auf die Feder des Lukas weist neben dem Vorkommen in der Apg die Vorliebe des Lukas für Verbkomposita mit δια- (→ 1,65 Red S. 70) und seine Neigung, ἡ βασιλεία τοῦ θεοῦ zu Verben der Verkündigung hinzuzufügen (→ 8,1 Red S. 176).

Trad αὐτῷ: wird (wie in V. 58) durch die Matthäus-Parallele (8,21) als vorlukanisch erwiesen. — ἄφες: „zulassen" (par. Mt 8,22) ist vorlukanisch; Lukas selbst zieht ἐάω vor (→ 22,51 Red).

9,61 Red εἶπεν δὲ καί: Lukas bevorzugt εἶπεν δέ → 1,13 Red S. 33 sowie δὲ καί → 2,4 Red. — ἕτερος: Zu ἕτερος in Aufzählungen → 3,18 Red S. 110f. — πρῶτον δέ: → 17,25 Red S. 267f. — ἀποτάξασθαι: ἀποτάσσομαι (Med.) findet sich im NT abgesehen von Mk 6,46; 2Kor 2,13 nur im lk Doppelwerk: Lk 9,61; 14,33/Apg 18, 18.21. — τοῖς εἰς τὸν οἶκόν μου: Die Verdrängung von ἐν durch εἰς in lokaler Bedeutung ist lukanisch → 1,44 Red.

Trad κύριε: → 5,8 Trad.

9,62 Red εἶπεν δέ: → 1,13 Red.

Trad ἐπιβαλὼν τὴν χεῖρα ... καὶ βλέπων: Grammatische Parataxe bei logischer Hypotaxe („keiner der, nachdem er seine Hand an den Pflug gelegt hat, zurücksieht") ist nicht lukanisch → 1,58 Trad. Ein Merkmal nicht-lukanischen Sprachgebrauchs ist auch die im NT nur an unserer Stelle in bonam partem belegte Wendung ἐπιβάλλω τὴν χεῖρα (vgl. LXX Dtn 15,10); sie wird sonst im NT[2] immer in malam partem („gewaltsam Hand anlegen") und (außer Joh 7,30) pluralisch gebraucht. — εἰς τὰ ὀπίσω: ist ein Septuagintismus (22mal), der im NT außer bei Mk (1mal), JohEv (3mal) nur im Nicht-Markusstoff des dritten Evangeliums vorkommt: Lk 9,62; 17,31. Beide Lukas-Belege haben Analogien in der Septuaginta[3]. Daß

---

[2] Mt 26,50; Mk 14,46; Lk 20,19; 21,12/Apg 4,3; 5,18; 12,1; 21,27; Joh 7,30. 44.
[3] Zu Lk 9,62 vgl. LXX Gen 19,17.26; Jos 8,20; 2Βασ 2,20; zu Lk 17,31 vgl. LXX 4Βασ 20,10.11; Ψ 55[56],9.

Lukas 17,31 tatsächlich der Überlieferung folgt, zeigt ein Vergleich mit Mk 13,16:

Lk 17,31: ὁ ἐν ἀγρῷ μὴ ἐπιστρεψάτω εἰς τὰ ὀπίσω
Mk 13,16: ὁ εἰς τὸν ἀγρὸν μὴ ἐπιστρεψάτω εἰς τὰ ὀπίσω. —

εὔθετος: kommt im NT außer Hebr 6,7 nur im Nicht-Markusstoff des dritten Ev vor (Lk 9,62; 14,35).

10,1 Red μετὰ ... ταῦτα: Stellt man die Belege für das Vorkommen von μετὰ ταῦτα in den Synoptikern zusammen, so erhält man ein eindeutiges Bild: einer Fehlanzeige bei Matthäus und Markus steht ein neunmaliges Vorkommen im Doppelwerk gegenüber (Ev 5/Apg 4)[1]. Daß Lukas die präpositionale Wendung, die ihm von seiner Bibel her geläufig war, gern schrieb, zeigt neben einer Einfügung in den Markustext (Lk 5,27 diff. Mk 2,13) sowie dem vierfachen Vorkommen in der Apg besonders deutlich das LXX-Zitat Am 9,11 cit. Apg 15,16: hier hat Lukas das ἐν τῇ ἡμέρᾳ ἐκείνῃ des Bibeltextes in ein μετὰ ταῦτα verwandelt. Selbst wenn es sich um ein Gedächtnisversehen handeln sollte, zeigt die Textänderung, wie geläufig Lukas μετὰ ταῦτα war. — ἀνέδειξεν: → 1,80 Red S. 77. — ἑτέρους: Lukas bevorzugt ἕτερος und meidet ἄλλος (→ 3,18 Red S. 110f.). — ἑβδομήκοντα: Lukas stellt im allgemeinen die Kardinalzahl nach, wie es an unserer Stelle geschieht → 3,11 Trad S. 107. — ἀνὰ δύο: Lukas meidet die aramaisierende distributive Verdoppelung: Mk 6,7 δύο δύο (Lk 9,1 om.; Lk 10,1 ἀνὰ δύο); Mk 6,39 συμπόσια συμπόσια (Lk 9,14 κλισίας); Mk 6,40 πρασιαὶ πρασιαί (Lk 9,15 om.). Er schreibt klassisch ἀνά + Kardinalzahl (Lk 9,14 ἀνὰ πεντήκοντα und 10,1 ἀνὰ δύο). ἀνὰ δύο ist also redaktionell. — πρὸ προσώπου αὐτοῦ: → 9,52 Red. — εἰς πᾶσαν πόλιν καὶ τόπον: Lukas liebt die Verstärkung durch πᾶς → 1,10 Red. — οὗ: statt des sonst im NT geläufigen ὅπου ist lukanisch → 4,16 Red. — ἤμελλεν: → 7,2 Trad.

Trad ὁ κύριος: als Bezeichnung des irdischen Herrn in der Erzählung ist nicht lukanisch → 7,13 Trad.

---

[1] Lk 5,27; 10,1; 12,4; 17,8; 18,4/Apg 7,7; 13,20; 15,16; 18,1. Sonst im NT noch: Joh 8, Hebr 1, 1Petr 1, Offb 9.

10,2 Red ἔλεγεν δέ: ἔλεγεν δέ am Satzbeginn ist lk Vorzugswendung → 1,13 Red S. 33. — πρός: Zur Konstruktion von Verba dicendi mit πρός c.acc. → 1,13 Red.

Trad ὁ μὲν θερισμὸς πολύς ...: Zum antithetischen Parallelismus → 1,52f. Trad. — Zum 2maligen Fehlen der Kopula in der sprichwortartigen Sentenz (so auch par. Mt 9,37) → 1,5 Trad Anm. 25. — δεήθητε ...: δέομαι ist zwar ein Verbum, das Lukas gern benutzt (→ 21,36 Trad S. 283f.), es wird jedoch an unserer Stelle durch die wortwörtliche Übereinstimmung von Lk 10,2 mit par. Mt 9,37f. als vorlukanisch erwiesen.

10,3 Trad ὑπάγετε: ὑπάγω schreibt Lukas nur selten (Mt 19, Mk 15, Lk 5, Joh 32, Apg 0, Paulus 0, sNT 8). Bezeichnend ist, wie Lukas ὑπάγω im Markusstoff behandelt. Von den 12 Belegen für ὑπάγω, die er in dem von ihm übernommenen Markusstoff vorfand[2], übernahm er nur einen einzigen[3], einen zweiten fügte er von sich aus ein[4], aber 11mal mied er ὑπάγω[5]. Angesichts dieser ausgesprochenen Abneigung des Lukas gegen das Verb (das in der Apg nicht vorkommt) sind die drei Belege für ὑπάγω, die sich im Nicht-Markusstoff finden (Lk 10,3; 12,58; 17,14), der Tradition zuzuschreiben.

10,4 Red κατὰ τὴν ὁδόν: Die Wendung findet sich im NT außer an unserer Stelle nur noch viermal im zweiten Teil des lk Doppelwerks[6]. Sie ist also lukanisch; dazu stimmt, daß das räumliche κατά c.acc. ein Kennzeichen des lukanischen Stils ist → 8,1 Red.

Trad βαλλάντιον: Die Vokabel, die zu den von den Attizisten empfohlenen Wörtern gehört[7], findet sich im NT nur im Nicht-Markusstoff des LkEv (10,4; 12,33; 22,35.36), außer 12,33 stets mit πήρα kombiniert. — ὑποδήματα: wird schon durch par. Mt 10,10 als vorlk erwiesen, vgl. weiter → 3,16 Trad.

---

[2] Mk 1,44; 2,11; 5,19.34; 6,31.33.38; 8,33; 10,21.52; 11,2; 14,13 (vgl. 14,21; 16,7).
[3] Lk 19,30 = Mk 11,2.
[4] Lk 8,42 add. zu Mk 5,24.
[5] An allen in Anm. 2 genannten Stellen außer 11,2.
[6] Apg 8,36; 24,14; 25,3; 26,13.
[7] Larfeld 212.

10,5 Trad εἰρήνη: Zu εἰρήνη als Bezeichnung des Heils im eschatologischen Sinn → 1,79 Trad. Zum Fehlen der Kopula → 1,5 Trad. Anm. 26.

10,6 Trad υἱὸς εἰρήνης: Die semitisierende Wendung υἱὸς εἰρήνης[8], die sich im NT nur an unserer Stelle findet, ist vorlukanisch → 1,79 Trad; sie ist sinngleich mit ἄνθρωπος εὐδοκίας → 2,14 Trad. — Zu εἰρήνη → V. 5. — εἰ δὲ μή γε: kommt im NT 8mal vor, davon 3mal in disjunktiven Konditionalsätzen; alle drei Belege finden sich im Nicht-Markusstoff des Lukas-Evangeliums (10,6: ἐάν/εἰ δὲ μή γε; 13,9: κἄν/εἰ δὲ μή γε; 14,31f.: εἰ/εἰ δὲ μή γε). Lukanisch ist das nicht, da Lukas, wo er selbst Alternativen formuliert, εἰ μέν/εἰ δέ (Apg 18,14f.; 19,38f.; 25,11) bzw. ἐάν/ἐὰν δέ (Lk 20,5f. diff. Mk 11,31f.; Lk 22,67f.) oder ἐάν/εἰ δέ (Apg 5,38f.) gegenüberstellt. — ἀνακάμψει: ἀνακάμπτω findet sich im NT 4mal. Während das Verbum Mt 2,12; Apg 18,21 mit πρός, Hebr 11,15 absolut gebraucht ist, wird es Lk 10,6 (unsere Stelle) mit ἐπί c.acc. konstruiert. Da Lukas selbst ἀνακάμπτω nach Ausweis der Apg mit πρός verbindet, ist für die Konstruktion mit ἐπί c.acc. vorlukanische Herkunft wahrscheinlich.

10,7 Trad ἔσθοντες καὶ πίνοντες: Die in Prosa ganz seltene poetische Form ἔσθω findet sich im NT nur Mk 1,6; Lk 10,7; 22,30. An den beiden Lukasstellen handelt es sich um das Wortpaar ἔσθω/πίνω.

10,8 Trad καὶ εἰς ἣν ἂν πόλιν εἰσέρχησθε καὶ δέχωνται ὑμᾶς ...: Grammatische Parataxe bei logischer Hypotaxe ist nicht lukanisch → 1,58 Trad.

10,9 Trad ἐφ' ὑμᾶς ἡ βασιλεία τοῦ θεοῦ: ἐπί c.acc.d.Pers. wird im NT nur ganz vereinzelt vom Kommen der Basileia gesagt: Lk 10,9; 11,20 (par. Mt 12,28); sekundär: Lk 11,2 D. Die Redeweise ist ein Semitismus, sie ist kein gängiger lukanischer Sprachgebrauch.

10,10 Trad εἰς ἣν δ' ἂν πόλιν ...: → 10,8 Trad.

---

[8] Vgl. noch Lk 1,79 ὁδὸς εἰρήνης, Lk 2,14 ἄνθρωπος εὐδοκίας und Hebr 7,2 βασιλεὺς εἰρήνης.

10,11 Red κολληθέντα: Von den 12 neutestamentlichen Belegen für κολλάομαι finden sich sieben im lk Doppelwerk (Lk 10,11; 15,15/ Apg 5,13; 8,29; 9,26; 10,28; 17,34).

Trad πλήν: Adversatives πλήν ist vorlukanisch → 6,24 Trad. — γινώσκετε: γινώσκετε/γνῶτε, imperativisch zur Verstärkung der folgenden Aussage, im NT: Mt 3, Mk 2, Lk 5/Apg 1, Joh 2, sNT 6. Wie der Vergleich von Lk 12,39 mit Mt 24,43 und von Lk 21,30.31 mit Mk 13,28.29 (par. Mt 24,32.33) zeigt, folgt Lukas in diesen drei Fällen der Tradition. Auch unser Beleg (10,11), für den keine Vergleichsparallele zur Verfügung steht, sowie 21,20 werden nicht-lukanisch sein, da Lukas selbst (außer Apg 2,36 γινωσκέτω) γνωστὸν ἔστω schreibt.

10,12 Trad λέγω ὑμῖν: Formelhaftes λέγω ὑμῖν/σοι ist vorlukanisch → 3,8 Trad sub 4 und 10; nicht-lukanischer Stil ist insbesondere der Gebrauch von λέγω ὑμῖν/σοι als asyndetischer Satzanfang (→ 7,9 Trad), da Lukas mit großer Zurückhaltung dem Asyndeton gegenübersteht (→ 1,51 Trad). — ἐν τῇ ἡμέρᾳ ἐκείνῃ: im eschatologischen Sinn ist nicht-lukanischer Sprachgebrauch → 6,23 Trad S. 139.

10,13 Trad οὐαί (bis): → 6,24 Trad.

10,14 Trad πλήν: Adversatives πλήν → 6,24 Trad. πλήν als Ersatz für ἀμήν → 4,24 Trad. — ἐν τῇ κρίσει: ἐν ist temporal (vgl. par. Mt 11,22 ἐν ἡμέρᾳ κρίσεως) → 10,12 Trad. Die Mt-Parallele zeigt, daß die Wendung der Logienüberlieferung angehört und daher vorlukanisch ist. In der Tat schreibt Lukas auch sonst κρίσις nie von sich aus, vielmehr stets im Gefolge der Tradition (10,14; 11,31.32.42; par. Mt 11,22; 12,42.41; 23,23 und Apg 8,33 cit. Jes 53,8).

10,15 Trad ἕως οὐρανοῦ ... ἕως ᾅδου ...: Der antithetische Parallelismus V. 15a//b (wörtlich gleich Mt 11,23) ist als solcher nicht lukanisch → 1,52f. Trad. — Zum Singular von οὐρανός → 3,21f. Red. — ὑψωθήσῃ/καταβήσῃ: ist wohl als Pass. divinum empfunden worden → 4,21 Trad.

10,16 Trad ὁ ἀκούων ... ὁ ἀθετῶν ...: V. 16 ist einer der wenigen Stufenparallelismen in den synoptischen Evangelien. Der klimakische Parallelismus folgt dem Schema a//b b//c: durch Wiederholung der Halbzeile b wird das ganze Gebilde eine Stufe höher gehoben. In unserem Fall wird die erste Zeile „Wer auf euch hört, der hört auf mich" durch ihre Antithese „und wer euch ablehnt, lehnt mich ab" erweitert, sodaß das Schema jetzt heißt a//b a^1//b^1 b^1//c. Außer an unserer Stelle findet sich bei Lukas ein Stufenparallelismus noch 9,48; 11,29 und 12,4f.[9] Die Variationen unseres Logions (Mk 9,37; Mt 10, 40; Joh 13,20) zeigen, daß sich die Überlieferung früh mit ihm beschäftigt hat. — τὸν ἀποστείλαντά με: verbale Umschreibung des Gottesnamens[10] → 4,21 Trad.

10,17 Red ὑπέστρεψαν: → 1,56 Red.

Trad κύριε: → 5,8 Trad.

10,18 Red εἶπεν δέ: → 1,13 Red.

Trad σατανᾶν: Semitisches Fremdwort. Das ist deshalb auffällig, weil Lukas im Evangelium die Fremdwörter weithin meidet. Sieht man von den drei eingebürgerten lateinischen Fremdwörtern δηνάριον (Mk 12,15 = Lk 20,24; 7,41; 10,35), Καῖσαρ (Mk 12,14—17 = Lk 20,22—25; 2,1; 3,1; 23,2) und λεγιών (Mk 5,9 = Lk 8,30) ab, ferner von dem im gesamten römischen Reich gängigen σάββατον und von den beiden in der liturgischen Sprache verankerten Vokabeln ἀμήν und πάσχα, so stellt man fest, daß Lukas die Fremdwörter, die er in dem von ihm übernommenen Markusstoff vorfand, samt und sonders tilgte, und zwar sowohl die lateinischen wie die semitischen. So sucht man im lukanischen Markusstoff vergeblich: Βαρτιμαῖος Mk 10,46, Βοανηργές 3,17, Καναναῖος 3,18, κῆνσος 12,14, κοδράντης 12,42, μόδιος 4,21, ῥαββί 9,5 (→ 5,5 Red), ῥαββουνί 10,51, σατανᾶς 4,15 (s.u.), ταλιθὰ κοῦμ 5,41, ὡσαννά 11,9.10. Nicht anders verfuhr Lukas mit dem Passionsbericht: er mied ἀββά Mk 14,36, ἀγγαρεύω 15,21, Γεθσημανί 14,32, Γολγοθᾶ 15,22, κεντυρίων 15,39, ῥαββί

---

[9] C. F. Burney, The Poetry of Our Lord, Oxford 1925, 90ff.
[10] Jeremias, Nt.Theol. I² 21.

14,45, φραγελλόω 15,15[11]. Ganz anders ist nun aber das Bild, das sich bietet, wenn man sich dem Nicht-Markusstoff des LkEv zuwendet: zwar hat Lukas auch hier κοδράντης (Mt 5,26 diff. Lk 12,59) und μόδιος (Mt 5,15 diff. Lk 11,33) gemieden, im übrigen aber eine ganze Anzahl von Fremdwörtern unbeanstandet passieren lassen: ἀσσάριον Lk 12,6, Βεελζεβούλ[12] (11,15.18.19), γέεννα (12,5), μαμωνᾶς (16,9.11.13), σατανᾶς (10,18; 11,18; 13,16; 22,31), σάτον (13,21), σίκερα (1,15), σουδάριον (19,20). Es ist offenkundig, daß wir — angesichts der von Lukas im Evangelium sonst gegenüber den Fremdwörtern geübten ostentativen Zurückhaltung — mit diesen 8 Vokabeln im Bereich der vorlukanischen Tradition stehen, zumal sechs davon Matthäusparallelen haben; σουδάριον, das er außer Lk 19,20 auch Apg 19,12 schreibt, scheint Lukas nicht mehr als Fremdwort empfunden zu haben[13].

Diesem Ergebnis entspricht der Befund, auf den man stößt, wenn man den Gebrauch von σατανᾶς im lukanischen Doppelwerk untersucht. Lukas ändert σατανᾶς, das ihm Markus (4,15) anbot, in διάβολος (Lk 8,12; so bezeichnet er den Teufel auch 4,2.3.6.13; Apg 10,38; 13,10). Wo er, wie an unserer Stelle, σατανᾶς aufgreift, geschieht es in bewußt archaisierender Redeweise und im Gefolge der Tradition, so auch Lk 11,18 (par. Mt 12,26); 13,16; 22,3 (vgl. Joh 13,27).31; Apg 5,3; 26,18.

10,19 Red   ἐξουσίαν τοῦ πατεῖν: Der Infinitiv mit Artikel im Genitiv ist lukanisch → 1,8f. Red S. 28 sub B 1a.

Trad   οὐ μή: → 1,15 Trad.

10,20 Trad   πλήν → 6,24 Trad. — μὴ χαίρετε/χαίρετε: Antithetische Parallelismen sind vorlukanisch → 1,52f. Trad. — ἐγγέγραπται:

---

[11] Der aramäische Kreuzesruf Mk 15,34 fehlt ebenfalls bei Lukas, aber primär aus christologischen Gründen.
[12] So zu lesen mit 𝔓45.75CDΘpl.
[13] Daß Lukas in der Apg einige (bis auf σατανᾶς sämtlich lateinische) Fremdwörter benutzt, erklärt sich aus dem gegenüber dem Evangelium veränderten Stoff und Schauplatz: εὐρακύλων 27,14; κολωνία 16,12, Λιβερτῖνος 6,9; πραιτώριον 23,35; σατανᾶς 5,3; 26,18; σικάριος 21,38; σμικίνθιον 19,12; σουδάριον 19,12; χῶρος (= corus „Nordwestwind") 27,12.

Zum Passivum divinum → 4,21 Trad. — ἐν τοῖς οὐρανοῖς: Nur 6mal (Ev 4/Apg 2) schreibt Lukas den semitisierenden Plural οὐρανοί, dagegen 53mal (29/24) den Singular → 3,21f. Red. Bei allen 6 Pluralstellen handelt es sich um konventionelles Formelgut: Lk 10,20; 12,33; 18,22[14]; 21,26 cit. (= Mk 13,25); Apg 2,34[15]; 7,56. Wie fest gerade an unserer Stelle der Plural in der Überlieferung verankert ist, sieht man daran, daß Lukas ihn beibehält, obwohl er eben erst in V. 18 den ihm geläufigen Singular gebraucht hatte.

10,1—20 Red Bis auf die Einleitungsverse 10,1—2a ist die Perikope fast ganz frei von redaktionellen Eingriffen.

10,21 Red ἐν αὐτῇ τῇ ὥρᾳ: αὐτὸς ὁ/αὐτὴ ἡ/αὐτὸ τό mit Substantiv der Zeit findet sich im NT nur im lk Doppelwerk (→ 2,38 Red S. 98). Zum ἐν temporale → 1,5 Trad.

10,21f. Trad Die ganz enge Berührung von Lk 10,21f. im Wortlaut mit par. Mt 11,25f. weist die beiden Verse der vorlukanischen Tradition zu. Das gilt im einzelnen für die Anrede und Bezeichnung Gottes als Vater (V. 21f. → 2,49 Trad), für den Singular τοῦ οὐρανοῦ (→ 3,21f. Red), für die grammatische Parataxe bei logischer Hypotaxe (V. 21 ἀπέκρυψας ... καὶ ἀπεκάλυψας = „zwar ... aber dafür" → 1,58 Trad), für die von Lk nicht geschätzte Präposition ἔμπροσθεν (→ 7,27 Trad), für das Asyndeton (V. 22 → 1,51 Trad), für den Gebrauch des Verbums ἀποκαλύπτω (→ 2,35 Trad).

10,23f. Trad Antithetischer Parallelismus ist nicht lukanisch → 1,52f. Trad.

10,23 Trad στραφεὶς πρός: στραφείς → 7,9 Trad; + πρός τινα → 7,44 Trad. — μακάριοι: Makarismus ohne Kopula (so auch par. Mt 13,16) → 1,45 Trad.

10,24 Trad λέγω γάρ: Zu λέγω γὰρ ὅτι → 3,8 Trad sub 4.5, zum Fehlen von ἀμήν, das par. Mt 13,17 steht, → 4,24 Trad.

---

[14] θησαυρὸν ἐν τοῖς οὐρανοῖς: der Plural wird durch Mt 19,21 sowie durch Lk 12,33 als formelhaft erwiesen. Daß Lukas ihn 18,22 schreibt, obwohl seine Vorlage Mk 10,21 ihm den Singular anbot, zeigt, wie fest die Wendung „Schatz in den Himmeln" eingebürgert war.
[15] Vgl. mit Apg 2,34 ἀνέβη εἰς τοὺς οὐρανούς Eph 4,10: ὁ ἀναβὰς ὑπεράνω πάντων τῶν οὐρανῶν.

10,25 Red (νομικός) τις: Adjektivisches enklitisches τις ist lk Vorzugswendung → 1,5 Red S. 15. — λέγων: Zum pleonastischen λέγων → 1,63 Red. S. 67. — διδάσκαλε, τί ποιήσας ζωὴν αἰώνιον κληρονομήσω: kehrt wörtlich Lk 18,18 wieder, dort als redaktionelle Überarbeitung von Mk 10,17 (διδάσκαλε, τί ποιήσω ἵνα ζωὴν αἰώνιον κληρονομήσω). Wie so häufig ersetzt Lukas eine Konstruktion des Markus (in diesem Fall mit ἵνα) durch das Partizip → 4,5 Red.

Trad καί: καί als Perikopenanfang ist in der Regel vorlukanisch → 2,21 Trad. — νομικός: → 7,30 Trad. — ἐκπειράζων: ἐκπειράζω ist ein seltenes Kompositum (LXX 5, Josephus 0, Philo 1 cit., NT 4 [Mt 4,7 par. Lk 4,12 cit.; 10,25; 1Kor 10,9]). Lukas zieht in der Apg das weitaus geläufigere Simplex vor (Apg 5,9; 9,26; 15, 10; 16,7; 24,6). Da er Lk 4,12 das Kompositum der Tradition entnimmt (Lk 4,12 ἐκπειράσεις par. Mt 4,7 = cit. LXX Dtn 6,16), wird auch an unserer Stelle (Lk 10,25 ἐκπειράζων) das Kompositum der Tradition zugehören.

10,26 Red ὁ δὲ εἶπεν πρὸς αὐτόν: Zu πρός c.acc. nach Verba dicendi → 1,13 Red.

Trad τί ...; πῶς ...;: Lukas bildet Doppelfragen nicht von sich aus → 2,49 Trad.

10,28 Red εἶπεν δέ: → 1,13 Red S. 33. — ὀρθῶς: → 7,43 Red S. 171.

Trad τοῦτο ποίει καὶ ζήσῃ: Formale Parataxe bei logischer Hypotaxe ist nicht lk Sprachgebrauch → 1,58 Trad. Lukas bevorzugt das Partizip.

10,29 Red εἶπεν πρός c.acc.: → 1,13 Red.

Trad δικαιῶσαι ἑαυτόν: δικαιόω mit menschlichem Subjekt findet sich nur im Nicht-Markusstoff des dritten Evangeliums: Lk 7,29; 10,29; 16,15 (→ 7,29 Trad). — μου πλησίον: Die Voranstellung der enklitischen Pronomina μου und σου vor das Bezugswort ist nicht lukanisch → 6,29 Trad.

10,30 Red τις: Adjektivisches τις wird von Lukas bevorzugt → 1,5 Red S. 15. — Ἰερουσαλήμ: Abgesehen von einem einzigen Vers (Mt 23,37 par. Lk 13,34: verdoppelte Anrede Ἰερουσαλήμ Ἰερουσαλήμ) ist Lukas der einzige der vier Evangelisten, der im Evangelium die sakrale Form Ἰερουσαλήμ schreibt, und zwar 27mal → 2,25 Red S. 91. — περιέπεσεν: Eigentlich gebraucht findet sich περιπίπτω nur im Doppelwerk (Lk 10,30; Apg 27,41). — οἳ καί: Abundantes καί nach Relativpronomen → 7,49 Red.

Trad ἄνθρωπός τις: Die an unserer Stelle zum erstenmal auftauchende Wendung ἄνθρωπος + adjektivisches τις kommt im NT nur im Doppelwerk vor (Lk 8/Apg 1). Es handelt sich in 7 Fällen[16] um eine Gleichniseinleitung, in zwei Fällen[17] um die Einleitung einer Wundergeschichte. Da Lukas von sich aus entsprechend seiner dezidierten Bevorzugung von ἀνήρ (→ 5,8 Red) ἀνήρ τις schreibt (so im NT nur Lukas[18]), wird man ἄνθρωπός τις der Tradition zuweisen müssen; es dürfte auf aramäisches ḥad bar 'änaš zurückgehen. — πληγὰς ἐπιθέντες: Die Wiederkehr dieser Partizipialwendung in der Apg (16,23) weist auf eine geprägte Redeweise hin (vgl. Bauer[5] 599 s.v. ἐπιτίθημι 1aβ).

10,31 Red ἱερεύς τις: → 1,5 Red.

10,32 Red δὲ καί: Von Lukas bevorzugte Partikelverbindung → 2,4 Red. — κατὰ τὸν τόπον: Räumliches κατά c.acc. ist kennzeichnend für Lukas → 8,1 Red.

10,33 Red τις: → 1,5 Red. — κατ' αὐτόν: → 10,32 Red.

Trad ὁδεύων: Das Simplex (im NT nur hier) ist wahrscheinlich nicht lukanisch, da Lukas selbst das Kompositum διοδεύω schreibt → 8,1 Red. — ἐσπλαγχνίσθη: σπλαγχνίζομαι begegnet im lk Doppelwerk nur im Nicht-Markusstoff des Evangeliums: Lk 7,13; 10,33; 15,20. Lukas scheint das Verb nicht von sich aus zu schreiben; zum mindesten → 7,13 Trad S. 158 stammt es nicht aus seiner Feder.

---

[16] Lk 10,30; 12,16; 14,16; 15,11; 16,1.19; 19,12.
[17] Lk 14,2; Apg 9,33.
[18] Lk 8,27 (diff. Mk 5,2 ἄνθρωπος)/Apg 5,1; 8,9; 10,1; 13,6; 14,8; 16,9; 17,5.34; 25,14.

10,34 Red ἐπιβιβάσας: Das Kompositum im NT nur Lk 10,34; 19,35 (diff. Mk 11,7) und Apg 23,24. — κτῆνος: In der Bedeutung „Reittier" findet es sich im NT nur Lk 10,34/Apg 23,24. — ἐπεμελήθη: Die Wortgruppe ἐπιμελ- wird von Lukas gern gebraucht. Sie findet sich im NT an folgenden Stellen: ἐπιμελέομαι Lk 10,34f.; 1Tim 3,5; ἐπιμελῶς Lk 15,8; ἐπιμέλεια Apg 27,3.

Trad ἐπιχέων: Im Doppelwerk konkurriert das seit Homer bezeugte -χέω mit hellenistischem -χύννω. Wo Lukas selbst formuliert, schreibt er: -χύννω: ἐκχύννω Lk 5,37; Apg 1,18; 10,45; 22,20; συγχύννω Apg 2,6; 9,22; 19,32; 21,31; ὑπερεκχύννω Lk 6,38. Die breite Streuung in der Apg sowie die Einführung von ἐκχυθήσεται Lk 5,37 in den Markustext 2,22 zeigen, daß -χύννω lukanisch ist[19]. Dagegen sind die wenigen Belege im Doppelwerk für -χέω traditionell: ἐκχέω Apg 2,17f. = LXX Joel 2,1f.; Apg 2,33 (Nachwirkung dieses LXX-Zitates)/ἐπιχέω Lk 10,34/συγχέω Apg 21,27.

10,35 Red ἐπὶ τὴν αὔριον: = Apg 4,5; ἐπί c.acc. de tempore ist lukanisch → 4,25 Red S. 126. — ἐπιμελήθητι: → 10,34 Red. — ἐν τῷ c.inf.: ist typisch lukanisch → 1,8f. Red S. 28 sub B 2a.

Trad δύο δηνάρια: Die Voranstellung der Kardinalzahl ist nicht lukanisch → 3,11 Trad. — ἐπανέρχεσθαι: Im NT nur Lk 10,35 und 19,15: beide Stellen im Nicht-Markusstoff, beide in Gleichnissen, beide Male absolut gebraucht, daher wahrscheinlich traditionell; redaktionell ist jedoch an beiden Stellen der Infinitiv mit Artikel abhängig von ἐν.

10,36 Red τίς ... δοκεῖ σοι γεγονέναι: δοκέω wird im lk Doppelwerk teils mit Infinitiv (Lk 1,3 Prooemium; 8,18 Markusredaktion; 10,36; 22,24; 24,37/Apg achtmal) konstruiert, teils mit ὅτι (Lk 12,51; 13,2.4; 19,11/Apg 0). Prooemium, Markusredaktion und die acht Belege in der Apg bezeugen übereinstimmend, daß Lukas selbst δοκέω mit Infinitiv konstruiert. Dazu stimmt, daß nach dem zu → 2,26 Red S. 93f. Ausgeführten bei δοκέω der Infinitiv redaktionell, die Konstruktion mit ὅτι traditionell ist. Nur für Lk 19,11 muß die Möglich-

---

[19] Diese Beobachtung schließt selbstverständlich nicht aus, daß ἐκχύννω auch aus der Tradition vorgegeben sein kann, wie das Lk 11,50 und 22,20 der Fall sein wird.

keit offenbleiben, daß das ὅτι nach δοκεῖν lukanisch ist, weil der Vers Wort für Wort lukanisch geprägt ist (→ 19,11 Red S. 277) und das ὅτι stilistisch bedingt sein könnte, nämlich zur Vermeidung eines vierten Infinitivs.

10,37 Red εἶπεν δέ: → 1,13 Red. Zum folgenden Dativ → 1,19 Trad. — πορεύου: → 1,39 Red.

Trad ὁ ποιήσας τὸ ἔλεος: → 1,50.72 Trad. — ποίει ὁμοίως: → 3,11 Trad.

10,25—37 Red Lukas hat sich in 10,25—37 nur ganz unbedeutende stilistische Korrekturen erlaubt — wie er überhaupt mit Eingriffen bei Gleichnissen besondere Zurückhaltung geübt hat.

10,38 Red ἐν δὲ τῷ πορεύεσθαι: Lukas liebt das temporale ἐν (→ 1,5 Trad S. 15), insbesondere ἐν τῷ + Inf. (→ 1,8f. Red S. 28 sub B 2a); πορεύεσθαι ist lukanisches Vorzugswort (→ 1,39 Red S. 56). — εἰς κώμην τινά: τις nach Nomen ist lukanisch → 1,5 Red S. 15. — γυνὴ δέ τις ὀνόματι Μάρθα: Nachgestelltes adjektivisches τις + ὀνόματι + Eigenname ist lukanisch → 1,5 Red. — ὑπεδέξατο: Für „gastlich aufnehmen" gebraucht Lukas das Simplex δέχομαι nur da, wo seine Überlieferung es ihm anbot, nie in Apg (→ 9,53 Trad S. 180). Er selbst zieht die Komposita ἀναδέχομαι (Apg 28,7), ἀποδέχομαι (Lk 8,40; 9,11; Apg 18,27; 21,17; 28,30), παραδέχομαι (Apg 15,4), προσδέχομαι (Lk 15,2) und ὑποδέχομαι (Lk 10,38; 19,6/Apg 17,7) dem Simplex vor.

10,39 Red τῇδε: Das Demonstrativpronomen ὅδε (Buchsprache vgl. § 289 Anm. 1) findet sich in den Geschichtsbüchern des NT nur im lk Doppelwerk: Lk 10,39/Apg 21,11. — καλουμένη: ist lk Vorzugswort → 1,36 Red S. 53. — ἣ καί: Falls so zu lesen sein sollte, hätten wir abundantes καί nach Relativpronomen vor uns, das lk Sprachgebrauch entspräche → 7,49 Red; doch ist mit $\mathfrak{P}^{45.75}$ℵL ohne ἤ zu lesen. — τὸν λόγον αὐτοῦ: als Bezeichnung für „Seine (Jesu) Verkündigung" findet sich im NT nur im LkEv: 4,32 (diff. Mk 1,22); 10,39 und in den johanneischen Schriften: Joh 4,41; 1Joh 2,5.

Trad παρακαθεσθεῖσα πρὸς τοὺς πόδας: πρὸς τοὺς πόδας ist vorlukanisch, da Lukas selbst „zu jds. Füßen sitzen" mit παρὰ τοὺς πόδας ausdrückt (Lk 8,35 diff. Mk 5,15; Apg 22,3) → 7,38 Red Anm. 53. — τοῦ κυρίου: vom irdischen Herrn in der Erzählung gebraucht, ist typisch für die von Lukas benutzte Überlieferung → 7,13 Trad.

10,40 Red ἐπιστᾶσα: ἐφίστημι ist lk Vorzugswort → 2,9 Red.

Trad διακονίαν: → διακονεῖν in unserem Vers. — κύριε: → 5,8 Trad. — οὐ μέλει σοι: Diese Wendung wurde Lukas an zwei Stellen von seiner Markusvorlage angeboten, aber an beiden Stellen nicht von ihm übernommen: Lk 8,24 diff. Mk 4,38; Lk 20,21 diff. Mk 12,14. An der erstgenannten Stelle ist der Grund offensichtlich der, daß Lukas sich an dem Vorwurf stieß, der Jesus gemacht wird. Ein Vorwurf gegen Jesus wird auch an unserer Stelle mit den gleichen Worten οὐ μέλει σοι erhoben; der Text greift also eine traditionelle Formulierung auf. — διακονεῖν: Mit alleiniger Ausnahme von Lk 8,3, wo διακονέω von Dienstleistungen im weiten Sinn gebraucht wird, wird das Substantiv διακονία (10,40) und das Verbum διακονέω (4,39; 10,40; 12,37; 17,8; 22,26.27[bis]) im dritten Evangelium stets vom Tischdienst gesagt. Lukas folgt hierbei der Tradition (vgl. 4,39 mit Mk 1,31). Von sich selbst aus sagt er verdeutlichend für „bei Tisch aufwarten" διακονέω τραπέζαις (Apg 6,2). — εἰπὸν ... ἵνα: → 4,3 Trad.

10,41 Trad ὁ κύριος: → 7,13 Trad. — μεριμνᾷς: Lukas liebt die Wortgruppe μέριμνα/μεριμνάω nicht. Er benutzt sie weder in der Apg noch in seiner Markusbearbeitung, ersetzt vielmehr das ihm von Markus (13,11) angebotene προμεριμνάω durch προμελετάω (Lk 21,14). Wo er die Wortgruppe beläßt, folgt er, soweit wir kontrollieren können, der Überlieferung[20]; das wird auch für die beiden restlichen Stellen (Lk 10,41 μεριμνᾷς; 21,34 μερίμναις) gelten.

10,42 Red ἥτις: ὅστις, ἥτις, ὅτι anstelle des einfachen Relativpronomens entspricht lukanischem Stil → 1,20 Red.

---

[20] μεριμνάω: Lk 12,11 (par. Mt 10,19); 12,22 (par. Mt 6,25); 12,25 (par. Mt 6,27); 12,26 (par. Mt 6,28); μέριμνα: Lk 8,14 (par. Mk 4,19).

Trad ὀλίγων δέ ἐστιν χρεία: χρεία ist eine dem NT überaus geläufige Vokabel (48mal), allein im Doppelwerk begegnet sie 12mal (Ev 7/Apg 5), doch nur an unserer Stelle findet sich die Wendung χρεία ἐστίν τινος. Sie ist schwerlich lukanisch, da Lukas sonst χρείαν ἔχειν τινός schreibt.

11,1 Red καὶ ἐγένετο ἐν τῷ ... ὡς ... εἶπέν τις: Das periphrastische καὶ ἐγένετο ist eines der markantesten lukanischen Charakteristika im dritten Evangelium → 1,8f. Red S. 25 sub A. An unserer Stelle liegt die folgende Variante vor: a) Eingangsformel καὶ ἐγένετο (also mit hebraisierendem καί) + b) doppelte Zeitbestimmung: ἐν τῷ mit acc.c.inf. (→ 1,8f. Red S. 28 sub B 2a) und durch ὡς eingeleiteter Konjunktionalsatz + c) ohne καί angefügter Anschlußsatz. — ἐν τῷ εἶναι: im NT nur im Doppelwerk (Lk 2,6; 5,12; 9,18; 11,1; Apg 19,1). — εἶναι αὐτὸν ... προσευχόμενον: Zur coniugatio periphrastica → 1,20 Red S. 42; zu den Berichten über Jesu Beten → 3,21 Red. — ἐν τόπῳ τινί: Zum adjektivischen τις → 1,5 Red S. 15. — ὡς: als temporale Konjunktion ist lukanische Vorzugswendung → 1,23 Red S. 45. — ἐπαύσατο: ist lk Vorzugswort → 5,4 Red. Nur Lk 8,24 (diff. Mk 4,39); 11,1; Apg 20,1; 1Kor 13,8 findet sich der absolute Gebrauch des Mediums. — εἶπεν ... πρός c.acc.: lukanisch → 1,13 Red.

Trad κύριε: → 5,8 Trad.

11,2 Red εἶπεν δέ: → 1,13 Red.

11,2b—4 Trad πάτερ ...: Die lukanische Fassung des Vaterunsers gibt sich nicht nur durch die wörtlichen Übereinstimmungen mit Mt (der Lk-Text ist vollständig in dem längeren Mt-Text enthalten), sondern auch in den Abweichungen von ihm als vorlukanisch zu erkennen → V. 4 Trad. — ἁγιασθήτω (par. Mt 6,9): Pass. divinum → 4,21 Trad.

11,4 Trad καὶ γάρ: → 6,32 Trad. — παντὶ ὀφείλοντι: Substantiviertes Partizip mit πᾶς ohne Artikel ist vorlukanisch → 6,30 Trad. — εἰσενέγκῃς: Lukas verwendet φέρω und seine zahlreichen Komposita in der Apg in verschiedenen Bedeutungen: tragen, schleppen, forttragen, emportragen, treiben (vom Schiff), darbringen (vom Opfer), herbeibringen (von Geld, Tüchern, Kränzen), beibringen (von

Material), nie jedoch in der Bedeutung „bringen, führen" (von Menschen und Tieren)[1]; hierfür gebraucht Lukas andere Verben, besonders ἄγω[2]. Ganz anders ist Markus verfahren; er verwendete φέρω und Komposita in der Bedeutung „bringen, führen" unbedenklich auch da, wo das Objekt Menschen und Tiere waren. Lukas fand diesen Sprachgebrauch unschön und hat ihn an allen Stellen, an denen er ihn in dem von ihm übernommenen Markusstoff fand, konsequent ausgemerzt[3]. Um so mehr ist man überrascht, im Nicht-Markusstoff des LkEv nun doch 4 Stellen zu finden, an denen φέρω und Komposita von Menschen und Tieren, die (vor-)geführt werden, gesagt wird: Lk 11,4 (par. Mt 6,13) μὴ εἰσενέγκῃς ἡμᾶς εἰς πειρασμόν; 12,11 ὅταν δὲ εἰσφέρωσιν ὑμᾶς ἐπὶ τὰς συναγωγάς; 15,23 φέρετε τὸν μόσχον; 23,14 προσηνέγκατέ μοι τὸν ἄνθρωπον. Ohne Frage liegt an diesen 4 Stellen vorlukanischer Sprachgebrauch vor, was für das Vaterunser (11,4) ohnehin feststeht.

11,5—8 Trad καὶ ... χρῄζει: In dem kleinen Gleichnis finden sich 6 satzverbindende καί; das ist nicht lukanisch → 4,15—30 Trad.

11,5 Red πρός: Zu πρός c.acc. nach Verbum dicendi → 1,13 Red S. 33 sub 2. — πορεύσεται: lk Vorzugswort (Lk 51/Apg 37) → 1,39 Red.

---

[1] Apg 14,13 (ταύρους καὶ στέμματα ... ... ἐνέγκας) ist Scheinausnahme; denn hier wird zwar φέρειν in der Bedeutung „herbeibringen" auf die Ochsen angewendet, doch ist das Verbum im Blick auf die Kränze gewählt; 5,16 schrieb Lukas ohne Bedenken φέροντες ἀσθενεῖς, weil er an ein Getragenwerden der Kranken dachte.

[2] Zuerst bemerkt von Cadbury, Style 174. Die Beobachtung von Fitzmyer, daß schon Homer ἄγειν und φέρειν gelegentlich synonym gebraucht, nimmt Cadbury's Hinweis seine Bedeutung für unsere Untersuchung nicht, weil es sich bei der Liberalität des Markus ebenso wie bei der Zurückhaltung des Lukas gegenüber φέρειν um persönliche Stileigentümlichkeiten des zweiten und dritten Evangelisten handelt.

[3] Mk 1,32 φέρω / Lk 4,40 ἄγω. — Mk 9,2 ἀναφέρω / Lk 9,28 ἀναβαίνω. — Mk 9,17 φέρω / Lk 9,38 om. — Mk 9,19 φέρω/Lk 9,41 προσάγω. — Mk 9,20 φέρω / Lk 9,42 προσέρχομαι. — Mk 11,2 φέρω / Lk 19,30 ἄγω. — Mk 11,7 φέρω / Lk 19,35 ἄγω. — vgl. Mk 15,1 ἀποφέρω / Lk 23,1 ἄγω. — vgl. Mk 15,22 φέρω / Lk 23,33 ἔρχομαι. — Mk 10,13 προσφέρω (παιδία) wurde von Lukas nicht beanstandet, weil er, wie das Objekt τὰ βρέφη Lk 18,15 zeigt, προσφέρω nicht im Sinn von „herzuführen", sondern im Sinn von „herzutragen" verstand.

Trad καὶ εἶπεν: in unmittelbarer Aufeinanderfolge am Satzbeginn ist nicht lukanisch → 1,18 Trad. — τίς ἐξ ὑμῶν ἕξει φίλον ... (V. 7) κἀκεῖνος: Wir haben den Fall vor uns, daß ein durch τίς (ἐξ ὑμῶν) eingeleiteter Fragesatz einen konditionalen Vordersatz vertritt. Diese einen Konditionalsatz ersetzenden τίς-Fragen folgen einem dreiteiligen Schema: 1. Fragenominalsatz mit τίς + 2. Relativ- bzw. Partizipialsatz (an unserer Stelle Aussagesatz ἕξει ...) + 3. Nachsatz (κἀκεῖνος ...)[4]. Diese Konstruktion begegnet bei Lukas nur im Nicht-Markusstoff (11,5—7.11f.; 12,25.42f.; 14,5.28.31; 15,4.8; 17,7—9). Sie gibt sich durch mehrere Mt-Parallelen als vorlukanisch zu erkennen (Lk 11,11f. par. Mt 7,9f.; Lk 12,25 par. Mt 6,27; Lk 12,42f. par. Mt 24,45f.; Lk 14,5 par. Mt 12,11). Im Gleichnis vom nächtlichen Lärm an der Tür (Lk 11,5—8) ist nicht-lukanisch an der Struktur außerdem die formale Parataxe bei logischer Hypotaxe (→ 1,58 Trad): „Wenn einer von euch einen Freund hat, der um Mitternacht zu ihm kommt ... wird jener dann von innen rufen ...?" — ἕξει: ἔχειν gehört zur traditionellen Gleichniseinleitung → 7,41 Trad. Unsere Stelle gibt sich auch dadurch als vorlukanisch zu erkennen, daß Lukas gnomisches Futur in rhetorischen Fragen (ἕξει ... πορεύσεται) nicht von sich aus schreibt (→ 6,39 Trad). — τρεῖς ἄρτους: Voranstellung der Kardinalzahl ist nicht lukanisch → 3,11 Trad.

11,6 Red ἐπειδή: → 7,1 Red S. 151. — παρεγένετο ... πρός με: → 7,4 Red.

11,7f. Red εἰς τὴν κοίτην: Der Ersatz von ἐν durch lokales εἰς ist lukanisch → 1,44 Red S. 59. — ἀναστάς: → 1,39 Red.

11,8 Red διὰ τὸ εἶναι: Zur Vorliebe des Lukas für den präpositionalen substantivierten Infinitiv → 1,8f. Red S. 28f. sub B 2; zu διὰ τό mit Inf. → 2,4 Red; zu διὰ τὸ εἶναι (NT nur: Lk 3/Apg 2) → ebd. — ἐγερθείς: Während Lukas das Partizip ἀναστάς auf Schritt und Tritt zur Belebung der Erzählung gebraucht (LkEv 18/Apg 19), ist unsere Stelle der einzige Beleg im Doppelwerk für das Partizip ἐγερθείς. Dennoch wird es lukanische Formulierung sein. Er hatte ἀναστάς soeben in V. 7 und V. 8 gebraucht und befolgt nun die für ihn charakteristische Regel der „Avoidance of Repetition"[5].

---

[4] Beyer, 287—93. Zum Beginn des Nachsatzes bei κἀκεῖνος vgl. J. Jeremias, Gleichnisse[8] 158.
[5] Cadbury, Style 83ff.

Trad λέγω ὑμῖν: Formelhaftes (hier: summierendes) λέγω ὑμῖν/ σοι ist vorlukanisch → 3,8 Trad sub 10. Lk 11,8 ist eine der 12 Stellen im Nicht-Markusstoff, an denen λέγω ὑμῖν/σοι asyndetisch den Satz einleitet → 7,9 Trad; das ist vorlukanisch, da Lukas das Asyndeton meidet → 1,51 Trad. — εἰ καὶ οὐ ... διά γε: so (statt klass. ἐὰν καὶ μή) mit beschränkendem γέ („so doch wenigstens") im NT nur im Nicht-Markusstoff des LkEv an zwei analog aufgebauten Stellen: 11,8 und 18,4f., beide in Gleichnissen.

11,9—13 Trad κἀγώ ... αὐτόν: par. Mt 7,7—11. Die zahlreichen Übereinstimmungen im Wortlaut mit Mt weisen auf vorlukanische Überlieferung.

11,9 Trad ὑμῖν λέγω: → 3,8 Trad; zu ὑμῖν mit Voranstellung des Dativobjekts und mit folg. Imp. → 6,27 Trad. — δοθήσεται ... (V. 9f.) ἀνοιγήσεται (par. Mt 7,7f.): Pass. divinum → 4,21 Trad.

11,11 Red Zur stilistischen Verbesserung durch Lukas → 17,31 Trad.

11,11f. Trad τίνα ... ἢ καί: Die Doppelfrage (par. Mt 7,9f.) ist vorlukanisch → 2,49 Trad. Dasselbe gilt von der τίς-Frage als Ersatz für Konditionalsatz → 11,5 Trad. — αἰτήσει ... ἐπιδώσει: par. Mt 7,9f. Zum gnomischen Futur in rhetorischen Fragen → 6,39 Trad.

11,12 Trad ἢ καί: „oder auch" schreibt Lukas nur im Nicht-Markusstoff (Lk 11,12 par. Mt 7,10; Lk 12,41; 18,11), nicht in Apg.

11,13 Red ὑπάρχοντες: Zu ὑπάρχειν als lukanisches Vorzugswort (Lk 15/Apg 25) und als Ersatz für εἶναι (Lk 7/Apg 16) → 7,25 Red S. 163.

Trad οἴδατε: οἶδα mit Inf. = „verstehen", „können" (Lk 11,13 par. Mt 7,11; 12,56a.b[𝔓75 ℵBΘMarcion]) bei Lukas nur im Nicht-Markusstoff. — πόσῳ μᾶλλον: πόσῳ μᾶλλον (Lk 11,13 par. Mt 7,11; Lk 12,24.28) ebenfalls bei Lukas nur im Nicht-Markusstoff, dagegen im Markusstoff πολλῷ μᾶλλον (Lk 18,39 = Mk 10,48).

11,14 Red ἦν ἐκβάλλων: Zu εἶναι mit Part.praes. (Coniug.periphr.) im Perikopenanfang → 1,20 Red S. 42f. — ἐγένετο δὲ τοῦ δαιμονίου ἐξελθόντος ... ἐλάλησεν: Die dreiteilige Konstruktion des periphrastischen ἐγένετο a) ἐγένετο + καί oder δέ am Satzanfang + b) Zeitbestimmung + c) Verbum finitum (mit und ohne Vorangehen von καί) ist ganz überwiegend lukanisch (Mt 6, Mk 2, Lk 33/Apg 1 → 1,8f. Red S. 25 sub A). Die an unserer Stelle vorliegende a) Einleitung mit ἐγένετο δέ findet sich im NT nur in Lk/Apg, b) die Zeitbestimmung in Form eines Gen.abs. Mt 9,10; Lk 9,37; 11,14; 20,1 und c) der Anschlußsatz ohne καί Mt 5, Mk 2, Lk 22mal → 1,8f. Red sub A mit Anm. 48—58. Diese in allen drei Gliedern gräzisierte Form findet sich im NT außer an unserer Stelle nur noch Lk 9,37.

Trad καί: als Perikopenanfang → 2,21 Trad. — ἐκβάλλων δαιμόνιον: Dämonologisches ἐκβάλλω schätzt Lukas nicht. Er schreibt es in der Regel nur da, wo die Überlieferung es ihm anbot (Lk 9,40. 49 vgl. Mk 9,18.38; Lk 11,14f.18—20 vgl. Mt 9,33f.; 12,24.26—28), aber selbst da übergeht er es wiederholt (Mk 1,34.39; 3,15; 6,13); in der Apg verwendet er das Verb nie als dämonologischen Terminus. So wird der Ausdruck auch Lk 13,32 auf die Tradition zurückzuführen sein. — οἱ ὄχλοι: (par. Mt 12,23) → 3,7 Red.

11,15 Trad Βεελζεβούλ[6]: Lukas meidet Fremdwörter → 10,18 Trad. — ἐκβάλλει τὰ δαιμόνια: → 11,14 Trad.

11,16 Red ἕτεροι: ἕτερος ist lk Vorzugswort, das der dritte Evangelist gern in Aufzählungen verwendet → 3,18 Red.

Trad πειράζοντες σημεῖον ἐξ οὐρανοῦ ἐζήτουν: Die Verbindung von „Versuchung" und „Zeichen vom Himmel" stammt, wie Mk 8,11 par. Mt 16,1 zeigt, aus der Überlieferung. Auf diese weist auch die Umschreibung des Gottesnamens mit οὐρανός, die nicht lukanisch ist → 6,23 Trad, sowie die Präposition ἐξ in Lk 11,16 (so auch Mt 16,1), weil Lukas selbst in seiner Bearbeitung von Mk 13,8 ἀπ' οὐρανοῦ σημεῖα (Lk 21,11, so auch Mk 8,11) schreibt. Bei Lukas ist also ἐξ οὐρανοῦ (Lk 11,16) Tradition, ἀπ' οὐρανοῦ (21,11) Redaktion.

---

[6] So zu lesen mit 𝔓45.75CDΘpl.

11,17 Red αὐτὸς δέ: Zum „christologischen" αὐτὸς δέ → 4,30 Red S. 128. — διαμερισθεῖσα (V. 17) ... διεμερίσθη (V. 18): In den Logien über die Spaltung der Königreiche, Häuser und Familien gebrauchen Mk und Mt das Simplex (Mk 3,24—26; Mt 12,25[bis].26), Lukas dagegen das Verbkompositum mit δια- (Lk 11,17f.; 12,52f.). Da in solchen Fällen die verstärkte Form die jüngere ist und da Lukas Verstärkungen mit δια- liebt (→ 1,65 Red S. 70f.), wird die Vorsatzpräposition δια- redaktionell sein[7].

Trad ἐφ' ἑαυτὴν διαμερισθεῖσα: Das Passiv „sich verfeinden" (im NT in dieser Bedeutung nur Lk 11,17f.; 12,52f.) wird 11,17f. zweimal mit ἐπί c.acc., dagegen 12,52.53a 4mal mit ἐπί c.dat. und 12,53b wieder 4mal mit ἐπί c.acc. konstruiert; der abrupte Wechsel der Konstruktion in 12,53 (der sich daraus erklärt, daß V. 53b das ἐπί c.acc. aus LXX Mi 7,6 aufnimmt) entspricht schwerlich lukanischer Diktion[8]. Lukanisch ist dagegen die Verstärkung von μερίζω durch das Präfix δια- (→ 11,17 Red).

11,18f. Trad εἰ δέ ... εἰ δέ ...: Zur Doppelfrage → 2,49 Trad.

11,18 Red δὲ καί: Lukas bevorzugt die Partikelverbindung δὲ καί → 2,4 Red S. 78f. — διεμερίσθη: → V. 17 Red.

Trad σατανᾶς: → 10,18 Trad. — διεμερίσθη: → V. 17 Trad. — σταθήσεται: Gnomisches Futur in rhetorischen Fragen → 6,39 Trad. — Βεελζεβούλ[9]: → 11,15 Trad. — ἐκβάλλειν με τὰ δαιμόνια: → 11,14 Trad.

11,19//20 Trad Antithet. Parallelismus → 1,52f. Trad.

11,19 Trad Βεελζεβούλ[9]: → 11,15 Trad. — ἐκβάλλω τὰ δαιμόνια: → 11,14 Trad. — διὰ τοῦτο: als kausale Übergangswendung findet sich im LkEv nur im Mt-Lk-Logiengut: Lk 11,19 (= Mt 12,27); 11,49 (= Mt 23,34); 12,22 (= Mt 6,25) und 14,20, in

---

[7] Dagegen ist das Medium von διαμερίζω „unter sich verteilen" als LXX-Zitat vorlukanisch → 23,34 Trad.
[8] ἐφ' ἑαυτήν hat bei Lukas nur in Lk 23,28 ἐφ' ἑαυτὰς κλαίετε eine Entsprechung.
[9] → 11,15 Trad Anm. 6.

der Apg nur 2,26 im Zitat von Ψ 15[16],9. Daher wird διὰ τοῦτο auch Lk 14,20 vorlukanisch sein. — ὑμῶν κριταί: So ist mit 𝔓⁷⁵BD diff. Mt 12,27 zu lesen. Lukas selbst stellt die Pronomina μου, σου, ἡμῶν, ὑμῶν dem Bezugswort nach (→ 6,29 Trad). Er bietet im Evangelium 44, in der Apg 24mal *nach*gestelltes ὑμῶν und nur 4 (Ev) + 2 (Apg) *Voran*stellungen. Unsere Stelle ist der erste Beleg für vorangestelltes ὑμῶν; es folgen 12,30.35; 22,53. Dieser Sprachgebrauch ist also ausgesprochen unlukanisch.

11,20 Trad ἐν δακτύλῳ θεοῦ: Die artikellose Genitivverbindung ist vorlukanisch (→ 1,5.35 Trad), was an unserer Stelle durch par. Mt 12,28 (ἐν πνεύματι θεοῦ) bestätigt wird. — ἐκβάλλω τὰ δαιμόνια: → 11,14 Trad. — ἔφθασεν ἐφ' ὑμᾶς: φθάνειν, von der Basileia gesagt, findet sich im NT nur in diesem Logion; die Mt-Parallele (12,28) erweist das Verbum als vorlukanisch. Das gilt auch von ἐφ' ὑμᾶς: (par. Mt 12,28) → 10,9 Trad.

11,21f. Trad ὅταν ... ἐπὰν δέ: ἐπάν ist ein seltenes Wort. Vollends ungewöhnlich ist die Gegenüberstellung ὅταν/ἐπὰν δέ, die sich im NT nur zweimal im Nicht-Markusstoff des LkEv findet: 11,21f.34. — Antithetischer Parallelismus → 1,52f. Trad.

11,21 Trad τὴν ἑαυτοῦ αὐλήν: Zum „geschwächten Reflexivpronomen" (anstelle des Possessivpronomens) → 2,3 Trad. — τὰ ὑπάρχοντα αὐτοῦ: Während Lukas selbst im Ev und in Apg τὰ ὑπάρχοντα mit Dat.d.Pers. verbindet (→ 8,3 Red), wird das substantivierte Partizip im Nicht-Markusstoff mit Gen.d.Pers. konstruiert (Lk 11,21; 12,33.44; 14,33; 16,1; 19,8). Spricht schon diese Verteilung der Belege dafür, daß der Dativ die Redaktion, der Genitiv die Tradition kennzeichnet, so kommt noch bestätigend hinzu, daß τὰ ὑπάρχοντά τινος in Lk 12,44 sich durch die Mt-Parallele (24,47) als vorlukanisch zu erkennen gibt.

11,22 Red ἐπελθών: ist lk Vorzugswort → 1,35 Red. — διαδίδωσιν: findet sich abgesehen von Joh 6,11 im NT nur im Doppelwerk (Lk 11,22; 18,22/Apg 4,35). Die Umwandlung von δός Mk 10,21 in διάδος Lk 18,22, der Beleg in der Apg und die Vorliebe des Lukas für Verbkomposita mit δια- (→ 1,65 Red S. 70f.) erweisen übereinstimmend διαδίδωμι als redaktionell.

11,23—26 Trad ὁ μὴ ὤν ... τῶν πρώτων: Man erinnere sich, daß wörtliche Übereinstimmung zwischen Matthäus und Lukas, die auf vorlukanische Überlieferung weist, in der Regel nicht eigens aufgeführt wird.

11,23 Trad ὁ μὴ ὤν ... καὶ ὁ μὴ συνάγων: Das Asyndeton ist nicht lukanisch (→ 1,51 Trad) und wird im vorliegenden Fall durch par. Mt 12,30 als vorlukanisch bestätigt. Gleiches gilt vom verneinten substantivierten Partizip mit Artikel (zweimal) → 3,11 Trad.

11,24 Red ὑποστρέψω εἰς τὸν οἶκόν μου: ὑποστρέφω ist profiliertes lukanisches Vorzugswort; daher hat par. Mt 12,44 εἰς τὸν οἶκόν μου ἐπιστρέψω als die ältere Fassung zu gelten.

Trad ὅταν: Asyndeton → 1,51 Trad S. 60f. (par. Mt 12,43 ist es beseitigt). — ἀκάθαρτον πνεῦμα: ist eine von Markus bevorzugte Kombination (11mal), die Lukas in dem von ihm übernommenen Markusstoff neunmal vorfand: fünfmal behielt er sie bei (Lk 4,33[10]. 36; 6,18; 8,29; 9,42), einmal übernahm er sie von der Logienüberlieferung (Lk 11,24 = Mt 12,43), und viermal ersetzte er sie durch δαιμόνιον (Lk 4,35; 8,27.33; 9,1). Da Lukas die Wendung im Ev nie von sich aus schreibt, sind die beiden Belege in der Apg (5,16; 8,7) als Echo einer breiten Tradition (Mt 2, Mk 11, Lk 5/Apg 2, Offb 1) zu bewerten. — ἐξῆλθη ἀπὸ τοῦ ἀνθρώπου: ἐξέρχομαι (von Dämonen gesagt) wird im lukanischen Doppelwerk mit ἀπό konstruiert (Lk 9/Apg 1). Dieses ἀπό ist redaktionell mit alleiniger Ausnahme unserer Stelle → 8,2 Red.

11,25f. Trad καὶ ... εὑρίσκει ... τότε πορεύεται: Grammatische Parataxe bei logischer Hypotaxe („und wenn er es findet ...") → 1,58 Trad.

11,25 Trad ἐλθόν: Abundantes ἐρχόμενος/ἐλθών ist nicht lukanisch → 5,7 Trad S. 133. An unserer Stelle weist die Parallele Mt 12,44 bestätigend auf vorlukanische Überlieferung.

11,26 Red πνεύματα ... ἑπτά: Die Nachstellung der Kardinalzahl ist lukanisch (→ 3,11 Trad S. 107). Die Parallele Mt 12,45, die sie voranstellt, vertritt die vorlukanische Überlieferung.

---

[10] Hier mit leichter Umbildung: πνεῦμα δαιμονίου ἀκαθάρτου.

Trad τὰ ἔσχατα: (par. Mt 12,45) → 14,9 Trad.

11,27 Red ἐγένετο δέ ...: Periphrastisches ἐγένετο ist überwiegend lukanisch → 1,8f. Red S. 25 sub A. Die an unserer Stelle vorliegende Kombination a) ἐγένετο δέ + b) ἐν τῷ mit acc.c.inf. (→ 1,8f. Red S. 28 sub B 2a) + c) asyndetisch angefügter Anschlußsatz findet sich im NT nur noch Lk 1,8; 2,6; 18,35 (diff. Mk 10,46). — ἐπάρασά τις φωνὴν γυνή: Zum adjektivischen τις → 1,5 Red S. xxx. — (ἐπ)αίρω (τὴν) φωνήν (λέγων) findet sich im NT nur im lk Doppelwerk: Lk 11,27; 17,13/Apg 2,14; 4,24; 14,11; 22,22. Übertragener Gebrauch von ἐπαίρω in der Bedeutung „aufheben, erheben" findet sich bei Lukas noch: 6,20; 16,23; 18,13; 21,28 (Zusatz zu Mk 13,27); 24,50.

11,27f. Trad μακαρία ... μακάριοι: Makarismen ohne Kopula → 1,5. 45 Trad. — Antithetischer Parallelismus → 1,52f. Trad.

11,28 Red αὐτὸς δέ: Zum „christologischen" αὐτὸς δέ → 4,30 Red S. 128. — τὸν λόγον τοῦ θεοῦ: lk Vorzugswendung → 5,1 Red S. 129. — φυλάσσοντες: Auch φυλάσσω schreibt Lukas gern (Mt 1, Mk 1, Lk 6/Apg 8, Joh 3, Pls 8, sNT 4); insbesondere die übertragene Bedeutung („einhalten", „befolgen") ist für seine Diktion kennzeichnend (Lk 11,28; 18,21 vgl. par. Mk 10,20; Apg 7,53; 16,4; 21,24[11]). Darüber hinaus ist festzustellen, daß die ganze Partizipialwendung unserer Stelle mit nur geringen Abweichungen in Lk 8,21 wiederkehrt:

Lk 11,28 οἱ ἀκούοντες τὸν λ. τ. θ.   καὶ φυλάσσοντες
Lk 8,21 οἱ   τὸν λ. τ. θ. ἀκούοντες καὶ ποιοῦντες

Die Wendung ist in 8,21 (wie der Vergleich mit Mk 3,35 lehrt) redaktionell, ergo auch in 11,28.

11,29 Red τῶν δὲ ὄχλων: Lukas hat eine Vorliebe für den Plural ὄχλοι → 3,7 Red.

Trad ἤρξατο: Abundantes ἄρχομαι ist nicht lukanisch → 3,8 Trad. — Antithetischer Stufenparallelismus nach dem Schema: a//b b//c →

---

[11] Sonst im NT nur Mt 19,20 (par. Mk 10,20); Joh 12,47; Röm 2,26; Gal 6,13; 1Tim 5,21.

10,16 Trad. — καὶ σημεῖον οὐ δοθήσεται (par. Mt 12,39): hat Mk 8,12 als Entsprechung: ἀμὴν λέγω ὑμῖν εἰ δοθήσεται ... σημεῖον. Wir haben → 4,24 Trad S. 125f. gesehen, daß die Tendenz, ἀμὴν λέγω ὑμῖν zu meiden, für den Nicht-Markusstoff des LkEv kennzeichnend ist. — Zum Pass. divinum (δοθήσεται par. Mt 12,39) → 4,21 Trad.

11,30 Trad καθώς ... οὕτως: → 6,31 Trad S. 144. — ἐγένετο: γίνεσθαι umschreibt im Nicht-Markusstoff des LkEv wiederholt das Handeln Gottes → 1,38 Trad.

11,31f. Red ἀνδρῶν ... ἄνδρες: ist ausgesprochenes Vorzugswort des Lukas (116mal im Doppelwerk ohne die Bedeutung „Ehemann" → 5,8 Red S. 134). Der Vergleich mit par. Mt 12,41f. ergibt, daß ἄνδρες in Lk 11,32 aus der Tradition stammt, in V. 31 dagegen von Lukas zugesetzt worden ist.

11,31 Trad βασίλισσα νότου: Asyndeton und Artikellosigkeit beider Nomina der Genitivverbindung (auch par. Mt 12,42) sind Kennzeichen der vorlukanischen Überlieferung → 1,51 Trad; → 1,5 Trad. — ἐν τῇ κρίσει: (par. Mt 12,42) → 10,14 Trad. — καὶ ἰδοὺ πλεῖον Σολομῶνος ὧδε: Die Ellipse nach καὶ ἰδού auch par. Mt 12,42; der Subjektwechsel ist nicht lukanisch → 1,36 Red; ὧδε wird durch par. Mt 12,42 als vorlukanisch erwiesen (→ 4,23 Trad S. 125), ebenso πλεῖον.

11,32 Trad ἄνδρες ...: Zu Asyndeton, ἐν τῇ κρίσει, Ellipse nach καὶ ἰδού, ὧδε, πλεῖον → 11,31 Trad. — ἄνδρες: ἀνήρ ist zwar lk Vorzugswort (→ 5,8 Red), es wird aber an unserer Stelle durch die Mt-Parallele (12,41) als vorlukanisch erwiesen.

11,33 Red ἅψας: ἅπτω in der Bedeutung „anzünden" findet sich im NT nur im lk Doppelwerk: Lk 8,16 (diff. Mk 4,21); 11,33; 15,8; Apg 28,2; die lukanische Markusbearbeitung weist ebenso wie die Apg darauf hin, daß wir es mit Redaktion zu tun haben. Die vorlukanische Tradition benutzt andere Verben: καίω Lk 12,35; πῦρ βάλλω 12,49; ἀνάπτω ebd.; περιάπτω 22,55. Typisch für die lukanische Redaktion ist außerdem, daß Lukas von zwei koordinierten finiten Verben (Mt 5,15: καίουσιν ... καὶ τιθέασιν) das erste durch ein Partizip (Lk 11,33 ἅψας ... τίθησιν) ersetzt → 4,5 Red

S. 116. — οἱ εἰσπορευόμενοι: Das substantivierte pluralische Partizip οἱ εἰσπορευόμενοι begegnet im NT nur im Doppelwerk: Lk 8,16; 11,33/Apg 3,2; 28,30. In Lk 8,16 hat zudem Lukas οἱ εἰσπορευόμενοι zum Markustext (4,21) hinzugefügt.

Trad οὐδείς ...: Asyndeton → 1,51 Trad.

11,34 Trad ὅταν ... ἐπὰν δέ: → 11,21f. Trad. Antithetischer Parallelismus → 1,52f. Trad.

11,36 Red μέρος τι: Adjektivisches τις kennzeichnet den lk Stil → 1,5 Red.

Trad εἰ οὖν ...: Das Fehlen der Kopula (hier: in sprichwortartiger Sentenz) entspricht nicht lukanischem Stil → 1,5 Trad Anm. 25.

11,37 Red ἐν δὲ τῷ λαλῆσαι: Der Infinitiv mit Artikel wird im NT besonders häufig von Paulus (107mal) und Lk/Apg (121mal) verwendet → 1,8f. Red S. 27 sub B. Kennzeichnend für Lukas ist, daß er gelegentlich den Infinitiv des Aorists zur Bezeichnung der Vorzeitigkeit schreibt → 2,27 Red S. 94f. — ἐρωτᾷ ... ὅπως: ἐρωτάω ὅπως (Lk 7,3; 11,37; Apg 23,20) ist lukanisch → 2,26 Red; → 5,3 Red.

Trad Lk 11,37 ist analog zu 7,36 strukturiert:

11,37: ἐρωτᾷ   αὐτὸν   Φαρ. ὅπως ἀριστήσῃ παρ' αὐτῷ·
7,36: ἠρώτα δέ τις αὐτὸν τῶν Φαρ. ἵνα   φάγῃ   μετ' αὐτοῦ·
11,37: εἰσελθὼν δὲ   ἀνέπεσεν
7,36: καὶ εἰσελθὼν   εἰς τὸν οἶκον τοῦ Φαρ. κατεκλίθη

Beim Vergleich der beiden Texte fällt auf: 1. Das praesens historicum (ἐρωτᾷ 11,37) überrascht deshalb, weil Lukas es im Mk-Stoff mit erstaunlicher Energie ausgemerzt hat: von 93 praesentia historica, die Markus ihm anbot, tilgte er 92. Wir können daher mit Sicherheit behaupten, daß das Präsens ἐρωτᾷ nicht aus seiner Feder, sondern aus seiner Vorlage stammt (→ 7,40 Trad). 2. Auffällig ist ferner das Nebeneinander von ὅπως (Lk 11,37) und ἵνα (7,36) nach ἐρωτάω; wie wir → 1,43 Trad sahen, ist das nicht-finale ἵνα nicht lukanisch, Lukas konstruiert vielmehr ἐρωτάω in der Bedeutung „bitten" meist mit dem Infinitiv, vereinzelt mit ὅπως (→ 5,3 Red). 3. ἀνέπεσεν konkurriert mit κατεκλίθη. Von den Verben des Zu-Tische-Liegens sind die ἀνα-Komposita traditionell, die κατα-Komposita redaktionell (→ 7,36 Red). ἀναπίπτω ist also vorlukanisch. Es kommt bei Lukas nur 4mal vor, alle Stellen finden sich im Nicht-Markusstoff: 11,37; 14,10; 17,7; 22,14. — ἀριστήσῃ: Das Verbum ἀριστάω (Lk 11,37) und das Substantiv ἄριστον (Lk 11,38; 14,12) kommen bei Lukas nur im Nicht-Markusstoff des Ev vor. Das Fehlen der beiden Wörter im lukanischen Markusstoff und in der Apg einerseits sowie die Feststellung, daß wir bei Lukas schon mehrere Termini für das Mahlzeit-Halten fanden, andererseits (→ 7,36 Red) machen es wahrscheinlich, daß ἀριστάω und ἄριστον vorlukanisch sind.

11,38 Trad ἐθαύμασεν ὅτι: Intransitives θαυμάζειν („sich verwundern") wird von Lukas entweder absolut oder mit folgendem ἐπί c.dat. gebraucht → 2,18 Trad. Nur je einmal konstruiert Lukas intransitives θαυμάζω mit περί c.gen. (2,18) und mit ὅτι-Satz (11,38). Die beiden Stellen entsprechen also nicht lukanischer Diktion. — πρὸ τοῦ ἀρίστου ist ebenfalls nichtlukanisch → 11,37 Trad.

11,39 Red εἶπεν δὲ ... πρός c.acc.: → 1,13 Red.

Trad ὁ κύριος: → 7,13 Trad. — Antithetischer Parallelismus → 1,52f. Trad.

11,40 Trad ἄφρονες: ἄφρων kommt in den Evangelien nur zweimal vor (Lk 11,40; 12,20), beide Stellen Anrede, beide ohne ὦ, beide im Nicht-Markusstoff. Anders Lk 24,25: ὦ ἀνόητοι.

11,41 Trad πλήν: πλήν, als adversative Konjunktion gebraucht (15mal im LkEv), ist kennzeichnend für die lukanische Vorlage → 6,24 Trad. — δότε ἐλεημοσύνην: δίδωμι ἐλεημοσύνην im NT nur zweimal, beide Stellen Imperative und beide aus der lukanischen Vorlage übernommen (Lk 11,41; 12,33). Denn Lukas selbst sagt ἐλεημοσύνας (Plural) ποιεῖν (Apg 9,36; 10,2; 24,17; anders Matthäus ποιεῖν ἐλεημοσύνην Mt 6,2.3 [Sing.]).

11,42 Red καὶ πᾶν λάχανον: → 3,19 Red.

Trad ἀλλά: vor selbständigem Satz thematisch den Übergang zu Neuem markierend ist vorlukanisch → 1,60 Trad. — οὐαί: → 6,24

Trad. — ἀποδεκατοῦτε/παρέρχεσθε: Antithetischer Parallelismus ist nicht lukanisch → 1,52f. Trad. — παρέρχεσθε: In der Bedeutung „übertreten" (ein Gebot), „mißachten" findet sich παρέρχομαι im NT nur im Nicht-Markusstoff (Lk 11,42; 15,29); gleiches gilt für abundantes παρελθών (12,37; 17,7) → 5,7 Trad. — κρίσιν: → 10,14 Trad. — ἀγάπην: Zur Wortgruppe ἀγαπ... → 6,27 Trad.

11,43 Trad οὐαί: → 6,24 Trad S. 140. — ἀγαπᾶτε: → 6,27 Trad.

11,44 Red τὰ μνημεῖα: Neben μνημεῖον (9mal) findet sich im LkEv das sinnverwandte μνῆμα (2mal: Lk 8,27; 23,53). Die beiden Termini alternieren im LkEv in folgender Weise: 8,27 μνῆμα; 11,44.47 μνημεῖον; 23,53 μνῆμα; 23,55; 24,1($\mathfrak{P}^{75}$ℵC).2.9.12.22.24 μνημεῖον. Dieser von der Sache her unmotivierte Wechsel wird verständlich, wenn man beachtet, daß die beiden lukanischen μνῆμα-Stellen aus der Markusüberlieferung stammen (Lk 8,27 vgl. Mk 5,3: ἐν τοῖς μνήμασιν; Lk 23,53 vgl. Mk 15,46: ἐν μνήματι). Lukas selbst bevorzugt μνημεῖον, wie folgende Beobachtungen zeigen: Lk 24,1 bezeichnet Lukas das Grab Jesu als μνημεῖον gegen Mk 16,2 (μνῆμα [ℵCWΘ]); Lk 23,55 und 24,2 fügt er μνημεῖον zur Markusüberlieferung (15,47 und 16,4 [aber vgl. 16,3]) hinzu; auch in der Apg nennt er das Grab Jesu μνημεῖον (13,29)[12]. Der Umstand, daß Lukas, wo er selbst formuliert, μνημεῖον bevorzugt, schließt nicht aus, daß er den Terminus gelegentlich vorfand und übernahm; so stammt μνημεῖον Lk 11,47 par. Mt 23,29 aus der Logienüberlieferung, Lk 24,9 aus der Markusüberlieferung (Mk 16,8).

Trad οὐαί: → 6,24 Trad. — καί: Zum καί relativum → 1,5 Trad S. 20.

11,45 Trad ἀποκριθεὶς ... λέγει: nicht lukanisch → 1,19 Trad.

11,46 Trad φορτίζετε/οὐ προσψαύετε: Antithetischer Parallelismus → 1,52f. Trad. — φορτίζετε ... φορτία: Die Figura etymologica schätzt Lukas nicht (→ 1,73 Trad S. 74f.). Auch φορτίζειν ist schwerlich lukanisch, da Lukas in der Apg ἐπιτίθεσθαι βάρος sagt (15,28).

---

[12] Die Gräber Davids und der Erzväter nennt Lukas μνῆμα (Apg 2,29; 7,16).

— ἑνὶ τῶν δακτύλων ὑμῶν: Indefinites εἷς, μία, ἕν (= τις) ist ein aramaisierender Sprachgebrauch (= ḥadh), den Lukas nicht liebt. Denn in den zahlreichen Fällen, in denen er ihn bei Markus vorfand, hat er ihn konsequent ausgemerzt. Teils ersetzt er εἷς, μία, ἕν des Markus durch τις (Lk 9,8.19; 18,18; 21,2 diff. Mk 6,15; 8,28; 10,17; 12,42; vgl. auch Lk 10,25 diff. Mk 12,28; Lk 22,56 diff. Mk 14,66), teils durch τινές (Lk 21,5 diff. Mk 13,1), teils durch ἀνήρ (Lk 8,41; 9,38 diff. Mk 5,22; 9,17), teils durch τοῦτο (Lk 9,48 diff. Mk 9,37); 1mal läßt Lukas das indefinite ἕνα des Markus ganz fort (Lk 20,3 diff. Mk 11,29). Dieser Ablehnung entspricht es, daß ein indefinites εἷς ... in der Apg nur 2mal vorkommt (11,28; 23,17). Wenn Lukas trotzdem indefinites εἷς, μία, ἕν im Ev einige Male von sich aus schreibt, so geschieht es doch in strenger Beschränkung auf redaktionelle Orts- und Zeitangaben mit ἐν μιᾷ τῶν ... (Lk 5,12.17; 8,22; 13,10; 20,1). Was schließlich die Belege für indefinites εἷς ... im Nicht-Markusstoff des LkEv anlangt, so sind sie angesichts der Abneigung des Evangelisten (außer der Perikopeneinleitung 13,10) sämtlich seiner Vorlage zuzuweisen (11,46; 12,27 par. Mt 6,29; Lk 15,15.19.26; 16,17 par. Mt 5,18).

11,47 Trad οὐαί: → 6,24 Trad. — οἰκοδομεῖτε/ἀπέκτειναν: Antithetischer Parallelismus ist nicht lukanisch → 1,52f. Trad. — τὰ μνημεῖα: ist zwar lukanisches Vorzugswort → 11,44 Red, stammt aber an unserer Stelle nach Ausweis der Mt-Parallele (23,29) aus der Logienüberlieferung.

11,48 Trad ἀπέκτειναν/οἰκοδομεῖτε: Antithetischer Parallelismus → V. 47.

11,49 Red ἡ σοφία τοῦ θεοῦ: τοῦ θεοῦ ist an unserer Stelle ein für damaliges semitisches Sprachgefühl überflüssiger Genitiv[13], da bereits ἡ σοφία eine Umschreibung des Gottesnamens ist. Analoge Pleonasmen finden sich im LkEv noch an einer weiteren Reihe von Belegen: Lk 9,20 (ὁ χριστὸς τοῦ θεοῦ diff. Mk 8,29 ohne τοῦ θεοῦ); Lk 12,8 (ἔμπροσθεν τῶν ἀγγέλων τοῦ θεοῦ diff. Mt 10,32); Lk 12,9; 15,10 (ἐνώπιον τῶν ἀγγέλων τοῦ θεοῦ diff. Mt 10,33); Lk 22,69 (ἡ δύναμις τοῦ θεοῦ diff. Mk 14,62); Lk 23,35 (ὁ χριστὸς τοῦ θεοῦ diff. Mk 15,32). Der erste Beleg (Lk 9,20) gibt am klarsten Auskunft

---

[13] G. Dalman, Die Worte Jesu, 1898 = ²1930, 224.249.

über die Traditionsgeschichte: hier ist das verdeutlichende τοῦ θεοῦ ein Zusatz zur Markusvorlage Mk 8,29, es geht also auf Lukas selbst zurück, und das dürfte auch für alle übrigen Belege gelten. Auf jeden Fall sind die Pleonasmen eher einem heidenchristlichen Redaktor als einem judenchristlichen Autor zuzuschreiben. — ἀποστελῶ εἰς αὐτούς: (ἐξ)ἀποστέλλω εἰς mit Bezug auf Personen[14] findet sich im NT außer Mt 15,24 nur im Doppelwerk (Lk 11,49/Apg 22,21; 26,17). — ἀποστόλους: ἀπόστολος ist lk Vorzugswort: Lk 6/Apg 28 (zum Vergleich: Mt 1, Mk 2, Joh 1). Lukas, der nach 6,13 unter ἀπόστολοι die Zwölf verstand, hat die Vokabel von Markus an beiden Stellen, an denen dieser sie schreibt (Mk 3,14 mit אBΘ; 6,30), übernommen (Lk 6,13; 9,10). An unserer Stelle hat Lukas die par. Mt (23,34) wohl ohne tiefere Absicht formulierte Trias der Gottesboten (προφήτας καὶ σοφοὺς καὶ γραμματεῖς) durch das Wortpaar προφήτας–ἀποστόλους ersetzt und auf diese Weise eine Gegenüberstellung der Boten des alten und des neuen Bundes erzielt. Das ist offensichtlich Überarbeitung. Ist das richtig, dann ist die bei Lukas entstandene Figura etymologica ἀποστελῶ/ἀποστόλους unbeabsichtigt.

Trad διὰ τοῦτο: → 11,19 Trad. — ἡ σοφία τοῦ θεοῦ: ἡ σοφία ist Umschreibung des Gottesnamens ebenso wie Lk 7,35, wo die verhüllende Gottesbezeichnung durch par. Mt 11,19 als vorlukanisch erwiesen wird. (Zu dem pleonastischen Zusatz von τοῦ θεοῦ → 11,49 Red).

11,50 Red πάντων τῶν προφητῶν: im NT außer Mt 11,13 (wo aber καὶ ὁ νόμος folgt) nur im lk Doppelwerk (Lk 11,50; 13,28; 24,27/ Apg 3,18.24; 10,43). Lukas liebt die rhetorische Verstärkung mit πᾶς (→ 1,10 Red sub 3).

Trad ἵνα: Das ἵνα ist schwerlich Formulierung des Lukas, weil er dem nicht-finalen ἵνα zurückhaltend gegenübersteht → 1,43 Trad. — ἐκζητηθῇ: Pass. divinum → 4,21 Trad. — κόσμου: Lukas schreibt κόσμος (im Unterschied namentlich zu Paulus und Johannes) nur ganz selten (Mt 8, Mk 2, Lk 3/Apg 1, Joh 76, Pls 47, sNT 45) und nur in vorgeprägten Wendungen: Lk 11,50 (ἀπὸ καταβολῆς κόσμου);

---

[14] LXX 16 Belege (ἀποστέλλω εἰς 9, ἐξαποστέλλω εἰς 7).

Apg 17,24 (ὁ ποιήσας τὸν κόσμον); Lk 12,30 (τὰ ἔθνη τοῦ κόσμου = 'ummot ha'olam, rabbinisch überaus geläufig); 9,25 (κερδαίνειν τὸν κόσμον = Mk 8,36). Sein Vorzugswort, das er Lk 4,5 an die Stelle von κόσμος (Mt 4,8) setzt, ist οἰκουμένη (→ 2,1 Red).

11,51 Red τοῦ ἀπολομένου: par. Mt 23,35 ὃν ἐφονεύσατε: Lukas ersetzt gern einen Relativsatz durch Partizip → 4,5 Red.

Trad αἵματος Ἄβελ/Ζαχαρίου: Artikellose Genitivverbindungen übernahm Lukas aus der Überlieferung (→ 1,5 Trad); das wird für unsere Stelle durch par. Mt 23,35 bestätigt. — ναί: ναί dient an allen vier Stellen, an denen es im LkEv vorkommt, nicht als Antwort auf die Frage eines anderen, sondern zur Verstärkung der vorangegangenen eigenen Aussage, Mahnung bzw. Frage (so im übrigen NT nur noch Mt 2, Pls 3)[15]. Die beiden Mt-Parallelen Mt 11,9 par. Lk 7,26; Mt 11,26 par. Lk 10,21 beweisen, daß dieser Sprachgebrauch vorlukanisch ist. Der Vergleich von Lk 11,51 ναί λέγω ὑμῖν mit par. Mt 23,36 ἀμὴν λέγω ὑμῖν zeigt, daß hier dem selbst-responsorischen ναί ein ἀμήν zugrunde liegt. Wir hatten schon → 4,24 Trad die Tendenz der lukanischen Vorlage beobachtet, ἀμήν zu meiden. — ναὶ λέγω ὑμῖν: hat an unserer Stelle summierenden Charakter → 3,8 Trad sub 9.10. — ἐκζητηθήσεται: Pass. divinum → 4,21 Trad.

11,52 Trad οὐαί: → 6,24 Trad. — τοῖς νομικοῖς: → 7,30 Trad.

11,53 Red κἀκεῖθεν: καὶ ἐκεῖθεν kommt im NT nur dreimal vor (Mk 10,1; Lk 9,4; Offb 22,2), κἀκεῖθεν dagegen zehnmal (Mk 9,30; Lk 11,53; achtmal in Apg). Die Übersicht zeigt, daß Lukas die Wendung bei weitem am häufigsten gebraucht (zehn- von dreizehnmal) und daß er in der Regel mit Krasis schreibt[16].

Trad ἤρξαντο: abundantes ἄρχομαι → 3,8 Trad.

11,54 Red ἐνεδρεύοντες: kommt im NT nur in den beiden Teilen des Doppelwerkes vor (Lk 11,54/Apg 23,21).

---

[15] Mt 11,9.26; Lk 7,26; 10,21; 11,51; 12,5; Röm 3,29; Phil 4,3; Phlm 20.
[16] Die Ausnahme Lk 9,4 könnte zu Lasten des Schreibers gehen. Oder wollte Lukas das Nebeneinander ἐκεῖ/ἐκεῖθεν seiner Vorlage Mk 6,10 erhalten?

12,1 Red καταπατεῖν: καὶ κατεπατήθη wird Lk 8,5 zu Mk 4,4 hinzugefügt; da unsere Stelle ein Perikopenanfang mit Situationsangabe ist und Lukas diese freier gestaltete als die Logien Jesu, dürfte καταπατεῖν auch Lk 12,1 redaktionell sein. — Zum Motiv des Zulaufs zu Jesus → 5,1f. Red. — λέγειν πρός c.acc.: → 1,13 Red S. 33. — προσέχετε ἑαυτοῖς: προσέχω ist ein Verb, das Lukas gern schreibt (Mt 6, Lk 4/Apg 6, Past 6, sNT 3); Lk 20,46 ersetzt er den bei Mk (12,38) vorgefundenen Imperativ βλέπετε (ἀπὸ τῶν γραμματέων) durch προσέχετε (ἀπὸ τῶν γρ.). Das eigentlich für ihn Charakteristische beim Gebrauch von προσέχειν ist jedoch die Verbindung des pluralischen Imperativs mit dem Dativ des Reflexivpronomens. Sie kommt im NT ausschließlich im lk Doppelwerk vor (Lk 12,1; 17,3; 21,34/Apg 5,35; 20,28). Lukas hat 17,3 dem Text ein προσέχετε ἑαυτοῖς hinzugefügt, das par. Mt 18,15 fehlt, und er hat an unserer Stelle das προσέχετε, das nach Mt 16,6 mit der Warnung vor dem pharisäischen Sauerteig verbunden war, in ein προσέχετε ἑαυτοῖς verwandelt. — ἥτις: Zu ὅστις als Ersatz für das Relativpronomen → 1,20 Red.

Trad ἤρξατο: → 3,8 Trad.

12,2 Red συγκεκαλυμμένον: Die Parallele Mt 10,26 hat das Simplex κεκαλυμμένον. Da Lukas eine Vorliebe für Verbkomposita mit συν- hat (→ 2,19 Red S. 86f.), wird das Simplex traditionell, das Kompositum συγκαλύπτω redaktionell sein. Die an unserer Stelle vorgegebene Konstuktion εἰμί + Part.perf. wird von Lukas bevorzugt → 1,7 Red S. 24.

Trad συγκεκαλυμμένον ... ἀποκαλυφθήσεται ... γνωσθήσεται (par. Mt 10,26): pass. divinum → 4,21 Trad. — ἀποκαλυφθήσεται: → 2,35 Trad.

12,3 Red ἀνθ' ὧν: = ἀντὶ τούτων ὅτι (Attractio relativi) „deshalb" → 1,20 Red.

Trad πρὸς τὸ οὖς: Sowohl im Ev wie in Apg schreibt Lukas εἰς τὰ ὦτα (→ 1,44 Red). Die im NT singuläre Wendung wird daher nicht lukanisch sein.

12,4 Red μετὰ ταῦτα: fehlt par. Mt 10,28. Da Matthäus die Wendung nicht schreibt, Lukas dagegen sie gern benutzt und sowohl in den Markusstoff wie in ein LXX-Zitat einfügt (→ 10,1 Red S. 183), ist sie auch an unserer Stelle als lukanischer Zusatz zu beurteilen. — ἐχόντων ... ποιῆσαι: → 7,40 Red S. 169. — περισσότερόν τι: Zu adjektivischem τις → 1,5 Red.

Trad λέγω δὲ ὑμῖν: mit anschließendem Imperativ → 6,27 Trad.

12,5 Red ὑποδείξω δὲ ὑμῖν: → 6,47 Red S. 149. Lukas fügt gerne kurze Interjektionen nach Diatribenweise in den Text: ὑποδείξω δὲ ὑμῖν (Lk 12,5 diff. Mt 10,28); θέσθε ὑμεῖς εἰς τὰ ὦτα ὑμῶν (Lk 9,44); θέτε οὖν ἐν ταῖς καρδίαις ὑμῶν (21,14); τοῦτο ὑμῖν γνωστὸν ἔστω καὶ ἐνωτίσασθε τὰ ῥήματά μου (Apg 2,14); ἀκούσατε τοὺς λόγους τούτους (2,22); ἀκούσατε (7,2; 15,13). Bei den Belegen in Lk 9,44; 21,14 handelt es sich um Zusätze zum Markusstoff. — μετὰ τὸ ἀποκτεῖναι: Lukas schreibt gern den präpositionalen substantivierten Infinitiv; speziell zu μετὰ τό c.inf. → 1,8f. Red S. 29 sub B 2d. — τοῦτον: Emphatisches τοῦτον/ταύτην ist kennzeichnend für das Doppelwerk: Mt 1, Lk 8/Apg 10, Pls 4, Joh 7, Hebr. 1[1]. Daß wir es mit Redaktion zu tun haben, zeigen drei Einfügungen in den Markusstoff (Lk 9,26 diff. Mk 8,38; Lk 20,12 diff. Mk 12,5; Lk 20,13 diff. Mk 12,6) und die 10 Belege in der Apg, mit denen Hawkins noch die Genitive τούτου Apg 13,23.38 vergleicht[2].

Trad φοβηθῆτε/φοβήθητε: Zum Stufenparallelismus → 10,16 Trad. — εἰς τὴν γέενναν: par. Mt 10,28, also vorlukanisch. Für nichtlukanische Diktion spricht auch das aramäische γέεννα, da Lukas Fremdwörter meidet (→ 10,18 Trad). — ναί: Zum selbst-responsorischen ναί als Ersatz für ἀμήν → 11,51 Trad. — λέγω ὑμῖν: mit anschließendem Imperativ → 6,27 Trad; zum summierenden Charakter von λέγω ὑμῖν an unserer Stelle → 3,8 Trad sub 9. 10.

12,6 Red ἔστιν ἐπιλελησμένον: Die Konstruktion εἰμί + Part.perf. wird von Lukas bevorzugt → 1,7 Red S. 24. — ἐνώπιον τοῦ

---

[1] Hawkins 48f. nennt als Belege im LkEv: Lk 9,26; 12,5; 13,16; 19,14; 20,12. 13; 23,2.18.
[2] S. 49.

θεοῦ: Lukas schreibt 12,6 ἐνώπιον, V. 8 zweimal ἔμπροσθεν, V. 9 zweimal ἐνώπιον (par. Mt 10,29 ἄνευ, 10,32f. viermal ἔμπροσθεν). Da Lukas ἔμπροσθεν nicht schätzt (→ 7,27 Trad S. 164), dagegen ἐνώπιον mit Vorliebe schreibt (→ 1,17 Red S. 38), ist das dreifache ἐνώπιον (12,6.9a.b diff. Mt) als lukanisch anzusehen. Dafür spricht auch die Apg, in der sich das zu dem ἐπιλελησμένον ἐνώπιον τοῦ θεοῦ (Lk 12,6, unsere Stelle) gegensätzliche μνησθῆναι ἐνώπιον τ. θ. (10,31) findet.

Trad πέντε στρουθία: Voranstellung der Kardinalzahl (auch par. Mt 10,29 δύο στρουθία) ist im allgemeinen nicht lukanisch. Die unmittelbar folgende Nachstellung der Kardinalzahl ἀσσαρίων δύο könnte aus Freude an der Variation gewählt sein, dürfte aber doch eher lukanische Korrektur sein → 7,41 Red. — ἀσσαρίων: Die Vokabel ἀσσάριον wird durch die Parallele Mt 10,29 als vorlukanisch kenntlich; auf vorlukanische Überlieferung weist auch das Fremdwort, da Lukas selbst im Evangelium Fremdwörter meidet (→ 10,18 Trad).

12,7 Trad ἀλλὰ καί: → 1,60 Trad. — καὶ αἱ τρίχες τῆς κεφαλῆς ὑμῶν πᾶσαι ἠρίθμηνται: Die vorlukanische Logienüberlieferung tradierte ein Trostwort, daß die Haare der Jünger gezählt seien (Lk 12,7 αἱ τρίχες ... ἠρίθμηνται par. Mt 10,30 αἱ τρίχες ... ἠριθμημέναι εἰσίν). Lukas selbst sprach davon, daß kein Haar zugrundegehen werde (Lk 21,18 θρίξ ... οὐ μὴ ἀπόληται par. Apg 27,34 οὐδενὸς ... θρίξ ... ἀπολεῖται). — Zum Passivum divin. → 4,21 Trad. — διαφέρετε: διαφέρω wird von Lukas selbst transitiv gebraucht (Apg 13,49; 27,27), von seiner Vorlage intransitiv und mit Genitiv (Lk 12,7 par. Mt 10,31; Lk 12,24 par. Mt 6,26).

12,8 Red τῶν ἀγγέλων τοῦ θεοῦ: τοῦ θεοῦ ist Verdeutlichung für hellenistische Leser → 11,49 Red.

12,8f. Trad λέγω δὲ ὑμῖν: → 3,8 Trad. — Antithetischer Parallelismus (V. 8//V. 9) ist nicht lukanisch → 1,52f. Trad. — πᾶς ὃς ἂν ὁμολογήσῃ ... καὶ ὁ υἱός ...: Semitisierendes Anakoluth nach πᾶς ὅς (§ 466,3) findet sich im lk Doppelwerk nur im Nicht-Markusstoff des Ev: Lk 6,47; 12,8.10.48. Der Vergleich von Lk 12,8 mit der Parallele Mt 10,32 sowie von Lk 12,10 mit Mt 12,32 (hier ohne πᾶς) zeigt, daß dieser Sprachgebrauch vorlukanisch ist. — ἔμπροσθεν(bis): als uneigentliche Präposition („vor") gebraucht schreibt Lukas nicht gern → 7,27 Trad; par. Mt 10,32bis zeigt, daß Lukas das ἔμπροσθεν in der Überlieferung vorfand. — τῶν ἀγγέλων: οἱ ἄγγελοι als Umschreibung für Gott im NT nur im Nicht-Markusstoff des LkEv: Lk 12,8.9; 15,10. Zum Zusatz von τοῦ θεοῦ → 12,8 Red.

12,9 Red ὁ δὲ ἀρνησάμενός με: Lukas hat eine Vorliebe für das Partizipium → 4,5 Red S. 116; älter ist der Relativsatz in der Parallele Mt 10,33: ὅστις δ' ἂν ἀρνήσηταί με. — ἐνώπιονbis: → 12,6 Red. — τοῦ θεοῦ: → 12,8 Red.

12,10 Red τῷ δὲ ... βλασφημήσαντι: par. Mt 12,32 ὃς δ' ἂν εἴπῃ κατὰ .... Lukas schreibt mit Vorliebe das Partizip → 4,5 Red S. 116. Was das Partizip von βλασφημέω anlangt, so findet es sich im NT außer 1Petr 4,4; 2Petr 2,10.12 nur im lk Doppelwerk: Lk 12,10; 22,65/Apg 13,45; 18,6; 19,37; vgl. 6,11 (λαλοῦντος ῥήματα βλάσφημα).

Trad πᾶς ὃς ἐρεῖ λόγον ... ἀφεθήσεται αὐτῷ: Semitisierendes Anakoluth nach πᾶς ὅς → 12,8f. Trad. — εἰς ... εἰς: Mt 12,32 hat stattdessen κατὰ ... κατά: Übersetzungsvarianten, vgl. Black 194f. Also vorlukanisch. — ἀφεθήσεται ... ἀφεθήσεται (par. Mt 12,32): Zum Pass. divinum → 4,21 Trad; zum antithetischen Parallelismus → 1,52f. Trad.

12,11 Red ἀπολογήσησθε: Das Verbum ist gewähltes Griechisch. Im NT kommt es nur Lk 2/Apg 6, Pls 2 vor. Beim Vergleich unserer Stelle mit par. Mt 10,19 gibt sich das Verbum als Überschuß zu erkennen: dem πῶς ἢ τί λαλήσητε Mt 10,19 entspricht Lk 12,11 πῶς ἢ τί ἀπολογήσησθε ἢ τί εἴπητε. Die Einfügung der Vokabel in den Markustext Lk 21,14 (diff. Mk 13,11) bestätigt, daß ἀπολογέομαι aus der Feder des Lukas stammt.

Trad εἰσφέρωσιν: (εἰσ)φέρω = „führen" (von Menschen und Tieren) ist ein von Lukas im Markusstoff konsequent gemiedener Sprachgebrauch → 11,4 Trad.

12,12 Red ἐν αὐτῇ τῇ ὥρᾳ: Zum temporalen ἐν → 1,5 Trad S. 15f., zu αὐτὸς ὁ, αὐτὴ ἡ mit Substantiv der Zeit → 2,38 Red.

12,13 Red εἶπεν δέ: → 1,13 Red.

12,14 Trad ὁ δὲ εἶπεν αὐτῷ: ist nicht lukanischer Sprachgebrauch → 7,43 Trad. — ἄνθρωπε: Dieser Vokativ wird von Lukas in seiner Markusbearbeitung als freundliche Anrede gebraucht (Lk 5,20 diff. Mk 2,5 τέκνον); im Nicht-Markusstoff des LkEv hat ἄνθρωπε dagegen, ebenso wie sonst im NT (Röm 2,1.3; 9,20; Jak 2,20), stets barschen Klang, zumal angesichts des Fehlens von ὤ (Lk 12,14; 22, 58.60). Deutlich treten auf diese Weise Redaktion und Tradition auseinander. — τίς με κατέστησεν κριτὴν ἢ μεριστὴν ἐφ' ὑμᾶς: Da Lukas selbst Ex 2,14 genau nach LXX zitiert (Apg 7,27. 35), wird die von ihr abweichende Fassung im Evangelium (Lk 12, 14), welche statt ἄρχοντα καὶ δικαστήν: κριτὴν ἢ μεριστήν und statt ἐπί c.gen.: ἐπί c.acc. bietet, vorlukanisch sein.

12,15 Red εἶπεν δὲ πρός c.acc.: → 1,13 Red S. 33. — ἐν τῷ c.inf.: → 1,8f. Red S. 28 sub B 2a. — ἐκ τῶν ὑπαρχόντων αὐτῷ: Das substantivierte Partizip von ὑπάρχω mit Dativ der Person (im NT nur: Lk 8,3; 12,15/Apg 4,32) ist lukanisch → 8,3 Red.

12,16 Red εἶπεν δέ: → 1,13 Red sub 1. — εἶπεν δὲ παραβολήν: → 4,23 Red S. 124. — πρός c.acc.: → 1,13 Red sub 2. — λέγων: εἶπεν/ἔλεγεν παραβολήν + pleonastisches λέγων ist ein von Lukas gern gebrauchter Biblizismus (→ 1,63 Red S. 67), der sich wiederholt in lukanischen Gleichniseinleitungen findet (12,16; 14,7; 15,3; 18,1f.). — τινός: Zum adjektivischen τις → 1,5 Red.

12,17f. Red καὶ διελογίζετο ... ποιήσω:

Lk 5,21   καὶ ἤρξαντο διαλογίζεσθαι ... λέγοντες
            τίς ἐστιν οὗτος ...

7,49   καὶ ἤρξαντο ... λέγειν ἐν ἑαυτοῖς
            τίς οὗτός ἐστιν ...

12,17f.   καὶ διελογίζετο ἐν ἑαυτῷ λέγων
            τί ποιήσω ὅτι ... ποιήσω

16,3f.   εἶπεν δὲ ἐν ἑαυτῷ ...
            τί ποιήσω ὅτι ... ποιήσω

20,13   εἶπεν δὲ ...
            τί ποιήσω;

Daß an allen fünf Stellen dieselbe Hand die Feder führt, ist evident. Insbesondere τί ποιήσω als Frage im deliberativen Selbstgespräch begegnet im NT nur im LkEv (12,17; 16,3f.; 20,13), und zwar 20,13 als Zusatz zu Mk 12,6, an den beiden restlichen Stellen (12,17; 16,3f.) in zwei gleichgebauten Sätzen, ist also lukanisch. Zu διαλογίζομαι + pleonastisches λέγων → 1,63 Red.

12,18 Trad μου τὰς ἀποθήκας: Voranstellung des enklitischen Pronomens ist nicht lukanisch → 6,29 Trad.

12,19 Trad ἀναπαύου, φάγε ...: Asyndetisch aufgereihte Imperative werden von Lukas in dem von ihm übernommenen Markusstoff konsequent (7mal) ausgemerzt (→ 6,27f. Trad). — εὐφραίνου: Passivisches εὐφραίνομαι von den Freuden des Mahles findet sich im NT nur im Nicht-Markusstoff des LkEv, und zwar an 6 Stellen: Lk 12,19; 15,23f.29.32; 16,19.

12,20 Red εἶπεν δέ: → 1,13 Red.

Trad ἄφρων: → 11,40 Trad. — ἀπαιτοῦσιν: Zur Umschreibung des Gottesnamens durch die 3.Pers.pl. im Nicht-Markusstoff des LkEv → 6,38 Trad. Das Verbum ἀπαιτέω kommt im NT nur im Nicht-Markusstoff des LkEv vor (6,30; 12,20).

12,21 Trad οὕτως: Absolut (d.h. ohne Korrespondenz zu καθάπερ etc.) gebrauchtes οὕτως, nach Bildern und Gleichnissen die Nutzanwendung bringend[3], findet sich im Doppelwerk 1mal von Markus übernommen (Lk 21,31 par. Mk 13,29) sowie 6mal im Nicht-Markusstoff (12,21; 14,33; 15,7.10; 17,10; 22,26). Lukas schreibt offenbar dieses absolute οὕτως nicht von sich aus. Daß es vorlukanisch ist, bezeugt für Lk 15,7 die Parallele Mt 18,14, für Lk 22,26 die Parallele Mk 10,43. — ὁ θησαυρίζων: Zum Fehlen der Kopula in Sentenzen → 1,5 Trad mit Anm. 25. — εἰς θεόν: Artikelloses θεός ist nicht lukanisch → 1,35 Trad.

12,22 Red εἶπεν δὲ πρός c.acc.: → 1,13 Red sub 1 und 2.

---

[3] Bauer[5] 1185 sub 1b.

12,22ff. Trad Es wird daran erinnert, daß Übereinstimmungen zwischen Mt und Lk im allgemeinen nicht eigens als traditionell aufgeführt werden.

12,23 Trad ἐνδύματος: Lukas übernimmt die Vokabel aus der Überlieferung, wie par. Mt 6,25 zeigt. Er selbst bevorzugt ἐσθής: Lk 23,11; 24,4; Apg 10,30; 12,21.

12,24.27 Red κατανοήσατε: findet sich in den Geschichtsbüchern des NT außer einmal im Logiengut (Mt 7,3 par. Lk 6,41) nur im lk Doppelwerk (Lk 3/Apg 4). Neben den vier Belegen in der Apg bestätigt die lk Markusbearbeitung (Lukas ersetzt εἰδώς Mk 12,15 durch κατανοήσας Lk 20,23), daß Lukas das Verbum gern schreibt.

12,24 Trad κόρακας: κόραξ findet sich im NT nur hier; par. Mt 6,26 bietet dafür τὰ πετεινὰ (τοῦ οὐρανοῦ). Diese Wendung gebraucht Lukas sonst stets im Evangelium (Lk 8,5 par.; 9,58 par.; 12,24; 13,19 par.cit.). Schon wegen seiner Einprägsamkeit wird an unserer Stelle das Bild von den Rabenjungen, die zu Gott um Futter schreien (Ps 147,9; Hiob 38,41) und die er versorgt, obwohl sie unreine (Lev 11, 15; Dtn 14,14) wertlose Tiere sind, die ältere Fassung darstellen. — καὶ ὁ θεός: Grammatische Parataxe für logische Hypotaxe ist nicht lukanisch → 1,58 Trad. — διαφέρετε: → 12,7 Trad.

12,25 Trad τίς ἐξ ὑμῶν: ist traditionell (→ 22,23 Trad), ebenso der Gebrauch von mit τίς ἐξ ὑμῶν eingeleiteten Fragesätzen als Ersatz für Konditionalsätze (→ 11,5 Trad). — προσθεῖναι: ist lukanisches Vorzugswort (→ 3,20 Red), jedoch an unserer Stelle traditionell, wie sowohl die Mt-Parallele 6,27 als auch der doppelte Akkusativ (→ 3,20 Red) zeigen.

12,26 Trad ἐλάχιστον: (τὸ) ἐλάχιστον (substantiviertes Neutrum) im NT außer 1Kor 4,3 nur 4mal im Nicht-Markusstoff des LkEv 12,26; 16,10 (zweimal); 19,17.

12,27 Trad αὐξάνει[4]: → 1,80 Red. — ἓν τούτων: Indefinites εἷς, μία, ἕν ist nicht lukanisch → 11,46 Trad.

---

[4] So zu lesen mit 𝔓 45.75 B ℵ.

12,28 Trad ἐν ἀγρῷ: Artikelloses ἐν ἀγρῷ ist eine formelhafte präpositionale Wendung (§ 255), die im NT ausschließlich im Nicht-Markusstoff des LkEv vorkommt (Lk 12,28; 15,25; 17,31) und daher vorlukanisch sein wird.

12,29 Trad μὴ ζητεῖτε ...(31) ζητεῖτε: Antithetische Parallelismen sind nicht lukanisch → 1,52f. Trad.

12,30 Trad τὰ ἔθνη τοῦ κόσμου: Vorgeprägte Wendung → 11,50 Trad. — ὑμῶν δὲ ὁ πατήρ: ist Gottesbezeichnung nur im Nicht-Markusstoff → 2,49 Trad. Zu der ungewöhnlichen Voranstellung des Possessivpronomens → 6,29 Trad.

12,31 Trad πλήν: als adversative Konjunktion gebraucht („jedoch, indessen"), ist kennzeichnend für die Vorlage (→ 6,24 Trad). — προστεθήσεται (par. Mt 6,33): Zum Pass. divinum → 4,21 Trad.

12,32 Trad ὁ πατὴρ ὑμῶν: → 12,30 Trad.

12,33 Red ἐγγίζει: ἐγγίζω (Mk 3, Mt 7, Lk 18/Apg 6, sNT 8) ist lk Vorzugswort → 7,12 Red S. 157. — Auch διαφθείρει (par. Mt 6,19f. ἀφανίζει) wird lukanisch sein, da Lukas der einzige neutest. Autor ist, der das Substantiv διαφθορά gebraucht (Apg 2,27cit.31; 13,34.35 cit. 36f.), und der einzige Evangelist, der das Verbum schreibt (an unserer Stelle).

Trad τὰ ὑπάρχοντα ὑμῶν: τὰ ὑπάρχοντα mit Gen.d.Pers. ist vorlukanisch → 11,21 Trad. — δότε ἐλεημοσύνην: ist vorlukanisch → 11,41 Trad. — ποιήσατε ἑαυτοῖς: im NT nur 2mal, beide Stellen im Nicht-Markusstoff (Lk 12,33; 16,9). — βαλλάντια: im NT nur 4mal, alle Stellen im Nicht-Markusstoff (Lk 10,4; 12,33; 22,35f.) → 10,4 Trad. — ἐν τοῖς οὐρανοῖς: Lk 12,33 ist eine der 6 Stellen, an denen Lukas οἱ οὐρανοί schreibt (Lk 10,20; 12,33; 18,22; 21,26 cit. = Mk 13,25; Apg 2,34; 7,56) gegenüber 53 (29 + 24) Stellen mit dem Singular → 3,21f. Red. Alle 6 Pluralstellen bieten traditionelles Formelgut → 10,20 Trad mit Anm. 14 und 15.

12,33.34 Trad ὅπου: wird im LkEv nur im Anschluß an die Überlieferung gebraucht (9,57; 12,33f.; 17,37; 22,11) → 9,57 Trad; Lukas selbst bevorzugt οὗ (→ 4,16 Red).

12,1—34 Red Dieser Abschnitt weist nur minimale redaktionelle Eingriffe auf. Er zeigt besonders deutlich, wie zurückhaltend mit Eingriffen Lukas bei den Worten Jesu ist.

12,35 Red ἔστωσαν ... περιεζωσμέναι: Zur Konstruktion εἰμί + Part.perf. → 1,7 Red S. 24. — καὶ οἱ λύχνοι καιόμενοι: Zur Konstruktion εἰμί + Part.praes. → 1,20 Red.

Trad ἔστωσαν: Asyndeta werden von Lukas gemieden (→ 1,51 Trad). — ὑμῶν αἱ ὀσφύες: Zu der ungewöhnlichen und unlukanischen Voranstellung des Possessivpronomens → 6,29 Trad. — περιεζωσμέναι: περιζώννυμι kommt in den Geschichtsbüchern des NT nur im Nicht-Markusstoff des LkEv vor (Lk 12,35.37; 17,8), an allen drei Stellen absolut gebraucht[5]; Lukas selbst schreibt das Simplex (Apg 12,8). — καιόμενοι: καίω ist vorlukanisch → 11,33 Red.

12,36 Red εὐθέως: Das vulgäre εὐθύς, das ihm Markus 18mal + 4mal in der Passionsgeschichte anbot, behandelte Lukas als Meidewort, das er in keinem einzigen Falle übernahm, vielmehr an allen 22 Stellen konsequent umging → 6,49 Trad S. 150. Im ganzen Doppelwerk findet sich εὐθύς nur je einmal im Nicht-Markusstoff des Ev (6,49) und in der Apg (10,16). Lukas selbst schreibt stattdessen das etwas veraltete εὐθέως (Lk 6/Apg 9), das er Lk 5,13 (diff. Mk 1,42) und 21,9 (diff. Mk 13,7) auch in den Markustext einführt, noch häufiger παραχρῆμα → 1,64 Red.

Trad ὑμεῖς ὅμοιοι: In den Evangelien wird ὅμοιος stets mit einer Form von εἶναι (meist ἐστίν) verbunden, so Mt 8, Mk 0, Lk 8/Apg 1, Joh 2. Eine Ausnahme macht außer Mt 22,39 nur unsere Stelle, die sich durch die Ellipse als nichtlukanisch zu erkennen gibt. — ἑαυτῶν: Zum „geschwächten Reflexivum" (anstelle des Possessivpronomens) → 2,3 Trad. — ἐκ τῶν γάμων: Nur an zwei Stellen des Nicht-Markusstoffes hat γάμοι im NT, wie im Judengriechischen (LXX Esth 1,5 [Sing.]; 9,22), die Bedeutung „Festmahl" (12,36; 14,8).

---

[5] An den 3 übrigen Stellen im NT (Eph 6,14; Offb 1,13; 15,6) wird περιζώννυμι mit dem Akkusativ des umgürteten Körperteils (Eph 6,14) oder der umgegürteten Sache (Offb 1,13; 15,6) konstruiert.

12,37 Trad μακάριοι: Die ganze Wendung von μακάριοι bis λέγω ὑμῖν ὅτι kehrt bis auf geringfügige Abweichungen Lk 12,43 par. Mt 24,46 wieder und gibt sich dadurch als geprägtes Gut zu erkennen. — μακάριοι: Zum Asyndeton am Satzbeginn → 1,51 Trad, zu μακάριοι ohne εἰσίν → 1,45 Trad (man beachte, daß im folgenden Vers auf μακάριοι ein εἰσίν folgt). — ἐλθών: Abundantes ἐρχόμενος/ἐλθών ist nicht lukanisch → 5,7 Trad. — γρηγοροῦντας: im Doppelwerk nur an unserer Stelle sowie Apg 20,31, ferner als Kompositum διαγρηγορήσαντες Lk 9,32 (Zusatz zu Mk 9,4). Dagegen fehlt das Verbum im Einbrechergleichnis Lk 12,39 (diff. Mt 24,43) und in der Gethsemanegeschichte Lk 22,40—46 (diff. Mk 14,34.37f.). Der Grund für die Zurückhaltung des Lukas ist sein Purismus: γρηγορεῖν wurde von den Attizisten verpönt (vgl. W. Larfeld, Die neutestamentlichen Evangelien, Gütersloh 1925, 203.206). — ἀμὴν λέγω ὑμῖν: ist vorlukanisch → 4,24 Trad; → ferner 3,8 Trad sub 10. — περιζώσεται: → 12,35 Trad. — ἀνακλινεῖ: Die ἀνα-Komposita der Verba des Zu-Tische-Liegens sind vorlukanisch; Lukas selbst bevorzugt die κατα-Komposita (→ 7,36 Red). — παρελθών: Abundantes παρελθών findet sich im NT nur im Nicht-Markusstoff des LkEv (12,37; 17,7), an beiden Stellen bezogen auf die Bedienung bei Tisch, nicht lukanisch → 5,7 Trad S. 133 sub b. — διακονήσει: → 10,40 Trad.

12,39f. Trad ποίᾳ ὥρᾳ ... ᾗ ὥρᾳ: Der temporale Dativ ohne ἐν wird an unserer Stelle durch die Mt-Parallele (24,43f. ποίᾳ φυλακῇ ... ᾗ ὥρᾳ) als vorlukanisch erwiesen. Lukas behält ihn bei, obwohl er das temporale ἐν eben im V. 38 zweimal geschrieben hatte. Zur Attractio relativi → 2,20 Red.

12,41 Red εἶπεν δέ: → 1,13 Red S. 33. — τὴν παραβολὴν ταύτην λέγεις: nur bei Lukas begegnende Wendung → 4,23 Red S. 124. — πρός c.acc.: → 1,13 Red. — Die an unserer Stelle vorliegende Wendung λέγειν πρός πάντας kommt im ganzen NT sonst nur noch Lk 9,23 (redaktionell, diff. Mk 8,34) vor.

Trad κύριε: → 5,8 Trad. — ἢ καί: → 11,12 Trad.

12,42 Red τοῦ διδόναι: Zu τοῦ + Inf. mit finaler Bedeutung (ohne Abhängigkeit von einer Präposition) → 1,8f. Red S. 28 sub B 1h. Durch die Mt-Parallele (24,45) wird die Konstruktion hier als vorlukanisch erwiesen.

12,42—44//45—46 Trad Antithetische Parallelismen sind nicht lukanisch → 1,52f. Trad.

12,42f. Trad τίς ... ἐστὶν ... ὃν καταστήσει ... μακάριος ...: Mit τίς eingeleiteter konditionaler Fragesatz ist ein Semitismus, den Lukas nicht von sich aus schreibt → 11,5 Trad.

12,42 Trad καὶ εἶπεν: → 1,18 Trad. — ὁ κύριος: → 7,13 Trad. — πιστός: wird im NT sowohl aktivisch („vertrauend", „gläubig") als auch passivisch („glaubwürdig", „treu") gebraucht. Bei den 6 Belegen für πιστός im LkEv liegt durchweg die passivische Bedeutung vor; es handelt sich um zwei Gleichnisse mit Mt-Parallele: 12,42 (par. Mt 24,45) und 19,17 (par. Mt 25,21) sowie um die Spruchkette 16,10—12 (4mal). Außerdem findet sich die passivische Bedeutung im Doppelwerk noch Apg 13,34 in einem Zitat aus LXX Jes 55,3 (τὰ ὅσια Δαυὶδ τὰ πιστά „das verläßliche Heil Davids"). Lukas selbst verwendet πιστός, eingebürgertem missionarischem Sprachgebrauch folgend, aktivisch (Apg 10,45; 16,1.15: „christgläubig"). — καταστήσει: Gnomisches Futur in rhetorischen Fragen ist nicht lukanisch → 6,39 Trad. — ἐν καιρῷ: wird durch par. Mt 24,45 als zur Logienüberlieferung gehörig ausgewiesen.

12,43 Trad μακάριος: Das Fehlen der Kopula nach μακάριος ist nicht lukanisch → 1,45 Trad. — ἐλθών: → 5,7 Trad. An unserer Stelle bestätigt par. Mt 24,46 den vorlukanischen Ursprung von ἐλθών.

12,44 Red ἀληθῶς (λέγω ὑμῖν): ἀληθῶς kommt im LkEv dreimal vor: 9,27 als Ersatz für ἀμήν (Mk 9,1); 21,3 ebenfalls als Verdeutlichung von ἀμήν (Mk 12,43); so auch an unserer Stelle, wie par. Mt 24,47 (ἀμὴν λέγω ὑμῖν) zeigt.

Trad (ἀληθῶς) λέγω ὑμῖν: par. Mt 24,47 ἀμὴν λέγω ὑμῖν; → 3,8 Trad sub 1. — πᾶσιν τοῖς ὑπάρχουσιν αὐτοῦ: τὰ ὑπάρχοντα mit Genitiv der Person ist vorlukanisch, was für unsere Stelle durch die Mt-Parallele 24,47 bestätigt wird. Lukas selbst konstruiert τὰ ὑπάρχοντα mit Dat.d.Pers. → 8,3 Red.

12,45 Red τὲ καὶ ... καί: Lukas benutzt die enklitische Partikel τέ ständig (141mal) in der Apg und 8mal im Ev; die an unserer Stelle vorliegende Kombination τὲ καὶ ... καί findet sich im NT nur im Doppelwerk (5), bei Paulus (3) und im Hebr (3) → 2,16 Red S. 85 sub c.

12,45.46.47 Trad Grammatische Parataxe bei logischer Hypotaxe ist nicht lukanisch → 1,58 Trad.

12,45 Trad ἄρξηται τύπτειν: Abundantes ἄρχομαι mit Inf. (so auch par. Mt 24,49) ist nicht lukanisch; das gilt vollends für die Fälle, in denen ἄρχομαι mit Inf. in Bezug auf die Zukunft gesagt wird → 3,8 Trad. Sowohl δέρω (Ev 5/Apg 3) als auch τύπτω (Ev 4/Apg 5) werden von Lukas bevorzugt gebraucht. Auffällig ist der Wechsel beider Vokabeln in Lk 12: V. 45 (τύπτω). 47f. (δέρω). τύπτω wird durch par. Mt 24,49 der Logienüberlieferung zugewiesen, das zweifache δέρω gehört zur lukanischen Sonderüberlieferung.

12,46 Trad ἐν ἡμέρᾳ ᾗ οὐ προσδοκᾷ ... ἐν ὥρᾳ ᾗ οὐ γινώσκει: Beide Wendungen werden durch die Mt-Parallele als vorlukanisch erwiesen. Das temporale ἐν stammt hier also nicht von Lukas. — ἥξει: Lukas verwendet das Verbum nicht in der Apg. Alle 4 Belege im Ev finden sich im Nicht-Markusstoff: 12,46; 13,29; 15,27; 19,43 (13,35 ist ἥξει wahrscheinlich sekundär). Von ihnen geben sich 12,46 und 13,29 durch die Mt-Parallele (24,50; 8,11) als vorlukanisch zu erkennen. Dasselbe gilt für Lk 19,43, wo sich ἥξουσιν ἡμέραι als ein vom lukanischen abweichender Sprachgebrauch erweist (→ 17,22 Red S. 266). All das macht es wahrscheinlich, daß ἥκω für Lukas keine gängige Vokabel war.

12,47//48a Trad ὁ γνούς/ὁ δὲ μὴ γνούς: Zum antithetischen Parallelismus → 1,52f. Trad; das verneinte Partizip mit Artikel ist nicht lukanisch → 3,11 Trad. — παντὶ δὲ ᾧ ἐδόθη πολύ ...: Zum semitisierenden Anakoluth nach πᾶς ὅς → 12,8f. Trad. — ἐδόθη/ζητηθήσεται: Zum Pass. divinum → 4,21 Trad. — παρέθεντο/αἰτήσουσιν: Umschreibung des Gottesnamens durch die 3.Pers.pl. → 6,38 Trad.

12,49 Trad πῦρ ...: Lukas ist kein Freund der Asyndeta → 1,51 Trad.
— ἦλθον βαλεῖν: πῦρ βάλλω ist vorlukanisch → 11,33 Red. Gleiches gilt von ἦλθον + Inf. mit Jesus als Subjekt: diese Wendung entnimmt Lukas 5,32 (mit ἐλήλυθα statt ἦλθον) seiner Markusvorlage (2,17), und 12,51 (mit παρεγενόμην statt ἦλθον) wird sie durch die Parallele Mt 10,34 als vorlukanisch kenntlich; als vorlukanisch sind dann auch Lk 12,49 und 19,10 einzustufen. — θέλω εἰ: nur hier im NT. Da θέλω im NT überaus häufig gebraucht wird (207 Belege), ist der Schluß legitim, daß θέλω εἰ nicht lukanische Diktion ist. — ἀνήφθη: → 11,33 Red.

12,50 Red ἔχω βαπτισθῆναι: → 7,40 Red.

Trad βάπτισμα ... βαπτισθῆναι: Die Figura etymologica schätzt Lukas nicht besonders → 1,73 Trad S. 74f. — ἕως ὅτου: mit Konj. Aor. ist eine erstarrte präpositionale Wendung, die im NT nur im Nicht-Markusstoff des LkEv vorkommt: 12,50; 13,8; 22,16. Lukas selbst bevorzugt ἕως οὗ → 12,59 Trad. — συνέχομαι: Bei Lukas regiert das von ihm bevorzugte συνέχομαι den Dativ oder Akkusativ (→ 19,43 Red S. 282). Die einzige Stelle im NT, an der das Verbum absolut gebraucht wird, findet sich im Nicht-Markusstoff des LkEv (12,50). Sie dürfte schwerlich lukanisch sein.

12,51 Red παρεγενόμην: ist ein von Lukas gern gebrauchtes Verbum → 7,4 Red S. 152; er scheint es an unserer Stelle als Ersatz für ἦλθον mit Inf. (so par. Mt 10,34) gewählt zu haben, weil er diese Wendung, die er soeben in V. 49 gebraucht hatte, nicht wiederholen wollte, zumal er sie nicht schätzt. → 15,8 Red mit Anm. 3.

12,51a//b Trad Zum antithetischen Parallelismus → 1,52f. Trad.

12,51 Trad δοκεῖτε ὅτι ...: Das Asyndeton ist Kennzeichen der vorlukanischen Überlieferung → 1,51 Trad; zur Konstruktion mit ὅτι (vorlukanisch) → 10,36 Red. — δοῦναι: Zum Inf. nach ἔρχομαι (hier: παραγίνομαι) mit Jesus als Subjekt → 12,49 Trad. — οὐχί, λέγω ὑμῖν, ἀλλ' ἤ: οὐχί ... ἀλλ' ἤ, energische Verneinung als Antwort („nein ... nichts als"), im NT nur an unserer Stelle, ist vorlukanisch → 1,60 Trad. Vorlukanisch ist auch das parenthetische λέγω ὑμῖν (12,51; 13,3.5.24; 15,10) → 3,8 Trad sub 3.

12,52 Red ἔσονται ... διαμεμερισμένοι: Zur Konstruktion εἰμί + Part.perf. → 1,7 Red S. 24. Zum Verbkompositum δια-μερίζω → 11,17 Red S. 200. — τρεῖς ἐπὶ δυσὶν καὶ δύο ἐπὶ τρισίν: Lukas hat eine Vorliebe für den Chiasmus, wie sofort der nächste Vers bestätigt.

Trad ἐν ἑνὶ οἴκῳ: Die Voranstellung der Kardinalzahl ist nicht lukanisch → 3,11 Trad. — διαμεμερισμένοι: Alle drei Genera verbi von διαμερίζω geben sich als vorlukanisch zu erkennnen. Das Aktiv von διαμερίζω ist Lk 22,17 vorlukanisch, weil es mit εἴς τινα konstruiert wird, während Lukas selbst Apg 2,45 τί τινι (LXX) schreibt. Zum Medium → 23,34 Trad, zum Passiv → 11,17 Trad (dort auch über den unlukanischen abrupten Wechsel der Konstruktion in 12,52f.: erst 4mal ἐπί c.dat., dann 4mal ἐπί c.acc.).

12,53 Red πατὴρ ἐπὶ υἱῷ: Aus dem dreifachen Parallelismus, den Micha 7,6 LXX bot (Sohn/Vater, Tochter/Mutter, Schwiegertocher/Schwiegermutter), macht Lukas drei Chiasmen: Vater-Sohn/Sohn-Vater; Mutter-Tochter/Tochter-Mutter; Schwiegermutter-Schwiegertochter/ Schwiegertochter-Schwiegermutter.

Trad διαμερισθήσονται: → V. 52 Red und Trad.

12,54 Red ἔλεγεν δὲ καί: ἔλεγεν δέ am Satzbeginn ist lukanisch → 1,13 Red S. 33, ebenso stammt von Lukas δὲ καί (→ 2,4 Red S. 78). ἔλεγεν δὲ καί begegnet im NT nur bei Lukas: Lk 5,36 (Zusatz zu Mk 2,21); 12,54; 14,12; 16,1. — τοῖς ὄχλοις: → 3,7 Red S. 104. — εὐθέως: ist lukanisch → 12,36 Red.

12,56 Trad a//b: Der antithetische Parallelismus ist nicht lukanisch → 1,52f. Trad. — ὑποκριταί: → 6,42 Trad. — τοῦ οὐρανοῦ: Der Singular ὁ οὐρανός ist im allgemeinen lukanisch, wird aber an unserer Stelle durch par. Mt 16,3 als vorlukanisch erwiesen. — οἴδατε[bis]: → 11,13 Trad.

12,57 Red δὲ καί: → 2,4 Red S. 78. — κρίνετε: In der Bedeutung „sich entscheiden für, beschließen, sich vornehmen, wollen" (Bauer[5] 892 κρίνω sub 3) kommt κρίνω im NT außer 6mal bei Paulus nur im lk Doppelwerk (Ev 1/Apg 6mal) vor.

12,58 Red ἐργασίαν: ist eine Vokabel, die Lukas mehrfach gebraucht; sie findet sich im NT außer Eph 4,19 nur bei ihm (Lk 12,58/Apg 16,16.19; 19,24f.).

Trad ὡς γὰρ ὑπάγεις: Von den 47 Belegen im Doppelwerk für die Verwendung von ὡς als temporale Konjunktion ist unsere Stelle die einzige, die ein Präsens folgen läßt; ὡς (temp.) + Praes. ist also nicht lukanisch. Dazu stimmt, daß ὑπάγω lukanisches Meidewort ist → 10,3 Trad. — κατασύρῃ: Neutestamentliches Hapaxlegomenon, vermutlich vorlukanisch, da Lukas selbst als Prozeßterminus das Simplex σύρω gebraucht: Apg 8,3 (hier mit παραδίδωμι wie Lk 12,58) und 17,6.

12,59 Red λεπτόν: Par. Mt 5,26 hat κοδράντην. Ist die Nennung der kleinsten Münze (Mk 12,42: ein Quadrans = zwei Lepta) Steigerung? Oder handelt es sich um Meidung des lateinischen Wortes κοδράντης im Zuge der Beseitigung der Fremdwörter (→ 10,18 Trad)?

Trad λέγω σοι: asyndetisch → 3,8 Trad sub 2. Anders und ursprünglicher par. Mt 5,26 ἀμὴν λέγω σοι. λέγω σοι hat an unserer Stelle summierende Funktion → 3,8 Trad sub 10. — οὐ μή → 1,15 Trad. — ἕως: als temporale Konjunktion *ohne ἄν* mit Konj.Aor. findet sich im lk Doppelwerk nur im Nicht-Markusstoff: 12,59; 13,35 (lies mit $\mathfrak{P}^{75}$BLsabo ἕως εἴπητε); 15,4; 17,8; 22,34, nie in Apg. Diese Konstruktion ist kaum lukanisch, denn Lukas selbst schreibt ἕως ἄν mit Konj.Aor.: Lk 21,32 (ἕως ἂν πάντα γένηται diff. Mk 13,30 μέχρις οὗ ταῦτα πάντα γένηται), ferner Lk 9,27 = Mk 9,1; Lk 20,43 cit. Ψ 109[110],1; Apg 2,35 cit. Ψ 109[110],1. Das eigentliche Kennzeichen der lukanischen Verwendung von ἕως als temporale Konjunktion ist jedoch, wie die Belege in der Apg zeigen, ἕως οὗ mit Konj.Aor.: → Lk 15,8 Red; 22,18; 24,49/Apg 23,12.14.21; 25,21[6]. (Die Alternativwendung ἕως ὅτου mit Konj. Aor. dagegen gehört zur Tradition → Lk 12,50 Trad; 13,8; 22,16). — ἔσχατον: par. Mt 5,26 → 14,9 Trad.

---

[6] Hierher gehört auch Apg 21,26, wenn man mit Zahn z.St. προσενεχθῇ konjiziert. Zu ἕως οὗ mit Ind. Aor. Lk 13,21 → 13,21 Trad.

13,1 Red παρῆσαν: Kennzeichnend für den lukanischen Sprachgebrauch von πάρειμι ist die Verwendung des Präsens πάρεισιν im perfektischen Sinn „sie sind gekommen" Apg 17,6; 10,21 sowie des Imperfekts παρῆσαν im Sinne von „sie waren gekommen", „sie kamen" Lk 13,1/Apg 12,20[1]. — ἐν αὐτῷ τῷ καιρῷ: Die Wendung enthält zwei Lukanismen: 1. Lukas bevorzugt das temporale ἐν → 1,5 Trad S. 15f. 2. αὐτὸς ὁ mit Substantiv der Zeit findet sich im NT nur im lk Doppelwerk → 2,38 Red S. 98. — ἀπαγγέλλοντες: ἀπαγγέλλω wird von Lukas gern gebraucht (Ev 11/Apg 16) → 7,18 Red.

13,2 Trad καὶ ἀποκριθεὶς εἶπεν αὐτοῖς: ist vorlukanisch. Lukas selbst verbindet ἀποκριθείς mit δέ → 1,19 Trad. — δοκεῖτε ὅτι: Zur Konstruktion mit ὅτι (vorlukanisch) → 10,36 Red. — ἁμαρτωλοί: → 5,8 Trad. — παρά: Das Hebräische und Aramäische besitzt keine Adjektivformen für den Komparativ und muß sich daher mit Umschreibungen (meist mit *min*) helfen. Das wirkt sich insofern auf das Judengriechische aus, als dieses ebenfalls Steigerungsformen mit Hilfe von Präpositionen umschreiben kann. Die an unserer Stelle vorliegende Umschreibung des Komparativs mit παρά c.acc. begegnet im NT nur im Nicht-Markusstoff des LkEv: 13,2.4; 18,14[2].

13,3 Trad οὐχὶ ... ἀλλά: als Antwort: „nein, keinesfalls" (1,60; 13, 3.5; 16,30) → 1,60 Trad. — λέγω ὑμῖν: Zum parenthetischen λέγω ὑμῖν → 3,8 Trad sub 3.

13,4 Red τοὺς κατοικοῦντας: Lukas hat eine Vorliebe für κατοικέω, die er mit der Offenbarung Johannis teilt (Mt 4, Lk 2/Apg 20, Pls 3, Offb 13, sNT 3). Kennzeichnend für seinen Sprachgebrauch ist der transitive Gebrauch des Verbums, wie er im NT (außer Mt 23,21; Offb 17,2) nur an unserer Stelle und im zweiten Teil des lk Doppelwerkes (8mal) vorliegt[3], sowie die Häufigkeit des Partizips (Lk 1/Apg 14), insbesondere in der als Ersatz für Ἱεροσολυμίτης dienenden Wendung οἱ κατοικοῦντες Ἱερουσαλήμ (Lk 13,4/Apg 1,19; 2,14; 4,16; 13,27). — Ἱερουσαλήμ: Abgesehen von Mt 23,37 par. Lk 13,34

---

[1] Vgl. Bauer[5] 1238.
[2] Zu dem der Konstruktion zugrunde liegenden aram. *min* s. J. Jeremias, Gleichnisse[8] 140f.
[3] Apg 1,19; 2,9.14; 4,16; 9,32.35; 19,10.17.

(je zweimal) ist das dritte Evangelium das einzige, das die feierliche Namensform Ἰερουσαλήμ (27mal) gebraucht → 2,25 Red.

Trad δοκεῖτε ὅτι: → 13,2 Trad. — παρά: → 13,2 Trad.

13,5 Trad οὐχὶ λέγω ὑμῖν ἀλλά: → 13,3 Trad; zum summierenden Charakter → 3,8 Trad sub 10.

13,6 Red ἔλεγεν δὲ ταύτην τὴν παραβολήν: ἔλεγεν δέ (→ 1,13 Red S. 33) und λέγω τὴν παραβολὴν ταύτην (→ 4,23 Red S. 124) sind von Lukas bevorzugte Wendungen.

Trad εἶχεν: ist traditionelle Gleichniseinleitung → 7,41 Trad.

13,7 Red εἶπεν δὲ πρός: εἶπεν δέ → 1,13 Red sub 1; πρός c.acc. → 1,13 Red sub 2.

Trad ἰδοὺ τρία ἔτη ... καὶ οὐχ εὑρίσκω: Zur grammatischen Parataxe bei logischer Hypotaxe („obwohl ...") → 1,58 Trad. — Zum Fehlen einer Form von εἶναι → 1,5 Trad. — ἰδοὺ τρία ἔτη ist ein aramaisierender Nominativ der Zeitdauer, wie er im NT (außer Mk 8,2 par. Mt 15,32) nur im Nicht-Markusstoff des LkEv vorkommt: 13, 7.16 (und wohl auch 15,29). Zu beachten ist die Voranstellung der Kardinalzahl vor das Bezugsnomen. Sie ist, wie wir zu → 3,11 Trad sahen, unlukanisch. Was speziell ἔτος mit Kardinalzahlen anlangt, so schreibt Lukas in der Apg nie mit Voranstellung, wohl aber 9mal mit Nachstellung der Zahl; zweimal ändert er sogar gegen den Bibeltext die Voranstellung der Kardinalzahl vor ἔτος in Nachstellung um (Apg 7,6 diff. LXX Gen 15,13; Apg 7,42 diff. LXX Amos 5,25 → 1,13 Red S. 34f.). Im Lukasevangelium ändert er δώδεκα ἔτη (Mk 5,25) in ἐτῶν δώδεκα (Lk 8,43). Im ganzen finden sich im Doppelwerk bei ἔτος 18 Nachstellungen und nur zwei Voranstellungen: unsere Stelle und die eng verwandte 13,16. Diese beiden Stellen sind also mit Sicherheit vorlukanisch. — ἀφ' οὗ: könnte vorlukanisch sein (Lk 13,7.25; 24,21; sNT Offb 16,18) → 7,45 Red.

13,8 Trad ἀποκριθεὶς λέγει ist nicht lukanisch → 1,19 Trad S. 40; — ἄφες: So schreibt Lukas, wenn er der Überlieferung folgt (Lk

6,42⁴; 9,60⁵; 18,16⁶); formuliert er von sich aus, so bevorzugt er ἐάω → 22,51 Red. — ἕως ὅτου: mit Konj.Aor. ist nicht lukanisch → 12,50 Trad.

13,9 Trad κἄν/εἰ δὲ μή γε: ist nicht lukanisch → 10,6 Trad.

13,10 Red ἦν ... διδάσκων: Die Coniugatio periphrastica ἦν ... διδάσκων findet sich nur bei den Synoptikern: Mt 1, Mk 1, Lk 5. Lukas übernimmt die Wendung einmal von Markus (Lk 4,31 = Mk 1,22) und fügt sie 3mal dem Markusstoff zu (Lk 5,17; 19,47; 21,37 vgl. Mk 12,35). Man wird ihm daher auch die verbleibende fünfte Stelle (Lk 13,10) zuschreiben, zumal es sich um eine Perikopeneinleitung mit lukanisch gefärbtem Kontext handelt. — ἐν μιᾷ τῶν: Die fünf Perikopeneinleitungen des NT mit ἐν μιᾷ τῶν (πόλεων Lk 5,12/ἡμερῶν 5,17; 8,22; 20,1/συναγωγῶν 13,10) sind eine Eigentümlichkeit des Lukasevangeliums. Sie sind trotz des indefiniten μία (→ 11,46 Trad S. 208) redaktionell, da Lukas sie viermal zum Markusstoff hinzufügt (Lk 5,12.17; 8,22; 20,1).

Trad ἐν τοῖς σάββασιν: → 4,16 Trad.

13,11 Red καὶ ἰδοὺ γυνή ... καὶ ἦν: καὶ ἰδού + folgender Nominativ ohne Verbum finitum + mit καί eingeleiteter Anschlußsatz bei gleichem Subjekt ist lukanisch (→ 1,36 Red S. 52). Was speziell das fehlende Verbum finitum nach (καὶ) ἰδού anlangt, so hat sich Lukas an diesem Biblizismus nicht gestoßen (→ 1,5 Trad S. 22 und → 1,36 Red). — γυνὴ πνεῦμα ἔχουσα ἀσθενείας: Der Vergleich dieser Wendung mit Lk 4,33 (ἄνθρωπος ἔχων πνεῦμα δαιμονίου ἀκαθάρτου, redaktionell) und mit 8,27 (ἀνὴρ ... ἔχων δαιμόνια, ebenfalls redaktionell) zeigt, daß sie lukanisch ist. Speziell zu ἀσθένεια → 8,2 Red S. 176. — ἔτη δεκαοκτώ: In der Perikopeneinleitung stellt Lukas seinem eigenen Sprachgebrauch entsprechend (→ 3,11 Trad S. 107) das Zahlwort nach (ἔτη δεκαοκτώ); wenn er auffälligerweise wenige Verse später in derselben Perikope (V. 16) die Voranstellung des Zahlwortes (δέκα καὶ ὀκτὼ ἔτη) passieren läßt, so vermutlich deshalb, weil es sich um ein Logion Jesu handelt — ein typisches Bei-

---

⁴ Vgl. Mt 7,4.
⁵ Vgl. Mt 8,22.
⁶ Vgl. Mk 10,14.

spiel dafür, wie ehrfürchtig Lukas mit den Worten Jesu umgeht. — ἦν συγκύπτουσα καὶ μὴ δυναμένη ἀνακῦψαι: Zur Vorliebe des Doppelwerks für Verbkomposita mit συν- → 2,19 Red S. 86; ἀνακύπτω im NT nur Lk 13,11; 21,28 (hier als Zusatz zu Mk 13,27); zur Coniugatio periphrastica → 1,20 Red S. 43 sub d; zur Aufeinanderfolge von positiver und negativer Aussage → 1,20 Red S. 42.

13,12 Red ἰδὼν δέ: → 2,17 Red S. 86. Der ganz lukanisch gefärbte Kontext berechtigt zur Zuweisung der Partizipialkonstruktion an Lukas. — προσεφώνησεν: προσφωνέω kommt im NT einmal im Logienstoff (Mt 11,16 par. Lk 7,32), sonst nur im Doppelwerk vor: Lk 6,13 (diff. Mk 3,13); 13,12; vgl. 23,20 (diff. Mk 15,12)/Apg 21,40; 22,2, wird also von Lukas gern gebraucht, der auch sonst eine Vorliebe für die Derivate von -φων aufweist (→ 1,42 Red). Das Schwanken der Konstruktion zwischen Dativ und Akkusativ der Person und absolutem Gebrauch geht auf Lukas selbst zurück, wie für den absoluten Gebrauch und den Dativ die Apg (21,40; 22,2), für den Akkusativ die lukanische Markusbearbeitung (Lk 6,13 diff. Mk 3,13) zeigt. — τῆς ἀσθενείας σου: Zu ἀσθένεια → 8,2 Red.

13,13 Red παραχρῆμα: ist lukanisch → 1,64 Red S. 70. — ἐδόξαζεν τὸν θεόν: ist ebenfalls lukanisch (Ev 8/Apg 3) → 2,20 Red.

13,14 Red δεῖ ἐργάζεσθαι: Lukas benutzt δεῖ zur Beschreibung von rituellen Pflichten. So ändert er Mk 14,12 τῇ ... ἡμέρᾳ ... ὅτε τὸ πάσχα ἔθυον in: ᾗ ἔδει θύεσθαι τὸ πάσχα (22,7) und schreibt er δεῖ περιτέμνειν Apg 15,5 sowie δεῖ εἶναί με Lk 2,49. Man hat ihm daher auch das δεῖ unserer Stelle (ἓξ ἡμέραι εἰσὶν ἐν αἷς δεῖ ἐργάζεσθαι) zuzuschreiben.

Trad ἀποκριθεὶς ... ἔλεγεν: nicht lukanisch → 1,19 Trad S. 40. — ἓξ ἡμέραι: Voranstellung der Kardinalzahl ist nicht lukanisch → 3,11 Trad. — ἐρχόμενοι: abundantes ἐρχόμενος/ἐλθών ist nicht lukanisch → 5,7 Trad. Das gilt insbesondere für das Partizip praesens: 13,14; 15,25; 16,21; 18,5. — τῇ ἡμέρᾳ τοῦ σαββάτου: → 4,16 Trad.

13,15f. Trad οὐ λύει ... οὐκ ἔδει λυθῆναι ...: Doppelfragen bildet Lukas nicht von sich aus → 2,49 Trad.

13,15 Trad ὁ κύριος: → 7,13 Trad. — ὑποκριταί: ὑποκριταί (Vokativ) ist vorlukanisch → 6,42 Trad.

13,16 Red ταύτην: Emphatisches Pronomen → 12,5 Red S. 212. — ἔδει: → 13,14 Red.

Trad θυγατέρα Ἀβραάμ: θυγάτηρ im übertragenen Sinn mit artikellosem Eigennamen zur Bezeichnung der Stammesherkunft oder der Zugehörigkeit ist vorlukanisch → 1,5 Trad. — σατανᾶς: → 10,18 Trad. — ἰδοὺ δέκα καὶ ὀκτὼ ἔτη: = Nominativ der Zeitdauer → 13,7 Trad; zur Voranstellung der Kardinalzahl (nicht lukanisch) → 13,7 Trad. Zum Wechsel von nachgestellter (V. 11) zu vorangestellter (V. 16) Kardinalzahl → 13,11 Red. — τῇ ἡμέρᾳ τοῦ σαββάτου: → 4,16 Trad.

13,17 Red πάντες οἱ ἀντικείμενοι αὐτῷ: Das substantivierte Partizip οἱ ἀντικείμενοι mit folgendem Dativ der Person kommt im NT nur noch Lk 21,15 (ἅπαντες οἱ ἀντικείμενοι ὑμῖν) vor. Die Wendung ist redaktionell, da es sich Lk 21,15 um eine Neuformulierung von Mk 13,11 handelt. Die Verstärkung des Partizips durch πᾶς ὁ haben wir bereits als lukanisch kennengelernt (→ 1,10 Red S. 30 sub 2: 51 Belege im Doppelwerk). — πᾶς ὁ ὄχλος → 1,10 Red. — πᾶσιν τοῖς ἐνδόξοις: Lukas liebt rhetorische Verstärkung durch πᾶς → 1,10 Red. — τοῖς γινομένοις: Zum attributiv gebrauchten Partizip von γίνομαι → 2,15 Red S. 85.

13,18 Trad τίνι ... τίνι ...: Doppelfragen bildet Lukas nicht von sich aus → 2,49 Trad. Für unsere Stelle wird diese Feststellung durch die unabhängige Überlieferung einer Doppelfrage in Mk 4,30 bestätigt.

13,19 Red ηὔξησεν: Intransitives Aktiv von αὐξάνειν (Lk 4/Apg 4, sNT 6) ist in der Regel redaktionell → 1,80 Red.

Trad ἑαυτοῦ: Zum „geschwächten Reflexivum" (anstelle des Possessivpronomens) → 2,3 Trad. — τοῦ οὐρανοῦ: Der Singular ὁ οὐρανός ist im allgemeinen lukanisch (→ 3,21f. Red), wird aber an unserer Stelle durch par. Mt 13,32 vgl. Mk 4,32 als vorlukanisch erwiesen.

13,20 Trad πάλιν: ist lukanisches Meidewort (→ 6,43 Trad).

13,21 Trad σάτα: = par. Mt 13,33, semitisches Fremdwort → 10,18 Trad. — ἕως οὗ ἐζυμώθη ὅλον: ἕως οὗ mit Ind.Aor. wird durch Mt 13,33 als vorlukanisch ausgewiesen (→ 12,59 Trad).

13,22 Red διεπορεύετο: διαπορεύομαι findet sich im NT außer Röm 15,24 nur im lk Doppelwerk: Lk 6,1 (diff. Mk 2,23 παραπορεύεσθαι); 13,22; 18,36 (Zusatz zu Mk 10,47)/Apg 16,4. Neben der Statistik erweist die lk Markusbearbeitung (Lk 6,1; 18,36) διαπορεύομαι als lukanisch, ferner die Vorliebe des Lukas für Verbkomposita mit δια- (→ 1,65 Red S. 70) und schließlich das Vorkommen von διαπορεύομαι in der Apg (16,4). — κατὰ πόλεις καὶ κώμας: κατά mit Akkusativ, räumlich-distributiv gebraucht, begegnet im NT (außer Mt 24,7 par. Mk 13,8; Tit 1,5) nur im lukanischen Doppelwerk (Ev 5/Apg 7). Was speziell die zweigliedrige Wendung κατὰ πόλεις καὶ κώμας anlangt, so findet sie sich sonst im NT nur noch singularisch (κατὰ πόλιν καὶ κώμην) in dem Wort für Wort lukanisch geprägten Vers Lk 8,1. — πορείαν ποιούμενος: Das Medium von ποιέω wird in den synoptischen Evangelien nur Lk 5,33 (Zusatz zu Mk 2,18) und an unserer Stelle gebraucht; die Apg bringt fünf Belege, darunter den Buchanfang 1,1. Man wird von einer Vorliebe des Lukas reden dürfen, die er im NT nur mit Paulus (9mal) teilt.

Der ganze Vers **13,22** folgt bis hin zu Wortwahl und Struktur einem Schema, das auch Lk 8,1 und 9,6 (diff. Mk 6,12) vorliegt und das wir → 8,1 Red S. 175 als lukanisch kennengelernt haben.

Trad Ἱεροσόλυμα: ist hellenistische Namensform für die heilige Stadt; Lukas selbst schreibt die feierliche Form Ἱερουσαλήμ → 2,22 Trad.

13,23 Red εἶπεν δέ: ist lukanisch → 1,13 Red S. 33. — εἰ: die seltene Konstruktion: εἰ als Fragepartikel vor direkter Rede (unklassisch, Septuagintismus) begegnet im NT abgesehen von Mt 12,10; 19,3 und Mk 8,23 ausschließlich im Doppelwerk Lk 13,23; 22,49/Apg 1,6; 7,1; 19,2; 21,37; 22,25, wird also von Lukas nicht ungern geschrieben. — ὀλίγοι οἱ σῳζόμενοι: Zum Fehlen einer Form von εἶναι in der Frage → 1,5 Trad Anm. 28. — πρός c.acc.: nach Verbum dicendi → 1,13 Red.

Trad κύριε: als Anrede des irdischen Jesus ist vorlukanischer Sprachgebrauch → 5,8 Trad.

13,24 Red ἀγωνίζεσθε εἰσελθεῖν: ἀγωνίζομαι wird im NT nur Lk 13,24 mit dem Infinitiv konstruiert. Nach der → 2,26 Red S. 94 erwähnten Regel ist der Infinitiv bei den Verben des Sich-Bemühens der Redaktion zuzuschreiben. — οὐκ ἰσχύσουσιν (εἰσελθεῖν): → 6,48 Red.

Trad λέγω ὑμῖν: Zum parenthetisch gebrauchten λέγω ὑμῖν → 3,8 Trad sub 3.

13,24.25.26f. Trad Grammatische Parataxe bei logischer Hypotaxe ist nicht lukanisch → 1,58 Trad. An unserer Stelle (V. 24 sowie V. 26f.) bestätigen die Mt-Parallelen (7,14; 7,22f.), daß es sich um eine für die Tradition kennzeichnende Spracheigentümlichkeit handelt.

13,25 Trad ἀφ' οὗ: Zum elliptischen ἀφ' οὗ (Lk 13,7.25; 24,21) → 7,45 Red. — ἄρξησθε: Abundantes ἄρχεσθαι (Med.) + Inf., insbesondere wie an unserer Stelle mit Bezug auf die Zukunft gesagt, ist nicht lukanisch → 3,8 Trad.

13,26 Red ἐνώπιον: ist lk Vorzugswort → 1,17 Red.

Trad τότε ἄρξεσθε: Zu τότε + Ind.fut. (vorlukanisch) → 6,42 Trad. Zum abundanten ἄρχομαι (Med.) mit Inf. mit Bezug auf die Zukunft gesagt → 3,8 Trad.

13,27 Red πάντες ἐργάται ἀδικίας: Die semitisierende Genitivverbindung (→ 13,27 Trad) ist Teil einer freien Zitierung von Ψ 6,9, wo es heißt: πάντες οἱ ἐργαζόμενοι τὴν ἀνομίαν. Wie erklärt es sich, daß aus ἀνομία der LXX bei Lukas ἀδικία geworden ist? Beachtet man einerseits, daß das lk Doppelwerk den Terminus ἀνομία nicht kennt, daß Lukas dagegen aber als einziger Synoptiker ἀδικία gebraucht, so wird man schließen, daß ἀδικία eine der zahlreichen lukanischen Korrekturen an einem Schriftzitat (→ 1,13 Red) ist[7].

---

[7] J. Dupont, „Beaucoup viendront du levant et du couchant ...", in: Sciences Ecclésiastiques 19 (1967), 153—167: 164 Anm. 36.

Trad λέγω ὑμῖν[8]: als Asyndeton am Satzbeginn ist vorlukanisch → 3,8 Trad sub 2; → 7,9 Trad. — πάντες ἐργάται ἀδικίας: cit. Ψ 6,9 ἀπόστητε ἀπ' ἐμοῦ πάντες οἱ ἐργαζόμενοι τὴν ἀνομίαν, vgl. 1Makk 3,6 πάντες οἱ ἐργάται τῆς ἀνομίας. Der semitisierende Gebrauch des Genitivs (τῆς) ἀδικίας als Ersatz für das Adjektiv bzw. (so an unserer Stelle) den Objektsakkusativ ist ein eingebürgerter Sprachgebrauch, den Lukas bereits vorfand: ἐργάται ἀδικίας Lk 13,27; οἰκονόμος τῆς ἀδ. 16,8; μαμωνᾶς τῆς ἀδ. 16,9; κριτὴς τῆς ἀδ. 18,6. Vgl. LXX 2Βασ 3,34; 7,10; Hos 12,8; Sap 11,15; äth Hen 63,10; ferner μισθὸς (τῆς) ἀδ. Apg 1,18; 2Petr 2,13.15 und σύνδεσμος ἀδ. Apg 8,23 = cit. Jes 58,6 LXX.

13,28 Red πάντας τοὺς προφήτας: Fehlt par. Mt 8,11 und ist lukanisch → 11,50 Red S. 209; zur Vorliebe des dritten Evangelisten für Wendungen mit πᾶς → 1,10 Red S. 30 πᾶς sub 3; generalisierende Wendung trotz vorangehender Spezifizierung → 3,19 Red.

Trad ἐκεῖ ἔσται ὁ κλαυθμὸς καὶ ὁ βρυγμὸς τῶν ὀδόντων: Das Drohwort findet sich auch bei Mt (8,12; außerdem 13,42.50; 22,13; 24,51; 25,30), es kennzeichnet den Sprachgebrauch der Logienüberlieferung. — ἐκβαλλομένους: par. Mt 8,12 ἐκβληθήσονται, zum Pass. divinum → 4,21 Trad.

13,29 Trad ἥξουσιν (par. Mt 8,11): ist vorlukanisch → 12,46 Trad. — ἀπὸ ἀνατολῶν καὶ δυσμῶν: wie der Vergleich mit Mt 8,11 erkennen läßt, war ursprünglich nur das Wortpaar ἀνατολαί/δυσμαί genannt; Lukas oder seine Vorlage hat es durch die Nennung der beiden restlichen Himmelsrichtungen komplettiert[9]. — ἀνακλιθήσονται (par. Mt 8,11): ἀνα-Komposita der Verben des Zu-Tische-Liegens sind vorlukanisch → 7,36 Red.

13,30 Trad ἔσχατοι/πρῶτοι, πρῶτοι/ἔσχατοι: Zur Inversion → 6,43 Trad. Zur Zurückhaltung des Lk gegenüber ἔσχατος → 14,9 Trad.

13,31 Red ἐν αὐτῇ τῇ ὥρᾳ: Die Wendung enthält zwei Lukanismen: 1. temporales ἐν → 1,5 Trad S. 15; 2. αὐτὸς ὁ, αὐτὴ ἡ mit Substan-

---

[8] So ist zu lesen mit 𝔓75*ADWΘ.
[9] J. Dupont, a.a.O., 156f.

tiv der Zeit (ὥρα, ἡμέρα, καιρός) → 2,38 Red S. 98. — τινες Φαρισαῖοι: Lukas hat eine Vorliebe für adjektivisches τις → 1,5 Red S. 15. — ἔξελθε καὶ πορεύου: πορεύομαι (LkEv 51/Apg 37) ist lukanisches Vorzugswort → 1,39 Red S. 56. Lukanisch ist insbesondere die semitisierende Kombination von ἐξέρχομαι und πορεύομαι, die sich im NT außer Mt 24,1 nur im Doppelwerk findet (Lk 4,42; 13,31; 22,39/Apg 12,17; 16,36; 20,1; 21,5)[10].

13,32 Red ἰάσεις: Lukas schreibt mit Vorliebe ἴασις und ἰάομαι. Das Substantivum kommt im NT nur bei ihm vor (Lk 13,32/Apg 4,22.30); das Verbum gebraucht er fünfzehnmal (Mt 4, Mk 1, Lk 11/Apg 4, sNT 6), davon viermal in der Apg; nicht weniger als sechsmal führt er es in den von ihm übernommenen Markusstoff ein[11]. Nur für Lk 7,7 (par. Mt 8,8) und Lk 8,47 (vgl. Mk 5,29) zeigen die Parallelen, daß Lukas ἰάομαι der Überlieferung entnahm (→ 7,7 Red).

Trad καὶ εἶπεν αὐτοῖς: Zu καὶ εἶπεν in unmittelbarer Aufeinanderfolge am Satzbeginn mit folg. Dativ → 1,18.19 Trad. — πορευθέντες: Abundantes πορευθείς/πορευθέντες schreibt Lukas nicht von sich aus → 5,7 Trad sub c. — ἐκβάλλω δαιμόνια: Dämonologisches ἐκβάλλω schätzt Lukas nicht → 11,14 Trad. — τελειοῦμαι: Das Passivum divinum (→ 4,21 Trad) erweist τελειόω an unserer Stelle als nicht-lukanisch.

13,33 Red τῇ ἐχομένῃ (ἡμέρᾳ): Das Medium von ἔχω, von der Zeit gesagt („darauffolgend"), begegnet im NT nur Lk 13,33/Apg 20,15; 21,26. — Ἰερουσαλήμ: Im Unterschied zu den drei anderen Evangelisten schreibt Lukas im Ev von vier Ausnahmen abgesehen[12] stets (27mal) die sakrale Namensform Ἰερουσαλήμ → 2,25 Red.

Trad πλήν: als adversative Konjunktion gebraucht ist nicht lukanisch → 6,24 Trad. — δεῖ ... πορεύεσθαι: → 17,25 Trad S. 268. — οὐκ ἐνδέχεται: V. 33b ist neben Lk 4,24 das zweite Prophetensprichwort im LkEv. Ist mithin οὐκ ἐνδέχεται traditionell, so erhebt sich die Vermutung, daß die Alternativwendung ἀνένδεκτόν ἐστιν (Lk 17,1) der Redaktion zugehört.

---

[10] Denaux 260.
[11] Lk 5,17 (Zufügung zu Mk 2,2); 6,18 (Zuf. zu Mk 3,8).19 (diff. Mk 3,10); 9,2 (Zuf. zu Mk 6,7).11 (Zuf. zu Mk 6,34).42 (diff. Mk 9,27).
[12] Lk 2,22; 13,22; 19,28; 23,7: Ἱεροσόλυμα.

13,34 Trad Ἰερουσαλήμ, Ἰερουσαλήμ: Während im LkEv die sakrale Namensform Ἰερουσαλήμ 27mal begegnet (→ 2,25 Red), findet sie sich in den drei anderen Ev nur ein einziges Mal, nämlich an der Parallelstelle zu unserer Stelle Mt 23,37: Ἰερουσαλήμ, Ἰερουσαλήμ. Für diese Ausnahme gibt es nur eine Erklärung: der schmerzliche Ruf Jesu über Jerusalem Lk 13,34 par. Mt 23,37 wurde von der Urkirche als geprägtes Spruchgut überliefert. M.a.W.: Die sakrale Namensform ist Lk 13,33 redaktionell, 13,34 traditionell. — ἀπεσταλμένους (par. Mt 23,37): Pass. divinum → 4,21 Trad. — ἑαυτῆς: Zum „geschwächten Reflexivum" (anstelle des Possessivpronomens) → 2,3 Trad.

13,35 Trad ἀφίεται (par. Mt 23,38): Pass. divinum → 4,21 Trad. — λέγω δὲ ὑμῖν: δέ wird bezeugt von 𝔓⁷⁵BAD; es ersetzt hier ἀμήν → 4,24 Trad. λέγω ὑμῖν hat an unserer Stelle summierenden Charakter → 3,8 Trad sub 10. — Zu οὐ μή: → 1,15 Trad. — ἕως εἴπητε: → 12,59 Trad. — εὐλογημένος ὁ ἐρχόμενος: Es fehlt eine Form von „sein". Daß Lukas die Ellipse an unserer Stelle nicht, wie sonst öfter (→ 1,5 Trad), ergänzt, erklärt sich daraus, daß wir ein fest eingebürgertes Zitat von Ψ 117[118],26 vor uns haben. — ἐν ὀνόματι κυρίου: cit. LXX → 1,5.11 Trad.

14,1—6 Trad Abgesehen von einem einzigen δέ (V. 4) findet sich in dem Abschnitt nur καί als satzverbindende Partikel (9mal) — unlukanisch.

14,1f. Red καὶ ἐγένετο ἐν τῷ ... καὶ ἰδού: Periphrastisches καὶ ἐγένετο ist lk Vorzugswendung → 1,8f. Red S. 25 sub A. Die an unserer Stelle vorliegende Kombination: a) einleitendes καὶ ἐγένετο + b) Zeitbestimmung mit ἐν τῷ c.inf. bzw. mit praep. Wendung + c) durch καὶ ἰδού eingeleiteter Anschlußsatz findet sich im NT nur Lk 5,12 (diff. Mk 1,40). 17f. (diff. Mk 2,1—3); 14,1f.; 24,4[1]. — ἐν τῷ: Temporales ἐν ist lukanisch → 1,5 Trad S. 15; ebenso ἐν τῷ mit Infinitiv → 1,8f. Red S. 28. Insbesondere ist lukanisch ἐν τῷ mit Infinitiv Aor. zur Bezeichnung der Vorzeitigkeit (§ 402,2) → 2,27 Red S. 94f. — τῶν ἀρχόντων: Der Plural von ὁ ἄρχων, auf jüdische Obrigkeiten angewendet, findet sich im NT außer dreimal bei Joh nur im Doppelwerk (Lk 4/Apg 5: Lk 14,1; 23,13.35; 24,20/

---

[1] Mit καὶ ἰδού eingeleiteter Anschlußsatz auch Mt 9,10, aber das καί fehlt in ℵDpc.

Apg 3,17; 4,5.8; 13,27; 14,5), er ist also lukanisch. — καὶ αὐτοί: Zum betonten καὶ αὐτός → 1,17 Red S. 37. — παρατηρούμενοι: παρατηρέω (-ομαι) im NT nur Mk 1, Lk 3/Apg 1, Pls 1, παρατήρησις nur Lk 17,20.

14,2 Red τις: Adjektivisches τις ist kennzeichnend für den lukanischen Stil → 1,5 Red.

Trad ἔμπροσθεν: als uneigentliche Präposition („vor") gebraucht, schreibt Lukas nicht gern → 7,27 Trad. — καὶ ἰδοὺ ἄνθρωπος: → 2,25 Trad.

14,3 Red εἶπεν ... λέγων: Zum pleonastischen λέγων → 1,63 Red S. 67. — Zu πρός c.acc. nach Verbum dicendi → 1,13 Red.

Trad καὶ ἀποκριθείς: (+ verb.dic.) → 1,19 Trad. — τοὺς νομικούς: → 7,30 Trad. — ἔξεστιν ... ἢ οὔ: Die Doppelfrage ist mit 𝔓75BD zu lesen. Lukas bildet Doppelfragen nicht von sich aus → 2,49 Trad.

14,4 Red ἡσύχασαν: ἡσυχάζω im NT außer 1Thess 4,11 nur im Doppelwerk: Lk 14,4; 23,56/Apg 11,18; 21,14. — ἐπιλαβόμενος: ἐπιλαμβάνομαι, im NT wie in der LXX stets Medium, ist lk Vorzugswort (Mt 1, Mk 1, Lk 5/Apg 7, sNT 5), das Lukas mehrfach in den von ihm übernommenen Markusstoff einfügte (Lk 9,47; 20,20.26; vgl. 23,26). Abgesehen von drei Ausnahmen (Lk 20,20.26; Apg 21,33) erscheint das Verbum im Doppelwerk stets als Partizipium aor.med. (ἐπιλαβόμενος), das den begleitenden Umstand nennt. — ἰάσατο: Das Deponens ἰάομαι mit aktivem Sinn ist typisch für Lukas → 7,7 Red.

14,5 Red πρός c.acc.: → 1,13 Red S. 33. — εὐθέως: → 12,36 Red.

Trad τίνος ... καὶ οὐκ: Grammatische Parataxe bei logischer Hypotaxe („wenn jemand von euch ...") → 1,58 Trad. — πεσεῖται ... ἀνασπάσει: Zum gnomischen Futur in rhetorischen Fragen → 6,39 Trad. — ἐν ἡμέρᾳ τοῦ σαββάτου: → 4,16 Trad.

14,6 Red οὐκ ἴσχυσαν ἀνταποκριθῆναι: → 6,48 Red.

14,7 Red ἔλεγεν δέ πρός ... παραβολήν ... λέγων πρός: ἔλεγεν δέ (→ 1,13 Red sub 1) + πρός c.acc. nach Verbum dicendi (→ ebenda), λέγω παραβολήν (→ 4,23 Red S. 124), ἔλεγεν ... παραβολήν ... λέγων (→ 12,16 Red S. 215) und nochmals πρός c.acc. nach Verbum dicendi (→ 1,13 Red sub 2) sind sämtlich lukanische Vorzugswendungen. — ἐπέχων: Intransitiv gebrauchtes ἐπέχω findet sich im NT nur Lk 14,7/Apg 3,5; 19,22; 1Tim 4,16.

14,8 Red κατακλιθῇς: Lukas bevorzugt die κατα-Komposita der Verben des Zu-Tische-Liegens, während die Tradition die ἀνα-Komposita vorzieht → 7,36 Red.

14,8f. Trad Grammatische Parataxe bei logischer Hypotaxe („falls ein Vornehmerer ...") → 1,58 Trad. — 14,8f.//10: Zum antithetischen Parallelismus → 1,52f. Trad.

14,8 Trad γάμους: γάμοι (pluralisch) in der Bedeutung „Festmahl"[2] kommt im NT nur im Nicht-Markusstoff des LkEv vor: 12,36; 14,8 (diff. Mt 20,28 D al δειπνῆσαι). — ἐντιμότερος: → 7,2 Trad.

14,9 Red κατέχειν: κατέχω schreibt in den Evangelien nur Lukas: außer an unserer Stelle noch 4,42 diff. Mk 1,36; Lk 8,15 diff. Mk 4,20, an beiden Stellen fügt er die Vokabel in den Markustext ein.

Trad ἐλθών: Abundantes ἐρχόμενος/ἐλθών ist Sprachgebrauch der Tradition → 5,7 Trad. — τόπον: in der Bedeutung „(Sitz-)Platz, Raum" (2,7; 14,9b.c.10.22) ist vorlukanisch → 2,7 Trad. — τότε: τότε + Ind.Fut. ist vorlukanisch → 6,42 Trad. — ἄρξῃ: Abundantes ἄρχομαι ist nicht lukanisch, insbesondere wenn es — wie an unserer Stelle — mit Infinitiv in Bezug auf die Zukunft gebraucht wird → 3,8 Trad. — ἔσχατον τόπον: Lukas scheint ἔσχατος nicht von sich aus zu schreiben. In 4 von 6 Fällen übernimmt er die Wendung im Ev aus der Logienüberlieferung: Lk 11,26 (par. Mt 12,45); 12,59 (par. Mt 5,26); 13,30a.b (par. Mt 19,30a.b). Im Markusstoff ersetzt er ἔσχατον (Mk 12,22) durch ὕστερον (Lk 20,32) bzw. läßt er es aus (Mk 12,6). Von den 3 Stellen in der Apg ist 13,47 Zitat, die beiden anderen sind eingebürgerte Wendungen (1,8 ἕως ἐσχάτου τῆς γῆς; 2,17 ἐν ταῖς ἐσχάταις ἡμέραις). Man wird

---

[2] Bauer[5] 300 sub 1b.

bei dieser Zurückhaltung des Lukas gegenüber ἔσχατος die Wendung τὸν ἔσχατον τόπον Lk 14,9.10 der Tradition zuzuschreiben haben, zumal τόπος in der Bedeutung (Sitz-)Platz vorlukanisch ist (→ 2,7 Trad).

14,10 Red ἐνώπιον: → 1,17 Red S. 38. — πάντων τῶν συνανακειμένων: Lukas schreibt mit Vorliebe πᾶς ὁ + Partizip → 1,10 Red S. 30.

Trad ἀλλ' ὅταν: im NT nur Lk 14,10 (unsere Stelle).13, beide Male im Nicht-Markusstoff → 1,60 Trad sub 1. — πορευθείς: Abundantes πορευθείς schreibt Lukas nicht von sich aus → 5,7 Trad sub c. — ἀνάπεσε: Die Überlieferung bevorzugt für das Zu-Tische-Liegen Komposita mit ἀνα-, Lukas mit κατα- → 7,36 Red. — ἔσχατον τόπον: → 14,9 Trad. — προσανάβηθι: → 7,36 Red. — τότε ἔσται: τότε + Ind.Fut. ist vorlukanisch → 6,42 Trad. — τῶν συνανακειμένων: → 7,36 Red.

14,11 Red πᾶς ὁ ὑψῶν ... ὁ ταπεινῶν: = Lk 18,14; anders (Relativsätze) par. Mt 23,12: ὅστις δὲ ὑψώσει ... καὶ ὅστις ταπεινώσει. Da Lukas gern Relativsätze durch Partizipien ersetzt (→ 4,5 Red S. 116) und da er gern πᾶς ὁ + Partizip schreibt (→ 1,10 Red S. 30), wird die Partizipialfassung auf ihn zurückgehen.

Trad ταπεινωθήσεται ... ὑψωθήσεται (par. Mt 23,12): Passivum divinum → 4,21 Trad. — Zur Inversion → 6,43 Trad.

14,12 Red ἔλεγεν δὲ καί: ἔλεγεν δέ → 1,13 Red S. 33, δὲ καί → 2,4 Red S. 78.

14,12//13f. Trad ὅταν ... ἀλλ' ὅταν: Zum antithetischen Parallelismus → 1,52f. Trad.

14,12 Trad μήποτε καὶ ... καί: Grammatische Parataxe bei logischer Hypotaxe („damit nicht, falls ...") → 1,58 Trad.

14,13 Red δοχὴν ποιῇς: δοχή findet sich im NT nur im LkEv (5,29; 14,13), an beiden Stellen ποιέω δοχήν. Daß Lukas die Wendung gegen Markus schreibt (5,29 diff. Mk 2,15), zeigt, daß sie redaktionell ist.

Trad ἀλλ' ὅταν: → 14,10 Trad.

14,14 Red ἔχουσιν ἀνταποδοῦναι: → 7,40 Red.

Trad ἀνταποδοθήσεται: Pass. divinum → 4,21 Trad. — ἐν τῇ ἀναστάσει: ἐν τῇ ἀναστάσει (20,33) + τῶν δικαίων (14,14) + καὶ (τῶν) ἀδίκων (Apg 24,15) sind Termini der jüdischen Eschatologie. Das ἐν temp. wird durch Mk 12,23 als vorlukanisch erwiesen.

14,15 Trad τῶν συνανακειμένων: → 7,36 Red. — μακάριος ὅστις: Lukas beseitigt eher Ellipsen (in unserem Fall fehlt eine Form von εἶναι), schreibt sie jedenfalls nicht von sich aus → 1,5 Trad; 1,45 Trad.

14,16 Red τις: Zum adjektivischen τις → 1,5 Red.

Trad ὁ δὲ εἶπεν αὐτῷ: ist nicht lukanischer Sprachgebrauch → 7,43 Trad. — ἄνθρωπός τις: → 10,30 Trad.

14,17 Trad τῇ ὥρᾳ τοῦ δείπνου: Lukas selbst bevorzugt das ἐν temp. → 1,5 Trad. Fehlendes temporales ἐν in geprägten Wendungen ist meistens vorlukanisch → 1,10 Trad S. 31. — τοῖς κεκλημένοις: Das substantivierte Part.pass.perf. findet sich im NT nur Mt 22,3.4.8; Lk 14,7.17 (vgl. 24), war also schon vor Lukas dem Gleichnis vom Großen Abendmahl inhärent.

14,18—20 Red (18) ὁ πρῶτος ... (19) καὶ ἕτερος ... (20) καὶ ἕτερος: ἕτερος ist lk Vorzugswort, das Lukas trotz seines dualischen Charakters gern in Aufzählungen gebraucht → 3,18 Red S. 111. — Die sorgfältige Symmetrie der drei Entschuldigungen (diff. Mt 22, 3—6) hat ihre Analogie in dem dreifachen Parallelismus 20,10—12 (diff. Mk 12,2—5). Auch Lk 8,5—8.12—15 diff. Mk 4,4—8.15—20 war Lukas bemüht, die Symmetrie präziser herauszuarbeiten.

14,18—19 Red ἐρωτῶ σε: → 5,3 Red.

14,18 Trad ἤρξαντο: Abundantes ἄρχομαι ist nicht lukanisch → 3,8 Trad. — ἠγόρασα: In der Apg gebraucht Lukas für „kaufen" das von ihm bevorzugte κτάομαι (Lk 2/Apg 3[3], sNT nur Mt 10,9 und

---

[3] Lk 18,12; 21,19 (diff. Mk 13,13); Apg 1,18; 8,20; 22,28.

1Thess 4,4) sowie ὠνέομαι, das er Apg 7,16 als einziger neutestamentlicher Autor schreibt, und zwar gegen den Bibeltext (LXX Gen 33,19: ἐκτήσατο). ἀγοράζω dagegen fehlt in der Apg und findet sich im LkEv, abgesehen von einer Mk-Übernahme (Lk 9,13 = Mk 6,37), nur im Nicht-Markusstoff (Lk 14,18f.; 17,28; 22,36). Dieser Gesamtbefund macht es recht wahrscheinlich, daß Lukas ἀγοράζω nicht von sich aus schrieb.

14,19 Trad ἠγόρασα: → 14,18 Trad. — πορεύομαι: mit finalem Infinitiv → 2,3 Trad.

14,20 Trad διὰ τοῦτο: → 11,19 Trad.

14,21 Red παραγενόμενος: Die Verwendung von παραγενόμενος als Übergangswendung ist typisch lukanisch → 7,4 Red S. 152, ebenso der absolute Gebrauch des Verbs: Lk 14,21; 19,16 und in der Apg 15mal. — ἀπήγγειλεν: Das Verbum wird von Lukas gern gebraucht → 7,18 Red S. 160. — εἰσάγαγε: ist lk Vorzugswort → 2,27 Red.

Trad ταχέως: Da Lukas selbst ἐν τάχει (Lk 18,8; Apg 12,7; 22,18; 25,4) und ὡς τάχιστα (Apg 17,15) schreibt, wird ταχέως (Lk 14,21; 16,6) und ταχύ (15,22) vorlukanisch sein. — ὧδε: Lukas selbst zieht αὐτοῦ/ἐνθάδε vor → 4,23 Trad.

14,22 Trad καὶ εἶπεν: in unmittelbarer Aufeinanderfolge am Satzbeginn ist typisch für die vorlukanische Überlieferung → 1,18 Trad. — τόπος: → 2,7 Trad.

14,23 Red εἶπεν ... πρός c.acc.: → 1,13 Red.

Trad καὶ εἶπεν: → 1,18 Trad. — ἀνάγκασον: Unsere Stelle ist die einzige im NT, an der ἀναγκάζω die Bedeutung hat: „eine Einladung aufdrängen". Da Lukas selbst dafür παραβιάζεσθαι schreibt (Lk 24,29; Apg 16,15), ist das vorlukanischer Sprachgebrauch. — γεμισθῇ: γεμίζω kommt im Doppelwerk nur in zwei Gleichnissen vor (14,23 und 15,16). Der an unserer Stelle vorliegende absolute Gebrauch des Passivs ist vorlukanisch. Er findet sich nämlich im NT nur noch Mk 4,37. Dort wird nun aber das γεμίζω des Markus von Lukas durch συμπληρόω ersetzt (Lk 8,23). Das zeigt, daß absolut gebrauchtes γεμίζω nicht lukanisch ist. — μου ὁ οἶκος: Vorangestelltes enklitisches Personalpronomen ist vorlukanisch → 6,29 Trad.

14,24 Red τῶν ἀνδρῶν: ἀνήρ ist eines der markantesten lukanischen Vorzugswörter → 5,8 Red. — γεύσεται: γεύομαι („genießen"), im eigentlichen Sinn gebraucht, mit Genitiv der Sache findet sich im NT nur im Doppelwerk: Lk 14,24/Apg 23,14.

Trad λέγω γὰρ ὑμῖν: γάρ ist Ersatz für ἀμήν → 3,8 Trad sub 1.5.10. — μου τοῦ δείπνου: → 6,29 Trad.

14,16—24 Red Lukanismen finden sich nur ganz vereinzelt; Lukas hat sich beim Gleichnis vom großen Gastmahl von Eingriffen fast ganz ferngehalten.

14,25 Red συνεπορεύοντο ... αὐτῷ: → 7,11 Red S. 157. — ὄχλοι: → 3,7 Red S. 104. — εἶπεν πρός: πρός c.acc. zur Bezeichnung des Angeredeten nach Verba dicendi ist lukanisch → 1,13 Red S. 33.

Trad στραφείς: ist vorlukanisch → 7,9 Trad.

14,26 Red ἔτι δὲ καί: im NT nur im lk Doppelwerk: Lk 14,26[4]/Apg 2,26 (cit. Ψ 15[16],9), vgl. auch ἔτι τε καί Apg 21,28.

Trad τὸν πατέρα ... καὶ τὴν μητέρα: ein Hebraismus (→ 2,33 Trad), der an unserer Stelle durch die Parallele Mt 10,37 als vorlukanisch erwiesen wird. — ἑαυτοῦ[5]: Zum „geschwächten Reflexivum" (an Stelle des Possessivpronomens) → 2,3 Trad. — μου μαθητής: Die Voranstellung von μου ist nicht lukanisch → 6,29 Trad.

14,27 Red ἔρχεται ὀπίσω μου: Der Septuagintismus ἀκολουθεῖν ὀπίσω τινός (Mk 8,34; Mt 10,38) wird von Lukas in ἔρχεσθαι ὀπίσω τινός gräzisiert (Lk 9,23; 14,27).

Trad ὅστις: Asyndeton ist nicht lukanisch → 1,51 Trad. — ἑαυτοῦ: „geschwächtes Reflexivum" → 2,3 Trad. — μου μαθητής: → 6,29 Trad.

---

[4] Lies δέ mit 𝔓⁴⁵ ℵADΘ gegen τε B pc.
[5] So ist mit 𝔓⁷⁵ BL zu lesen.

14,28 Red καθίσας: Das abundante Partizipium καθίσας ist ein Semitismus, der sich im NT (außer Mt 13,48) nur bei Lukas findet (Lk 14, 28.31; 16,6/Apg 16,13). Abundantes ἀναστάς war uns bereits → 1,39 Red als typischer Lukanismus begegnet[6].

Trad τίς ἐξ ὑμῶν ...: als Einleitung von Gleichnissen bzw. Bildworten ist vorlukanisch → 11,5 Trad; 22,23 Trad.

14,29f. Red μὴ ἰσχύοντος/οὐκ ἴσχυσεν ἐκτελέσαι: → 6,48 Red S. 150.

14,29 Trad ἄρξωνται: Abundantes ἄρχομαι, an unserer Stelle mit Infinitiv in Bezug auf die Zukunft, ist nichtlukanischer Sprachgebrauch → 3,8 Trad. — ἐμπαίζειν: kommt im NT nur bei den Synoptikern vor: Mt 5, Mk 3, Lk 5. Von den 5 Belegen im LkEv entfallen 4 auf den Nicht-Markusstoff: 3 von ihnen konstruieren, wie zu erwarten, ἐμπαίζω mit dem Dativ (Lk 14,29; 22,63; 23,36), an der vierten Stelle wird das Verbum absolut gebraucht (23,11). Auffälligerweise bildet nun aber Lukas da, wo er bei der Mk-Bearbeitung selbst formuliert, ein persönliches Passiv von ἐμπαίζω (18,32 gegen Mk 10,34).

14,31 Red συμβαλεῖν: Lukas hat eine Vorliebe für Verbkomposita mit συν- → 2,19 Red S. 86f. s.v. συνετήρει. Was speziell συμβάλλω anlangt, so ist Lukas der einzige Autor im NT, der dieses Verbum schreibt (Ev 2/Apg 4) → 2,19 Red S. 87f. s.v. συμβάλλουσα. — καθίσας: → V. 28 Red.

Trad τίς ... πορευόμενος ... οὐχὶ ... βουλεύσεται: → 11,5 Trad. — πορευόμενος: πορεύομαι mit finalem Infinitiv → 2,3 Trad. — ἑτέρῳ: dualisch → 5,7 Trad. — βουλεύσεται: Gnomisches Futur in rhetorischen Fragen ist nicht lukanisch → 6,39 Trad. — εἰ/εἰ δὲ μή γε: εἰ δὲ μή γε „andernfalls" in disjunktiven Konditionalsätzen ist nicht lukanisch → 10,6 Trad. — δέκα χιλιάσιν ... εἴκοσι χιλιάδων: Voranstellung der Kardinalzahl ist nicht lukanisch → 3,11 Trad.

---

[6] Nicht als abundant gerechnet ist καθίσας Mt 5,1; Mk 9,35; Lk 5,3, weil an diesen drei Stellen das Sich-Setzen die Ausübung der Lehrfunktion ankündigt.

14,32 Trad πρεσβείαν ἀποστείλας: πρεσβεία im NT nur im Nicht-Markus-Gleichnisstoff des LkEv: 14,32; 19,14, in beiden Fällen mit ἀποστέλλειν verbunden. — τὰ πρὸς εἰρήνην: Diese Wendung findet sich im NT außer an unserer Stelle noch Lk 19,42, beide Belege gehören dem Nicht-Markusstoff an.

14,33 Trad τοῖς ἑαυτοῦ ὑπάρχουσιν: τὰ ὑπάρχοντα mit Gen.d.Pers. (ἑαυτοῦ) ist nicht lukanisch (→ 11,21 Trad); Lukas selbst verbindet τὰ ὑπάρχοντα mit dem Dat.d.Pers. (→ 8,3 Red). Nicht-lukanisch ist ferner an unserer Stelle das „geschwächte Reflexivum" ἑαυτοῦ (an Stelle des Possessivpronomens) → 2,3 Trad. — μου μαθητής: → 6,29 Trad.

14,34 Red δὲ καί: ist eine von Lukas bevorzugte Partikelverbindung → 2,4 Red.

Trad καλὸν οὖν τὸ ἅλας: Sentenzen ohne Kopula bildet Lukas nicht von sich aus → 1,5 Trad mit Anm. 25.

14,35 Trad εὔθετον → 9,62 Trad. — βάλλουσιν: unpersönlicher Plural („man") ist nicht lukanisch → 6,44 Trad.

15,1f. Red Noch deutlicher als durch die Einzelbeobachtungen gibt sich die Redaktion in V. 1f. durch die zahlreichen Berührungen mit Lk 5,29f. zu erkennen, wobei beachtet sein will, daß Lk 15,1f. nicht auf Mk 2,16f., sondern auf die lukanische Bearbeitung dieser Verse (Lk 5,29f.) zurückgreift. Die Situationsangabe in V. 1f. ist geradezu eine freie Wiederholung von 5,29f., wie die folgende Gegenüberstellung zeigt:

Lk 5,29ff.	Lk 15,1f.
V. 29 ὄχλος πολύς	V. 1 πάντες
V. 30 οἱ τελῶναι καὶ ἁμαρτωλοί	οἱ τελῶναι καὶ οἱ ἁμαρτωλοί
ἐγόγγυζον (diff. Mk!)	V. 2 διεγόγγυζον
οἱ Φαρισαῖοι καὶ οἱ γραμματεῖς (diff. Mk!)	οἵ τε Φαρισαῖοι καὶ οἱ γραμματεῖς
λέγοντες (diff. Mk!)	λέγοντες
V. 32 ἁμαρτωλούς	ἁμαρτωλούς
V. 30 ἐσθίετε (diff. Mk!)	συνεσθίει

15,1 Red ἦσαν ... ἐγγίζοντες: ἐγγίζω wird von Lukas bevorzugt gebraucht (Mk 3, Mt 7, Lk 18/Apg 6, sNT 8) → 7,12 Red S. 157. — Zu εἶναι + Part.praes. (lukanisch) → 1,20 Red sub d (Perikopenanfang). — πάντες οἱ τελῶναι καὶ οἱ ἁμαρτωλοί: Diese hyperbolische Wendung findet sich so im NT nur an unserer Stelle. Während das Wortpaar „Zöllner und Sünder" sicher vorlukanisch ist (→ 5,8 Trad S. 135), entspricht das vorangestellte πάντες οἱ der ausgesprochenen Vorliebe des Lukas für Wendungen mit πᾶς → 1,10 Red S. 30.

Trad[1] οἱ τελῶναι καὶ οἱ ἁμαρτωλοί: ἁμαρτωλός schreibt Lukas nicht von sich aus, vollends ist das Wortpaar „Zöllner und Sünder" vorlukanisch → 5,8 Trad.

15,2 Red διεγόγγυζον ... λέγοντες ὅτι: Während das NT sonst stets das Simplex γογγύζω gebraucht (Mt 1, Lk 1, Joh 4, Pls 2), findet sich im LkEv zweimal (und nur hier) das Kompositum διαγογγύζω (15,2; 19,7); das entspricht der → 1,65 Red S. 70f. beobachteten Vorliebe des Lukas für Verbkomposita mit δια-. Nur im LkEv findet man ferner ein auf (δια)γογγύζω folgendes λέγοντες ὅτι (Lk 5,30 diff. Mk 2,16; Lk 15,2; 19,7). διεγόγγυζον ist also redaktionell. — τε ... καί: Zur Korrelation τὲ ... καί (50mal in der Apg) → 2,16 Red S. 85 sub b. — προσδέχεται: Zur Vorliebe des Lukas für Verbkomposita des Stammes -δεχ in der Bedeutung „gastlich aufnehmen" → 10,38 Red S. 193. — συνεσθίει αὐτοῖς: Lukas hat eine Vorliebe für Verbkomposita mit συν- (→ 2,19 Red S. 86f.). Was συνεσθίω anlangt (Lk 1/Apg 2, Pls 2), so hebt sich die Konstruktion mit dem Dativ der Person („jmdm. Tischgemeinschaft gewähren"), die im Doppelwerk an allen drei Stellen begegnet (Lk 15,2/Apg 10,41; 11,3, so auch 1Kor 5,11), von dem paulinischen συνεσθίω μετά τινος (Gal 2,12) ab. Auch diese Beobachtung spricht für lukanische Diktion.

Trad ἁμαρτωλούς: → 5,8 Trad.

---

[1] J. Jeremias, Tradition und Redaktion in Lukas 15, in: ZNW 62 (1971), 172—189 wird in den folgenden Ausführungen zu Lk 15 mit einigen Ergänzungen und Berichtigungen aufgenommen.

15,3 Red εἶπεν δὲ πρὸς αὐτούς: εἶπεν/εἶπαν δέ ist lk Vorzugswendung → 1,13 Red S. 33 sub 1; insbesondere ist πρός c.acc. nach Verbum dicendi zur Bezeichnung der Angeredeten markante lukanische Stileigentümlichkeit → 1,13 Red sub 2. — εἶπεν ... τὴν παραβολὴν ταύτην λέγων: schreibt im NT nur Lukas → 4,23 Red S. 124; auf sein Konto geht auch die durch ein zusätzliches Verbum dicendi (λέγων) überladen wirkende biblizistische Redeweise εἶπεν ... λέγων → 12,16 Red.

15,4 Red πορεύεται ἐπὶ τὸ ἀπολωλός: Die Par. Mt 18,12 (πορευθείς) zeigt, daß die Vokabel πορεύομαι schon vor Lukas zum Gleichnis vom Verlorenen Schaf gehörte. Eher ist dagegen lukanisch die Konstruktion von πορεύομαι mit ἐπί c.acc., die im NT außer Mt 22,9 nur im lk Doppelwerk (Lk 15,4/Apg 8,26; 9,11; 17,14; 25,12) begegnet.

Trad τίς ἄνθρωπος ἐξ ὑμῶν ἔχων ... οὐ καταλείπει: Zu τίς ἐξ ὑμῶν-Fragesätzen als Ersatz für Konditionalsätze → 11,5 Trad; an unserer Stelle wird die rhetorische Frage zusätzlich dadurch der Tradition zugewiesen, daß das Gleichnis in der Version des Mt ebenfalls mit einer rhetorischen Frage beginnt (Mt 18,12). — ἔχων: gehört zur traditionellen Gleichniseinleitung (→ 7,41 Trad). An unserer Stelle wird ἔχων außerdem durch die Übersetzungvariante γένηταί τινι (Mt 18,12) als Bestandteil der Tradition erkennbar. — ἑκατὸν πρόβατα: Die Voranstellung der Kardinalzahl vor das Bezugsnomen ist nicht lukanisch → 3,11 Trad. Daß die Mt-Parallele ebenfalls die Kardinalzahl voranstellt (18,12), bestätigt die Zuweisung der Zahlenangabe an die Tradition. Anders liegt es beim Gleichnis vom Verlorenen Groschen, bei dem die Kardinalzahl dem Bezugsnomen nachgestellt ist (Lk 15,8: δραχμὰς ... δέκα, δραχμὴν μίαν). Man wird auf Grund solcher Unterschiede schließen müssen, daß die Gleichnisse vom Verlorenen Schaf und vom Verlorenen Groschen von Haus aus nicht zusammengehören; dafür spricht auch, daß das Gleichnis vom Verlorenen Schaf sowohl bei Matthäus (18,12—14) wie im ThEv (107) ohne den Partner überliefert ist. — καὶ ἀπολέσας: Grammatische Parataxe bei logischer Hypotaxe („der, wenn er ... verliert"). Lukas meidet diese Redeweise → 1,58 Trad. — ἕν: Indefinites εἷς, μία, ἕν ist ein aramaisierender Sprachgebrauch, den Lukas nicht schätzt → 11,46 Trad. — πορεύεται ἐπὶ τὸ ἀπολωλός: Die Vokabel πορεύομαι war Lukas vorgegeben, wie par. Mt

18,12 zeigt (→ 1,6 Trad sub e). — ἕως εὕρῃ αὐτό: ἕως (ohne ἄν) als temporale Konjunktion mit Konj.Aor. ist nicht lukanisch → 12,59 Trad S. 225. Lukas hat in der Wiederholung in V. 8 die Wendung durch Einfügung eines οὗ nach ἕως an seinen eigenen Sprachgebrauch angeglichen. Ähnlich verfährt er auch sonst → 15,8 Red mit Anm. 3.

15,5 Red χαίρων: Das Partizip χαίρων als begleitende Zustandsbestimmung findet sich im NT nur im lk Doppelwerk: Lk 15,5; 19,6. 37/Apg 5,41; 8,39. Einmal hat Lukas das Partizip in den von ihm übernommenen Markusstoff eingefügt (Lk 19,37 Zusatz zu Mk 11,9). An unserer Stelle war ihm das Verbum χαίρω von der Überlieferung vorgegeben, wie par. Mt 18,13 zeigt; doch dürfte die Partizipialkonstruktion, die Lukas gern schreibt (→ 4,5 Red S. 116), lukanisch sein ebenso wie die betonte Stellung von χαίρων am Satzende, zu der Lk 19,6/Apg 8,39 zu vergleichen ist.

15,6 Red συγκαλεῖ ... λέγων: Zum pleonastischen λέγων → 1,63 Red S. 67. — Lukas hat eine ausgesprochene Vorliebe für Verbkomposita mit συν- (→ 2,19 Red S. 86f.); unser Vers bringt neben συγκαλέω noch einen zweiten Beleg: συγχαίρω; συγκαλέω findet sich im NT außer Mk 15,16 nur im Doppelwerk: Lk 9,1; 15,6.9; 23,13/Apg 5,21; 10,24; 28,17. Lukas schreibt Lk 9,1 das Verbum gegen seine Markusvorlage (diff. Mk 6,7 προσκαλεῖται). συγχαίρω begegnet im NT nur bei Lukas (3) und Paulus (4).

15,7 Red δικαίοις οἵτινες οὐ χρείαν ἔχουσιν μετανοίας: Die Vokabeln dieses Relativsatzes hatte Lukas bereits 5,31f. gebraucht (οὐ χρείαν ἔχουσιν ... δικαίους ... μετάνοιαν). Der Wahl der gleichen Worte entspricht die inhaltliche Übereinstimmung beider Stellen. Insbesondere ist die Vokabel μετάνοια an unserer Stelle Lukas zuzuschreiben, da sie 5,32 als lukanischer Zusatz zu Mk 2,17 auftaucht.

Trad λέγω ὑμῖν: λέγω ὑμῖν, asyndetisch am Satzanfang, findet sich nie bei Mt, Mk, Joh, Apg, wohl aber 13mal im Nicht-Markusstoff des LkEv → 7,9 Trad. Zum summierenden Charakter → 3,8 Trad sub 10. — οὕτως: (absolut) → 12,21 Trad; bestätigend par. Mt 18,14. — χαρὰ ... ἐπὶ ἑνὶ ἁμαρτωλῷ: Die Rückübersetzung in das

Aramäische ergibt: ḥädhwa ... hᵃdha hat^eja². Diese Alliteration, die schwerlich zufällig ist, zeigt, daß die Wendung an unserer Stelle vorlukanisch ist, da Lukas des Aramäischen nicht mächtig war. Vorlukanisch ist auch die Umschreibung des Gottesnamens mit ὁ οὐρανός → 6,23 Trad. Zu ἁμαρτωλός → 5,8 Trad. Zur Voranstellung der Kardinalzahl → 3,11 Trad. — ἤ: als Vergleichspartikel (*quam*) ohne vorangehenden Komparativ findet sich im lukanischen Doppelwerk außer Lk 6,9b.c par. Mk 3,4a.b nur im Nicht-Markusstoff des Evangeliums: Lk 15,7 (unsere Stelle); 17,2. Daß Lukas so nicht von sich aus schreibt, zeigen sowohl seine Markusbearbeitung als auch die Belege in der Apg, wo er der Vergleichspartikel gut griechisch stets einen Komparativ vorangehen läßt: Lk 9,13 (οὐκ ... πλεῖον ἤ), Zusatz zu Mk 6,38; Apg 4,19; 5,29; (20,35 cit.); 27,11. — ἐνενήκοντα ἐννέα δικαίοις: Die Voranstellung der Kardinalzahl vor das Bezugsnomen ist nicht lukanisch → 3,11 Trad. Zur Gegenüberstellung ἁμαρτωλός ... δίκαιοι (auch 5,32 = Mk 2,17) → 1,6 Trad.

15,8 Red ἅπτει: → 11,33 Red S. 204. — ἐπιμελῶς: → 10,34 Red S. 192. — ἕως οὗ εὕρῃ: ἕως οὗ mit Konj.Aor. findet sich im lk Doppelwerk siebenmal: Lk 15,8; 22,18; 24,49/Apg 23,12.14.21; 25,21. Die Belege in der Apg erweisen die Konstruktion als lukanisch. Dagegen ist die in V. 4 verwendete Konstruktion (ἕως ohne ἄν mit Konj.Aor.) nicht lukanisch → 12,59 Trad S. 225³.

Trad τίς γυνή ... ἔχουσα: τίς-Fragesätze als Ersatz für Konditionalsätze → 11,5 Trad. ἔχω gehört zur traditionellen Gleichniseinleitung → 7,41 Trad.

15,9 Red συγκαλεῖ ... λέγουσα: → 15,6 Red. — συγχάρητε: → 15,6 Red s.v. συγκαλεῖ.

15,10 Red ἐνώπιον: → 1,17 Red S. 38. — τῶν ἀγγέλων τοῦ θεοῦ: (mit pleonastischem τοῦ θεοῦ) → 11,49 Red.

---

[2] Black³ 184.
[3] Wie auch sonst läßt Lukas eine ihm fremde Konstruktion (so hier ἕως εὕρῃ in V. 4) zunächst passieren, gleicht sie aber in der Wiederholung an seinen eigenen Sprachgebrauch (so hier ἕως οὗ εὕρῃ in V. 8) an. Ebenso verfährt er z.B. 22,16 (ἕως ὅτου = Trad) und 22,18 (ἕως οὗ = Red) wie auch 22,23 (τίς ... ἐξ αὐτῶν = Trad) und 22,24 (τίς αὐτῶν = Red). Weitere Beispiele bei → 7,41 Red; → 15,4—10 Red.

Trad οὕτως: (absolut) → 12,21 Trad. — λέγω ὑμῖν: Zum parenthetisch gebrauchten λέγω ὑμῖν → 3,8 Trad sub 3; ferner vgl. sub 10. — χαρὰ ... ἐπὶ ἑνὶ ἁμαρτωλῷ: → 15,7 Trad. — τῶν ἀγγέλων: οἱ ἄγγελοι als Umschreibung für Gott ist vorlukanisch → 12,8f. Trad.

15,4—10 Red Der Vergleich der beiden Gleichnisse vom Verlorenen Schaf und der Verlorenen Drachme führt auf einen für die Technik des Lukas bezeichnenden Tatbestand. Es ergibt sich nämlich, daß Lukas eine Reihe ihm nicht sympathischer Wendungen, die er in V. 4—7 hatte passieren lassen, im zweiten Gleichnis (V. 8—10) geändert hat:

nicht lukanisch	lukanisch
V. 4 ἑκατὸν πρόβατα (mit Voranstellung der Kardinalzahl → 3,11 Trad)	V. 8 δραχμὰς ... δέκα (mit Nachstellung d. Kard.)
V. 4 καὶ ἀπολέσας (parataktisch)	V. 8 ἐὰν ἀπολέσῃ (hypotakt.)
V. 4 ἕως	V. 8 ἕως οὗ ($\mathfrak{P}^{75}$BℵLΘλ pc)
V. 7 χαρὰ ... ἔσται	V. 10 γίνεται χαρά (vgl. Apg 8,8)

Im übrigen hat Lukas das Gleichnis vom Verlorenen Schaf nahezu unverändert so übernommen, wie seine Quelle es ihm darbot. Als größerer Eingriff ist nur der Zusatz des abschließenden Relativsatzes in V. 7 zu notieren. Darüber hinaus ist V. 7 jedoch nach Ausweis des Sprachgebrauchs nicht „redaktionell-lukanisch"[4]; vielmehr fand Lukas das Gleichnis schon mit einer Deutung vor. Auch das Gleichnis von der Verlorenen Drachme hat Lukas bis auf einige stilistische Retuschen so wiedergegeben, wie er es vorfand.

15,11 Red εἶπεν δέ: → 1,13 Red S. 33. — τις: Lukas schreibt adjektivisches τις außergewöhnlich häufig → 1,5 Red.

Trad ἄνθρωπός τις: ist vorlukanisch → 10,30 Trad S. 191. — εἶχεν δύο υἱούς: ἔχειν gehört zur traditionellen Gleichniseinleitung. Außer Mt 21,28 findet es sich als solche nur im Gleichnisgut des Nicht-Markusstoffes: Lk 11,5; 13,6; 15,4.8.11 (unsere Stel-

---

[4] Conzelmann 103.

le); 16,1; 17,7 → 7,41 Trad. Wichtig als Indiz für das Vorliegen traditionellen Gutes ist ferner die Voranstellung der Kardinalzahl, die in der Regel nicht lukanisch ist → 3,11 Trad.

15,12 Trad καὶ εἶπεν: am Satzbeginn mit folg.Dat. ist nicht-lukanischer Sprachgebrauch → 1,18.19 Trad. — τῆς οὐσίας: im NT nur im Sondergut des LkEv: 15,12f. — τὸν βίον: βίος in der Bedeutung „Lebensunterhalt", „Vermögen" findet sich im NT (außer 1Joh 2,16; 3,17) nur Lk 15,12.30; 21,4 = Mk 12,44. Lukas verwendet die Vokabel in dieser Bedeutung nicht von sich aus (wie Lk 21,4 = Mk 12,44 zeigt), er selbst sagt τὰ ὑπάρχοντά τινι (mit Dativ) → Lk 8,3 Red; 12,15; Apg 4,32.

15,13 Red μετ᾽ οὐ πολλὰς ἡμέρας: ist eine Litotes (understatement mit Hilfe einer Negation vor Adjektiv bzw. Adverb „nach nicht vielen Tagen" = „ganz bald darauf"). Kein anderer neutestamentlicher Schriftsteller macht so häufig von der Litotes Gebrauch wie Lukas (18mal Apg, im Ev nur 15,13)[5]. Die Litotes οὐ πολλαὶ ἡμέραι begegnet außer an unserer Stelle im NT noch Joh 2,12 und Apg 1,5 (vgl. 27,14 μετ᾽ οὐ πολύ).

Trad εἰς χώραν μακράν: im NT nur in Gleichniseinleitungen im Nicht-Markusstoff des LkEv: 15,13; 19,12, daher wohl nicht lukanisch. Dasselbe gilt für μακρὰν ἀπέχω (7,6; 15,20), da Lukas selbst μακρὰν ὑπάρχω (Apg 17,27) schreibt → 7,6 Trad. — διεσκόρπισεν: διασκορπίζω in der Bedeutung „das Gut verschleudern", „verschwenden" im NT nur in Gleichniseinleitungen des Nicht-Markusstoffs des LkEv: 15,13; 16,1. — τὴν οὐσίαν: → 15,12 Trad.

15,14 Red λιμὸς ἰσχυρά: Lukas gebraucht im Ev λιμός sowohl masc. (4,25) wie fem. (15,14). Den Ausschlag gibt Apg 11,28 (λιμὸν μεγάλην) für das Femininum als eigene Schreibweise des Lukas. — κατὰ τὴν χώραν: κατά c.acc., räumlich, ist lk Vorzugswendung → 8,1 Red.

Trad ἐγένετο λιμός: ist eine nicht-lukanische Wendung → 4,25 Trad. — καὶ αὐτός: καὶ αὐτός (αὐτή, αὐτό) als Satzeinleitung be-

---

[5] Rehkopf, Grammatisches 220—225. Zu den 16 Beispielen aus der Apg, die Rehkopf nennt, würde ich noch Apg 14,17; 17,27 stellen.

gegnet 102mal im NT, allein in den Evangelien 39mal, davon 34mal im LkEv (→ 1,17 Red), und ist mit Ausnahme von 6 Stellen stets betont. Diese 6 Fälle von unbetontem satzeinleitendem καὶ αὐτός [6] stellen einen sehr auffälligen Sprachgebrauch dar, der sich vermutlich aus Einfluß der LXX erklärt. Alle 6 neutestamentlichen Belege für dieses nichtemphatische καὶ αὐτός finden sich im Nicht-Markusstoff des LkEv: 15,14; 16,24; 17,13; 19,2[bis]; 24,14, sie repräsentieren also nicht-lukanischen Sprachgebrauch. — ἤρξατο: Abundantes ἄρχομαι (Medium) ist nicht lukanisch → 3,8 Trad.

15,15 Red ἐκολλήθη: → 10,11 Red S. 186. — τῶν πολιτῶν: Dieses Nomen kommt abgesehen von Hebr 8,11 (cit.) im NT nur im lk Doppelwerk vor: Lk 15,15; 19,14/Apg 21,39.

Trad πορευθείς: Abundantes πορευόμενος/πορευθείς schreibt Lukas nicht von sich aus → 5,7 Trad sub c. — ἑνὶ τῶν ...: Zum indefiniten nicht-emphatischen εἷς, μία, ἕν → 11,46 Trad.

15,16 Red ὧν ἤσθιον: Attractio relativi ist lk Vorzugswendung → 2,20 Red.

Trad ἐπεθύμει: ἐπιθυμέω mit Infinitiv findet sich in den Evangelien außer Mt 13,17 nur Lk 15,16; 16,21; 17,22; 22,15, also nur im Nicht-Markusstoff. Die Konstruktion wird vorlukanisch sein, denn wo Lukas von sich aus formuliert, konstruiert er ἐπιθυμέω mit Genitiv (Apg 20,33). — γεμίσαι: im Doppelwerk sonst nur noch → 14,23 Trad.

15,17 Trad εἰς ἑαυτὸν δὲ ἐλθών: ist schwerlich lukanisch, denn Lukas selbst schreibt (freilich wohl mit etwas abweichendem Sinn) ἐν ἑαυτῷ γενόμενος (Apg 12,11). — περισσεύονται (so mit $\mathfrak{P}^{75}$Βλpc): περισσεύομαι med. mit Gen. ist nicht Sprachgebrauch des Lukas, der vielmehr, wie Apg 16,5 zeigt, act. mit Dativ schreibt[7]. — μί-

---

[6] Hawkins 41f. fand im NT 18 Fälle von unbetontem καὶ αὐτός (außer Mk 8,29 sämtlich im LkEv); Michaelis reduzierte die Zahl bei erneuter Nachprüfung auf 7 (S. 88). Wir selbst möchten 4,15 als „christologisches καὶ αὐτός" (→ 1,17 Red S. 37) und somit als betont ansehen und daher nur 6 Fälle von unbetontem καὶ αὐτός im NT zählen.

[7] Liddell–Scott 1387a s.v. περισσεύω III.

σθιοι... ἐγὼ δέ: Antithetische Parallelismen (unlukanisch → 1,52f. Trad) finden sich Lk 15,11—32 6mal: 17b//c, 24aα//β, bα//β, 29//30, 32bα//β, cα//β. — ὧδε: → 4,23 Trad.

15,18 Red ἀναστάς: Abundantes ἀναστάς ist lk Vorzugswendung → 1,39 Red S. 55. — πορεύσομαι: πορεύομαι ist im allgemeinen als lukanische Vorzugswendung anzusprechen → 1,39 Red S. 56. An unserer Stelle weist außerdem die Verbindung mit abundantem ἀναστάς auf lukanische Redaktion.

Trad οὐρανόν: οὐρανός/οὐρανοί als Umschreibung des Gottesnamens schreibt Lukas nicht von sich aus → 6,23 Trad.

15,19 Trad ἕνα τῶν: Indefinitives εἷς → 11,46 Trad.

15,20 Red ἀναστάς: → 1,39 Red. — ἐπέπεσεν ...:

Lk 15,20 ἐπέπεσεν ἐπὶ τὸν τράχηλον αὐτοῦ καὶ κατεφίλησεν αὐτόν

Apg 20,37 ἐπιπεσόντες ἐπὶ τὸν τράχηλον τοῦ Παύλου κατεφίλουν αὐτόν

Die Lk 15,20 gebrauchte zweigliedrige Wendung kehrt bis auf Minima in der Apg (20,37) wieder, was ihre lukanische Herkunft sehr wahrscheinlich macht. Das gilt vollends, wenn man die drei LXX-Stellen[8] vergleicht, an denen die Kombination Umarmung und Kuß vorkommt: sie weichen so stark (bis hin zur Reihenfolge) von den beiden Lukas-Fassungen ab, daß eine direkte literarische Beziehung nicht in Frage kommt. Zudem ist ἐπιπίπτω lk Vorzugswort → 1,12 Red. — κατεφίλησεν: → 7,38 Red.

Trad ἑαυτοῦ[9]: Zum „geschwächten Reflexivum" (an Stelle des Possessivpronomens) → 2,3 Trad. — μακρὰν ἀπέχοντος: Die Wendung μακρὰν ἀπέχω (7,6; 15,20) schreibt Lukas nicht von sich aus → 7,6 Trad. — ἐσπλαγχνίσθη: → 7,13; 10,33 Trad.

15,21 Red εἶπεν δέ: → 1,13 Red S. 33 sub 1.

Trad οὐρανόν: → 6,23 Trad.

---
[8] Gen 45,14f.; 33,4; 3Makk 5,49.
[9] So ist mit 𝔓75BAW zu lesen.

15,22 Red εἶπεν δὲ ... πρός: Zu εἶπεν δέ → 1,13 Red S. 33 sub 1; zu πρός c.acc. nach Verbum dicendi zur Bezeichnung des Angeredeten → 1,13 Red sub 2.

Trad ταχύ: → 14,21 Trad. — ὑποδήματα: → 3,16 Trad.

15,23 Trad φέρετε: φέρω (einschließlich Komposita) in der Bedeutung „bringen, führen" von Menschen und Tieren ist nicht lukanischer Sprachgebrauch → 11,4 Trad. — φέρετε ... θύσατε: Asyndetische Aufreihung von Imperativen ist nicht lukanisch → 6,27f. Trad. — εὐφρανθῶμεν: → 12,19 Trad.

15,24 Red ἦν ἀπολωλώς: Zur Konstruktion εἰμί + Part.perf. → 1,7 Red.

Trad νεκρὸς ἦν καὶ ἀνέζησεν, ἦν ἀπολωλὼς καὶ εὑρέθη: Beide Sätze enthalten zwei nicht-lukanische Spracheigentümlichkeiten: a) doppelten antithetischen Parallelismus → 1,52f. Trad, b) grammatische Parataxe bei logischer Hypotaxe → 1,58 Trad. — ἤρξαντο: Zum abundanten ἄρχομαι (nicht-lukanisch) → 3,8 Trad. — εὐφραίνεσθαι: → 12,19 Trad.

15,25 Trad ἐν ἀγρῷ: Artikelloses ἐν ἀγρῷ ist eine formelhafte präpositionale Wendung (§ 255), die im NT ausschließlich im Nicht-Markusstoff des LkEv zu finden ist (Lk 12,28; 15,25; 17,31) und daher vorlukanisch sein wird. — καὶ ὡς: als temporale Konjunktion mit Aor. ist nicht lukanisch → 1,23 Red, abundantes ἐρχόμενος ebenfalls (→ 5,7 Trad sub a und → 13,14 Trad). — ἤγγισεν: nach καὶ ὡς ist vorlukanisch → 7,12 Red S. 157 Anm. 15. — συμφωνίας καὶ χορῶν: Es hängt mit der fundamentalen Bedeutung, die der Parallelismus für die semitische Poesie hat, zusammen, daß das Bibelgriechische reich an stereotypen Wortpaaren ist. Wir geben einige Beispiele aus dem lukanischen Doppelwerk, in dem sich das Phänomen besonders häufig findet: „Flötenspiel und Reigentanz" Lk 15,25; „Flöten und Klagen" 7,32; „tanzen und heulen" ebd; „sich freuen und guter Dinge sein" 15,32; „Hunger und Seuchen" 21,11; „Fristen und Termine" Apg 1,7; „Zeichen und Wunder" 2,19a.22.43; 4,30; 5,12; 6,8; 7,36; 14,3; 15,12; „Sonne und Mond" 2,20a; „Anteil und Erbbesitz" 8,21; „Leben und Odem" 17,25.

15,26 Red ἐπυνθάνετο τί ἂν εἴη ταῦτα: Die Wendung stammt von Lukas; denn er fügt 18,36 ἐπυνθάνετο τί εἴη τοῦτο zum Markustext (10,47) hinzu. Im einzelnen ist festzustellen: πυνθάνομαι findet sich im NT (außer Mt 2,4; Joh 4,52) nur im lk Doppelwerk (neunmal): Lk 15,26; 18,36 (Zufügung zu Mk 10,47)/Apg 4,7; 10,18.29; 21,33; 23,19.20.34; der Optativus potentialis mit ἄν ist im NT auf das Doppelwerk beschränkt (→ 1,29 Red S. 48 sub 3); den präsentischen Optativ schreibt Lukas mit Vorliebe → 1,29 Red sub 2.

Trad ἕνα: Indefinites nicht-emphatisches εἷς, μία, ἕν ist nicht lukanisch → 11,46 Trad.

15,27 Red ὑγιαίνοντα: ὑγιαίνω (im eigentlichen Sinn) ist lukanisch → 7,10 Red.

Trad ὁ δὲ εἶπεν αὐτῷ: ist nicht lukanischer Sprachgebrauch → 7,43 Trad. — ἥκει: nicht lukanisch → 12,46 Trad. — ἀπέλαβεν: in der Bedeutung „zurückempfangen", „wiedererlangen" im NT nur 6,34; 15,27 → 6,34 Trad.

15,28 Red παρεκάλει αὐτόν: Wie die übrigen Verben des Bittens wird παρακαλέω von Lukas meist mit einem Infinitiv konstruiert (→ 2,26 Red S. 94), der an unserer Stelle mühelos aus dem Zusammenhang ergänzt werden kann (εἰσελθεῖν). In der Apg findet sich der (Akk. mit) Infinitiv nach παρακαλεῖν 11mal, im LkEv noch 8,41 (diff. Mk 5,23).

15,29//30 Trad Antithetischer Parallelismus → 15,17 Trad.

15,29 Trad ὁ δὲ ... εἶπεν τῷ πατρί: nicht lukanisch → V. 27 Trad. — ἰδοὺ τοσαῦτα ἔτη: ἰδού mit Nominativ der Zeitdauer ist ein Aramaismus (= hā), der im NT nur im Nicht-Markusstoff des LkEv vorkommt → 13,7 Trad. — παρῆλθον: παρέρχομαι in der Bedeutung (ein Gebot) „übertreten", „mißachten" dürfte vorlukanisch sein → 11,42 Trad. — καὶ ἐμοὶ οὐδέποτε: Grammatische Parataxe bei logischer Hypotaxe → 1,58 Trad. — εὐφρανθῶ: Zu εὐφραίνομαι (Pass.) → 12,19 Trad.

15,30 Red ὅτε δέ: ist lukanisch → 2,21 Trad.

Trad σου τὸν βίον: Zur Voranstellung von μου/σου (unlukanisch) → 6,29 Trad. — βίον: Zu βίος (= „Lebensunterhalt, Vermögen") → 15,12 Trad.

15,31 Trad ὁ δὲ εἶπεν αὐτῷ: nicht lukanisch → V. 27 Trad. — πάντοτε: πάντοτε (Mt 2, Mk 2, Lk 2, Joh 7, Paulus 27, Hebr 1) schreibt Lukas im Unterschied zum häufigen Gebrauch bei Paulus nur 2mal, und zwar im Nicht-Markusstoff (Lk 15,31; 18,1). Wo er selbst formuliert, bevorzugt er διὰ παντός (→ 24,53 Red) bzw. ἀεί (Apg 7,51). Man kann fragen, ob er sich dabei den Attizisten anschließt, die πάντοτε verpönten und διὰ παντός, ἀεί und ἑκάστοτε empfahlen[10]. Dagegen spricht jedoch, daß Lukas keine attizistischen Ambitionen hat. Von den seitens der Attizisten empfohlenen Wörtern hat er (Wiederholungen mitgezählt) nur rund 200, von den verpönten Wörtern dagegen fast 600 geschrieben[11]; es ist daher ungleich wahrscheinlicher, daß er bei der Zurückhaltung gegenüber πάντοτε judengriechischem Sprachgebrauch folgt: die LXX hat nur 2mal πάντοτε, dagegen 73mal διὰ παντός und 14mal ἀεί. — πάντα τὰ ἐμὰ σά ἐστιν: Das Possessivpronomen ἐμός kommt im NT in ungleichmäßiger Verteilung vor (Mt 5, Mk 2, Lk 3, Joh 40, Pls 23, sNT 3). In der Apg fehlt das Wort ganz, und die drei Stellen im LkEv sind traditionell: Lk 9,26 με καὶ τοὺς ἐμοὺς λόγους = Mk 8,38; Lk 15,31 πάντα τὰ ἐμὰ σά ἐστιν = Joh 17,10 τὰ ἐμὰ πάντα σά ἐστιν; Lk 22,19 εἰς τὴν ἐμὴν ἀνάμνησιν = 1Kor 11,24f.

15,32 Red ἀπολωλώς (ἦν): → V. 24.

Trad εὐφρανθῆναι ... καὶ χαρῆναι („sich freuen und guter Dinge sein"): Stereotypes Wortpaar → 15,25 Trad. — νεκρὸς ἦν καὶ ἔζησεν//ἀπολωλὼς καὶ εὑρέθη: Refrainartige Wiederholung der beiden antithetischen Parallelismen von → V. 24 Trad.

15,11—32 Red Das Gleichnis vom Verlorenen Sohn ist vom Evangelisten nur ganz leicht stilistisch überarbeitet worden. Es kann keine Rede davon sein, daß der zweite Teil redaktioneller Zusatz wäre[12]. Voll-

---

[10] Bauer⁵ 1207.
[11] Larfeld 202—213.
[12] J. T. Sanders, Tradition and Redaction in Luke XV. 11—32, in: NTS 15 (1968/69), 433—438. Dagegen J. Jeremias, Tradition und Redaktion in Lukas 15, in: ZNW 62 (1971), 172—189.

ends scheitert die Hypothese, Lukas sei der Verfasser des ganzen Gleichnisses[13], am sprachlichen Befund.

16,1 Red ἔλεγεν ... πρός c.acc.: → 1,13 Red S. 33 sub 2. — δὲ καί: → 2,4 Red S. 78. — τις: Adjektivisches τις ist kennzeichnend für den lukanischen Stil → 1,5 Red S. 15. — καὶ οὗτος: zur Fortführung einer Beschreibung ist lukanisch → 1,36 Red S. 53.

Trad ἄνθρωπός τις: → 10,30 Trad. — εἶχεν: Zu ἔχειν am Beginn von Gleichnissen → 7,41 Trad. — διασκορπίζων: διασκορπίζω in der Bedeutung „das Gut verschleudern, verschwenden" findet sich im NT nur im Nicht-Markusstoff → 15,13 Trad. — τὰ ὑπάρχοντα αὐτοῦ: Substantiviertes Partizip von ὑπάρχω mit Gen. d.Pers. ist vorlukanisch → 11,21 Trad.

16,2 Red τί τοῦτο ἀκούω περὶ σοῦ: ist lukanisch, wie Apg 14,15 (τί ταῦτα ποιεῖτε) zeigt. Es kommt hinzu, daß die Konstruktion ἀκούω τι περί τινος im NT nur im LkEv vorkommt: 9,9 (hier als Zusatz zu Mk 6,16) und 16,2.

Trad ἀπόδος ...:
Lk 16,2: ἀπόδος τὸν λόγον τῆς οἰκονομίας σου (λόγος mit Artikel + Gen.)
Apg 19,40: περὶ οὗ οὐ δυνησόμεθα ἀποδοῦναι λόγον (λόγος ohne Art. + περί mit Gen.)
Da die Apg 19,40 vorliegende, dem Üblichen entsprechende Gestalt der Wendung (vgl. Mt 12,36; Röm 14,12 v.l.; 1Petr 3,15) die lukanische ist, ist die im NT singuläre Fassung von Lk 16,2 der Tradition zuzuweisen. — δύνῃ: Als 2. P.sing.ind.praes. von δύναμαι findet sich im NT neben der älteren Form δύνασαι[1] die seltenere, erst in vorchristlicher Zeit in die Volksliteratur eingedrungene Form δύνῃ[2]. Lukas schreibt zweimal δύνασαι: Lk 5,12 (Übernahme von Mk 1,40) sowie 6,42; δύνῃ kommt nur 1mal bei ihm vor, in einem Gleichnis des Sondergutes (Lk 16,2), offensichtlich traditionell.

---

[13] L. Schrottroff, Das Gleichnis vom verlorenen Sohn, in: ZThK 68 (1971), 27—52: 51f.
[1] Mt 5,36; 8,2; Mk 1,40; Lk 5,12; 6,42; Joh 13,36; 1Kor 7,21.
[2] Mk 9,22f.; Lk 16,2; Offb 2,2.

16,3 Red εἶπεν δὲ ἐν ἑαυτῷ: Zu εἶπεν δέ → 1,13 Red S. 33; zu εἶπεν δὲ ἐν ἑαυτῷ → 12,17f. Red S. 215 (Tabelle). — τί ποιήσω: als Frage im deliberativen Selbstgespräch kommt im NT nur bei Lukas vor (12,17; 16,3f.; 20,13) → 12,17f. Red. — σκάπτειν οὐκ ἰσχύω: → 6,48 Red.

Trad αἰσχύνομαι: In den Geschichtsbüchern des NT nur hier.

16,4 Red ἔγνων τί ποιήσω: → V. 3 Red.

Trad ἑαυτῶν: Zum „geschwächten Reflexivum" (an Stelle des Possessivpronomens) → 2,3 Trad.

16,5 Red ἕνα ἕκαστον τῶν ...: εἷς ἕκαστος + Gen.part. findet sich im NT außer bei Paulus (4) und in der Offb (1) nur im lk Doppelwerk (2/4). Da Lukas die Wendung 4,40 in seinen Markusstoff einfügt und sie außerdem viermal in der Apg schreibt[3], wird sie auch an unserer Stelle auf ihn zurückgehen. — τῷ πρώτῳ ... (7) ἑτέρῳ: Die Folge ὁ πρῶτος ... ἕτερος findet sich im NT nur bei Lukas (14,18f.; 16,5.7; 19,16.20). Die Verwendung von ἕτερος (trotz dessen ursprünglich dualischer Bedeutung) in Aufzählungen ist typisch für Lukas → 3,18 Red.

Trad χρεοφειλετῶν: → 7,41 Trad. — ἑαυτοῦ: „geschwächtes Reflexivum" → 2,3 Trad.

16,6 Red καθίσας: Zu abundantem καθίσας → 14,28 Red.

Trad ἑκατὸν βάτους: Die Voranstellung der Kardinalzahl ist nicht lukanisch → 3,11 Trad. — ὁ δὲ εἶπεν αὐτῷ: → 7,43 Trad. — σου: Zum vorangestellten Possessivpronomen μου/σου → 6,29 Trad. — ταχέως: → 14,21 Trad.

16,7 Red ἑτέρῳ: → 16,5 Red.

Trad ἑκατὸν κόρους: Voranstellung der Kardinalzahl → 3,11 Trad. — σου τὰ γράμματα: → 6,29 Trad.

---

[3] 2,3; 17,27; 21,19.26.

16,8 Trad ὁ κύριος: = absolut gebrauchte Bezeichnung für den irdischen Jesus in der Erzählung → 7,13 Trad. — τὸν οἰκονόμον τῆς ἀδικίας: → 13,27 Trad. — ὑπέρ: Zu ὑπέρ c.acc. als Vergleichspartikel nach Komparativ → 3,13 Trad. — ἑαυτῶν: Zum „geschwächten Reflexivum" → 2,3 Trad.

16,9 Trad ὑμῖν λέγω: Zu ὑμῖν/σοι λέγω mit Voranstellung des Dativobjektes und mit folgendem Imperativ → 3,8 Trad sub 7.8; ferner vgl. sub 10. — ἑαυτοῖς ποιήσατε: → 12,33 Trad. — φίλους: → 7,6 Trad. — μαμωνᾶ: Das semitische Fremdwort μαμωνᾶς (im NT nur Mt 6,24; Lk 16,9.11.13) schreibt Lukas nicht von sich aus (→ 10,18 Trad). Die vorlukanische Herkunft der Vokabel wird durch die wörtliche Übereinstimmung von Lk 16,13 mit Mt 6,24 bestätigt. — τῆς ἀδικίας: → 13,27 Trad. — ἐκλίπῃ: ἐκλείπω im NT außer Hebr 1,12 cit. nur im Nicht-Markusstoff des LkEv: 16,9; 22,32; 23,45. Lukas selbst schreibt zwar παύομαι (→ 5,4 Red), übernahm aber ἐκλείπω ohne weiteres, weil ihm die Vokabel aus der LXX geläufig war, in der sie 187mal vorkommt (→ 22,32 Trad), und weil er gern Derivate vom Stamm λειπ- benutzt: ἀνέκλειπτος (1), διαλείπω (1), ἐγκαταλείπω (2), καταλείπω (Lk 4/Apg 5), λείπω (1). — δέξωνται: Zur 3.Pers.pl. als Umschreibung des Gottesnamens → 6,38 Trad.

16,10 Trad πιστός/ἄδικος: Antithetischer Parallelismus → 1,52f. Trad. — ὁ πιστός (bis): Das (aramaisierende) Asyndeton im Redenstoff ist ein Kennzeichen der vorlukanischen Überlieferung → 1,51 Trad. Zum passivischen πιστός (= „glaubwürdig", „zuverlässig") → 12,42 Trad.

16,11f. Trad εἰ ... καὶ εἰ ...: Doppelfragen bildet Lukas nicht von sich aus → 2,49 Trad.

16,11 Trad μαμωνᾷ: Zu μαμωνᾶς → 16,9 Trad. — πιστοί: passivisch → 12,42 Trad. — πιστεύσει: Gnomisches Futur in rhetorischen Fragen ist nicht lukanisch → 6,39 Trad.

16,12 Trad πιστοί: passivisch → 12,42 Trad. — δώσει: Gnomisches Futur in rhetorischen Fragen ist nicht lukanisch → 6,39 Trad.

16,13 Red οὐδεὶς οἰκέτης: οἰκέτης fehlt in der Parallele Mt 6,24. Die Statistik (οἰκέτης im NT außer Röm 14,4; 1Petr 2,18 nur Lk 16,13/ Apg 10,7) macht es wahrscheinlich, daß das Wort von Lukas zugesetzt worden ist.

Trad οὐδεὶς οἰκέτης δύναται...: Asyndeton ist Kennzeichen der vorlukanischen Überlieferung → 1,51 Trad. — δυσὶ κυρίοις: Voranstellung der Kardinalzahl, auch par. Mt 6,24, ist nicht lukanisch → 3,11 Trad. — μισήσει ... ἀγαπήσει ... ἀνθέξεται ... καταφρονήσει: Zur Inversion → 6,43 Trad. — ἕνα/ἕτερον, ἑνὸς/ ἑτέρου: Dualisches ἕτερος, hier zweimal in der Gegenüberstellung (ὁ) εἷς /ὁ ἕτερος, ist nicht lukanischer Sprachgebrauch (→ 3,18 Red). Als Bestätigung erweist sich an unserer Stelle die Mt-Parallele (6,24 b.c par. Lk 16,13 b.c). — ἀγαπήσει: Zur Wortgruppe ἀγαπ- → 6,27 Trad. — οὐ δύνασθε: → 1,51 Trad (Asyndeton). — θεῷ: θεός ohne Artikel ist nicht lukanisch → 1,35 Trad. — μαμωνᾷ: → 16,9 Trad.

16,14 Red ἤκουον δέ: Der Vers ist eine erläuternde Zwischenbemerkung, wie Lukas sie liebt (→ 1,66 Red). — ὑπάρχοντες: Zu ὑπάρχω (lk Vorzugswort) als Ersatz für εἶναι mit Prädikatsnomen → 7,25 Red.

Trad ἐξεμυκτήριζον: Das Kompositum, das sich im NT nur im Nicht-Markusstoff des LkEv findet (Lk 16,14; 23,35), ist auffällig, weil die klassische Literatur, Septuaginta und Paulus (Gal 6,7) ganz überwiegend das Simplex gebrauchen und weil die Synoptiker für „verspotten", insbesondere für die Verspottung Jesu bei seiner Passion, ἐμπαίζω[4] und ἐξουθενέω[5] sagen. Das Rätsel löst sich mit der Erkenntnis, daß ἐκμυκτηρίζω 23,35 Zitat aus dem Leidenspsalm 21[22],8 ist; die seltene Vokabel wird man wohl der vorlukanischen Tradition zuzuschreiben haben.

16,15 Red ἐνώπιον[bis]: wird von Lukas bevorzugt → 1,17 Red.

Trad καὶ εἶπεν αὐτοῖς: Zu καὶ εἶπεν in unmittelbarer Aufeinanderfolge am Satzbeginn mit folg. Dativ → 1,18.19 Trad. — V.

---

[4] Mt 5, Mk 3, Lk 5.
[5] Mk 1, Lk 2 (Apg 1).

15a//b; c//d: Antithetische Parallelismen → 1,52f. Trad. — δικαιοῦντες: δικαιόω mit menschlichem Subjekt (Lk 7,29; 10,29; 16,15) ist nicht lukanisch → 7,29 Trad. — τὸ ... ὑψηλὸν βδέλυγμα ἐνώπιον τοῦ θεοῦ: Die fehlende Kopula in dieser sprichwörtlich klingenden Aussage weist auf nicht-lukanischen Sprachgebrauch hin → 1,5 Trad mit Anm. 25.

16,16 Trad ὁ νόμος ...: Zum Asyndeton am Satzanfang → 1,51 Trad; zum Fehlen der Kopula in V. 16a → 1,5 Trad. — ἀπὸ τότε: Das Zeitadverb τότε hat im NT eine zweifache Bedeutung: 1. klassischem Gebrauch gemäß führt τότε das in einem bestimmten Zeitpunkt Geschehene ein („zu jener Zeit", „damals"); 2. namentlich in semitisierenden Texten dient die Verknüpfung mit τότε zur Einführung des zeitlich Nachfolgenden („darauf"). Im Doppelwerk kommt τότε 36mal vor (Ev 15/Apg 21), und zwar mit *einer* Ausnahme stets in der nicht-klassischen Bedeutung „darauf". Die Ausnahme findet sich an unserer Stelle, an der mit ἀπὸ τότε („von jener Zeit an") ein Ereignis der Vergangenheit anvisiert wird. Die Abweichung unserer Stelle von dem im Doppelwerk sonst überall Üblichen sichert den Schluß, daß wir es mit einer vorlukanischen Formulierung zu tun haben. — ἡ βασιλεία τοῦ θεοῦ εὐαγγελίζεται: Mediales εὐαγγελίζομαι ist ein ausgesprochener Lukanismus → 1,19 Red; → 8,1 Red. Anders ist über das passivische εὐαγγελίζομαι zu urteilen, das in der Apg nie, im LkEv nur 7,22 und 16,16 erscheint und Lk 7,22 durch die Mt-Parallele (11,5) als vorlukanisch erwiesen wird.

16,17 Trad οὐρανόν: Zum Sing. οὐρανός → 3,21.22 Red Anm. 27. — μίαν κεραίαν: Zur Voranstellung der Kardinalzahl → 3,11 Trad; zum indefiniten εἷς, μία, ἕν → 11,46 Trad.

16,18 Red ἑτέραν: ἕτερος ist ein lukanisches Vorzugswort, das Lukas bei eigener Formulierung nicht-dualisch gebraucht (→ 3,18 Red S. 110f.). Lukanisch ist auch das Meiden von ἄλλος, das man an unserer Stelle erwartet und das auch von Mk (10,11) und Mt (19,9) geboten wird (→ 6,29 Trad S. 142). — ὁ ἀπολελυμένην ἀπὸ ἀνδρὸς γαμῶν: ἀπολύω wird im NT nur von Lukas mit ἀπό konstruiert: Lk 16,18b; Apg 15,33. Dem substantivierten Partizip ὁ γαμῶν entspricht bei Matthäus ein Relativsatz (ὃς ἐὰν ... γαμήσῃ 5,32b). Da Lukas gern Relativsätze durch Partizipien ersetzt, haben wir es mit lukanischer Redaktion zu tun → 4,5 Red.

Trad πᾶς ὁ ἀπολύων ... καί ...: Grammatische Parataxe bei logischer Hypotaxe („Jeder der, nachdem er ...") ist unlukanisch → 1,58 Trad. An unserer Stelle wird das substantivierte Partizip durch die Mt-Parallele (5,32) bestätigt.

16,19 Red τις: Zum adjektivischen τις → 1,5 Red S. 15. — λαμπρῶς: → 2,9 Red.

Trad ἄνθρωπος ... τις: → 10,30 Trad. — εὐφραινόμενος: Zum pass. εὐφραίνομαι (von den Freuden des Mahls) → 12,19 Trad.

16,20 Red πτωχὸς ... τις ὀνόματι Λάζαρος: Zum adjektivischen τις und zur Wortfolge: nachgestelltes adjektivisches τις + ὀνόματι + Eigenname → 1,5 Red.

16,21 Trad ἐπιθυμῶν: Zu ἐπιθυμέω mit Infinitiv → 15,16 Trad. — ἀλλὰ καί: → 1,60 Trad sub 1. — ἐρχόμενοι: Zum abundanten ἐρχόμενος/ἐλθών → 5,7 Trad und 13,14 Trad.

16,22 Red ἐγένετο δὲ ἀποθανεῖν: ἐγένετο δέ ist eine Wendung, die sich im NT nur im lk Doppelwerk findet → 1,8f. Red S. 25 sub A; γίνομαι mit folgendem Infinitiv, um das Eintreten der vom Verb bezeichneten Handlung hervorzuheben, ist lk Vorzugswendung → 3,21 Red S. 112. — δὲ καί: ist eine von Lukas bevorzugte Partikelverbindung → 2,4 Red.

16,23 Red ὑπάρχων: Zu ὑπάρχω als Ersatz für εἰμί mit Prädikatsnomen → 7,25 Red.

Trad μακρόθεν: Das Adverb fehlt in der Apostelgeschichte. Lukas übernahm es zweimal aus der Passionsüberlieferung (Lk 22,54 par. Mk 14,54; Lk 23,49 par. Mk 15,40), zweimal aus der Gleichnisüberlieferung (16,23; 18,13), schreibt es also offensichtlich nicht von sich aus.

16,24 Red ὀδυνῶμαι: Zu ὀδυνάομαι → 2,48 Red S. 101.

Trad καὶ αὐτός: Satzeinleitendes nicht-emphatisches καὶ αὐτός → 15,14 Trad. — ἐλέησόν με: Zu ἐλεέω → 1,50 Trad.

16,25 Red εἶπεν δέ: → 1,13 Red S. 33. — ὀδυνᾶσαι: → 2,48 Red S. 101.

Trad ὧδε: → 4,23 Trad. — ἀπέλαβες ... παρακαλεῖται ... ὀδυνᾶσαι: Umschreibungen des Gottesnamens → 4,21 Trad S. 122. — Zwei antithetische Parallelismen (V. 25a//b; c//d) → 1,52f. Trad.

16,26 Red διαβῆναι: διαβαίνω findet sich im NT außer Hebr 11,29 nur im lk Doppelwerk: Lk 16,26/Apg 16,9. Zur Vorliebe des Lukas für Verbkomposita mit δια- → 1,65 Red.

Trad ἐν πᾶσι τούτοις: ist ein Semitismus; das ἐν gibt die Präposition 'im' wieder, mit der ein steigerndes neues Moment eingeführt wird: „zu allem Überfluß". Lk 24,21 steht dafür mit Variation der Präposition σὺν πᾶσιν τούτοις. Bei der Vorliebe des Lukas für σύν (→ 1,56 Red) könnte die Fassung mit σύν der Redaktion, die mit ἐν der Tradition zuzuschreiben sein. — ἐστήρικται: Pass. divinum → 4,21 Trad.

16,27 Red εἶπεν δέ: → 1,13 Red.

Trad ἐρωτῶ ... ἵνα: Lukas konstruiert ἐρωτάω in der Bedeutung „bitten" mit Inf. bzw. ὅπως (→ 5,3 Red); die Konstruktion mit nicht-finalem ἵνα dagegen ist nicht lukanisch → 7,36 Trad. Vgl. zur Reserve des Lukas gegenüber nicht-finalem ἵνα → 1,43 Trad S. 58.

16,28 Red διαμαρτύρηται: Lukas hat eine Vorliebe für Verbkomposita mit δια- → 1,65 Red S. 70f.; auch unser Kompositum schreibt er öfter als das übrige NT (Lk 1/Apg 9, sNT 5); mit Dativ der Person kommt διαμαρτύρομαι im NT nur im Doppelwerk vor: Lk 16, 28/Apg 18,5; 20,21.23.

Trad πέντε ἀδελφούς: Zur Voranstellung der Kardinalzahl (nicht lukanisch) → 3,11 Trad.

16,30 Trad οὐχί, ... ἀλλά: → 1,60 Trad sub 1. — ἀπὸ νεκρῶν: Mit dieser Wendung alterniert im nächsten Vers: ἐκ νεκρῶν; hier spielt der Wunsch nach Variation herein. Das bedeutet aber nicht, daß beide Fassungen der Wendung auf einer Stufe stehen. Während nämlich ἐκ νεκρῶν im NT in breiter Streuung 43mal vorkommt, findet sich ἀπὸ νεκρῶν im ganzen NT nur ein einziges Mal, an unserer Stelle[6]. Lukas schreibt die gemeinurchristliche Fassung der Formel, ἐκ νεκρῶν, 12mal (Ev 4/Apg 8); er entnahm also ἀπὸ νεκρῶν der Überlieferung.

16,31 Red εἶπεν δέ: → 1,13 Red.

17,1 Red εἶπεν δὲ πρός c.acc.: → 1,13 Red S. 33. — ἀνένδεκτον ... τοῦ ... μὴ ἐλθεῖν: ἀνένδεκτος scheint im Unterschied zu οὐκ ἐνδέχεται redaktionell zu sein (→ 13,33 Trad S. 234). Der Infinitiv mit Artikel im Genitiv ist kennzeichnend für die lukanische Diktion → 1,8f. Red S. 27 sub B. Die befremdliche Anwendung der Konstruktion nach ἀνένδεκτόν ἐστιν erklärt sich daraus, daß die Vorstellung einer Absicht des Verhinderns hereinspielt (Zahn, Lukas, zu 17,1); zur Konstruktion der Verben des Verhinderns mit τοῦ μή + Inf. → 1,8f. Red sub B 1e.

Trad τὰ σκάνδαλα: (par. Mt 18,7) → 7,23 Trad. — πλήν: (mit $\mathfrak{P}^{75}$ℌD, par. Mt 18,7) als adversative Konjunktion → 6,24 Trad. — οὐαί: (par. Mt 18,7) → 6,24 Trad.

17,2 Trad ἤ: als Vergleichspartikel ohne vorangehenden Komparativ → 15,7 Trad. — ἵνα: Zum nicht-finalen ἵνα → 1,43 Trad. — σκανδαλίσῃ: (par. Mt 18,6) → 7,23 Trad. — ἕνα: (par. Mt 18,6). Zum indefiniten εἷς → 11,46 Trad.

17,3 Red προσέχετε ἑαυτοῖς: → 12,1 Red; → 12,5 Red.

Trad ἐὰν ἁμάρτῃ ...: Zum Asyndeton → 1,51 Trad. — ἀδελφός: Zum übertragen gebrauchten ἀδελφός mit Possessivpronomen (par. Mt 18,15) → 6,41 Trad.

17,4 Trad καὶ ἐὰν ... καί: Grammatische Parataxe bei logischer Hypotaxe (Beyer[2] 268) → 1,58 Trad.

17,5 Red οἱ ἀπόστολοι: ist lk Vorzugswort → 11,49 Red S. 209. — πρόσθες: προστίθημι ist lk Vorzugswort → 3,20 Red.

---

[6] Mit Artikel noch Mt 14,2; 27,64; 28,7.

Trad καὶ εἶπαν: Zu καὶ εἶπεν in unmittelbarer Aufeinanderfolge am Satzanfang mit folg. Dativ → 1,18.19 Trad. — τῷ κυρίῳ: ὁ κύριος zur Bezeichnung des irdischen Herrn in der Erzählung ist vorlukanischer Sprachgebrauch → 7,13 Trad.

17,6 Red εἶπεν δέ: → 1,13 Red.

Trad ὁ κύριος: → 7,13 Trad. — … καὶ ὑπήκουσεν …: Grammatische Parataxe bei logischer Hypotaxe (entsprechend par. Mt 17,20) → 1,58 Trad.

17,7 Red τίς δέ: Zum Fehlen von ἐστίν in Fragesätzen → 1,5 Trad S. 22 mit Anm. 28. — [ἐστίν] ἔχων: Zur coniugatio periphrastica → 1,20 Red S. 43 sub d. — εὐθέως: ist lukanisch → 12,36 Red S. 219.

17,7—9 Trad τίς … ἀλλ' οὐχί … μὴ ἔχει …: Doppelfragen bildet Lukas nicht von sich aus, geschweige denn Perioden mit drei Fragen → 2,49 Trad.

17,7 Trad τίς … ἐξ ὑμῶν: Diese Frageeinleitung als Ersatz für konditionale Protasis ist nicht-lukanischer Sprachgebrauch → 11,5 Trad; 22,23 Trad. — ἔχων: ἔχειν gehört zur trad. Gleichniseinleitung → 7,41 Trad. — ἐρεῖ: Gnomisches Futur in rhetorischen Fragen → 6,39 Trad. — παρελθών: Abundantes παρελθών, im NT nur noch 12,37, an beiden Stellen bezogen auf die Bedienung bei Tisch, ist nicht lukanisch → 5,7 Trad S. 133 sub b. — ἀνάπεσε: ἀναπίπτω gehört zu denjenigen Verben des Zu-Tische-Liegens, die Lukas nicht von sich aus schreibt → 7,36 Red.

17,8 Red μετὰ ταῦτα: → 10,1 Red.

Trad ἀλλ' οὐχί: → 1,60 Trad sub 1. — ἐρεῖ: Gnomisches Futur in rhetorischen Fragen → 6,39 Trad. — περιζωσάμενος: Zu περιζώννυμι → 12,35 Trad. — διακόνει: → 10,40 Trad. — ἕως: Zu ἕως (ohne ἄν) als temporale Konjunktion mit Konj.Aor. → 12,59 Trad.

17,9 Trad χάριν: χάριν ἔχω „danken" ist Formel → 1,30b Trad. — τὰ διαταχθέντα: Der Aorist spricht vielleicht für vorlukanischen Sprachgebrauch → 3,13 Red.

17,10 Red πάντα τά: Lukas stellt gern vor Partizipien ein verallgemeinerndes πᾶς ὁ. Belege → 1,10 Red S. 30 sub 2.

Trad οὕτως: Zu absolut gebrauchtem οὕτως → 12,21 Trad. — τὰ διαταχθέντα: Während διαταχθέντα Lk 17,9 von menschlichen Befehlen handelt, liegt in V. 10 bei demselben διαταχθέντα ein Passivum divinum vor (→ 4,21 Trad).

17,11 Red καὶ ἐγένετο ...: Periphrastisches ἐγένετο ist kennzeichnend für Lukas → 1,8f. Red S. 25 sub A. An unserer Stelle lauten die drei Elemente der Konstruktion: a) Eingangsformel mit καί + b) Zeitbestimmung: ἐν τῷ mit Inf. (→ 1,8f. Red S. 28 sub B 2a) + c) Anschlußsatz mit καί (V. 12 καὶ ... ἀπήντησαν). — ἐν τῷ: mit Inf. ist typisch lukanisch → 1,8f. Red sub B 2a. — πορεύεσθαι: → 1,39 Red S. 56. — Ἰερουσαλήμ: → 2,25 Red S. 91. — καὶ αὐτός: Zum „christologischen" καὶ αὐτός → 1,17 Red S. 37. — διήρχετο: → 2,15 Red S. 84.

Trad καί: als Perikopenanfang → 2,21 Trad.

17,12 Red εἴς τινα κώμην: Adjektivisches τις kennzeichnet den lukanischen Stil → 1,5 Red S. 15. — ἄνδρες: ἀνήρ ist lk Vorzugswort, an unserer Stelle pleonastisch → 5,8 Red.

Trad ἀπήντησαν: ἀπαντάω findet sich im NT nur Mk 14,13 und Lk 17,12 ($\mathfrak{P}$[75]BAW). Da Lukas 22,10 das ihm von Mk 14,13 angebotene ἀπαντήσει durch συναντήσει ersetzt und auch sonst — seiner Vorliebe für Verbkomposita mit συν- entsprechend (→ 2,19 Red) — συναντάω schreibt[1], werden wir ἀπαντάω als vorlukanisch zu beurteilen haben. — δέκα λεπροί: Zur Voranstellung der Kardinalzahl (nicht lukanisch) → 3,11 Trad.

17,13 Red ἦραν φωνὴν λέγοντες: Zu (ἐπ)αίρειν (τὴν) φωνὴν (λέγων) → 11,27 Red S. 203. Zu dem an unserer Stelle vorliegenden pleonastischen λέγων → 1,63 Red S. 67. — ἐπιστάτα: → 5,5 Red S. 132.

---

[1] Lk 9,18 (diff. Mk 8,27).37 (diff. Mk 9,14); Apg 10,25; 20,22.

Trad καὶ αὐτοί: Zum satzeinleitenden nicht-emphatischen καὶ αὐτός → 15,14 Trad. — ἐλέησον ἡμᾶς: → 1,50 Trad.

17,14 Red καὶ ἐγένετο ἐν τῷ ...: Periphrastisches ἐγένετο ist kennzeichnend für Lukas → 1,8f. Red S. 25 sub A; zu ἐν τῷ c.inf. → 1,8f. Red sub B 2a.

Trad πορευθέντες: Abundantes πορευθείς ist nicht lukanisch → 5,7 Trad sub c. — ὑπάγειν: → 10,3 Trad.

17,15 Red ἰάθη: Das Deponens ἰάομαι im eigentlichen Sinn ist typisch für Lukas → 7,7 Red. — ὑπέστρεψεν: ὑποστρέφω ist lukanisches Vorzugswort → 1,56 Red S. 63. — δοξάζων τὸν θεόν: Die Wendung δοξάζω τὸν θεόν ist redaktionell → 2,20 Red.

Trad μετὰ φωνῆς μεγάλης: Diese präpositionale Wendung ist singulär. Sie findet sich in der ganzen griechischen Bibel nur an unserer Stelle. Um unser adverbielles „laut" auszudrücken, benutzt die griechische Bibel vielmehr (neben vereinzeltem ἐν φωνῇ μεγάλῃ: LXX 4, Offb 5) den bloßen Dativ φωνῇ μεγάλῃ (LXX 46, Mt 2, Mk 3, Lk 5/Apg 6, Joh 1, Offb 7). So entspricht es auch lukanischem Stil, wie neben der Statistik der wiederholte Zusatz von φωνῇ μεγάλῃ zum Markustext zeigt (Lk 4,33 Zusatz zu Mk 1,23; Lk 19,37 zu Mk 11,9; vgl. Lk 23,23 mit Mk 15,14) sowie die 6 Belege in der Apg (7,57.60; 8,7; 14,10; 16,28; 26,24). Die Wendung μετὰ φωνῆς μεγάλης ist also mit Sicherheit vorlukanisch.

17,16 Red παρὰ τοὺς πόδας: → 7,38 Red S. 168. — καὶ αὐτός: Zum betonten καὶ αὐτός (Gegensatz) → 1,17 Red S. 37.

17,17f. Trad οὐχ(ὶ) ... ποῦ ... οὐχ ...: Doppelfragen (an unserer Stelle liegt sogar eine Folge von drei Fragen vor) schreibt Lukas nicht von sich aus → 2,49 Trad.

17,17 Trad ἐκαθαρίσθησαν: Pass. divinum → 4,21 Trad.

17,18 Trad ὑποστρέψαντες δοῦναι: ὑποστρέφω ist ausgesprochenes Vorzugswort des Lukas: Lk 21/Apg 11, sNT 3 (→ 1,56 Red). Er konstruiert das Verb meist mit Präpositionen (Lk 11/Apg 10), gebraucht es jedoch auch absolut (Lk 9/Apg 1). Nur unsere Stelle fällt insofern aus dem Rahmen, als sie die einzige im NT ist, die auf ὑποστρέφω einen finalen Inf. folgen läßt. Man wird daher mit der Möglichkeit zu rechnen haben, daß sie vorlukanisch ist. — εἰ μή: nach Negation (ohne Zusatz von μόνος) ist vorlukanisch → 4,26 Trad. — ἀλλογενής: Lukas selbst gebraucht ἀλλόφυλος (Apg 10,28).

17,19 Red ἀναστὰς πορεύου: Pleonastisches ἀναστάς, besonders — wie an unserer Stelle sowie 22,46 und sechsmal in der Apg — in Verbindung mit einem Imperativ, ist lukanisch → 1,39 Red S. 55. — πορεύου: πορεύομαι ist lk Vorzugswort → 1,39 Red S. 56.

Trad καὶ εἶπεν αὐτῷ: Zu καὶ εἶπεν am Satzbeginn mit folgendem Dativ → 1,18.19 Trad.

17,20[2] Red παρατηρήσεως: παρατήρησις im NT nur an dieser Stelle; da das dazugehörige Verbum lukanisch ist (→ 14,1f. Red S. 236), wird auch das Substantiv entspechend zu beurteilen sein.

Trad V. 20b.21a//b: Antithetischer Parallelismus → 1,52f. Trad.

17,21 Trad ἐροῦσιν: Zur 3. Pers.pl. als unpersönlicher Plural („man") → 6,44 Trad. — ἰδοὺ ὧδε: ἰδού mit Adverb ohne Verbum finitum ist an unserer Stelle vorlukanisch → 1,36 Red; zu ὧδε → 4,25 Trad. — ἐντὸς ὑμῶν: im Doppelwerk nur hier. Vorlukanisch, da Lukas selbst für „mitten unter" ἐν μέσῳ + Gen. sagt (Lk 7/Apg 4).

17,22 Red εἶπεν δὲ πρός: Zu εἶπεν δέ → 1,13 Red S. 33 sub 1; zur Konstruktion von Verba dicendi mit πρός c.acc. → 1,13 Red sub 2. — ἐλεύσονται ἡμέραι: Im LkEv alterniert ἐλεύσονται ἡμέραι (Lk 5,35 = Mk 2,20; Lk 17,22; 21,6) mit ἥξουσιν ἡμέραι (19,43) und ἔρχονται ἡμέραι (23,29). ἐλεύσονται ἡμέραι findet sich Lk 21,6 in einem Zusatz zu Markus (13,2) und Lk 5,35 in einer Übernahme aus Markus (2,20), diese Form entspricht also der lukanischen Diktion. ἔρχονται ἡμέραι verrät Einfluß der LXX, die nur diese Fassung kennt (19mal); das volkstümlicher Redeweise entsprechende Praesens futurum und der altertümliche Kontext (23,29) weisen ἔρχονται ἡμέραι der Tradition zu. Was schließlich ἥξουσιν

---

[2] Zu 17,20—37 vgl. die sorgsame Analyse von Schnackenburg 217—226.

ἡμέραι (19,43) anlangt, so hat sich uns ἥκω bereits → 12,46 Trad
S. 222 als vorlukanisch zu erkennen gegeben. — μίαν τῶν ἡμερῶν: Im NT nur viermal im LkEv: 5,17 (diff. Mk 2,1: δι' ἡμερῶν);
8,22 (diff. Mk 4,35: ἐν ἐκείνῃ τῇ ἡμέρᾳ); 17,22; 20,1 (Zusatz zu
Mk 11,27).

Trad ὅτε: als Ersatz für Relativpronomen → 4,25 Trad. — ἐπι-
θυμήσετε: ἐπιθυμέω mit Infinitiv → 15,16 Trad.

17,23 Trad V. 23//24: Antithetischer Parallelismus → 1,52f. Trad. —
ἐροῦσιν: Zur 3. Pers.pl. als unpersönlicher Plural („man") →
6,44 Trad. — ἰδοὺ ἐκεῖ, ἰδοὺ ὧδε: → 17,21 Trad.

17,24 Red λάμπει: par. Mt 24,27 φαίνεται. Da Lukas die Derivate von
λαμπ- liebt (→ 2,9 Red S. 80), könnte λάμπει an unserer Stelle
ihm zuzuschreiben sein.

Trad ὥσπερ ... οὕτως: Lukas ist zurückhaltend gegenüber ὥσπερ (Ev 2/Apg 3) und bevorzugt, ebenso wie die meisten Autoren
des NT, καθώς (Ev 17/Apg 11), obwohl diese Vokabel von den
Attizisten verpönt wurde[3]. An unserer Stelle wird der mit ὥσπερ
... οὕτως ausgeführte Vergleich durch die Parallele Mt 24,27 als vorlukanisch kenntlich.

17,25 Red

Mk 8,31 δεῖ τὸν υἱ.τ.ἀνθρ. πολλὰ παθεῖν κ.
           ἀποδοκ. ὑπὸ τῶν πρεσβυτέρων

par. Lk 9,22 δεῖ τὸν υἱ.τ.ἀνθρ. πολλὰ παθεῖν κ.
           ἀποδοκ. ἀπὸ τῶν πρεσβυτέρων

17,25 πρῶτον δὲ δεῖ αὐτὸν   πολλὰ παθεῖν κ.
           ἀποδοκ. ἀπὸ τῆς γενεᾶς ταύτης

Lk 17,25 wiederholt die sog. erste Leidensweissagung, und zwar,
wie das auffallende ἀπό zeigt, nicht in der markinischen, sondern
in der lukanischen Fassung; für diese ist darüber hinaus an unserer
Stelle das πρῶτον δέ am Versanfang und τῆς γενεᾶς ταύτης am
Versende kennzeichnend. Im einzelnen ergibt die Analyse dieser
drei Lukanismen: a) πρῶτον δέ: Die Kombination πρῶτον δέ

---

[3] Larfeld 208.

findet sich im NT nur bei Lukas (außer an unserer Stelle noch Lk 9,61); auch die Verbindung des Adverbs πρῶτον mit δεῖ entspricht lukanischer Diktion, da Lukas 21,9 das ihm von Markus (13,7) angebotene δεῖ γενέσθαι durch ein πρῶτον verstärkt (Lk 21,9: δεῖ γὰρ ταῦτα γενέσθαι πρῶτον). — b) ἀποδοκιμασθῆναι ἀπό: Wir haben es mit einer der ganz wenigen Stellen des NT zu tun, an denen ἀπό beim Passiv bzw. bei Verben mit passivem Sinn den indirekten Urheber bezeichnet („vonseiten")[4]. Lukas hatte in der sog. ersten Leidensweissagung ein ihm vorgegebenes ἀποδοκιμασθῆναι ὑπό (Mk 8,31) in ἀποδοκιμασθῆναι ἀπό (Lk 9,22) verwandelt. Bei der Seltenheit der Konstruktion des Passivs mit ἀπό kann kein Zweifel sein, daß ihre Wiederkehr an unserer Stelle auf Lukas selbst zurückgeht. — c) τῆς γενεᾶς ταύτης: im tadelnden Sinn[5] ist ein in der synoptischen Überlieferung beheimateter Sprachgebrauch (Mt 5, Mk 3, Lk 8/Apg 1, Hebr 1). Lukas benutzte ihn auch da, wo er selbst formulierte, wie z.B. Lk 17,25 und Apg 2,40.

Trad δεῖ αὐτὸν πολλὰ παθεῖν καὶ ἀποδοκιμασθῆναι: Der Vergleich der drei am Kopf von → 17,25 Red zitierten Texte ergibt, daß unser Lemma wörtlich aus der ersten Leidensansage (Mk 8,31 par. Lk 9,22) stammt. Markus hatte drei Passionsformeln kombiniert: δεῖ (ἔδει) παθεῖν[6]/πολλὰ παθεῖν[7] und ἀποδοκιμασθῆναι[8], und Lukas hatte die Kombination übernommen. Zu den vorlukanischen δεῖ-Formeln gehört auch δεῖ γενέσθαι Lk 21,9 par. Mk 13,7; δεῖ παραδοθῆναι Lk 24,7; δεῖ πληρωθῆναι Lk 24,44 (vgl. Apg 1,16, hier auf Judas bezogen); δεῖ πορεύεσθαι Lk 13,33 und δεῖ τελεσθῆναι 22,37.

17,26 Trad καθὼς ... οὕτως: → 6,31 Trad. — ἐν ταῖς ἡμέραις Νῶε: → 1,5 Trad. — ἐν ταῖς ἡμέραις τοῦ υἱοῦ τοῦ ἀνθρώπου: → 1,5 Trad.

17,27 Trad ἤσθιον, ἔπινον, ἐγάμουν, ἐγαμίζοντο: Zum Asyndeton am Satzanfang → 1,51 Trad; nicht-lukanisch ist auch die asyndetische

---

[4] Bauer[5] 174 s.v. ἀπό V. 6.
[5] Im neutralen Sinn nur einmal: Mk 13,30 par. Mt 24,34 par. Lk 21,32.
[6] Mk 8,31 (par. Mt 16,21; Lk 9,22); Lk 17,25; 24,26; Apg 9,16 (hier von Paulus gesagt); 17,3; vgl. Hebr 9,26.
[7] Mk 5,26; 8,31 (par. Mt 16,21; Lk 9,22); Mk 9,12; Mt 27,19; Lk 17,25.
[8] Mk 8,31 (par. Lk 9,22); Lk 17,25.

Anfügung von vier Verben. — ἄχρι ἧς ἡμέρας: ἄχρι ἧς ἡμέρας übernahm Lukas an unserer Stelle, wie die Parallele Mt 24,38 zeigt, aus der Logienüberlieferung.

17,28 Trad καθὼς ... (V. 30) κατὰ τὰ αὐτά: → 6,31 Trad. — ἐν ταῖς ἡμέραις Λώτ: → 1,5 Trad. — ἤσθιον ...: asyndetische Anfügung von 6 Verben → 1,51 Trad. — ἠγόραζον: → 14,18 Trad.

17,29.30 Red ᾗ: Attractio relativi ist lk Vorzugswendung → 2,20 Red S. 88; unsere beiden Stellen sind die einzigen im NT, an denen das Bezugsnomen in den Relativsatz einbezogen ist.

17,30 Trad κατὰ τὰ αὐτά: Zum Asyndeton am Satzanfang → 1,51 Trad; zu κατὰ τὰ αὐτά → 6,23 Trad. — ἀποκαλύπτεται: → 2,35 Trad, zum Pass. divinum → 4,21 Trad.

17,31 Red τὰ σκεύη: σκεῦος schreibt Lukas gern (Mt 1, Mk 2, Lk 2/ Apg 5, Joh 1); 8,16 ersetzt er das Fremdwort μόδιος, das Markus (4,21) ihm anbot, durch σκεῦος (→ 10,18 Trad S. 187), und 17,31 schreibt er σκεῦος zusätzlich, verglichen mit 21,21.

Trad ἐν ἐκείνῃ τῇ ἡμέρᾳ: im Singular mit eschatologischem Sinn ist vorlukanisch → 6,23 Trad. — ὃς ἔσται ... καὶ τὰ σκεύη αὐτοῦ ἐν τῇ οἰκίᾳ: Es liegt Anakoluth nach Relativsatz vor (§ 469). Diese Konstruktion findet sich im Doppelwerk nur an unserer Stelle. Da Lukas ein solches Anakoluth 9,5 (diff. Mk 6,11) abändert[9] und da er 11,11 ein Anakoluth nach Fragesatz zu mildern sucht, wie der Vergleich mit par. Mt 7,9 zeigt[10], ist die Konstruktion als vorlukanisch zu klassifizieren. — ἐν ἀγρῷ ist wahrscheinlich vorlukanisch → 12,28 Trad S. 218. — εἰς τὰ ὀπίσω: (= Septuagintismus) → 9,62 Trad.

17,32 Trad μνημονεύετε: Asyndeton am Satzanfang → 1,51 Trad.

17,33 Red περιποιήσασθαι: περιποιέομαι im NT außer 1Tim 3,13 nur im lk Doppelwerk: Lk 17,33/Apg 20,28. — ζῳογονήσει: ζῳογο-

---

[9] Lukas entschärft das Anakoluth dadurch, daß er μηδὲ ἀκούσωσιν ὑμῶν streicht.
[10] Die Milderung besteht darin, daß Lukas 1. das Fragepronomen in den Akkusativ versetzt und 2. καί (mit 𝔓⁴⁵·⁷⁵ B) nach ἰχθύν schreibt.

νέω im NT außer 1Tim 6,13 (von Gott) nur im Doppelwerk: Lk 17,33/Apg 7,19.

Trad ὃς ἐάν: Asyndeton am Satzanfang → 1,51 Trad. — ζητήσῃ ... ἀπολέσει ... ἀπολέσει ... ζῳογονήσει: Inversion → 6,43 Trad.

17,34 Trad λέγω ὑμῖν: Zum formelhaften λέγω ὑμῖν/σοι → 3,8 Trad; an unserer Stelle ist die Wendung außerdem asyndetisch angefügt → 7,9 Trad. — ὁ εἷς ... ὁ ἕτερος: Dualisch gebrauchtes ἕτερος, an unserer Stelle in der Gegenüberstellung ὁ εἷς/ὁ ἕτερος, ist nicht lukanisch → 3,18 Red. — παραλημφθήσεται ... ἀφεθήσεται: Pass. divinum → 4,21 Trad.

17,35 Red ἔσονται ... ἀλήθουσαι: Zur coniugatio periphrastica → 1,20 Red S. 42. — ἔσονται ... ἐπὶ τὸ αὐτό: Die Wendung εἰμὶ ἐπὶ τὸ αὐτό findet sich außer 1Kor 7,5 nur bei Lukas: Lk 17,35/Apg 1,15; 2,1.44.

Trad ἡ μία ... ἡ δὲ ἑτέρα: Dualisch gebrauchtes ἕτερος, hier in der Gegenüberstellung ἡ μία/ἡ ἑτέρα → 3,18 Red. — παραλημφθήσεται ... ἀφεθήσεται: Pass. divinum → 4,21 Trad.

17,37 Red τὸ σῶμα: An unserer Stelle begegnet erstmalig im LkEv σῶμα in der Bedeutung Leichnam (Mt 3, Mk 1, Lk 5/Apg 1, Joh 5; Röm 8,11; Hebr 13,11; Judas 9). Die Analyse hat davon auszugehen, daß Lukas πτῶμα als das vulgärere Wort meidet: er schreibt es nicht und griff es auch da nicht auf, wo die Logienüberlieferung (Mt 24,28) oder die Passionsüberlieferung (Mk 15,45) es aufwies, vielmehr schreibt er konsequent für Leichnam: σῶμα (17,37; 23,52.55; 24,3.23; Apg 9,40). An unserer Stelle hat Mt 24,28 (πτῶμα) daher für älter zu gelten als par. Lk 17,37 (σῶμα).

Trad καὶ ἀποκριθέντες λέγουσιν αὐτῷ: καὶ ἀποκριθεὶς λέγει ist nicht lukanisch, da Lukas ἀποκριθεὶς δὲ εἶπεν schreibt → 1,19 Trad. — κύριε: → 5,8 Trad. — ὁ δὲ εἶπεν αὐτοῖς → 7,43 Trad. — ὅπου τὸ σῶμα, ἐκεῖ ...: ὅπου ist nicht lukanisch → 9,57 Trad. Zum Fehlen der Kopula in sprichwortartigen Sentenzen → 1,5 Trad mit Anm. 25.

18,1f. Red ἔλεγεν δὲ παραβολὴν ... λέγων: Zu ἔλεγεν δέ/εἶπεν δέ → 1,13 Red S. 33; zu λέγειν/εἰπεῖν παραβολήν → 4,23 Red S. 124; zu εἶπεν / ἔλεγεν ... λέγων (mit pleonastischem λέγων) → 12,16 Red S. 215.

18,1 Trad πάντοτε: → 15,31 Trad.

18,2 Red τις ... τινι: Adjektivisches τις ist kennzeichnend für den lk Stil → 1,5 Red.

18,4 Red ἐπὶ χρόνον: Zu ἐπί mit acc. de tempore → 4,25 Red S. 126; zu χρόνος → 1,57 Red S. 64. — μετὰ ταῦτα: → 10,1 Red S. 183.

18,4f. Trad εἰ καὶ ... οὐ ... διά γε: → 11,8 Trad.

18,5 Red διὰ ... τό (παρέχειν): Zu διὰ τό c.inf. → 1,8f. Red S. 29 sub B 2b (vgl. → 2,4 Red S. 79).

Trad ἐρχομένη: Abundantes ἐρχόμενος/ἐλθών ist nicht lukanisch → 5,7 Trad; 13,14 Trad.

18,6 Red εἶπεν δέ: → 1,13 Red.

Trad ὁ κύριος: → 7,13 Trad. — ὁ κριτὴς τῆς ἀδικίας: → 13,27 Trad.

18,7f. Trad οὐ μή → 1,15 Trad. — ποιήσῃ τὴν ἐκδίκησιν τῶν ἐκλεκτῶν αὐτοῦ: ποιέω τὴν ἐκδίκησιν findet sich im NT nur Lk 18,7f.; Apg 7,24. Es besteht jedoch zwischen den beiden Stellen ein Unterschied in der Konstruktion: Lk 18,7f. wird die Person, der Recht verschafft wird, im Genitiv eingeführt, Apg 7,24 im Dativ. Da Lukas selbst in der Apg mit Dativ konstruiert, ist die Konstruktion mit Genitiv (Lk 18,7f.) der Tradition zuzuschreiben.

18,7 Trad τῶν βοώντων αὐτῷ: Abgesehen von LXX-Zitaten[1] und von Mk 15,34 findet sich βοάω im NT nur 6mal im lukanischen Doppelwerk (Ev 3/Apg 3); sowohl zwei Zusätze zum Markusstoff wie die

---

[1] Mt 3,3; Mk 1,3; Lk 3,4; Joh 1,23 (sämtlich LXX Jes 40,3); Gal 4,27 (LXX Jes 54,1).

3 Belege in der Apg[2] erweisen das Verb als lukanisch. Nur unsere Stelle, die βοάω in semitisierender Weise mit dem Dativ des Angerufenen (statt mit πρός c.acc. vgl. LXX Ex 8,8; Neh 9,4) konstruiert, ist so völlig ungewöhnlich[3], daß sie der Tradition zuzuweisen ist. — καὶ μακροθυμεῖ: Grammatische Parataxe bei logischer Hypotaxe → 1,58 Trad.

18,8 Red ἐν τάχει: in den Ev nur Lk 18,8. Da Lukas die Wendung in der Apg (12,7; 22,18; 25,4) schreibt, wird ἐν τάχει auch an unserer Stelle auf ihn zurückgehen (vgl. → 14,21 Trad S. 240). — ἆρα: Die der gehobenen Sprache angehörende, seltene (§ 440,2) Fragepartikel ἆρα kommt im NT nur Lk 18,8; Apg 8,30 (hier: ἆρά γε) sowie Gal 2,17 vor und dürfte lukanisch sein.

Trad λέγω ὑμῖν: Zum formelhaften λέγω ὑμῖν/σοι → 3,8 Trad sub 10, asyndetisch am Satzanfang → 7,9 Trad. — ποιήσει τὴν ἐκδίκησιν αὐτῶν: → 18,7f. Trad. — πλήν: als adversative Konjunktion („jedoch", „indessen") → 6,24 Trad. — εὑρήσει τὴν πίστιν: Die Wendung εὑρίσκω (τὴν) πίστιν wird durch Lk 7,9 par. Mt 8,10 als vorlukanisch erwiesen. An unserer Stelle spricht außerdem der Artikel vor πίστις (Aramaismus) für die Herkunft der Wendung aus der Tradition.

18,9 Red Der Vers ist ganz lukanisch stilisiert. — εἶπεν δέ: → 1,13 Red S. 33 sub 1. — δὲ καί: ist eine von Lukas bevorzugte Partikelverbindung → 2,4 Red S. 78. — πρός c.acc.: → 1,13 Red sub 2. —

18,9   πεποιθότας ἐφ' ἑαυτοῖς ὅτι εἰσὶν δίκαιοι
20,20a ὑποκρινομένους ἑαυτοὺς   δικαίους εἶναι.

Bei der Partizipialwendung in 20,20a (ὑποκρινομένους) handelt es sich um einen lukanischen Zusatz zu Mk 12,13; angesichts der analogen Strukturierung der beiden Partizipialwendungen ist πεποιθότας Lk 18,9 ebenfalls auf Lukas zurückzuführen; zu δίκαιοι → 1,6 Trad S. 22. — καὶ ἐξουθενοῦντας: Lukas zitiert Apg 4,11 das Schrift-

---

[2] Lk 9,38 (Zusatz zu Mk 9,17); 18,38 (anstelle von κράζω Mk 10,47); Apg 8,7; 17,6; 25,24.
[3] Bauer fand als einzigen vergleichbaren Beleg eine Variante zu Sus 60 Θ: ἐβόησαν τῷ θεῷ (^{5}286).

wort Ψ 117[118],22 λίθον ὃν ἀπεδοκίμασαν ... in folgendem abweichendem Wortlaut: ὁ λίθος ὁ ἐξουθενηθείς ... Lukas ersetzt also das ἀποδοκιμάζω des Bibeltextes durch ἐξουθενέω. Das macht es recht wahrscheinlich, daß ἐξουθενέω auch an den beiden anderen Stellen, an denen es im Doppelwerk vorkommt, Lk 18,9 und 23,11, von ihm stammt, zumal die Perikopeneinleitung 18,9 Wort für Wort lukanisch gefärbt ist. — εἶπεν ... τὴν παραβολὴν ταύτην: schreibt im NT in dieser Wortfolge nur Lukas → 4,23 Red.

18,10 Red ἀνέβησαν ... προσεύξασθαι: Zu ἀναβαίνω mit finalem Infinitiv → 2,4 Red.

Trad ὁ εἷς ... ὁ ἕτερος: Zum dualischen ἕτερος in der Gegenüberstellung ὁ εἷς ... ὁ ἕτερος → 3,18 Red sub 3c.

18,11 Red σταθείς: σταθείς/σταθέντες (begleitender Umstand) im NT ausschließlich im lk Doppelwerk: Lk 18,11.40 (hier Änderung von Mk 10,49); 19,8/Apg 2,14; 5,20; 11,13; 17,22; 25,18; 27,21. Wir haben es mit einem markanten Lukanismus zu tun. — ὥσπερ: kommt im Doppelwerk nur fünfmal vor (Lk 17,24; 18,11/Apg 2,2; 3,17; 11,15). Während Lk 17,24 ein ausgeführter Vergleich vorliegt, der durch par. Mt 24,27 als vorlukanisch gekennzeichnet wird (→ 17,24 Trad S. 267), ist der ὥσπερ- Satz an den übrigen vier Stellen (Lk 18,11/Apg 2,2; 3,17; 11,15) verkürzt und ergänzungsbedürftig; das ist laut Ausweis der drei Apg-Belege lukanischer Stil, der auch Lk 18,11 vorliegen könnte.

Trad ὁ Φαρισαῖος: Asyndeton → 1,51 Trad. — ὥσπερ: Lukas ist zurückhaltend gegenüber ὥσπερ → 17,24 Trad S. 267. — ἢ καί: → 11,12 Trad.

18,12 Trad νηστεύω: Asyndeton → 1,51 Trad.

18,13 Trad μακρόθεν: übernahm Lukas 4mal aus der Überlieferung → 16,23 Trad. — ἁμαρτωλῷ: ἁμαρτωλός schreibt Lukas nicht von sich aus → 5,8 Trad.

18,14 Red πᾶς ὁ ὑψῶν ... ὁ δὲ ταπεινῶν: Der Satz wiederholt fast wörtlich → 14,11 Red S. 238. Lukas schreibt mit Vorliebe das Partizip an Stelle eines Relativsatzes (→ 4,5 Red S. 116) und fügt gern πᾶς ὁ zum Partizip hinzu (→ 1,10 Red sub 2). Die Relativsätze par. Mt 23,12 werden also die ältere Fassung bieten.

Trad λέγω ὑμῖν: Zu λέγω ὑμῖν als asyndetischer Satzanfang → 7,9 Trad. Zum summierenden Charakter → 3,8 Trad sub 10. — παρ' ἐκεῖνον: Zu παρ' ἐκεῖνον (so ist mit ℵBD zu lesen) anstelle eines Komparativs → 13,2 Trad. — δεδικαιωμένος ... ταπεινωθήσεται ... ὑψωθήσεται: Passiva divina → 4,21 Trad. — ὑψῶν/ταπεινωθήσεται, ταπεινῶν/ὑψωθήσεται: Zur Inversion → 6,43 Trad.

18,15—43 = MARKUSBLOCK

19,1 Red διήρχετο: διέρχομαι ist lk Vorzugswort → 2,15 Red.

Trad καί: In unserer Perikope (19,1–10) findet sich 12mal satzverbindendes καί; diese Häufung entspricht, wie die Apg zeigt, nicht lukanischem Stil.

19,2f. Red καὶ ἰδοὺ ἀνήρ ... καὶ ἐζήτει: καὶ ἰδοὺ ἀνήρ ist lukanisch (→ 5,8 Red S. 134) im Unterschied zu καὶ ἰδοὺ ἄνθρωπος → 2,25 Trad S. 93 sub 3. — καὶ ἰδοὺ mit folgendem Nominativ ohne Verbum finitum + mit καί eingeleiteter Anschlußsatz bei gleichem Subjekt ist lukanisch → 1,36 Red S. 52. — ὀνόματι καλούμενος: Zu ὀνόματι → 1,5 Red S. 15; zu καλούμενος → 1,36 Red S. 53, beides lukanisch. Die pleonastische Kombination beider Wendungen nur an unserer Stelle.

19,2 Trad καὶ αὐτός(bis): Zum satzeinleitenden nicht-emphatischen καὶ αὐτός → 15,14 Trad; zu hebraisierendem καί zur Koordination von Wörtern mit selbständigen Sätzen → 1,5 Trad S. 20. Ebd. auch zum Fehlen der Kopula vor πλούσιος.

19,3 Red ἀπό: mit kausaler Bedeutung ist eine von Lukas gern gebrauchte Ausdrucksweise; sie findet sich im NT (außer Mt 13,44; 14,26; 18,7; Joh 21,6; Hebr 5,7) nur im Doppelwerk: Lk 19,3; 21,26 Zusatz zu Mk 13,25; 22,45; 24,41/Apg 11,19; 12,14; 22,11.

19,4 Red ἐκείνης: Lokaler Genitiv mit Ellipse von ὁδός findet sich im NT nur im LkEv: 5,19 ποίας und 19,4 ἐκείνης [1]. Da ποίας Lk 5,19 Zusatz zu Mk 2,4 ist, wird auch ἐκείνης redaktionell sein. Ebenfalls redaktionell sind im Doppelwerk folgende zu Ortsadverbien gewordenen lokalen Genitive: αὐτοῦ (Lk 9,27 [hier von Lukas für ὧδε Mk 9,1 eingesetzt]; Apg 18,19; 21,4); οὗ → 4,16 Red S. 119; ποῦ (= wo?) in direkten Fragen (Lk 8,25 [Zusatz zu Mk 4,40]; 17,17.37; 22,9 [par. Mk 14,12]. 11 [par. Mk 14,14]). Sonstige von Lukas bevorzugte Ortsadverbien sind: ἐκεῖσε (im NT nur Apg 21,3; 22,5); ἔναντι (im NT nur → 1,8 Red S. 29/Apg 8,21); ἐναντίον

---

[1] Die beiden Genitive Ἐφέσου und Ἀσίας Apg 19,26 sind schwerlich lokale Genitive, vielmehr abhängig von ὄχλον.

(im NT nur Lk 3/Apg 2 → 1,6 Red S. 22); ἐνθάδε (im NT nur Lk 24,41/Apg 5, Joh 2); οὐρανόθεν (im NT nur Apg 14,17; 26,13); πανταχῇ (im NT nur Apg 21,28); πανταχοῦ (Lk 9,6 Zusatz zu Mk 6,13/Apg 17,30; 24,3; 28,22; sNT 2). — ἤμελλεν: → 7,2 Trad S. 151. — διέρχεσθαι: ist lk Vorzugswort → 2,15 Red S. 84; spezifisch lukanisch ist der an unserer Stelle vorliegende absolute Gebrauch, der im NT nur im Doppelwerk begegnet: Lk 5,15 (diff. Mk 1,45); 19,4/Apg 8,4.40; 10,38; 17,23.

Trad εἰς τὸ ἔμπροσθεν: ἔμπροσθεν wird im NT überwiegend als uneigentliche Präposition („vor") gebraucht, als Ortsadverb dagegen außer Phil 3,13; Offb 4,6 nur noch Lk 19,4 („voraus"). 28 („vorwärts"). Da Lukas ἔμπροσθεν als uneigentliche Präposition meidet (→ 7,27 Trad), wird man auch die beiden genannten Lukas-Stellen (19,4.28), die ἔμπροσθεν als Ortsadverb gebrauchen, der Tradition zuzuweisen haben, zumal 19,4 das Adverb pleonastisch steht. — ἀνέβη ... ἵνα: Lukas konstruiert ἀναβαίνω mit Inf.d. Zwecks (Belege → 2,4 Red); die einzige Stelle im Doppelwerk, die stattdessen ἵνα setzt (Lk 19,4), wird daher vorlukanisch sein.

19,5 Red εἶπεν πρός c.acc.: → 1,13 Red S. 33 sub 2. — σπεύσας: → 2,16 Red S. 85.

Trad καὶ ὡς: als temporale Konjunktion + Aorist (im Unterschied zu ὡς δέ) ist nicht lukanisch → 1,23 Red. — ἐπὶ τὸν τόπον: findet sich im NT nur Mk 15,22; Lk 19,5; 23,33 und ohne Artikel Offb 18,17. An beiden Lukasstellen haben wir es mit nicht-lukanischem Sprachgebrauch zu tun, da Lukas selbst ἐπὶ (τοῦ) τόπου (→ 22,40 Red) schreibt. Wenn er 23,33 ἐπί mit Akkusativ schreibt, so folgt er, wie Mk 15,22 lehrt, der Tradition. — σήμερον: Zu σήμερον mit eschatologischem Beiklang → 2,11 Trad.

19,6 Red σπεύσας: → 2,16 Red S. 85. — ὑπεδέξατο: Um „gastlich aufnehmen" auszudrücken, bedient sich Lukas da, wo er selbst formuliert, der Komposita des Stammes -δεχ (ἀναδέχομαι, ἀποδέχομαι, παραδέχομαι, προσδέχομαι, ὑποδέχομαι) → 10,38 Red S. 193. — χαίρων: → 15,5 Red.

19,7 Red διεγόγγυζον λέγοντες: → 15,2 Red S. 244. — ἁμαρτωλῷ ἀνδρί: ἀνήρ ist lk Vorzugswort, das an unserer Stelle zur Adjektivierung von ἁμαρτωλός dient → 5,8 Red S. 134. — καταλῦσαι: Intransitives καταλύω („übernachten", „einkehren") ist im NT nur zweimal, beide Stellen im dritten Evangelium, belegt. Da Lukas das Verbum Lk 9,12 (Zusatz zu Mk 6,36) in seinen Markusstoff einfügte, wird es auch an unserer Stelle (19,7) auf ihn zurückzuführen sein.

Trad ἁμαρτωλῷ: → 5,8 Trad.

19,8 Red σταθείς: → 18,11 Red S. 273. — εἶπεν πρός c.acc.: → 1,13 Red sub 2.

Trad τὸν κύριον: ὁ κύριος zur Bezeichnung des irdischen Jesus → 7,13 Trad. — μου: Zum vorangestellten μου/σου → 6,29 Trad. — μου τῶν ὑπαρχόντων: Substantiviertes Partizip mit Genitiv der Person bzw. des Personalpronomens ist vorlukanisch → 7,25 Red; 11,21 Trad. — κύριε: als Anrede an den irdischen Herrn ist vorlukanisch → 5,8 Trad. — ἐσυκοφάντησα: im NT nur im Lukas-Sondergut (3,14; 19,8).

19,9 Red εἶπεν δὲ πρός c.acc.: → 1,13 Red. — καθότι: → 1,7 Red.

Trad σήμερον: → 2,11 Trad. — σωτηρία → 1,69 Trad. — ἐγένετο: als Umschreibung des göttlichen Handelns → 1,38 Trad. — υἱὸς Ἀβραάμ: Artikellose Genitivverbindung → 1,5 Trad.

19,10 Trad ἦλθεν ... ζητῆσαι: Zu ἦλθον mit Inf. → 12,49 Trad.

19,11 Red ἀκουόντων δὲ αὐτῶν ταῦτα: Bei dem überaus häufigen Vorkommen von ἀκούω im NT ist es auffallend, daß es als Gen. abs. im ganzen ntl. Schrifttum nur zweimal belegt ist, beidemal im dritten Evangelium: außer an unserer Stelle (19,11) noch 20,45, wo Lukas die Wendung ἀκούοντος δὲ παντὸς τοῦ λαοῦ in seinen Markusstoff (Zusatz zu Mk 12,38) eingefügt hat. — προσθείς: προστίθημι ist lk Vorzugswort, das an unserer Stelle semitisierend zur Umschreibung von „wiederum", „weiterhin" gebraucht wird → 3,20 Red S. 112. — εἶπεν παραβολήν: → 4,23 Red S. 124. — διὰ τό ...

εἶναι: Zur Vorliebe des Lukas für den präpositionalen substantivierten Infinitiv → 1,8f. Red S. 29 sub B 2b; speziell zu διὰ τό mit Inf. → 2,4 Red S. 79. — ἐγγὺς ... Ἰερουσαλήμ: So im NT nur Lk 19,11/Apg 1,12 (anders Joh 11,18 ἐγγὺς τῶν Ἱεροσολύμων). Zur sakralen Namensform Ἰερουσαλήμ → 2,25 Red S. 91. — δοκεῖν αὐτοὺς ὅτι: → 10,36 Red S. 192f. — παραχρῆμα: → 1,64 Red S. 70. — ἀναφαίνεσθαι: Das Verbum findet sich im NT nur in den beiden Teilen des lk Doppelwerks: Lk 19,11/Apg 21,3.

19,12 Red τις: Zum adjektivischen τις → 1,5 Red S. 15. — ἐπορεύθη: wahrscheinlich redaktionell → 1,39 Red S. 56. — ὑποστρέψαι: ist lk Vorzugswort → 1,56 Red S. 63.

Trad ἄνθρωπός τις: → 10,30 Trad. — εἰς χώραν μακράν: → 15,13 Trad.

19,13 Red πρός: → 1,13 Red S. 33 sub 2. — ἐν: Das temporale ἐν schreibt Lukas häufiger als die übrigen Evangelisten → 1,5 Trad S. 15.

Trad δέκα δούλους ... δέκα μνᾶς: Zur Voranstellung der Kardinalzahl → 3,11 Trad. — ἑαυτοῦ: Zum „geschwächten Reflexivum" → 2,3 Trad.

19,14 Red οἱ δὲ πολῖται: → 15,15 Red S. 250. — ἀπέστειλαν ... λέγοντες: → 7,20 Red S. 161. — τοῦτον: emphatisch → 12,5 Red S. 212.

Trad ἀπέστειλαν πρεσβείαν: → 14,32 Trad. — βασιλεῦσαι ἐφ' ἡμᾶς: Zu βασιλεύω ἐπί τινα → 1,33 Trad.

19,15 Red καὶ ἐγένετο: Zum periphrastischen καὶ ἐγένετο als lk Vorzugswendung → 1,8f. Red S. 25 sub A. An unserer Stelle liegt folgende Kombination vor: a) einleitendes καὶ ἐγένετο + b) Zeitbestimmung in Form von ἐν τῷ c.inf. + c) durch καί eingeleiteter Anschlußsatz. Diese Kombination findet sich im NT sonst nur noch Lk 5,12; 14,1; 17,11; 24,4.15. — ἐν τῷ ἐπανελθεῖν: Zu ἐν τῷ c.inf. → 1,8f. Red sub B 2a; zum inf.aor. nach ἐν τῷ zur Bezeichnung der Vorzeitigkeit → 2,27 Red S. 94f. — διεπραγματεύσατο: Das

Verbum findet sich im NT nur an unserer Stelle. Lukas schreibt gern Verbkomposita mit δια- → 1,65 Red.

Trad ἐπανελθεῖν: → 10,35 Trad.

19,16 Red παρεγένετο: markantes lk Vorzugswort → 7,4 Red S. 152; lukanisch ist insbesondere der absolute Gebrauch von παραγίνομαι (Lk 14,21; 19,16 und 15mal in der Apg). — ὁ πρῶτος ... *(20)* ὁ ἕτερος: Die Folge ὁ πρῶτος ... (ὁ) ἕτερος findet sich im NT nur bei Lukas: 14,18ff.; 16,5.7; 19,16.20; die Verwendung von ἕτερος in Aufzählungen ist überhaupt kennzeichnend für ihn → 3,18 Red.

Trad δέκα ... μνᾶς: Voranstellung der Kardinalzahl (nicht lukanisch) → 3,11 Trad.

19,17 Red ἴσθι ... ἔχων: coniugatio periphrastica, lukanisch → 1,20 Red.

Trad καὶ εἶπεν αὐτῷ: Zu καὶ εἶπεν am Satzbeginn mit folg. Dativ → 1,18.19 Trad. — ἐν ἐλαχίστῳ: → 12,26 Trad. — πιστός: passivisch („glaubwürdig", „treu") ist vorlukanischer Sprachgebrauch → 12,42 Trad; an unserer Stelle bestätigt die Mt-Parallele (25,21) die Zuweisung an die Tradition. — δέκα πόλεων: Voranstellung der Kardinalzahl (nicht lukanisch) → 3,11 Trad.

19,18 Trad πέντε μνᾶς: → 3,11 Trad.

19,19 Red εἶπεν δέ: → 1,13 Red S. 33. — δὲ καί: ist eine von Lukas bevorzugte Partikelverbindung → 2,4 Red.

Trad πέντε πόλεων: → 3,11 Trad.

19,20 Trad σουδαρίῳ: Lukas meidet Fremdwörter → 10,18 Trad; doch ist angesichts von Apg 19,12 nicht sicher, ob er σουδάριον als Fremdwort empfand.

19,22 Trad λέγει: Zum Asyndeton (hier im Gleichnis wie 7,42; 18,11.12. 14) → 1,51 Trad S. 60; zum Praes. historicum → 7,40 Trad S. 169.

19,23 Trad μου τὸ ἀργύριον: Vorangestelltes Possessivpronomen ist kennzeichnend für die Tradition → 6,29 Trad. — ἐλθών: Abundantes ἐρχόμενος/ἐλθών ist nicht lukanisch → 5,7 Trad; an unserer Stelle weist die Mt-Parallele (25,27) bestätigend auf vorlukanischen Sprachgebrauch hin. — σὺν τόκῳ: Die lukanische Vorliebe für σύν (→ 1,56 Red) darf nicht Anlaß dafür sein, σὺν τόκῳ der Redaktion zuzuweisen. Vielmehr zeigt die wörtliche Übereinstimmung mit Mt 25,27, daß die Wendung vorlukanisch ist. — ἔπραξα: πράσσω in der Bedeutung „eintreiben", „einfordern" ist nicht lukanisch → 3,13 Trad.

19,24 Trad δέκα μνᾶς: → 3,11 Trad.

19,25 Trad καὶ εἶπαν αὐτῷ: → 1,18.19 Trad. — δέκα μνᾶς: → 3,11 Trad.

19,26 Trad λέγω ὑμῖν: als asyndetischer Satzanfang → 7,9 Trad. Ferner → 3,8 Trad sub 10. — δοθήσεται ... ἀρθήσεται: Antithetischer Parallelismus → 1,52f. Trad; Passivum divinum → 4,21 Trad. — τοῦ μὴ ἔχοντος: Zum verneinten substantivierten Partizip mit Artikel → 3,11 Trad.

19,27 Trad πλήν: als adversative Konjunktion gebraucht → 6,24 Trad. — τοὺς μὴ θελήσαντας: verneintes substantiviertes Partizip mit Artikel → 3,11 Trad. — βασιλεῦσαι ἐπ' αὐτούς: → 1,33 Trad. — ὧδε: → 4,23 Trad. — ἔμπροσθεν: Zu ἔμπροσθεν als uneigentliche Präposition („vor") → 7,27 Trad.

19,28—38 = MARKUSBLOCK

19,39 Red εἶπαν πρός c.acc.: → 1,13 Red sub 2.

19,39—44 Trad καί ...: In den Versen 39—44 finden sich 7 satzverbindende καί und 8 enklitische Pronomina. Diese semitisierenden Häufungen sind nicht lk Stil, wie die Apg lehrt.

19,40 Trad καὶ ἀποκριθεὶς εἶπεν: Zu καὶ ἀποκριθείς + Verbum dicendi → 1,19 Trad. — λέγω ὑμῖν: als asyndetische Satzanfügung ist nicht lukanisch → 7,9 Trad. — σιωπήσουσιν: ist nicht lukanisch, Lukas bevorzugt σιγάω → 1,20 Trad.

19,41 Red ἤγγισεν: ἐγγίζω ist lk Vorzugswort → 7,12 Red S. 157. Doch beachte man das ebenda Anm. 15 Gesagte.

Trad καὶ ὡς ἤγγισεν: Wie wir bei der Besprechung von ὡς als temporale Konjunktion sahen, läßt sich zeigen, daß καὶ ὡς + Ind.Aor. traditionell ist, dagegen ὡς δέ temporale redaktionell → 1,23 Red. Die an unserer Stelle vorliegende Wendung καὶ ὡς ἤγγισεν, die auch 15,25 begegnet, ist also vorlukanisch. — ἔκλαυσεν ἐπ' αὐτήν: κλαίω wird klassisch mit Akkusativ, seltener mit ἐπί c.dat. konstruiert. Die an unserer Stelle vorliegende Konstruktion mit ἐπί c.acc. findet sich vereinzelt in LXX (Gen 50,1 A; Num 11, 13 A; Ri 14,17 A, von der Totenklage Ri 11,37f.)[2]. Die dreimalige Wiederkehr von κλαίω + ἐπί c.acc. im NT (Lk 19,41; 23,28a.b)[3] ist angesichts der Seltenheit der Konstruktion sehr auffällig; alle 3 Lukasbelege stehen im Nicht-Markusstoff.

19,42 Trad ἐν τῇ ἡμέρᾳ ταύτῃ: nur hier im NT. Nicht-lukanisch, da Lukas selbst, wie die Zusammenstellung → 1,5 Trad (mit Anm 4 und 5) zeigt, andere Wendungen bevorzugt. — τὰ πρὸς εἰρήνην: Diese Bildung findet sich im NT sonst nur noch → 14,32 Trad; zu εἰρήνη → 1,79 Trad. — ἐκρύβη: Pass. divinum → 4,21 Trad.

---

[2] Vgl. J. Dupont, Il n'en sera pas laissé ... 311 Anm. 1.
[3] Außerdem noch Offb 18,9.11, falls an diesen beiden Stellen die Figur ἀπὸ κοινοῦ (über sie vgl. § 479) vorliegt.

19,43 Red συνέξουσιν: Lukas, der gern Verbkomposita mit συν- benutzt (→ 2,19 Red S. 86), hat auch eine Vorliebe für συνέχω (Mt 1, Lk 6/Apg 3, Pls 2). Er fügt das Verbum dreimal in seinen Markusstoff ein (4,38; 8,37.45) und verwendet es dreimal in der Apg (7,57; 18,5; 28,8). Es ist also kennzeichnend für das lk Vokabular. Von den neun Belegen im Doppelwerk sind je vier mit dem Dativ (Lk 4,38; 8,37/Apg 18,5; 28,8) bzw. mit dem Akkusativ (Lk 8,45; 19,43; 22,63/Apg 7,57) konstruiert. Nur Lk 12,50 bildet eine Ausnahme: der dort vorliegende (im NT singuläre) absolute Gebrauch von συνέχομαι dürfte schwerlich auf Lukas zurückgehen (→ 12,50 Trad S. 223).

Trad ἥξουσιν ἡμέραι: Wenn Lukas von sich aus formuliert, sagt er ἐλεύσονται ἡμέραι (Lk 21,6 Zusatz zu Mk 13,2), während ἥξουσιν ἡμέραι (Lk 19,43) und ἔρχονται ἡμέραι (23,29) als vorlukanisch anzusprechen sind (→ 17,22 Red S. 266). Dazu stimmt, daß wir ἥκω bereits als vorlukanisch erkannt haben → 12,46 Trad.

19,44 Red ἀνθ' ὧν: Zu dieser Attractio relativi → 1,20 Red.

Trad λίθον ἐπὶ λίθον:

    Mk 13,2: οὐ μὴ ἀφεθῇ λίθος ἐπὶ λίθον
par. Lk 21,6: οὐκ ἀφεθήσεται λίθος ἐπὶ λίθῳ
    Lk 19,44: οὐκ ἀφήσουσιν λίθον ἐπὶ λίθον

Lukas verbessert den ihm von seiner Markusvorlage angebotenen Akkusativ (Mk 13,2: ἐπὶ λίθον), indem er den Dativ schreibt (Lk 21,6: λίθος ἐπὶ λίθῳ); daraus ergibt sich, daß unsere Stelle mit dem Akkusativ (19,44: λίθον ἐπὶ λίθον) nicht-lukanisch ist. — ἐπισκοπῆς: ἐπισκοπή in der Bedeutung „Heimsuchung Gottes" ist traditionell → 1,68 Trad.

19,45—21,33 = MARKUSBLOCK

21,34 Red προσέχετε ... ἑαυτοῖς: Die Verbindung des pluralischen Imperativs von προσέχω mit dem Reflexivpronomen ist lukanisch → 12,1 Red S. 211. — ἐπιστῇ ... αἰφνίδιος: ἐφίστημι ist lk Vorzugswort → 2,9 Red S. 80; Verwendung des prädikativen Adjektivs statt eines Adverbs findet sich im NT selten, doch mehrfach im Doppelwerk: außer an unserer Stelle noch Lk 24,22 (γενόμεναι ὀρθριναὶ ἐπὶ τὸ μνημεῖον)/Apg 3,11; 12,10; 14,10; 27,19; 28,13 (§ 243,1).

Trad μερίμναις: Die Wortgruppe μεριμνάω/μέριμνα scheint Lukas nicht von sich aus zu schreiben → 10,41 Trad.[1] — ἡ ἡμέρα ἐκείνη: Die Wendung (singularisch mit eschatologischer Bedeutung) ist vorlukanisch → 6,23 Trad.

21,35 Red πάντας τοὺς καθημένους: Lukas schreibt mit Vorliebe πᾶς ὁ + Partizip → 1,10 Red S. 30 sub 2. — ἐπὶ πρόσωπον πάσης τῆς γῆς: = die „Erdoberfläche" (Septuagintismus), im NT nur im Doppelwerk Lk 21,35/Apg 17,26 (ἐπὶ παντὸς προσώπου τῆς γῆς, hier ἐπί c.gen., πᾶς verbunden mit πρόσωπον).

21,36 Red πάντα τὰ μέλλοντα: → 1,10 Red sub 2.

Trad ἐν παντὶ καιρῷ: wird durch Eph 6,18 als geprägte Wendung erwiesen. — δεόμενοι ἵνα: Die Frage, ob δέομαι ἵνα der Tradition oder der Redaktion zugehört, kann mit großer Wahrscheinlichkeit beantwortet werden. Auszugehen ist vom lukanischen Sprachgebrauch, für den die vorzugsweise Verwendung von δέομαι kennzeichnend ist (Mt 1, Lk 8/Apg 7, Pls 6). Lukas fügt das Verbum 5mal in den Markusstoff ein, dem die Vokabel fremd ist (Lk 5,12; 8,28.38; 9,38.40). Durch diese 5 Einfügungen und durch die 7 Belege in der Apg ist uns der lukanische Sprachgebrauch gut bekannt. An diesen 12 Stellen finden sich folgende Konstruktionen: 1. Ganz überwiegend folgt auf δέομαι der Adressat der Bitte im Genitiv; 2. der Inhalt der Bitte wird entweder in direkter Rede (Lk 8,28 u.ö.)

---

[1] Die Voranstellung des Possessivpronomens (ὑμῶν αἱ καρδίαι ℵCD) ist nicht lukanisch (→ 6,29 Trad). Doch verbieten sich für unsere Stelle Rückschlüsse, weil die Wortfolge αἱ καρδίαι ὑμῶν ebenfalls gut bezeugt ist (BAW).

oder in Form eines Infinitivs (8,38; 9,38/Apg 26,3) geboten oder (je einmal) eingeleitet mit εἰ ἄρα (Apg 8,22) bzw. ὅπως (8,24)[2]; 3. sofern es sich um Fürbitte handelt, wird die Person, der die Fürbitte gilt, mit ὑπέρ c.gen. eingeführt (Apg 8,24). Mit diesem vielseitigen Sprachgebrauch der Redaktion gilt es, die beiden Belege für δέομαι im lukanischen Sondergut (Lk 21,36; 22,32) zu vergleichen. Das Ergebnis ist, daß die beiden Verse einen ganz abweichenden Sprachgebrauch vertreten: 1. der Genitiv des Adressaten fehlt an beiden Stellen; 2. beide geben sie den Inhalt der Bitte mit einem nicht-finalen ἵνα-Satz wieder; 3. die Person, der die Fürbitte gilt, wird mit περί c.gen. (Lk 22,32) eingeführt. Das heißt: in δέομαι ἵνα Lk 21,36; 22,32 redet nicht Lukas, sondern die Tradition. Damit bestätigt sich die Beobachtung, daß die Verben des Bittens von Lukas mit Hilfe des Infinitivs und von ὅπως, dagegen von der Tradition mit ἵνα ergänzt werden (→ 2,26 Red)[3]. — ἔμπροσθεν: als uneigentliche Präposition gebraucht, wird von Lukas gemieden → 7,27 Trad.

21,37 Red ηὐλίζετο εἰς: αὐλίζομαι wird sowohl profan wie in LXX mit ἐν konstruiert. Der Ersatz von ἐν durch lokales εἰς ist lukanisch → 1,44 Red S. 59. — τὸ ὄρος τὸ καλούμενον Ἐλαιῶν: Der Ölberg wird von Lukas in zweifacher Weise benannt: 1. τὸ ὄρος τῶν ἐλαιῶν „Olivenberg" (Lk 19,37; 22,39) ist die traditionelle Bezeichnung, wie wir sie bei Mk und Mt je dreimal lesen; 2. nur im Doppelwerk kommt im NT vor: τὸ ὄρος τὸ καλούμενον Ἐλαιῶν der „Olivenhain" genannte Berg (Lk 19,29; 21,37/Apg 1,12); καλούμενος zur Einführung des Namens einer Örtlichkeit ist redaktionell (→ 1,36 Red).

21,38 Red πᾶς ὁ λαός: → 2,10 Red S. 81. Zum Motiv des Zulaufs zu Jesus → 5,1.2 Red. — ὤρθριζεν: Das Verbum ὀρθρίζω kommt zwar im NT nur hier vor, gibt sich aber im Rahmen der Wortgruppe ὀρθρ-, die im NT auf das Doppelwerk beschränkt bleibt[4], als luka-

---

[2] Dagegen erlaubt δέομαι ἵνα Lk 9,40 nicht Rückschlüsse auf den lukanischen Sprachgebrauch, da an dieser Stelle das ἵνα nicht von Lukas, sondern aus seiner Vorlage Mk 9,18 stammt.

[3] Die klassische Verbindung δέομαι ὅπως findet sich sowohl vorlukanisch (→ 10,2 Trad) als auch lukanisch (Apg 8,24).

[4] Außer an unserer Stelle noch: Lk 24,1 ὄρθρου. 22 ὀρθριναί/Apg 5,21 ὄρθρον.

nisch zu erkennen. Mit der Wertschätzung der Wortgruppe ὀρθρ-
geht bei Lukas konform eine Abneigung gegen das Zeitadverb πρωΐ,
das er nur in der Redensart πρωΐ ἕως ἑσπέρας (Apg 28,23) gelten
ließ, im übrigen aber auf verschiedene Weise ersetzte: Lk 4,42 diff.
Mk 1,35; vgl. Lk 22,66 diff. Mk 15,1; Lk 24,1 diff. Mk 16,2.

22,1–13 = MARKUSBLOCK

22,14 Red ἐγένετο ἡ ὥρα: Statt ἐγένετο ἡ ὥρα steht Mk 14,17: καὶ ὀψίας γενομένης. Markus schreibt diesen gen. abs. noch viermal (Mk 1,32; 4,35; 6,47; 15,42); Lukas dagegen hat eine Abneigung gegen ὀψία und benutzt die Vokabel nie. Er ließ entweder die Zeitbestimmung fort (Lk 8,22; vgl. 23,50) oder ersetzte sie durch eine andere (4,40 und an unserer Stelle)[1]. ἐγένετο ἡ ὥρα ist also eine lukanische Textänderung zur Vermeidung von ὀψία. — ἀπόστολοι: Zur Bezeichnung der zwölf (elf) Jünger Jesu als οἱ ἀπόστολοι → 11,49 Red S. 209. — σύν: Die Präposition σύν gehört zu den charakteristischen Merkmalen lukanischen Sprachgebrauchs → 1,56 Red.

Trad καὶ ὅτε: → 2,21 Trad. — ἀνέπεσεν: ἀναπίπτω, zu der Gruppe der ἀνα-Komposita der Verben des Zu-Tische-Liegens gehörig, ist vorlukanisch → 7,36 Red.

22,15 Red πρός: Zu πρός c.acc. nach Verbum dicendi → 1,13 Red S. 33 sub 2. — ἐπιθυμίᾳ ἐπεθύμησα: Verstärkung des Verbums durch stammgleiches Substantiv im Dativ ist ein Septuagintismus, (= hebr.inf.abs.), den Lukas öfter schreibt → 1,73 Trad S. 74f. — πρὸ τοῦ c.inf.: Präpositionaler substantivierter Infinitiv ist lukanischer Sprachgebrauch → 1,8f. Red S. 29 sub B 2e. — παθεῖν: absolut gebraucht, in der Bedeutung „den Tod erleiden" findet sich im NT nur Lk 22,15; 24,46/Apg 1,3; 3,18; 17,3; Hebr 9,26, ist also eine von Lukas bevorzugte Wendung.

22,15—20 Trad In diesen Versen liegt vorlukanische christliche Kultsprache vor[2].

22,15 Trad καὶ εἶπεν: → 1,18 Trad. — ἐπεθύμησα ... φαγεῖν: Zu ἐπιθυμέω mit Infinitiv → 15,16 Trad.

22,16 Trad λέγω γὰρ ὑμῖν: Die Wendung ist vorlukanisch, wie insbesondere das γάρ (Ersatz für ἀμήν) zeigt → 3,8 Trad; 4,24 Trad. — οὐ μή: vgl. Mk 14,25 und → 1,15 Trad. — ἕως ὅτου: mit Konj.

---

[1] Die fünfte Stelle (Mk 6,47) steht in einem Markusabschnitt, der bei Lukas keine Entsprechung hat.
[2] Zur sprachlichen Analyse s. J. Jeremias, Abendmahlsworte[4] 153ff.

Aor. ist nicht lukanisch → 12,50 Trad. (Dagegen ist ἕως οὗ V. 18 lukanisch → 22,18 Red.) Zum Wechsel von ἕως ὅτου zu ἕως οὗ → 15,8 Red. — πληρωθῇ: Pass. divinum → 4,21 Trad.

22,17 Trad δεξάμενος ποτήριον ... εἶπεν: ist feste Formel[3]. — εὐχαριστήσας: Absolut gebrauchtes εὐχαριστέω findet sich im Doppelwerk nur Lk 22,17.19. Da Lukas das Verbum in der Apg an beiden Stellen, an denen es in ihr vorkommt (27,35; 28,15), mit dem Dativ verbindet (was der üblichen neutestamentlichen Redeweise entspricht), ist der absolute Gebrauch nicht auf ihn selbst zurückzuführen; vielmehr haben wir es mit christlicher Kultsprache zu tun, wie die übrigen neutestamentlichen Belege für absolut gebrauchtes εὐχαριστήσας bestätigen: Mt 15,36; 26,27; Mk 8,6; 14,23; Joh 6,11.23; 1Kor 11,24. — διαμερίσατε εἰς ἑαυτούς: Lukas konstruiert διαμερίζειν in der Bedeutung „austeilen" Apg 2,45 mit τί τινι (Septuagintismus); die an unserer Stelle vorliegende Verbindung mit εἴς τινας wird daher vorlukanisch sein.

22,18 Red ἕως οὗ: mit Konj.Aor. ist lukanisch → 12,59 Trad S. 225. Wie auch sonst läßt Lukas einen ihm fremden Sprachgebrauch (hier ἕως ὅτου V. 16) zunächst passieren, ersetzt ihn aber in der Wiederholung durch den ihm geläufigen (hier: ἕως οὗ V. 18), so z.B. auch 15,4 ἕως εὕρῃ/15,8 ἕως οὗ εὕρῃ → 15,8 Red S. 247; ferner 22,23 τίς ... ἐξ αὐτῶν (Trad)/22,24 τίς αὐτῶν (Red) → 22,23 Trad.

Trad λέγω γὰρ ὑμῖν: → 22,16 Trad. — οὐ μή: vgl. Mk 14,25 und → 1,15 Trad S. 36. — ἀπὸ τοῦ γενήματος τῆς ἀμπέλου: ist liturgische Formel (vgl. J. Jeremias, Abendmahlsworte[4] 176). — ἕως οὗ ἡ βασιλεία τοῦ θεοῦ ἔλθῃ: Die im AT und dem antiken Judentum nicht bezeugte[4] Wendung ἡ βασιλεία ἔρχεται ist vorlukanisch, wie das Vaterunser zeigt (Lk 11,2 par. Mt 6,10).

22,19f. Red ist völlig frei von Lukanismen[5]; die Ehrfurcht verbot redaktionelle Eingriffe in den heiligen Text.

---

[3] Ebd. 155f.169.
[4] J. Jeremias, Nt.Theol. I[2] 41 Anm. 24.
[5] ἐκχυννόμενον stammt Lk 22,20 nicht von Lukas, sondern aus der Überlieferung; vgl. Mk 14,24.

Trad Die Parallelen Mk 14,22–24; Mt 26,26–28; 1Kor 11,23–25 beweisen, daß wir formuliertes liturgisches Gut vor uns haben. In der Tat weist V. 19f. unlukanischen Sprachgebrauch auf: εὐχαριστήσας: absolut gebraucht, ist unlukanisch → 22,17 Trad: ἔκλασεν: absolut gebraucht, ebenso (Lukas selbst konstruiert κλάω Apg 2,46; 20,7.11 mit Objekt); εἰς τὴν ἐμὴν ἀνάμνησιν: = 1Kor 11,24f.; τὸ ποτήριον: das scheinbar achtlose Nebeneinander der Form ohne (V. 17) und mit (V. 20) Artikel ist nicht lukanisch; καὶ τὸ ποτήριον ὡσαύτως: mit Nachstellung von ὡσαύτως ist nicht lukanisch, da das LkEv das sinngleiche ὁμοίως dem Bezugswort voranstellt (Lk 5,10.33; 10,32; 22,36). An der einzigen Stelle, an der Lukas bei Markus (12,21) die Wortfolge καὶ ὁ τρίτος ὡσαύτως vorfand, änderte er sie durch Voranstellung von ὡσαύτως (Lk 20,31: ὡσαύτως δὲ καὶ...); μετὰ τὸ δειπνῆσαι: = 1Kor 11,25; ὑπέρ: mit Gen. wird im Doppelwerk nur Lk 22,19bf. vom sühnenden Sterben Jesu gebraucht; das *Fehlen von* ἐστίν in V. 20b ist unlukanisch → 1,5 Trad.

22,21 Trad πλὴν ἰδού: πλήν, als adversative Konjunktion gebraucht, ist nicht lukanisch → 6,24 Trad. An unserer Stelle steht πλήν im Gegensatz zu ὑπὲρ ὑμῶν: mit „indessen" wird Judas aus der Schar derer ausgeschlossen, denen die Sühnkraft des Todes Jesu gilt und auf diese Weise der Anstoß an der Judaskommunion beseitigt → ebd. – ἐπὶ τῆς τραπέζης: ist eine Wendung, die im NT nur im lk Nicht-Markusstoff vorkommt: Lk 22,21.30.

22,22 Red κατὰ τὸ ὡρισμένον: Lukas schreibt gern ὁρίζω: Lk 1/Apg 5, Pls 1, Hebr 1. Er hat außerdem eine Vorliebe für das substantivierte Partizip (→ 4,5 Red).

Trad ὡρισμένον: Zum Pass. divinum → 4,21 Trad. – πλήν: → 6,24 Trad. – οὐαί: schreibt Lukas nicht von sich aus (vgl. an unserer Stelle die Mk-Parallele Mk 14,21) → 6,24 Trad.

22,23 Red καὶ αὐτοί: Satzeinleitendes καὶ αὐτός/καὶ αὐτοί findet sich in den Evangelien in folgender Verteilung: Mt 0, Mk 3, Lk 34/Apg 0, Joh 2 → 1,17 Red S. 37. – τὸ τίς: Zu den mit τό substantivierten indirekten Fragesätzen → 1,62 Red S. 67. – εἴη: Der Optativus obliquus ist ein markantes Kennzeichen lukanischen Sprachgebrauchs → 1,29 Red S. 48. Lukanisch ist insbesondere das Präsens des Optativs (→ 1,29 Red sub 2) sowie indirekte Frage mit

Optativ (→ 1,29 Red sub 1). — ὁ τοῦτο μέλλων πράσσειν: Lukas gebraucht gern μέλλω (Mt 10, Mk 2, Lk 12/Apg 34, Joh 12, Pls 14, Hebr 9, Offb 13, sNT 4) und πράσσω (Lk 6/Apg 13, Joh 2, Pls 18); auch wenn er kein Monopol beansprucht, ist doch bei μέλλω das 46malige Vorkommen im Doppelwerk, bei πράσσω die Beschränkung der Vokabel auf das Doppelwerk und Paulus und 2mal Joh zu beachten. Hinzu kommt, daß Lukas das Partizip mit Artikel besonders schätzt⁶.

Trad ἤρξαντο: Abundantes ἄρχεσθαι c.inf. (vgl. Mk 14,19) ist nicht lukanisch → 3,8 Trad. — πρὸς ἑαυτούς: Das Reflexivpronomen πρὸς ἑαυτούς wird im NT wiederholt (Mk 6, Lk 3, Joh 2)⁷ zur Umschreibung eines wechselseitigen Verhaltens gebraucht, so auch an unserer Stelle: „Sie stritten miteinander". Dieses reziproke πρὸς ἑαυτούς empfand Lukas als unschön. Von den 3 Belegen, die er in dem von ihm übernommenen Markusstoff vorfand, übernahm er nur einen (Lk 20,5 = Mk 11,31), die beiden anderen umging er (Mk 10,26; 12,7). Er selbst verwendet das eigentliche Reziprokpronomen und schreibt πρὸς ἀλλήλους (Lk 8/Apg 4; Mk 4; Joh 4) → 2,15 Red; an drei Stellen schreibt er so gegen Markus (Lk 4,36; 6,11; 20,14), an vier Stellen in der Apg. Wie erklärt es sich dann aber, daß Lukas doch an drei Stellen ein reziprokes πρὸς ἑαυτούς bietet? Die Antwort lautet: Lk 20,5 folgt er, wie wir eben sahen, seiner Markusvorlage; 23,12 dürfte er von der Absicht geleitet sein, nicht unmittelbar auf μετ' ἀλλήλων ein πρὸς ἀλλήλους folgen zu lassen; an unserer Stelle verdankt er πρὸς ἑαυτούς ohne Frage der Tradition. — τίς ... ἐξ αὐτῶν: τίς ... ἐξ αὐτῶν in V. 23 alterniert mit τίς αὐτῶν in V. 24; beide Konstruktionen kommen im Doppelwerk je 7mal vor. Die erste (mit ἐξ) findet sich nur im Nicht-Markusstoff des Evangeliums, wo sie sich auf die formelhafte Gleichnis- und Bildwort-Einleitung τίς ἐξ ὑμῶν (Lk 11,5.11Q; 12,25Q; 14,28; 15,4; 17,7) und das τίς ... ἐξ αὐτῶν unserer Stelle beschränkt. Die andere Konstruktion (τίς mit Gen. partitivus) hat eine wesentlich breitere Basis; sie findet sich zwar ebenfalls im Nicht-Markusstoff (7,42; 10,36; 14,5 [anders par. Mt 12,11]; 22,24), darüber hinaus jedoch auch im Markusstoff (Lk 20,33 par. Mk 12,23) und in

---

⁶ Cadbury, Style 135f.
⁷ Mk 9,10; 10,26; 11,31; 12,7; 14,4; 16,3; Lk 20,5; 22,23; 23,12; Joh 7,35; 12,19.

der Apostelgeschichte (7,52; 19,35). Das heißt: τίς ἐξ αὐτῶν (ὑμῶν) wird bei Lukas fast nur formelhaft gebraucht; wo er von sich aus formuliert, schreibt er τίς + Gen.part.

22,24 Red ἐγένετο δέ: ist ein ausgesprochener Lukanismus (NT nur: Lk 17/Apg 21) → 1,8f. Red S. 25. — δὲ καί: Lukas hat eine Vorliebe für die Partikelverbindung δὲ καί → 2,4 Red S. 78. — τὸ τίς: Zu den mit τό substantivierten indirekten Fragesätzen → 1,62 Red S. 67. — τίς αὐτῶν: ist (im Unterschied zu τίς ἐξ αὐτῶν) lukanisch → 22,23 Trad. — δοκεῖ εἶναι: Zur Konstruktion mit Infinitiv (lukanisch) → 10,36 Red.

22,25—27 Red οἱ ἐξουσιάζοντες; V. 26: ὁ ἡγούμενος/ὁ διακονῶν; V. 27: ὁ ἀνακείμενος bis /ὁ διακονῶν bis: Keinem dieser 7 substantivierten Partizipien entspricht par. Mk 10,42—45 ein Partizip. In solchen Fällen ist in der Regel die partizipiale Konstruktion sekundär → 4,5 Red.

22,25 Trad ὁ δὲ εἶπεν αὐτοῖς: nicht lukanisch → 7,43 Trad.

22,26 Trad ὑμεῖς δὲ οὐχ οὕτως: Das Fehlen des Verbum finitum (anders par. Mk 10,43) ist nicht lukanisch → 1,5 Trad; nicht lukanisch ist ferner absolut gebrauchtes οὕτως → 12,21 Trad. — ἀλλά: Die Wendung οὐχ οὕτως, ἀλλά in unmittelbarer Folge ist nicht lukanisch → 1,60 Trad sub 1. — ὁ διακονῶν: → 10,40 Trad.

22,27 Trad τίς ...: Doppelfragen bildet Lukas nicht von sich aus → 2,49 Trad. — ἀνακείμενος(bis): ἀνα-Komposita der Verba des Zu-Tische-Liegens sind vorlukanisch → 7,36 Red. — ὁ διακονῶν(bis): → 10,40 Trad.

22,28 Red οἱ διαμεμενηκότες: Wieder ein substantiviertes Partizip (→ V. 25—27 Red) und ein Kompositum mit δια- (→ das unmittelbar Folgende); auch Komposita mit -μενω sind kennzeichnend für Lukas → 2,43 Red Anm. 49.

22,29 Red διατίθεμαι ... διέθετο: Zur Vorliebe des Lukas für Verbkomposita mit δια- → 1,65 Red S. 70; bereits in V. 28 hatte er ein solches Verbkompositum geschrieben. Im NT findet sich διατίθημι außer viermal im Hebr nur im lk Doppelwerk: Lk 22,29 bis / Apg 3,25.

Trad ὁ πατήρ μου: Zu ὁ πατήρ μου/ὑμῶν als Gottesbezeichnung → 2,49 Trad..

22,30 Trad ἵνα: Zum nicht-finalen ἵνα → 1,43 Trad. — ἔσθητε καὶ πίνητε: Die in Prosa ganz seltene poetische Wortform ἔσθω kommt im NT nur Mk 1,6; Lk 10,7; 22,30 vor, an beiden Lk-Stellen als Bestandteil der stereotypen Formel ἔσθω καὶ πίνω. — ἐπὶ τῆς τραπέζης: ist eine Wendung, die im NT nur im Nicht-Markusstoff des LkEv begegnet (Lk 22,21.30).

22,31 Red τοῦ σινιάσαι: Zum Infinitiv mit abundantem τοῦ nach Verben des Beabsichtigens, Ermahnens, Befehlens, Sich-Erbittens → 1,8f. Red sub B 1d (vgl. → 4,10 Red).

Trad Σίμων, Σίμων: → 5,3 Trad mit Anm. 4. — σατανᾶς: Lukas meidet Fremdwörter → 10,18 Trad. — V. 31//32: antithetischer Parallelismus → 1,52f. Trad.

22,32 Trad ἐδεήθην περὶ σοῦ ἵνα: An dieser Wendung ist nicht-lukanisch: das Fehlen des Adressaten der Bitte, das nicht-finale ἵνα zur Angabe des Gebetsinhaltes → 1,43 Trad S. 58 und das περί c.gen. → 21,36 Trad. — ἐκλίπῃ: Zu ἐκλείπω → 16,9 Trad; zu ἐκλείπει ἡ πίστις gibt es nur im Judengriechischen Analoges: LXX Jer 7,28 ἐξέλιπεν ἡ πίστις; Jos., Ant. 19,273 τὴν ἐκλειπίαν τῆς ... πίστεως. — ἐπιστρέψας: Was ἐπιστρέψας (Lk 22,32) anlangt, so gibt die übliche Übersetzung („wenn du dich dermaleinst bekehrt haben wirst"), die von einer künftigen „Bekehrung" des Petrus redet, schlechterdings keinen Sinn. Auch das Verständnis von ἐπιστρέψας als semitisierendem Hilfsverb („wieder") ist mit einer Schwierigkeit verbunden; denn „und du stärke dermaleinst *wieder* deine Brüder" würde voraussetzen, daß Petrus bereits in den Erdentagen Jesu vorrangig mit dieser „seelsorgerlichen" Aufgabe betraut war. Hingegen steht der Erklärung von ἐπιστρέψας als abundantes Partizip („und du wende dich dereinst, deine Brüder zu stärken") nichts im Wege[8]. Dieser

---

[8] Ferner liegt es, ἐπιστρέφω transitiv zu konstruieren: „und du bringe dereinst zurecht und stärke deine Brüder".

Sprachgebrauch liegt im NT nur an unserer Stelle vor[9]. Angesichts der Zurückhaltung des Lukas gegenüber dem abundanten Partizip (→ 5,7 Trad) wird man es auch an unserer Stelle der Tradition zuschreiben. — ἀδελφούς σου: Zu ἀδελφός sowie der Verbindung von ἀδελφός mit possessivem Genitiv → 6,41 Trad.

22,33 Trad ὁ δὲ εἶπεν αὐτῷ: nicht lukanischer Sprachgebrauch → 7,43 Trad. — κύριε: Zu κύριε als Anrede an den irdischen Herrn → 5,8 Trad.

22,34 Red Πέτρε: Dieser Vokativ findet sich im NT nur Lk 22,34/Apg 10,13; 11,7 und könnte lukanisch sein.

Trad λέγω σοι: Zu λέγω σοι/ὑμῖν als asyndetischem Satzanfang → 7,9 Trad; an unserer Stelle hat die Wendung ferner summierende Funktion → 3,8 Trad sub 10. — ἕως: als temporale Konjunktion ohne ἄν mit Konj.Aor. ist vorlukanisch → 12,59 Trad.

22,35 Red ἄτερ: Diese mit dem Gen. verbundene Präposition findet sich im NT nur im dritten Evangelium (22,6.35). Lukas schreibt sie 22,6 als Zusatz zu Mk 14,11. — οὐθενός: Die in hellenistischer Zeit zurückgedrängten Formen οὐθείς/μηθείς finden sich im NT außer 2mal bei Pls nur im Doppelwerk Lk 22,35;23,14/5mal Apg.

Trad καὶ εἶπεν αὐτοῖς: am Satzbeginn → 1,18.19 Trad. — V. 35//36: Antithetischer Parallelismus → 1,52f. Trad. — βαλλαντίου ... πήρας: → 10,4 Trad. — ὑποδημάτων: → 10,4 Trad.

22,36 Red εἶπεν δέ: → 1,13 Red sub 1.

Trad ἀλλὰ νῦν: → 1,60 Trad sub 1. — βαλλάντιον ... πήραν: → 10,4 Trad. — ὁ μὴ ἔχων: Verneintes substantiviertes Partizip ist nicht lukanisch → 3,11 Trad. — ἀγορασάτω: → 14,18 Trad.

22,37 Red τὸ γεγραμμένον: Der Singular τὸ γεγραμμένον zur Bezeichnung eines Bibelverses findet sich im NT nur Lk 20,17; 22,37; 2Kor 4,13. Die Wendung entspricht der Vorliebe des Lukas für das substantivierte Partizip (→ 4,5 Red); Lk 20,17 ersetzt er das ihm von Mk

---

[9] In der LXX vgl. Num 21,33; Dtn 1,24; Tob 2,5; 1Makk 12,45.

12,10 angebotene τὴν γραφὴν ταύτην durch τὸ γεγραμμένον τοῦτο. Auch die pluralische Wendung πάντα τὰ γεγραμμένα, die die Aussage der Schrift zusammenfaßt, ist lukanisch. Sie begegnet im NT (außer im Zitat Gal 3,10) nur im lk Doppelwerk (Lk 18,31; 21,22; 24,44/ Apg 13,29; 24,14), davon zweimal als Einfügung in den Mk-Stoff (Lk 18,31; 21,22); typisch lukanisch ist neben der Vorliebe für das substantivierte Partizip die Verstärkung durch πάντα (→ 1,10 Red S. 30), die sich in der pluralischen Fassung an allen fünf Stellen im Doppelwerk findet.

Trad λέγω γὰρ ὑμῖν ὅτι: → 3,8 Trad sub 5. — δεῖ: in Passionsankündigungen fand Lukas vor → 17,25 Trad. — τελεσθῆναι: Pass. divinum → 4,21 Trad S. 122. — τὸ περὶ ἐμοῦ: Der substantivierte präpositionale Ausdruck τὸ περί τινος begegnet singularisch im NT nur an unserer Stelle. Da Lk/Apg (wie Paulus) die Wendung sonst pluralisch (τὰ περί τινος) gebrauchen (→ 24,19 Red), wird unsere Stelle der Tradition zuzuschreiben sein.

22,38 Trad κύριε: → 5,8 Trad. — ὧδε: → 4,23 Trad. — ὁ δὲ εἶπεν αὐτοῖς: nicht lukanischer Sprachgebrauch → 7,43 Trad.

22,39 Red ἐξελθὼν ἐπορεύθη: Zur semitisierenden Kombination von ἐξέρχομαι und πορεύομαι → 13,31 Red S. 234. — κατὰ τὸ ἔθος: → 1,9 Red S. 29.

Trad καί: Zum Perikopenanfang mit καί → 2,21 Trad. — εἰς τὸ ὄρος τῶν ἐλαιῶν: Lukas folgt hier in der Formulierung dieser Ortsangabe der Überlieferung, wie der Vergleich mit Mk 14,26 zeigt (→ 21,37 Red).

22,40 Red ἐπὶ τοῦ τόπου: Die Wendung ἐπὶ (τοῦ) τόπου findet sich im NT nur im dritten Evangelium: Lk 6,17; 22,40; sie ist lukanisch, da Lukas sie 6,17 in seinen Markusstoff eingefügt hat. Dagegen ist das sinngleiche ἐπὶ τὸν τόπον nicht lukanisch → 19,5 Trad S. 276. — Daß Lukas den Namen Gethsemane nicht nennt, hängt mit seiner Abneigung gegen Fremdwörter zusammen → 10,18 Trad S. 187. — προσεύχεσθε μὴ εἰσελθεῖν εἰς πειρασμόν: Dieselbe Bitte, die hier infinitivisch formuliert wird, wird in V. 46 mit einem ἵνα-Satz wiedergegeben. Der Vergleich mit Mk 14,38 (= Mt 26,41) zeigt, daß die ἵνα-Fassung aus der Tradition stammt; die infinitivische ist daher auf Lukas zurückzuführen.

22,41 Red καὶ αὐτός: Zum „christologischen" καὶ αὐτός → 1,17 Red S. 37. — ἀπεσπάσθη: Passivisches ἀποσπάομαι ἀπό τινος im NT nur Lk 22,41 und Apg 21,1. — ὡσεί: → 3,23 Red S. 114. — θεὶς τὰ γόνατα: τιθέναι τὰ γόνατα („die Knie beugen") ist eine fest eingebürgerte, jedoch nicht klassische Wendung, die sich im NT außer Mk 15,19 nur im lk Doppelwerk findet (Lk 22,41; Apg 7,60; 9,40; 20,36; 21,5), gern mit προσεύχομαι verbunden (Lk 22,41/ Apg 9,40; 20,36; 21,5)[10].

22,42 Trad πάτερ: als Gottesanrede ist vorlukanisch vgl. J. Jeremias, Abba, Göttingen 1966, 56—58. — πλήν: → 6,24 Trad.

22,43 Red ὤφθη: → 1,11 Red S. 31. — ἀπ' οὐρανοῦ: Der Singular entspricht der lukanischen Redeweise → 3,21f. Red S. 113. — ἐνισχύων: ἐνισχύω findet sich sonst im NT nur noch Apg 9,19.

22,44 Red γενόμενος ἐν ἀγωνίᾳ ... καὶ ἐγένετο: Konstruktionen mit γίνεσθαι begegnen im LkEv fast doppelt so häufig wie im MtEv (133/73); speziell die Konstruktion γίνεσθαι mit ἐν ist „geradezu charakteristisch" für Lukas[11]. — ἐκτενέστερον: ἐκτενής und Derivate finden sich in den Evangelien abgesehen von unserer Stelle nirgendwo, wohl aber in der Apg: ἐκτένεια (26,7), ἐκτενῶς (12,5). — ὡσεί: ist lk Vorzugswort: Mt 3, Mk 1, Lk 9/Apg 6, sNT 2 → 3,23 Red.

22,45 Red ἀναστάς: → 1,39 Red.

22,46 Red τί καθεύδετε: Die Markusparallele 14,37 hat hier eine Doppelfrage; Lukas meidet Doppelfragen → 2,49 Trad S. 101. — ἀναστάντες: Pleonastisches ἀναστάς vor Imperativ findet sich im NT nur im lk Doppelwerk → 1,39 Red.

Trad καὶ εἶπεν αὐτοῖς: Zu καὶ εἶπεν am Satzbeginn mit folgendem Dativ → 1,18.19 Trad. — προσεύχεσθε ἵνα μή: Die ἵνα-Fas-

---

[10] Vgl. Herm vis 1,1,3; 2,1,2.
[11] A. v. Harnack, Studien zur Geschichte des Neuen Testaments und der alten Kirche I, Berlin/Leipzig 1931, 86—91: 88.

sung der Gethsemanebitte stammt, wie par. Mk 14,38; Mt 26,41 zeigt, aus der Überlieferung. Lukas selbst schreibt V. 40 den Infinitiv.

22,47 Red ἰδοὺ ὄχλος: (καὶ) ἰδού + Nominativ, ohne Verbum finitum ist hier lukanische Formulierung → 1,36 Red S. 52. — ἤγγισεν: schreibt Lukas mit Vorliebe → 7,12 Red.

Trad ἔτι αὐτοῦ λαλοῦντος ... Ἰούδας εἷς τῶν δώδεκα: ist traditionelle Einleitung der Schilderung der Gefangennahme Jesu, vgl. Mk 14,43; Mt 26,47. — ὄχλος: hat im NT nur Mk 14,43 par. Mt 26,47 par. Lk 22,47 militärischen Beiklang („bewaffneter Haufe"). — καί: hebraisierend zur Koordination von Wörtern mit selbständigen Sätzen (καί relativum) → 1,5 Trad.

22,49 Red ἰδόντες δέ: wird von Lukas benutzt, um einen Fortschritt der Handlung zu markieren → 2,17 Red S. 86. — τὸ ἐσόμενον: Das im Aussterben begriffene Partizip Futur findet sich im lukanischen Doppelwerk häufiger als sonst im NT (Mt 1, Lk 22,49/Apg 5, Joh 1, Pls 2, 1Pt 1, Hebr 2; vgl. § 351). — εἰ: als Fragepartikel vor direkter Rede (Septuagintismus) ist lukanische Vorzugswendung → 13,23 Red.

Trad κύριε: → 5,8 Trad.

22,51 Red ἐᾶτε: ἐάω ist lk Vorzugswort (Mt 1, Lk 2/Apg 7, Pls 1). Lukas ist der einzige neutestamentliche Autor, der sich der Tendenz der Koine, ἐάω durch ἀφίημι zu ersetzen (§ 126,1a mit Anm. 3), widersetzt hat. Zwar übernahm er in der Regel ἀφίημι in der Bedeutung „gewähren lassen, zulassen, geschehen lassen" da, wo die Überlieferung ihm das Verb anbot[12]; von sich aus schrieb er jedoch ἐάω: das zeigen die sieben Belege für ἐάω in der Apg, der Ersatz von ἤφιεν Mk 1,34 durch εἴα Lk 4,41 und der Imperativ ἐᾶτε Lk 22,51 statt des im neutest. Griechisch zu erwartenden ἄφετε. Im lukanischen Doppelwerk ist also ἐάω lukanisch, ἀφίημι in der Bedeutung „zulassen" vorlukanisch. — ἰάσατο: → 7,7 Red S. 154.

---

[12] So schreibt Lukas, der Überlieferung folgend: ἄφες (Lk 6,42 = Mt 7,4; Lk 9,60 = Mt 8,22), ἀφῆκεν (Lk 8,51 = Mk 5,37); ἄφετε (Lk 18,16 = Mk 10,14).

22,52 Red εἶπεν δέ: ist lukanisch → 1,13 Red S. 33 sub 1. — πρός c.acc.: → 1,13 Red sub 2. — πρὸς τοὺς παραγενομένους ... ἀρχιερεῖς: παραγίνομαι ist lk Vorzugswort (Lk 8/Apg 20) → 7,4 Red S. 152. Die attributive Stellung des Partizips zwischen Artikel und Substantiv findet sich auch sonst gelegentlich bei Lukas → 7,9 Red S. 155. — ἀρχιερεῖς καὶ στρατηγούς: Die Hauptleute (στρατηγοί) des Jerusalemer Tempels werden nur von Lukas erwähnt, außer an unserer Stelle noch 22,4 als Zusatz zu Mk 14,10. Ebenfalls nur bei ihm erscheint ὁ στρατηγός (τοῦ ἱεροῦ), der Jerusalemer Tempeloberst: Apg 4,1; 5,24.26.

22,53 Trad καθ' ἡμέραν: = Mk 14,49. — ὑμῶν ἡ ὥρα: → 6,29 Trad.

22,54 Red εἰσήγαγον: εἰσάγω ist lk Vorzugswort → 2,27 Red.

Trad συλλαβόντες: συλλαμβάνω als eingebürgerter Terminus für die Verhaftung Jesu (vgl. Mt 26,55; Mk 14,48; Lk 22,54; Joh 18,12; Apg 1,16) ist vorlukanisch → 1,24 Trad.

22,55 Red συγκαθισάντων: Lukas hat eine Vorliebe für Verbkomposita mit συν- (→ 2,19 Red).

Trad περιαψάντων: Da Lukas sowohl im Evangelium wie in der Apg für „anzünden" das Simplex ἅπτω gebraucht (Lk 8,16 diff. Mk 4,21; Lk 11,33 diff. Mt 5,15; Lk 15,8; Apg 28,2), dürften die Komposita ἀνάπτω (Lk 12,49) und περιάπτω (22,55) sowie andere Verben gleicher Bedeutung wie καίω (12,35) und πῦρ βάλλω (12, 49) vorlukanisch sein (→ 11,33 Red).

22,56 Red ἰδοῦσα δέ: Zu ἰδών/ἰδόντες δέ → 2,17 Red S. 86. — τις: Adjektivisches τις ist kennzeichnend für den lk Stil → 1,5 Red S. 15. — ἀτενίσασα αὐτῷ: Zu ἀτενίζω → 4,20 Red S. 122; an unserer Stelle liegt die für Lukas charakteristische Verbindung mit dem Dat.d.Pers. vor. — σύν: Lukas hat eine ausgesprochene Vorliebe für σύν → 1,56 Red.

Trad τὸ φῶς: Die seltene Bedeutung von φῶς = „wärmendes Feuer" findet sich im NT nur Mk 14,54 (θερμαινόμενος πρὸς τὸ φῶς) par. Lk 22,56 (καθήμενον πρὸς τὸ φῶς). Die Übereinstimmung der beiden Stellen, auch im Satzbau, weist auf die Tradition.

22,58 Red ἕτερος: erscheint bei Lukas gern in Aufzählungen (V. 56 τις ... V. 58 ἕτερος ... V. 59 ἄλλος τις), woran man erkennt, daß die Vokabel bei Lukas ihre klassische dualische Bedeutung praktisch aufgegeben hat → 3,18 Red.

Trad ἄνθρωπε: → 12,14 Trad.

22,59 Red διαστάσης: διΐστημι begegnet im NT nur im lk Doppelwerk (Lk 22,59; 24,51/Apg 27,28[13]), ebenso διάστημα (Apg 5,7). Die → 1,65 Red S. 70 als lukanisch erkannte Vorliebe für Verbkomposita mit δια- kommt nicht nur in διΐστημι, sondern auch in dem in unserem Vers sofort folgenden διϊσχυρίζετο zum Ausdruck. — ὡσεί: bei Zahlen und Maßen („ca.") findet sich im NT abgesehen von Mt 14,21 nur im Doppelwerk (7/4) → 3,23 Red S. 114. — τις: Zum adjektivischen τις → 1,5 Red S. 15. — διϊσχυρίζετο λέγων: Lukas hat eine Vorliebe für Verbkomposita mit δια- (→ 1,65 Red); was speziell διϊσχυρίζομαι anlangt, so findet es sich im NT nur im lk Doppelwerk (Lk 22,59/Apg 12,15). Zu dem an unserer Stelle vorliegenden pleonastischen λέγων (anders Mk 14,70 ἔλεγον) → 1,63 Red.

Trad ἄλλος: Lukas steht dem Pronominaladjektiv ἄλλος mit solcher Reserve gegenüber, daß man geradezu von einem lukanischen Meidewort reden kann; ἄλλος hat daher in der Regel für vorlukanisch zu gelten → 6,29 Trad.

22,60 Red εἶπεν δέ: → 1,13 Red S. 33. — παραχρῆμα: → 1,64 Red S. 70.

Trad ἄνθρωπε: → 12,14 Trad.

22,61 Red
Mk 14,72
καὶ ἀνεμνήσθη ὁ Πέτρ. τὸ ῥῆμα   ὡς εἶπεν
Lk 22,61
καὶ ὑπεμνήσθη ὁ Πέτρ. τοῦ ῥήματος[14] τοῦ κυρίου ὡς εἶπεν
Apg 11,16
      ἐμνήσθην δὲ   τοῦ ῥήματος τοῦ κυρίου ὡς ἔλεγεν

---

[13] Hier allerdings transitiv.
[14] So ist mit 𝔓69.75 B ℵ zu lesen.

Lukas folgte 22,61 zwar der Überlieferung, wie der Vergleich mit Mk 14,72 zeigt, doch nahm er einige kleine Änderungen vor, indem er ἀνεμνήσθη (Mk 14,72) in ὑπεμνήσθη (Lk 22,61) bzw. in das Simplex (Apg 11,16) verwandelte und den Akkusativ τὸ ῥῆμα durch die Genitivverbindung τοῦ ῥήματος τοῦ κυρίου (mit doppeltem Artikel → 3,2 Red) ersetzte.

Trad στραφείς: → 7,9 Trad. — ὁ κύριος: → 7,13 Trad. — ὑπεμνήσθη ... ὡς εἶπεν αὐτῷ: ὡς als Konjunktion (= ὅτι „daß") mit Verbum finitum nach Verben des Sich-Erinnerns, Erkennens, Wahrnehmens, Sagens, Hörens (Bauer[5] 1776 s.v. ὡς IV 4) begegnet im NT abgesehen von Mk 14,72 nur bei Paulus (4mal)[15] und im Doppelwerk (Lk 6,4; 20,37; 22,61; 24,6/Apg 10,28; 11,16). Wie sehr diese Konstruktion Lukas liegt, sieht man daran, daß er ὡς = ὅτι bei den genannten Verben wiederholt gegen seine Markusvorlage schreibt (Lk 6,4 diff. Mk 2,26; Lk 20,37 diff. Mk 12,26; vgl. Lk 24,6 diff. Mk 16,7) und 2mal in der Apg verwendet (10,28; 11,16); nur an unserer Stelle fand Lukas das ὡς = ὅτι nach einem Verb des Sich-Erinnerns schon in der Tradition vor, wie der Vergleich mit Mk 14,72 zeigt.

22,63 Red οἱ ἄνδρες: → 5,8 Red S. 134. — οἱ συνέχοντες αὐτόν: συνέχω ist kennzeichnend für Lukas → 19,43 Red.

Trad ἐνέπαιζον: → 14,29 Trad.

22,64 Red καὶ περικαλύψαντες ... λέγοντες: par. Mk 14,65: καὶ περικαλύπτειν ... καὶ λέγειν: Lukas ersetzt gern Parataxen durch Participia um des flüssigeren Stils willen → 4,5 Red S. 116. Zum pleonastischen λέγων (nach ἐπηρώτων) → 1,63 Red S. 67.

Trad προφήτευσον: = Mk 14,65; Mt 26,68, also vorlukanisch. — τίς ἐστιν ὁ παίσας σε: = Mt 26,68, also nicht von Lukas formuliert.

22,65 Red ἕτερα πολλά: Lukas gebraucht diese Wendung gern zusammenfassend, meist am Schluß von Aufzählungen (Lk 3,18; 8,3; 22,65/Apg 15,35, vgl. 2,40, sonst nur Mt 15,30) → 3,18 Red.

---

[15] Röm 1,9; Phil 1,8; 1Thess 2,10.11a.

22,66 Red ἐγένετο ἡμέρα: Die Verbindung von ἡμέρα mit γίνομαι zur Umschreibung des Tagesanbruchs findet sich im NT nur im lk Doppelwerk (Lk 4,42; 6,13; 22,66/Apg 12,18; 16,35; 23,12; 27,29.33.39)[16]. Lk 4,42 schreibt Lukas die Wendung an Stelle von καὶ πρωῒ ἔννυχα λίαν (Mk 1,35), 6,13 fügt er sie zu Mk 3,13 hinzu. Hand in Hand mit der Bevorzugung von ἐγένετο ἡμέρα geht bei Lukas eine Zurückhaltung gegenüber πρωΐ (→ 21,38 Red S. 285). — πρεσβυτέριον: Während die oberste jüdische Behörde im NT allgemein τὸ συνέδριον (bei Josephus auch ἡ βουλή) genannt wird, finden sich daneben im lk Doppelwerk noch die hellenistischen Bezeichnungen τὸ πρεσβυτέριον (Lk 22,66/Apg 22,5) und ἡ γερουσία (5,21). — τοῦ λαοῦ: Zu λαός → 1,10 Red S. 30. — τε καί: Lukas bevorzugt die enklitische Partikel τέ. Insbesondere ist lukanisch die an unserer Stelle vorliegende Kombination τὲ (...) καί → 2,16 Red S. 85. — ἀπήγαγον ... (V. 67) λέγοντες: (ἀπ)άγω + λέγων im NT nur im lk Doppelwerk: Lk 22,66/Apg 17,19; 18,12.

Trad καὶ ὡς: καὶ ὡς + Ind.Aor. findet sich nur im Nicht-Markusstoff des dritten Evangeliums (Lk 2,39; 15,25; 19,5.41; 22,66; 23,26) und ist vorlukanisch, da Lukas selbst ὡς δέ schreibt → 2,39 Trad. — συνήχθη: συνάγω für die Zusammenkünfte der Synedristen (Lk 22,66/Apg 4,5. 26f.cit. Ψ 2,2) ist in der Passionsgeschichte traditionell (Mt 26,3.57; 27,62; 28,12; Joh 11,47)[17].

22,67 Red εἶπεν δέ: → 1,13 Red.

22,67f. Trad οὐ μή → 1,15 Trad.

22,68 Red ἐρωτήσω: → 5,3 Red.

22,69 Red ἔσται ... καθήμενος: εἶναι c.part.praes. (diff. Mk 14,62) ist lukanisch → 1,20 Red S. 42. — τῆς δυνάμεως τοῦ θεοῦ: ἡ δύναμις ist Umschreibung des Gottesnamens, τοῦ θεοῦ (Mk 14,62 fehlend) pleonastische Verdeutlichung → 11,49 Red.

22,70 Red εἶπαν δέ ...: Dieser Vers ist ganz lukanisch: εἶπεν/εἶπαν δέ ist lukanisch → 1,13 Red S. 33; ebenso ὁ υἱὸς τοῦ θεοῦ (mit dop-

---

[16] Hawkins 50.186.
[17] Schneider, Verleugnung 107.

peltem Artikel) → 1,35 Trad sub 2a; sowie πρός c.acc. nach Verbum dicendi → 1,13 Red sub 2.

22,71 Red τί ...: Lukas meidet Doppelfragen (→ 2,49 Trad S. 101), so hier diff. Mk 14,63f.

23,1 Red ἀναστάν: Pleonastisches ἀναστάς ist ausgesprochener Lukanismus (Ev 17/Apg 19) → 1,39 Red S. 55. — ἅπαν τὸ πλῆθος: ἅπας (→ 3,21 Red S. 113) und πλῆθος (→ 1,10 Red S. 30) sind lukanische Vorzugsworte. Die Kombination ἅπαν τὸ πλῆθος beschränkt sich im NT auf das Doppelwerk (Lk 8,37; 19,37; 23,1/ Apg 25,24).

23,2 Red κατηγορεῖν ... λέγοντες: Zum pleonastischen λέγων → 1,63 Red. — τοῦτον: emphatisch → 12,5 Red S. 212. — διαστρέφοντα: Abgesehen von Mt 17,17 und Phil 2,15 findet sich διαστρέφω im NT nur fünfmal im Doppelwerk: Lk 9,41 (= Mt 17,17); 23,2/ Apg 13,8.10; 20,30. Mit acc.pers. („jmd. abwendig machen") beschränkt sich das Vorkommen von διαστρέφω auf Lk 23,2/Apg 13,8. Lukanisch ist an unserer Stelle auch das Verbkompositum mit δια- (→ 1,65 Red S. 70). — φόρους: φόρος kommt in den Evangelien nur Lk 20,22; 23,2 vor. Entsprechend seiner auch sonst geübten Praxis, Fremdwörter zu vermeiden (→ 10,18 Trad S. 187), hat Lukas 20,22 das ihm von Markus (12,14) vorgegebene Fremdwort κῆνσος durch φόρος ersetzt. Vielleicht ist φόρους an unserer Stelle ähnlich zu beurteilen.

Trad ἤρξαντο: Abundantes ἄρχομαι schreibt Lukas nur ganz selten von sich aus → 3,8 Trad.

23,3 Red ἠρώτησεν ... λέγων: ἐρωτάω ist lk Vorzugswort → 5,3 Red S. 130; lukanisch ist auch das an unserer Stelle vorliegende pleonastische λέγων → 1,63 Red.

Trad ἀποκριθείς ... ἔφη: nicht lukanisch → 1,19 Trad.

23,4 Red εἶπεν πρός c.acc.: ist lukanisch → 1,13 Red S. 33 sub 2. — τοὺς ὄχλους: → 3,7 Red S. 104. — οὐδὲν ... αἴτιον: τὸ αἴτιον („Schuld", „Ursache", „Grund") findet sich im NT nur im Doppelwerk: dreimal in der stereotypen Formel οὐδὲν ... αἴτιον (Lk

23,4.14.22) und einmal in der Abwandlung μηδενὸς αἰτίου ὑπάρχοντος (Apg 19,40). Vgl. auch Apg 23,9; 28,5: οὐδὲν κακόν.

23,5 Red τὸν λαόν: → 1,10 Red. -- καθ' ὅλης . . .: Die Wendung καθ' ὅλης τῆς Ἰουδαίας καὶ ἀρξάμενος ἀπὸ τῆς Γαλιλαίας kehrt Apg 10,37 (bis auf das Fehlen des καί nach Ἰουδαίας) wörtlich wieder und gibt sich dadurch als lukanisch zu erkennen. Im einzelnen: καθ' ὅλης im NT nur Lk 4,14; 23,5/Apg 9,31.42; 10,37; der Terminus Ἰουδαία wird, wie der Einschluß von Galiläa zeigt, anachronistisch auf Gesamtpalästina ausgedehnt (lukanisch → 1,5 Trad S. 17); ἀρξάμενος mit Nennung des Ausgangspunktes (ἀπό) ist lukanisch (Mt 20,8; Lk 23,5; 24,27.47/Apg 1,22; 8,35; 10,37).

Trad ἕως ὧδε: ὧδε wird vorlukanisch sein, da Lukas, wenn er selbst formuliert, αὐτοῦ und ἐνθάδε bevorzugt → 4,23 Trad.

23,7 Red ἀνέπεμψεν: ἀναπέμπω kommt außer Phlm 12 („senden") nur im Doppelwerk vor und ist hier an allen vier Stellen (Lk 23,7. 11.15/Apg 25,21) juristischer t.t. mit der Bedeutung „(einen Angeklagten dem zuständigen Gericht) überstellen". — ἐν ταύταις ταῖς ἡμέραις: im NT nur im Doppelwerk: Lk 23,7/Apg 11,27, mit Nachstellung des Demonstrativpronomens noch Lk 1,39; 6,12 (Zusatz zu Mk 3,13); 24,18/Apg 1,15; 6,1. Zur Vorliebe der Redaktion für das temporale ἐν → 1,5 Trad.

Trad ἐν Ἱεροσολύμοις: Lukas verwendet im Evangelium die sakrale Namensform Ἰερουσαλήμ; an 4 Stellen hat er, offenbar versehentlich, die hellenistische Namensform, die die Tradition ihm anbot, passieren lassen (→ 2,25 Red).

23,8 Red ἦν . . . θέλων: ist eine von Lukas bevorzugte coni.periphr. → 1,20 Red S. 43 sub d (Zeitangabe). — ἐξ ἱκανῶν χρόνων: ἱκανός ist lk Vorzugswort (Mt 3, Mk 3, Lk 9/Apg 18, Pls 7), das im NT außer Röm 15,23 nur im Doppelwerk de tempore gebraucht wird, und zwar im abgeschwächten Sinn „beträchtlich": Lk 3/Apg 8mal. Was insonderheit die Wendung χρόνος ἱκανός anlangt, so findet sie sich im NT nur im Doppelwerk: 4mal im Singular (Lk 8,27 Zusatz zu Mk 5,3; Apg 8,11; 14,3; 27,9) und zweimal im Plural (außer an unserer Stelle noch Lk 20,9 = Zusatz zu Mk 12,1). χρόνος ἱκανός ist also lukanisch → 7,12 Red S. 158. — διὰ τὸ ἀκούειν:

Zur Vorliebe des Lukas für präpositionalen substantivierten Infinitiv → 1,8f. Red S. 29 sub B 2b, speziell zu διὰ τό mit Inf. → 2,4 Red S. 79. — ἤλπιζέν τι σημεῖον ἰδεῖν: Adjektivisches τις/τι kennzeichnet den lukanischen Stil → 1,5 Red.

Trad λίαν: ist eine Vokabel, die Lukas nicht sonderlich schätzt: er schreibt sie ein einziges Mal im Evangelium (23,8), nie jedoch in der Apg, und an allen 3 Stellen, an denen Markus sie ihm anbot (Mk 1,35; 9,3 vgl. 16,2)[1], umging er sie.

23,9 Red λόγοις ἱκανοῖς: ἱκανός ist lk Vorzugswort → V. 8 und 7,12 Red S. 158. — αὐτὸς δέ: Zum „christologischen" αὐτὸς δέ → 4,30 Red.

Trad ἀπεκρίνατο: Zu dem sehr auffälligen Medium → 1,19 Trad.

23,10 Red εἱστήκεισαν ... κατηγοροῦντες: Finite Formen von ἕστηκα/εἱστήκειν + Part.coniunct. finden sich im Doppelwerk häufiger als im übrigen NT: Mt 1, Lk 4/Apg 3, Joh 2, Hebr 1[2]. — εὐτόνως: im NT nur Lk 23,10/Apg 18,28.

23,11 Red ἐξουθενήσας: → 18,9 Red S. 272f. — σύν: Lukas hat eine ausgesprochene Vorliebe für diese Präposition → 1,56 Red S. 63. — ἐσθῆτα: Zur Bezeichnung der „Kleidung" in kollektivem Sinn übernimmt Lukas zwar einmal ἔνδυμα aus der Überlieferung (Lk 12,23 = Mt 6,25), er selbst bevorzugt jedoch ἐσθής (Lk 23,11; 24,4/ Apg 1,10; 10,30; 12,21). — λαμπράν: → 2,9 Red S. 80. — ἀνέπεμψεν: Zu ἀναπέμπω → V. 7 Red.

Trad ἐμπαίξας: → 14,29 Trad.

23,12 Red ἐγένοντο ...: V. 12 ist eine erläuternde Zwischenbemerkung, wie Lukas sie liebt → 1,66 Red. — τε ... καί: Lukas bevorzugt die enklitische Partikel τέ → 2,16 Red S. 85. Zu der Kombination τὲ ... καί (50mal in der Apg) → ebd. sub b. — ἐν αὐτῇ τῇ ἡμέρᾳ: αὐτὸς ὁ/αὐτὴ ἡ/αὐτὸ τό mit Substantiv der Zeit im NT nur im Dop-

---

[1] Mk 6,51 ist nicht aufgeführt, weil Lukas diese Perikope ausließ.
[2] Mt 12,46 (V. 47 fehlt bei ℵB u.a.); Lk 8,20 (diff. Mk 3,31); 23,10.35.49/ Apg 1,11; 26,6.22; Joh 18,18; 20,11; Hebr 10,11.

pelwerk → 2,38 Red S. 98. — προϋπῆρχον: προϋπάρχω kommt im NT nur im Doppelwerk vor: Lk 23,12 (προϋπῆρχον γὰρ ἐν ἔχθρᾳ ὄντες πρὸς αὐτούς) mit prädikativem Partizip, dagegen Apg 8,9 (ἀνὴρ δέ τις ... προϋπῆρχεν ἐν τῇ πόλει μαγεύων) mit adverbialem Partizip. Zum prädikativen Partizip, das sich zur Ergänzung von Verben des modifizierten Seins im NT bei weitem am häufigsten bei Lukas findet, → 2,12 Red.

Trad πρὸς αὐτούς: πρὸς ἑαυτούς mit reziproker Bedeutung ist nicht lukanisch → 22,23 Trad.

23,13 Red συγκαλεσάμενος: ist lukanisch → 15,6 Red S. 246. — τοὺς ἄρχοντας: → 14,1f. Red S. 235. — τὸν λαόν: → 1,10 Red S. 30.

23,14 Red εἶπεν πρός c.acc.: → 1,13 Red S. 33 sub 2. — τὸν λαόν: → 1,10 Red S. 30. — ἐνώπιον ὑμῶν ἀνακρίνας: Sowohl ἐνώπιον (→ 1,17 Red S. 38) wie ἀνακρίνω sind lukanische Vorzugswörter (Lk 1/Apg 5; Pls 10). — οὐθὲν ... αἴτιον: → 23,4 Red. Zum ϑ in οὐθέν → 22,35 Red.

Trad προσηνέγκατε: φέρω und Komposita in der Bedeutung „bringen, führen" (von Menschen und Tieren) ist nicht lukanischer Sprachgebrauch → 11,4 Trad.

23,15 Red ἀνέπεμψεν: Zu ἀναπέμπω → 23,7 Red. — οὐδὲν ἄξιον θανάτου: Diese Redensart begegnet im NT nur im Doppelwerk: Lk 23,15/Apg 23,29; 25,25; 26,31; ohne Negation 25,11, vgl. Röm 1,32. — ἐστὶν πεπραγμένον: Zur Konstruktion εἶναι + Part.perf. → 1,7 Red.

Trad ἀλλ' οὐδέ: → 1,60 Trad.

23,18 Red ἀνέκραγον ... λέγοντες: Zum pleonastischen λέγων → 1,63 Red S. 67. — αἶρε: Im NT nur im Doppelwerk: außer Lk 23,18 noch Apg 21,36; 22,22 (anders Joh 19,15 Imperativ Aor. 1: ἆρον ἆρον). — τοῦτον: Emphatisch → 12,5 Red S. 212. — ἀπόλυσον: Dem Imperativ ἀπόλυσον entspricht bei Markus (15,11) ein nicht-finales ἵνα ... ἀπολύσῃ. Wie so oft meidet Lukas ein ihm angebotenes nicht-finales ἵνα → 1,43 Trad S. 58 mit Anm. 52.

23,19 Red ὅστις: wird häufig von Lukas gebraucht (Ev 13/Apg 18) → 1,20 Red S. 43. — διὰ στάσιν: στάσις begegnet im NT außer Mk 15,7 und Hebr 9,8 nur im Doppelwerk (Lk 23,19.25/Apg 15,2; 19,40; 23,7.10; 24,5). — τινά: Adjektivisches τις kennzeichnet den lukanischen Stil (→ 1,5 Red).

23,20f. Red Lukas hat eine Vorliebe für Derivate von -φων → 1,42 Red.

23,20 Red προσεφώνησεν: → 13,12 Red.

Trad πάλιν: ist lukanisches Meidewort → 6,43 Trad.

23,21 Red ἐπεφώνουν λέγοντες: Zum pleonastischen λέγων → 1,63 Red; ἐπιφωνέω im NT nur im Doppelwerk (Lk 23,21/Apg 12,22; 21,34; 22,24).

23,22 Red πρός c.acc.: nach Verbum dicendi → 1,13 Red S. 33 sub 2. — οὐδὲν αἴτιον: → V. 4 Red.

23,23 Red ἐπέκειντο: ist lukanisch → 5,1 Red S. 129. — φωναῖς μεγάλαις: ist ebenfalls lukanisch → 17,15 Trad S. 265. — αἰτούμενοι αὐτὸν σταυρωθῆναι: Mediales αἰτέομαι wird Apg 7,46 cit.; Eph 3,13 durch den Infinitiv, Lk 23,23; Apg 3,14; 13,28 durch den Akk. mit Inf. ergänzt, dagegen Kol 1,9 durch ἵνα. Nach dem → 2,26 Red Ausgeführten entspricht bei den Verben des Bittens die Ergänzung durch (Akk. mit) Infinitiv dem lukanischen Stilempfinden.

23,25 Red διὰ στάσιν: → V. 19 Red.

23,26 Red ἐπιλαβόμενοι: Lukas meidet nach seiner Gewohnheit das Fremdwort ἀγγαρεύω par. Mk 15,21 (→ 10,18 Trad S. 187); er verwendet stattdessen das von ihm bevorzugte ἐπιλαμβάνομαι → 14,4 Red S. 236. — τινα: Adjektivisches τις ist kennzeichnend für den lukanischen Stil → 1,5 Red S. 15. — φέρειν: Die Mk-Parallele (15,21) hat ein nicht-finales ἵνα, das Lukas wie auch sonst meidet → 1,43 Trad S. 58 mit Anm. 52.

Trad καὶ ὡς ἀπήγαγον αὐτόν: Zum Perikopenanfang mit καί → 2,21 Trad; zu καὶ ὡς (temp.) + Ind.Aor. als vorlukanisch (2,39; 15,25; 19,5.41; 22,66; 23,26) → 1,23 Red.

23,27 Red πλῆθος τοῦ λαοῦ: Diese Genitivverbindung findet sich im NT ausschließlich im lk Doppelwerk: Lk 1,10; 6,17 (diff. Mk 3,7); 23,27/Apg 21,36 → 1,10; 2,13 Red S. 83; πλῆθος πολύ schreibt im NT abgesehen von Mk 3,7f. ebenfalls nur Lukas (Lk 5,6; 6,17; 23,27/Apg 14,1; 17,4).

23,28 Red Ἰερουσαλήμ: → 2,25 Red.

Trad στραφεὶς δὲ πρὸς αὐτάς: στραφείς ist vorlukanisch (→ 7,9 Trad), mit πρός c.acc. nur Lk 7,44; 10,23; 23,28. — V. 28b//c: Antithetischer Parallelismus → 1,52f. Trad. — μὴ κλαίετε ἐπ' ἐμέ: Die dreimalige Wiederkehr von κλαίω + ἐπί c.acc. im NT (Lk 19,41; 23,28a.b) zur Bezeichnung der Totenklage ist auffällig, weil die Konstruktion unklassisch ist, wohl Semitismus → 19,41 Trad. — πλήν: → 6,24 Trad.

23,29 Red ἐν (temp.): → 1,5 Trad.

Trad ἔρχονται ἡμέραι: Da Lukas selbst ἐλεύσονται ἡμέραι schreibt (→ 17,22 Red), wird ἔρχονται ἡμέραι vorlukanisch sein. — μακάριαι: Alle 15 Makarismen des LkEv finden sich im Nicht-Markusstoff → 1,45 Trad. Zum Fehlen einer Form von εἶναι (vorlukanisch) → 1,5 Trad.

23,30 Trad τότε ἄρξονται λέγειν: Abundantes ἄρχομαι (medial) + Inf., mit Bezug auf die Zukunft gesagt, ist nicht lukanisch → 3,8 Trad.

23,31 Trad ποιοῦσιν: Zur Umschreibung des Gottesnamens durch die 3. Pers.pl. → 6,38 Trad. — γένηται: Zur Umschreibung des Gottesnamens durch γίνεσθαι → 1,38 Trad.

23,32 Red δὲ καί: → 2,4 Red S. 78. — ἕτεροι: → 3,18 Red S. 110 sub 3. — σύν: → 1,56 Red S. 63. — ἀναιρεθῆναι: ἀναιρέω ist lukanisches Vorzugswort: Mt 1, Lk 2/Apg 19, Pls 1, Hebr 1. Dazu paßt, daß Lukas das ihm vorgegebene ἀποκτείνωσιν (Mk 14,1) durch ἀνέλωσιν (Lk 22,2) ersetzt.

23,33 Red τὸν καλούμενον: ist lukanisch → 1,36 Red S. 53. — Κρανίον: par. Mk 15,22 Γολγοθᾶ: Lukas meidet Fremdwörter → 10,18 Trad.

Trad καὶ ὅτε: → 2,21 Trad. — ἐπὶ τὸν τόπον: nicht lukanisch → 19,5 Trad.

23,34 Red διαμεριζόμενοι: Lukas ersetzt (wie so oft → 4,5 Red S. 116) das Verbum finitum in Ψ 21[22],19 (διεμερίσαντο ... καὶ ... ἔβαλον κλῆρον) um der größeren Eleganz willen durch das Partizip (διαμεριζόμενοι ... ἔβαλον κλήρους). Auch sonst pflegt er an Schriftzitaten stilistisch zu feilen → 1,13 Red.

Trad διαμεριζόμενοι: Das Medium von διαμερίζω („unter sich verteilen") Lk 23,34 par. Mk 15,24; Mt 27,35; Joh 19,24 ist an allen 4 Stellen Zitat von Ψ 21[22],19; die Kleiderverteilung bildet einen traditionellen Bestandteil der Passionsüberlieferung.

23,35 Red εἱστήκει ὁ λαὸς θεωρῶν: ὁ λαός → 1,10 Red S. 30; finite Formen von ἕστηκα/εἱστήκειν + Partic.coniunct. → 23,10 Red S. 302. — δὲ καί: (so ist mit $\mathfrak{P}^{75}$BAC zu lesen) → 2,4 Red S. 78. — οἱ ἄρχοντες: → 14,1f. Red S. 235. — λέγοντες: Zum pleonastischen λέγων → 1,63 Red. — τοῦ θεοῦ: Zum pleonastischen τοῦ θεοῦ → 11,49 Red.

Trad ἐξεμυκτήριζον: → 16,14 Trad. — ἄλλους: Lukas meidet ἄλλος → 6,29 Trad. An unserer Stelle folgt er mit der Beibehaltung von ἄλλους der Überlieferung, wie Mk 15,31 zeigt.

23,36 Red δὲ καί: → V. 35 Red.

Trad ἐνέπαιξαν: → 14,29 Trad.

23,38 Trad ὁ βασιλεὺς ... οὗτος: Das Fehlen von εἶναι ist beim Demonstrativum vorlukanisch → 1,5 Trad bei Anm. 23.

23,39 Red κρεμασθέντων: Von der Kreuzigung gebrauchtes κρεμάννυμι findet sich im NT außer Gal 3,13 cit. nur im Doppelwerk: Lk 23,39/Apg 5,30; 10,39. Daß das Verb Lukas liegt, sieht man an der Apg. Im Bericht über die Kreuzigung der beiden Schächer hat er das traditionelle συσταυρόω (Mk 15,39; Mt 27,44) durch κρεμάννυμι ersetzt.

Trad εἷς ... ὁ ἕτερος: Zum Fortleben des dualischen Gebrauchs von ἕτερος bei Lukas in der formelhaften Gegenüberstellung εἷς/ἕτερος → 3,18 Red sub 3.

23,40 Trad ἀποκριθεὶς ... ἔφη: → 1,19 Trad.

23,41 Red ὧν ἐπράξαμεν: Die Attractio relativi ist lukanische Vorzugswendung → 2,20 Red S. 88. — ἄτοπον: kommt im NT außer 2Thess 3,2 nur im Doppelwerk vor (Lk 23,41/Apg 25,5; 28,6).

23,42 Trad καὶ ἔλεγεν (-ον): am Satzbeginn ist eine von Lukas gemiedene Wendung (→ 4,22 Trad); er sagt stattdessen ἔλεγεν δέ (→ 1,13 Red).

23,43 Trad καὶ εἶπεν αὐτῷ: Zu καὶ εἶπεν am Satzbeginn mit folgendem Dativ → 1,18.19 Trad. — ἀμήν σοι λέγω: ἀμὴν λέγω ὑμῖν/σοι ist vorlukanisch → 4,24 Trad, ebenfalls vorlukanisch ist ὑμῖν/σοι λέγω mit Voranstellung des Dativobjektes → 6,27 Trad. — σήμερον: mit eschatologischem Beiklang zur Bezeichnung der Gegenwart des Heils ist vorlukanischer Sprachgebrauch → 2,11 Trad.

23,44 Red ὡσεί: bei Zahlen und Gewichten (= „ca.") im NT (abgesehen von Mt 14,21) nur im Doppelwerk (Ev 7/Apg 4) → 3,23 Red.

23,45 Trad ἐκλιπόντος: → 16,9 Trad.

23,46 Red φωνήσας φωνῇ μεγάλῃ: ist eine geprägte Wendung, die im NT viermal (Mk 1,26; Lk 23,46/Apg 16,28; Offb 14,18) wiederkehrt. Ihr Vorkommen in beiden Teilen des lk Doppelwerks entspricht der Vorliebe des Lukas für die Verstärkung des Verbums durch ein stammgleiches Substantiv im Dativ → 1,73 Trad S. 74f. — εἰς χεῖράς σου παρατίθεμαι (LXX παραθήσομαι) τὸ πνεῦμά μου: ist Zitat von Ψ 30[31],6. Die Apostelgeschichte läßt den Psalmvers ein Echo finden im Gebet des sterbenden Stephanus: δέξαι τὸ πνεῦμά μου Apg 7,59.

Trad πάτερ: → 22,42 Trad.

23,47 Red ἰδὼν δέ: wird von Lukas oft verwendet (Lk 15/Apg 5), um einen Fortschritt der Handlung zu markieren → 2,17 Red S. 86. — ὁ ἑκατοντάρχης: Während par. Mk 15,39 unbedenklich ὁ κεντυρίων schreibt, bleibt Lukas seiner Ablehnung von Fremdwörtern treu → 7,2 Red S. 151. — τὸ γενόμενον: Im Vergleich zur klassischen Sprache kommt das Neutrum sing. und plur. der substantivierten Participia im NT nicht sehr häufig vor (§ 413,3). Um so bemerkenswerter ist es, daß das Neutrum der substantivierten Partizipien von γίνομαι („das Ereignis", „der Vorfall") zwölfmal im lk Doppelwerk vorkommt (sNT nur Mt 4^3, Mk 1^4, Pls 1^5): Lk 8,34.35. 56; 9,7; 23,47.48; 24,12^6.18/Apg 4,21; 5,7; 12,9; 13,12. Insbesondere ist kennzeichnend für den lukanischen Stil: die Vorliebe des dritten Evangelisten für das Part.perf. τὸ γεγονός[7], die dreimalige Einfügung des substantivierten Participiums von γίνομαι in seinen Markustext[8] sowie der Gebrauch in der Apg (viermal). (Zum attributiv gebrauchten Partizip von γίνομαι „sich ereignen" etc. → 2,15 Red S. 85.) — ἐδόξαζεν τὸν θεὸν λέγων: δοξάζω τ.θ. ist lukanische Vorzugswendung → 2,20 Red S. 88; zum pleonastischen λέγων → 1,63 Red S. 67. — ὄντως: kommt im LkEv zweimal vor. Von den beiden Stellen ist die eine Bestandteil des alten, vorpaulinischen Osterrufs (→ 24,34 Trad S. 319), während die andere (23,47) redaktionell Ersatz für ἀληθῶς Mk 15,39 ist, das Lukas im Ev als Ersatz für ἀμήν reserviert (9,27 diff. Mk 9,1; Lk 12,44 diff. Mt 24,47; Lk 21,3 diff. Mk 12,43).

Trad δίκαιος: δίκαιος als Attribut Jesu (Lk 23,47/Apg 3,14; 7,52; 22,14) entnahm Lukas dem christologischen Formelgut (→ 1,6 Trad, dort auch die Belege aus dem übrigen NT).

23,48 Red πάντες οἱ συμπαραγενόμενοι ὄχλοι: Generalisierende Wendungen → 3,19 Red S. 111; Lukas schreibt mit besonderer Vorliebe Wendungen mit πᾶς ὁ → 1,10 Red S. 30 sub 3; παραγίνομαι

---

[3] 18,31bis; 27,54; 28,11.
[4] 5,14.
[5] Eph 5,12.
[6] 24,12 wird von allen Unzialen einschließlich $\mathfrak{P}^{75}$ außer D gelesen und hat als ursprünglicher Lukastext zu gelten, vgl. J. Jeremias Abendmahlsworte[4] 143f.
[7] Lk 8,34.35.56; 24,12/Apg 4,21 (τῷ γεγονότι); 5,7; 13,12; sNT nur Mk 5,14.
[8] τὸ γεγονός: Lk 8,34a (Zusatz zu Mk 5,14a).56 (diff. Mk 5,43); τὰ γινόμενα: Lk 9,7 (diff. Mk 6,14).

ist eines seiner Vorzugsverben (Lk 8/Apg 20) → 7,4 Red S. 152; die Verstärkung durch das Präfix συν- entspricht seiner Vorliebe für Verbkomposita mit συν- → 2,19 Red S. 86; die Stellung des Partizips zwischen Artikel und Substantiv findet sich auch sonst bei Lukas → 7,9 Red S. 155; schließlich ist auch der Plural ὄχλοι lukanisch → 3,7 Red S. 104. — τὰ γενόμενα: → V. 47 Red. — ὑπέστρεφον: markantes Vorzugswort des Lukas → 1,56 Red.

23,49 Red εἱστήκεισαν ... ὁρῶσαι: Zu ἕστηκα/εἱστήκειν + Partic. coniunct. → 23,10 Red. — πάντες οἱ γνωστοὶ αὐτῷ: Zur Vorliebe des Lukas für die Verstärkung der Aussage durch πᾶς → 1,10 Red S. 30. — γυναῖκες αἱ συνακολουθοῦσαι: Die Konstruktion Participium mit Artikel als nachgestelltes Attribut zu artikellosem Nomen hatte sich → 7,32 Red S. 166 als lukanisch zu erkennen gegeben[9].

Trad οἱ γνωστοί: → 2,44 Trad.

23,50 Red καὶ ἰδοὺ ἀνήρ ... ἀνὴρ ἀγαθὸς καὶ δίκαιος: ἀνήρ ist eines der markantesten lk Vorzugswörter (→ die Statistik 5,8 Red S. 134); für Lukas kennzeichnend ist insbesondere in V. 50a der Gebrauch von ἀνήρ anstelle von indefinitem τις und die im NT auf das Doppelwerk beschränkte Wendung καὶ ἰδοὺ ἀνήρ (Lk 8/Apg 3) → 5,8 Red S. 135 sub 2. — ὀνόματι: ist lk Vorzugswendung → 1,5 Red S. 15. — ὑπάρχων: Zu ὑπάρχω als Ersatz für εἰμί mit Prädikatsnomen → 7,25 Red.

Trad ἀγαθὸς καὶ δίκαιος: Zu den Doppelwendungen mit δίκαιος → 1,6 Trad.

23,51 Red συγκατατεθειμένος: Lukas benutzt gern Verbkomposita mit συν- (→ 2,19 Red S. 86); zu der an unserer Stelle vorliegenden Konstruktion εἰμί + Part.perf. → 1,7 Red.

23,52 Red τὸ σῶμα: = Mk 15,43 (→ 17,37 Red).

23,53 Red οὗ: → 4,16 Red S. 119. — ἦν ... κείμενος: diff. Mk 15, 46, von Lukas viel benutzte coniug. periphrastica → 1,20 Red.

---

[9] 𝔓75 Bpc lesen vor γυναῖκες den Artikel, doch dürfte die Lesart ohne Artikel vor γυναῖκες als die kürzere ursprünglich sein.

Trad ἐν μνήματι: → 11,44 Red.

23,55 Red κατακολουθήσασαι: Das Verb findet sich im NT nur im Doppelwerk: Lk 23,55/Apg 16,17. — αἵτινες: → 1,20 Red S. 43. — ἦσαν συνεληλυθυῖαι: συνέρχομαι ist lk Vorzugswort (Mk 2, Mt 1, Lk 2/Apg 16, Joh 2, Pls 7), was der Vorliebe des Lukas für Verbkomposita mit συν- entspricht (→ 2,19 Red S. 86). Zu der an unserer Stelle vorliegenden Konstruktion εἰμί + Part.perf. → 1,7 Red S. 24. — τὸ μνημεῖον: → 11,44 Red S. 207. — ὡς ἐτέθη: Mit ὡς eingeleitete indirekte Fragesätze finden sich außer bei Paulus (Röm 11,2; 2Kor 7,15) nur im lk Doppelwerk: Lk 8,47 (Zusatz zu Mk 5,33); 23,55; 24,35/Apg 10,38; 20,20 (vgl. Bauer[5] 1773 s.v. ὡς I 2d). — τὸ σῶμα αὐτοῦ → 17,37 Red.

23,56 Red ὑποστρέψασαι: → 1,56 Red S. 63. — ἡσύχασαν: → 14,4 Red.

24,1 Red ὄρθρου: → 21,38 Red S. 284. — ἐπὶ τὸ μνημεῖον: (so ist mit $\mathfrak{P}^{75}$ℵC zu lesen) → 11,44 Red.

24,2 Red εὗρον: par. Mk 16,4 ἀναβλέψασαι θεωροῦσιν. Es ist charakteristisch für Lukas, daß bei ihm εὑρίσκω austauschbar ist mit Verba videndi → 2,12 Red, Anm. 7. — ἀπὸ τοῦ μνημείου: → 11,44 Red.

24,3 Red οὐχ εὗρον: → 2,12 Red, Anm. 7. — τὸ σῶμα: → 17,37 Red.

24,4 Red καὶ ἐγένετο ἐν τῷ ... καὶ ἰδού: Periphrastisches ἐγένετο (33mal bei Lukas) ist ein für den lukanischen Stil charakteristischer Septuagintismus → 1,8f. Red S. 25 sub A. An unserer Stelle liegt folgende Abwandlung des dreiteiligen Schemas vor: a) Einleitung mit καί, b) Zeitangabe mit ἐν τῷ + Inf. → 1,8f. Red S. 28 sub B 2a, c) Anschlußsatz durch καὶ ἰδού eingeleitet. So im NT sonst nur noch Lk 5,12 (Zusatz zu Mk 1,40); 14,1f. — ἐν τῷ ἀπορεῖσθαι: Lukas hat eine Vorliebe für ἀπορέω κτλ.: ἀπορέω (Lk 24,4/Apg 25,20; sNT 4); ἀπορία (NT nur Lk 21,25); διαπορέω (NT nur Lk 9,7/Apg 2,12; 5,24; 10,17); εὐπορέομαι (NT nur Apg 11,29); εὐπορία (NT nur Apg 19,25). — καὶ ἰδοὺ ἄνδρες: lukanisch → 5,8 Red S. 134. καὶ ἰδοὺ ἄνδρες δύο kehrt wörtlich Apg 1,10 wieder. — ἐπέστησαν: → 2,9 Red S. 80. — ἐν ἐσθῆτι: Lukas bevorzugt ἐσθής vor ἔνδυμα → 23,11 Red S. 302; er ist der einzige neutestamentliche Autor, der ἐσθής mit Attribut zur Beschreibung von Engelerscheinungen gebraucht (Lk 24,4; Apg 1,10; 10,30). Lukanisch ist auch der distributive Singular (ἐν ἐσθῆτι ἀστραπτούσῃ „jeder in blitzendem Gewand") → 1,66 Red.

24,5 Red ἐμφόβων ... γενομένων: γενόμενος + Adj. findet sich im Doppelwerk 11mal[1] (sNT nur Mk 1, Pls 2, Hebr 3, Jak 1), ein Beispiel für die → 4,5 Red S. 116 beobachtete Vorliebe des Lukas für Partizipien. Was ἔμφοβος anlangt, so kommt es im NT 5mal vor: Offb 11,13 mit Verbum finitum (ἐγένοντο), sonst nur im Doppelwerk, durchweg mit Participium γενόμενος: Lk 24,5.37/Apg 10,4; 24,25. — εἶπαν πρός c.acc.: → 1,13 Red sub 2.

24,6 Red μνήσθητε ὡς ἐλάλησεν: ὡς (= ὅτι „daß") mit Verb.fin. nach Verben des Sich-Erinnerns, Erkennens u.s.w. ist im allgemeinen lukanisch (→ 22,61 Trad S. 298). — ἐλάλησεν ... (7) λέγων: Zum pleonastischen λέγων → 1,63 Red.

Trad ὧδε: → 4,23 Trad.

24,7 Red τὸν υἱὸν τοῦ ἀνθρώπου: Die seltene Prolepse des Objekts findet sich in beiden Teilen des Doppelwerkes: Lk 24,7/Apg 13,32f., vgl. § 476,4.

Trad δεῖ παραδοθῆναι: formelhaft → 17,25 Trad S. 268; zum Pass. divinum → 4,21 Trad. — εἰς χεῖρας ἀνθρώπων: Artikellose Genitivverbindung → 1,5 Trad. — ἁμαρτωλῶν: ist im LkEv in der Regel traditionell → 5,8 Trad.

24,8 Red τῶν ῥημάτων: Die Verwendung von τὰ ῥήματα als missionstheologischer Terminus („die Verkündigung") ist kennzeichnend für Lukas → 1,37 Red.

24,9 Red ὑποστρέψασαι: → 1,56 Red. — πάντα ... πᾶσιν: → 1,10 Red S. 30. — τοῖς ἕνδεκα: Die Zahl elf kommt im NT nur Mt 28,16; Lk 24,9.33/Apg 1,26; 2,14 vor, an allen fünf Stellen vom Zwölferkreis ohne Judas gesagt. Es handelt sich um einen von Lukas bevorzugten Sprachgebrauch.

---

[1] Lk 24,5.37/Apg 1,18; 7,32; 10,4; 12,23; 16,27.29; 19,28; 24,25; 27,36.

Trad ἀπὸ τοῦ μνημείου: μνημεῖον ist zwar lukanisches Vorzugswort (→ 11,44 Red), stammt aber an unserer Stelle aus der Überlieferung, wie par. Mk 16,8 (ἀπὸ τοῦ μνημείου) zeigt. — ἀπήγγειλαν: ἀπαγγέλλω ist lukanisches Vorzugswort (Ev 11/Apg 16 → 7,18 Red), ist aber auch bei Mt (8mal) nicht ganz selten. An unserer Stelle stammt das Verbum, wie par. Mt 28,8 zeigt, aus der Überlieferung.

24,10 Red καὶ αἱ λοιπαί: Generalisierende Wendung → 3,19 Red S. 111. — σὺν αὐταῖς ἔλεγον: Lukas hat eine ausgesprochene Vorliebe für die Präposition σύν → 1,56 Red S. 63[2]. — ἔλεγον πρός c.acc.: → 1,13 Red S. 33 sub 2. — τοὺς ἀποστόλους: → 11,49 Red.

24,11 Red ἐνώπιον: → 1,17 Red S. 38. — ὡσεί: ist lk Vorzugswort: Mt 3, Mk 1, Lk 9/Apg 6, sNT 2 → 3,23 Red S. 114. — τὰ ῥήματα ταῦτα: τὸ ῥῆμα τοῦτο/τὰ ῥήματα ταῦτα (Septuagintismus): im NT nur Lk/Apg → 1,65 Red S. 71. — ἠπίστουν αὐταῖς: ἀπιστέω im alltäglichen, nicht spezifisch religiösen Sinn „keinen Glauben schenken", „nicht für möglich halten", „sich nicht überzeugen lassen" im NT nur im Doppelwerk (Lk 24,11.41; vgl. Apg 28,24). Auch die Kombination ἀπιστέω/θαυμάζω findet sich im NT nur im LkEv (24,11f.41)[3].

24,12 Red[4] ἀναστάς: ist lk Vorzugswendung, insbesondere ist pleonastisches ἀναστάς lukanisch → 1,39 Red S. 55. — ἐπὶ τὸ μνημεῖον: → 11,44 Red S. 207. — θαυμάζων: Lukas schreibt gern das transitive θαυμάζω → 7,9 Red S. 155; zur Kombination ἀπιστέω/θαυμάζω, die sich nur bei Lukas findet, → 24,11 Red. — τὸ γεγονός: Das substantivierte Part.perf. τὸ γεγονός ist lk Vorzugswendung: Lk 8,34 (Zusatz zu Mk 5,14a).35 (= Mk 5,14b).56 (diff. Mk 5,43); 24,12; Apg 4,21; 5,7; 13,12, sonst im NT nur Mk 5,14b. Auch das gleichbedeutende substantivierte Part.perf. συμβεβηκός ist lukanisch → 24,14 Red.

---

[2] Wer (u.E. zu Unrecht) σὺν αὐταῖς zum Vorhergehenden zieht, hat in V. 10 ein weiteres Beispiel für die → 5,9 Red als lukanisch erkannte Ellipse nach οἱ σύν τινι.
[3] Vgl. Neirynck, Historic Present 549 Anm. 4.
[4] V. 12 wird von sämtlichen Unzialen einschließlich $\mathfrak{P}$75 (mit alleiniger Ausnahme von D) gelesen und hat als ursprünglicher Text zu gelten, vgl. J. Jeremias, Abendmahlsworte[4] 143f.

Trad βλέπει: Das Praesens historicum wird von Lukas im Markusstoff bis auf eine Ausnahme 92mal gemieden; es hat daher in der Regel auch im Nicht-Markusstoff als vorlukanisch zu gelten → 7,40 Trad.

24,13 Red ἐν αὐτῇ τῇ ἡμέρᾳ: Lukas schreibt als einziger neutestamentlicher Autor αὐτὸς ὁ mit Substantiv der Zeit → 2,38 Red S. 98. — ἦσαν πορευόμενοι: periphrastisches εἶναι + Part.praes. wird von Lukas viel benutzt, mit Vorliebe wie an unserer Stelle im Perikopenrahmen → 1,20 Red S. 43 sub d. — Ἰερουσαλήμ: Die Verwendung der sakralen Namensform Ἰερουσαλήμ im Evangelium ist kennzeichnend für Lukas → 2,25 Red S. 91. — ᾗ ὄνομα: Die elliptische Wendung ᾧ (ᾗ) ὄνομα + Eigenname (ohne ἦν) ist ein Septuagintismus, der im NT nur im lk Doppelwerk vorkommt → 1,26.27a Red S. 46[5].

Trad καὶ ἰδού: Zur Abneigung des Lukas gegen Perikopenanfänge mit καί → 2,21 Trad.

24,14 Red ὡμίλουν: ὁμιλέω findet sich im NT nur im Doppelwerk (Lk 24,14f./Apg 20,11; 24,26). — πρὸς ἀλλήλους: → 2,15 Red S. 84. — πάντων τῶν συμβεβηκότων:. Lukas stellt mit Vorliebe dem Partizip ein verallgemeinerndes πᾶς ὁ voran → 1,10 Red S. 30 sub 2. Was das an unserer Stelle vorliegende substantivierte Partizip τὸ συμβεβηκός anlangt, so begegnet es im NT nur im Doppelwerk (Lk 24,14 Plur./Apg 3,10 Sing.); es ist daher — wie das sachverwandte τὸ γεγονός → 24,12 Red — als lukanisch anzusprechen, zumal Lukas gern Verbkomposita mit συν- (→ 2,19 Red S. 86) verwendet.

Trad καὶ αὐτοί: Satzeinleitendes nicht-emphatisches καὶ αὐτός ist nicht lukanisch → 15,14 Trad.

24,15 Red καὶ ἐγένετο ἐν τῷ ... καὶ αὐτός: Periphrastisches ἐγένετο ist kennzeichnend für Lukas → 1,8f. Red S. 25 sub A. An unserer Stelle lauten die drei Elemente der Konstruktion: a) Eingangsformel hebraisierend mit καί + b) Zeitbestimmung, ebenfalls hebraisierend mit ἐν τῷ c.inf. → 1,8f. Red S. 28 sub B 2a + c) Anschluß-

---

[5] Zum Fehlen der Kopula → 1,5 Trad.

satz, hebraisierend eingeleitet durch καὶ αὐτός. Die gleiche Kombination begegnet sonst im NT nicht mehr. — ὁμιλεῖν: → V. 14 Red. — καὶ αὐτός: Zum „christologischen" καὶ αὐτός (das hier außerdem Einleitung des Anschlußsatzes einer periphrastischen καὶ ἐγένετο-Konstruktion ist) → 1,17 Red S. 37. — ἐγγίσας: ἐγγίζω ist lk Vorzugswort (Lk 18/Apg 6) → 7,12 Red S. 157. — συνεπορεύετο: Lukas hat eine Vorliebe sowohl für πορεύομαι (→ 1,39 Red S. 56) wie für Verbkomposita mit συν- (→ 2,19 Red S. 86 und im unmittelbaren Kontext unserer Stelle 24,14 συμβεβηκότων, V. 15 συζητεῖν). Zu dem Verbkompositum συμπορεύομαι vgl. noch → 7,11 Red.

24,16 Red τοῦ μὴ ...: τοῦ μή + Inf. nach Verben des Hinderns und Aufhörens ist lukanisch (vgl. Moulton-Turner III 142); Lukas fügt die Konstruktion τοῦ μή + Inf. 4,42 (diff. Mk 1,37) in den Markusstoff ein und verwendet sie viermal in der Apg (→ 1,8f. Red S. 28 sub B 1e). — ἐπιγνῶναι: Das Kompositum ἐπιγινώσκω schreibt Lukas gern (Mt 6, Mk 4, Lk 7/Apg 13, Pls 12, sNT 2). In der Bedeutung „wiedererkennen" kommt es nur bei ihm vor (Lk 24,16. 31/Apg 3,10; 4,13; 12,14)[6].

24,17 Red εἶπεν δέ: ist eine spezifisch lukanische Wendung → 1,13 Red S. 33 sub 1. — πρός: Zu πρός c.acc. nach Verbum dicendi → 1,13 Red sub 2. — τίνες οἱ λόγοι οὗτοι: Am Fehlen einer Form von εἶναι nach Fragepronomina hat Lukas keinen Anstoß genommen → 1,5 Trad S. 22 mit Anm. 28. — πρὸς ἀλλήλους: → 2,15 Red.

24,18 Red ὀνόματι: → 1,5 Red S. 15. — πρός c.acc.: → 1,13 Red S. 33 sub 2. — Ἰερουσαλήμ: → 2,25 Red S. 91. — τὰ γενόμενα: → 23,47 Red S. 308. — ἐν ταῖς ἡμέραις ταύταις: Die Wendung findet sich im NT nur im lk Doppelwerk → 1,39 Red S. 55; zum temporalen ἐν → 1,5 Trad.

Trad καὶ οὐκ ἔγνως: Zu καί zur Koordination von Wörtern mit selbständigen Sätzen (hebraisierend) → 1,5 Trad.

---

[6] Wanke, Eucharistieverständnis 39.

24,19 Red τὰ περὶ Ἰησοῦ: Der substantivierte präpositionale Ausdruck τὸ περί c.gen. war uns bereits singularisch begegnet → 22,37 Trad S. 293. Pluralisch findet er sich im NT (außer Mk 5,27 τὰ περὶ τοῦ Ἰησοῦ und fünfmal bei Paulus)[7] nur im Doppelwerk 2/9mal[8]. — ἀνὴρ προφήτης: ἀνήρ ist lukanisches Vorzugswort → 5,8 Red; lukanisch ist insbesondere die Adjektivierung von προφήτης durch ἀνήρ → ebd. — δυνατὸς ἐν ἔργῳ καὶ λόγῳ: δυνατὸς ἐν findet sich im NT nur im lk Doppelwerk: Lk 24,19/Apg 7,22; 18,24. Die an unserer Stelle vorliegende Wendung δυνατὸς ἐν ἔργῳ καὶ λόγῳ kehrt Apg 7,22 (δυνατὸς ἐν λόγοις καὶ ἔργοις αὐτοῦ) mit geringfügiger Änderung wieder und gibt sich dadurch als lukanisch zu erkennen[9]. — ἐναντίον: → 1,6 Red S. 22. — παντὸς τοῦ λαοῦ: λαός ist lk Vorzugswort → 1,10 Red S. 30; lukanisch ist insbesondere die Wendung πᾶς (ἅπας) ὁ λαός (Lk 12/Apg 6, sNT 3) → 2,10 Red.

Trad καὶ εἶπεν αὐτοῖς: → 1,18.19 Trad. — οἱ δὲ εἶπαν αὐτῷ: → 7,43 Trad. — Ναζαρηνοῦ: Ναζαρηνός (stets als Beiname Jesu) findet sich im NT nur bei Markus (4mal) und im dritten Evangelium: Lk 4,34; 24,19. Doch schreibt Lukas Ναζαρηνός nicht von sich aus, wie einerseits die Übernahme des Beinamens aus der Markusvorlage (Lk 4,34 par. Mk 1,24), andererseits sein Fehlen in der Apg zeigt. Lukas selbst schreibt vielmehr ὁ Ναζωραῖος: so Lk 18,37 (anstelle eines von par. Mk 10,47 angebotenen Ναζαρηνός) und so alle 7 Stellen der Apg (2,22; 3,6; 4,10; 6,14; 22,8; 24,5; 26,9). — προφήτης: προφήτης als Titel Jesu schreibt Lukas nicht von sich aus → 7,16 Trad.

24,20 Red τε ... καί: Lukas bevorzugt die enklitische Partikel τέ → 2,16 Red S. 85. Insbesondere ist lukanisch die an unserer Stelle vorliegende Kombination τὲ ... καί (50mal in der Apg) → ebd. sub b. — οἱ ἄρχοντες ἡμῶν: → 14,1f. Red.

Trad ὅπως: wird im NT als Konjunktion mit Konjunktiv gebraucht; wie geläufig Lukas diese Verwendung ist, zeigen 14 Apg-Belege. Man wird daher erwägen, ob die einzige Stelle im NT, an der ὅπως als

---
[7] Eph 6,22; Phil 1,27; 2,19f.; Kol 4,8.
[8] Lk 24,19.27/Apg 1,3; 13,29; 18,25; 23,11.15; 24,10.22; 28,15.31 (19,8 ist die Lesart unsicher).
[9] Storch 77.

Adverb mit Ind.Aor. gebraucht wird (Lk 24,20), nicht der Tradition zugehört.

24,21 Red σὺν πᾶσιν τούτοις: Die Fassung mit σύν (anders Lk 16,26: ἐν) könnte angesichts der Vorliebe des Lukas für die Präposition σύν (→ 1,56 Red) der Redaktion zuzuweisen sein → 16,26 Trad S. 261. — ἄγει: ἄγω de tempore im NT nur im Doppelwerk: Lk 24,21; Apg 19,38.

Trad ἀλλά γε καί: → 1,60 Trad sub 1. — ἀφ' οὗ: Elliptisches ἀφ' οὗ könnte vorlukanisch sein → 7,45 Red.

24,22 Red τινες: Adjektivisches τις ist kennzeichnend für den lukanischen Stil → 1,5 Red S. 15. — ἐξέστησαν ἡμᾶς: Transitives ἐξίστημι („verwirren") im NT nur Lk 24,22/Apg 8,9.11. — ὀρθριναί: → 21,38 Red S. 284. — ἐπὶ τὸ μνημεῖον: → 11,44 Red S. 207.

Trad ἀλλὰ καί: → 1,60 Trad sub 1.

24,23 Red τὸ σῶμα αὐτοῦ → 17,37 Red.

Trad ὀπτασίαν ... ἑωρακέναι: Diese Figura etymologica war uns schon 1,22 (Trad) begegnet. Beide Stellen gehören zur Tradition, da Lukas eine Abneigung gegen die Figura etym. hat (→ 1,73 Trad).

24,24 Red τῶν σὺν ἡμῖν: Zur Vorliebe des Lukas für σύν → 1,56 Red S. 63. Lukanisch ist auch die Vorliebe für die elliptische Wendung οἱ σύν τινι → 5,9 Red S. 136. — ἐπὶ τὸ μνημεῖον: → 11,44 Red.

Trad οὕτως καθώς: Korrelatives καθώς/οὕτως bzw. οὕτως/καθώς findet sich im Doppelwerk nur im Nicht-Markusstoff des Evangeliums → 6,31 Trad. — εἶπον: Lukas schreibt im Doppelwerk 49mal den Aor. 2 εἶπαν (Ev 29/Apg 20) und nur ein einziges Mal den Aor. 1 εἶπον: Lk 24,24. Wie immer man diese Ausnahme erklären mag, auf Lukas wird man sie nicht zurückführen dürfen.

24,25 Red καὶ αὐτός: Zum „christologischen" καὶ αὐτός → 1,17 Red S. 37. — πρός c.acc.: → 1,13 Red S. 33 sub 2. — ὦ ἀνόητοι: Wenn ἄφρων (ohne ὦ Lk 11,40; 12,20) zur lukanischen Vorlage gehört (→ 11,40 Trad S. 206), könnte ὦ ἀνόητοι (mit ὦ 24,25) lukanisch sein → ebd. — βραδεῖς τῇ καρδίᾳ: Lukas bevorzugt den distributiven Singular → 1,66 Red. — τοῦ πιστεύειν: Zur Vorliebe des Lukas für den substantivierten Infinitiv → 1,8f. Red S. 28 sub B 1c (Abhängigkeit des Infinitivs von einem Adjektiv). — πᾶσιν οἷς: Attractio relativi, insbesondere nach πάντα, ist lk Vorzugswendung → 2,20 Red.

Trad πιστεύειν ἐπὶ πᾶσιν: Abgesehen von 3 Zitaten von Jes 28,16 LXX (Röm 9,33 cit.; 10,11 cit.; 1Pt 2,6 cit.) findet sich im NT πιστεύεω ἐπί mit Dativ nur Lk 24,25 und 1Tim 1,16. Da Lukas πιστεύεω ἐπί sonst stets mit Akkusativ konstruiert (Apg 9,42; 11,17; 16,31; 22,19), wird die auffällige und im Doppelwerk singuläre Konstruktion mit Dativ nicht lukanisch sein.

24,26 Trad οὐχὶ ... καὶ εἰσελθεῖν: Grammatische Parataxe bei logischer Hypotaxe ist nicht lukanischer Sprachgebrauch → 1,58 Trad. — ἔδει παθεῖν: formelhaft → 17,25 Trad.

24,27 Red ἀρξάμενος: Das Participium mit Nennung des Ausgangspunktes (ἀπό) findet sich im NT außer Mt 20,8 nur im lk Doppelwerk: Lk 23,5; 24,27.47/Apg 1,22; 8,35; 10,37 (→ 23,5 Red sub καθ' ὅλης ...). — πάντων τῶν προφητῶν: Die Wendung ist lukanisch → 11,50 Red S. 209. — διηρμήνευσεν: Lukas hat eine Vorliebe für Verbkomposita mit δια- (→ 1,65 Red S. 70); was διερμηνεύω anlangt, so findet es sich im NT außer viermal im 1Kor nur im lk Doppelwerk: Lk 24,27/Apg 9,36. — πάσαις ταῖς γραφαῖς: im NT nur hier; für Redaktion spricht der stark lukanische Kontext sowie die Häufigkeit der analog mit rhetorisch verstärkendem πᾶς gebildeten Wendungen im Doppelwerk → 1,10 Red S. 30. — τὰ περὶ ἑαυτοῦ: → V. 19 Red.

24,28 Red ἤγγισαν: ἐγγίζω wird von Lukas erheblich häufiger gebraucht als von den anderen Evangelisten → 7,12 Red S. 157. — οὗ: wird von Lukas im Unterschied zu ὅπου gern geschrieben → 4,16 Red S. 119. — καὶ αὐτός: Zum „christologischen" καὶ αὐτός → 1,17 Red.

24,29 Red παρεβιάσαντο ... λέγοντες: παραβιάζομαι im NT nur Lk 24,29/Apg 16,15, beide Male die dringliche Einladung zur Mahlzeit bezeichnend. Die vorlukanische Überlieferung sagt für das Nötigen: ἀναγκάζω (→ 14,23 Trad S. 240). Zu dem an unserer Stelle vorliegenden pleonastischen λέγων → 1,63 Red S. 67. — ἑσπέραν: im NT nur im Doppelwerk: Lk 24,29/Apg 4,3; 28,23. Dagegen fehlt ὀψία im Doppelwerk: lukanisches Meidewort. — κέκλικεν ἤδη ἡ ἡμέρα: Die Wendung kehrt mit geringen Abweichungen Lk 9,12 wieder (ἡ δὲ ἡμέρα ἤρξατο κλίνειν), wo Lukas sie gegen seine Markusvorlage (diff. Mk 6,35) schreibt. Die beiden Lukasstellen sind die einzigen im NT, an denen κλίνειν intransitiv gebraucht wird. — τοῦ μεῖναι: → 1,8f. Red S. 28 sub B 1h.

Trad μεῖνον μεθ᾽ ἡμῶν/μεῖναι σὺν αὐτοῖς: Zur Konstruktion von μένω mit μετά c.gen., mit σύν und παρά c.dat. → 1,56 Trad.

24,30 Red καὶ ἐγένετο ἐν τῷ κατακλιθῆναι ... εὐλόγησεν: Das periphrastische ἐγένετο ist ein für Lukas kennzeichnender Septuagintismus → 1,8f. Red S. 25 sub A. An unserer Stelle ist zu beachten die Konstruktion von ἐν τῷ mit dem Inf. des Aorists zur Bezeichnung der Vorzeitigkeit (§ 404,1), die im NT nur neunmal, und zwar nur im Doppelwerk begegnet → 2,27 Red S. 94[10]. — κατακλιθῆναι: κατακλίνω findet sich im NT nur im LkEv (7, 36; 9,14f.; 14,8; 24,30). Lukas bevorzugt auch sonst bei den Verba des Zu-Tische-Liegens die Komposita mit κατα- (→ 7,36 Red S. 167). — εὐλόγησεν: Zur lukanischen Interpretation von εὐλόγησεν → 1,64 Red.

Trad λαβὼν τὸν ἄρτον εὐλόγησεν καὶ κλάσας ἐπεδίδου αὐτοῖς: Die Bezugnahme auf die Abendmahlstradition ist unverkennbar.

24,31 Red διηνοίχθησαν: Das relativ seltene Bikompositum διανοίγω findet sich im NT außer Mk 7,34[11] nur siebenmal im lk Doppel-

---

[10] 1Kor 11,21; Hebr 2,8; 3,12 zählen nicht, weil der Infinitiv nicht vorzeitig ist (§ 404,2).
[11] Mk 7,35 schwanken die Handschriften zwischen dem Simplex (ἠνοίγησαν ℵ BDΔ1) und dem Kompositum (διηνοίχθησαν 𝔓45 Aφ).

werk[12], ein weiteres Beispiel für die Vorliebe des dritten Evangelisten für Verbkomposita mit διa- (→ 1,65 Red S. 70). Man beachte die weitgehende Übereinstimmung in den Objekten der Öffnung im Doppelwerk: ἡ καρδία (Apg 16,14); ὁ νοῦς (Lk 24,45); οἱ ὀφθαλμοί (V. 31); αἱ γραφαί (V. 32; vgl. Apg 17,3). — ἐπέγνωσαν: ἐπιγινώσκω in der Bedeutung „wiedererkennen" ist lukanisch → 24,16 Red S. 314. — καὶ αὐτός: Zum „christologischen" καὶ αὐτός → 1,17 Red S. 37. — ἄφαντος ἐγένετο: Es gehört zum lukanischen Stil, daß das Entschwinden der Erscheinungen eigens vermerkt wird → 1,38 Red S. 54f. Dazu stimmt, daß sich ἄφαντος γίνομαι (vgl. auch das gegensätzliche ἐμφανὴς γίνομαι Apg 10,40) im NT nur im Doppelwerk findet.

24,32 Red πρὸς ἀλλήλους: ist eine von Lukas geschätzte Wendung → 2,15 Red S. 84. — ἡ καρδία ἡμῶν: Lukas schreibt gern den distributiven Singular → 1,66 Red. — καιομένη ἦν: ist eine coniugatio periphrastica, wie Lukas sie oft schreibt → 1,20 Red S. 42. — ὡς[bis]: als temporale Konjunktion wird von Lukas bevorzugt gebraucht → 1,23 Red S. 45 (Statistik). — διήνοιγεν ... τὰς γραφάς: → 24,31 Red.

Trad καὶ εἶπαν: → 1,18 Trad.

24,33 Red ἀναστάντες: ἀναστάς ist lk Vorzugswort, insbesondere ist abundantes ἀναστάς lukanisch → 1,39 Red S. 55. — αὐτῇ τῇ ὥρᾳ: → 2,38 Red S. 98. — ὑπέστρεψαν: → 1,56 Red S. 63. — Ἰερουσαλήμ: → 2,25 Red S. 91. — ἕνδεκα: Zur Zahl elf, vom Zwölferkreis ohne Judas gesagt → 24,9 Red. — τοὺς σὺν αὐτοῖς: → 24,24 Red.

24,34 Trad ὄντως: ist an unserer Stelle vorlukanisch als Einleitung des alten vorpaulinischen Osterjubelrufs. — ὁ κύριος: ist hier traditionell als Bestandteil des alten Osterjubels. — ὤφθη: → 1,11 Red[13].

24,35 Red καὶ αὐτοί: Zum betonten καὶ αὐτός/-οί (Subjektswechsel) → 1,17 Red S. 37. — ἐξηγοῦντο: Außer Joh 1,18 im NT nur im Doppelwerk Lk 24,35/Apg 10,8; 15,12.14; 21,19. — ὡς ἐγνώσθη:

---

[12] Lk 2,23 (cit. LXX Ex 13,2.12.15); 24,31.32.45/Apg 7,56; 16,14; 17,3.
[13] ὤφθη Σίμωνι Lk 24,34 ist älter als ὤφθη Κηφᾷ 1Kor 15,5 → 5,3 Trad.

Zu den mit ὡς eingeleiteten indirekten Fragesätzen → 23,55 Red S. 310. — ἐν τῇ κλάσει τοῦ ἄρτου: Die Genitivverbindung ἡ κλάσις τοῦ ἄρτου kommt in der urchristlichen Literatur nur im lukanischen Doppelwerk vor: Lk 24,35 und Apg 2,42. Das ἐν ist wahrscheinlich temporal („beim Brotbrechen") vgl. J. Jeremias, Abendmahlsworte[4] 113 Anm. 4; zur Vorliebe des Lukas für das temporale ἐν → 1,5 Trad.

24,36 Trad λέγει[14]: Das Praes.historicum ist nicht lukanisch → 7,40 Trad. — εἰρήνη: → 1,79 Trad.

24,37 Red πτοηθέντες: πτοέομαι im NT nur im dritten Evangelium: Lk 21,9; 24,37. Da Lukas das Verbum 21,9 (πτοηθῆτε) gegen Mk 13,7 (θροεῖσθε) schreibt, wird es auch an unserer Stelle auf ihn zurückgehen. — ἔμφοβοι γενόμενοι: → 24,5 Red. — ἐδόκουν πνεῦμα θεωρεῖν: Zur Konstruktion δοκέω c.inf. → 10,36 Red.

24,38 Red τεταραγμένοι ἐστέ: Zur Konstruktion εἰμί + Part.perf. → 1,7 Red S. 24. — ἐν τῇ καρδίᾳ ὑμῶν: Zum distributiven Singular „im Herzen eines jeden von euch" → 1,66 Red.

Trad καὶ εἶπεν αὐτοῖς: → 1,18.19 Trad. — διαλογισμοί: → 2,35 Trad. — ἀναβαίνουσιν ἐν τῇ καρδίᾳ: Der Semitismus 'ālā 'al lēb wird von der LXX[15], von dem 1Kor 2,9 zitierten apokryphen Schriftwort, von der Apg (7,23), vom 1Clem (34,8) und oft vom Hirten des Hermas[16] mit ἀναβαίνειν ἐπὶ τὴν καρδίαν, also mit Hilfe der Präposition ἐπί c.acc. wiedergegeben. Die an unserer Stelle vorliegende Wiedergabe der Wendung mit Hilfe der Präposition ἐν (διαλογισμοὶ ἀναβαίνουσιν ἐν τῇ καρδίᾳ ὑμῶν) ist ganz selten[17]. Das Nebeneinander von ἐπί c.acc. (Apg 7,23) und ἐν (Lk 24, 38) im Doppelwerk weist auf zwei verschiedene Hände. Da die Fassung der Apg (ἐπί c.acc.) vom Autor des Doppelwerks, also dem Re-

---

[14] καὶ λέγει αὐτοῖς· εἰρήνη ὑμῖν lesen alle Unzialen einschließlich 𝔓75 außer D; es ist also ursprünglicher Lukastext.
[15] 4Βασ 12,5; Jes 65,16; Jer 3,16; 28[51],50; 39[32],35; 51[44],21; Ez 38,10.
[16] Mand 4,1,1–3; 4,2,2; 6,2,3; 6,2,3 (εἰς); 6,2,4f.; 6,2,7f.; 12,3,5; sim 5,7,2; 6,3,5f.; 9,28,4; 9,29,1; vis 1,1,8[bis]; 1,2,4; 3,7,2; 3.7,6[bis].
[17] Herm sim 5,1,5.

daktor, stammt, ist die Fassung im Nicht-Markusstoff des LkEv (mit ἐν) der Tradition zuzuweisen.

24,40 Trad[18] καὶ τοῦτο εἰπὼν ἔδειξεν αὐτοῖς τὰς χεῖρας καί: Diese Worte stimmen mit Joh 20,20 wörtlich überein (nur αὐτοῖς steht bei Johannes am Versschluß). Lukas folgt in V. 40 also der (wohl mündlichen) Tradition.

24,41 Red ἀπιστούντων: → 24,11 Red. Die Kombination ἀπιστέω/ θαυμάζω findet sich im NT nur Lk 24,11f.41. — τι: Das adjektivische τις kennzeichnet den lukanischen Stil → 1,5 Red S. 15. — ἐνθάδε: ἐνθάδε, von den Attizisten empfohlen[19], wird von Lukas gern gebraucht (im NT nur Lk 1/Apg 5; Joh 2)[20] → 4,23 Trad s.v. ὧδε; → 19,4 Red s.v. ἐκείνης.

24,43 Red ἐνώπιον: → 1,17 Red.

24,44 Red εἶπεν δέ: → 1,13 Red S. 33 sub 1. — πρός c.acc.[bis]: → 1,13 Red sub 2. — σύν: → 1,56 Red S. 63. — πάντα τὰ γεγραμμένα: im NT außer Gal 3,10 cit. nur im Doppelwerk: Lk 18,31 (Zusatz zu Mk 10,33); 21,22 (Zus. z. Mk 13,16); 24,44/Apg 13,29; 24,14. Zur Vorliebe des Lukas für rhetorisch verstärkendes πᾶς → 1,10 Red S. 30. — ἐν τῷ νόμῳ Μωϋσέως: → 2,22 Red S. 90.

Trad οὗτοι οἱ λόγοι μου: Das Fehlen von Formen von εἶναι beim Demonstrativum ist vorlukanisch → 1,5 Trad mit Anm. 23. — δεῖ πληρωθῆναι: formelhaft → 17,25 Trad.

24,45 Red διήνοιξεν ... τὸν νοῦν: → V. 31 Red. — τοῦ συνιέναι: Zur Vorliebe des Lukas für den substantivierten Infinitiv mit finaler Bedeutung → 1,8f. Red S. 28 sub B 1h.

24,46 Red παθεῖν: absolut gebraucht, in der Bedeutung „den Tod erleiden", ist lukanisch → 22,15 Red.

---

[18] Da V. 40 von allen Unzialen (einschl. 𝔓75) mit alleiniger Ausnahme von D gelesen wird, hat der Vers als ursprünglicher Text zu gelten.
[19] Larfeld 213.
[20] Lk 24,41/Apg 10,18; 16,28; 17,6; 25,17.24; Joh 4,15.16.

Trad καὶ εἶπεν αὐτοῖς: → 1,18.19 Trad. — παθεῖν: → 17,25 Trad.

24,47 Red μετάνοιαν εἰς ἄφεσιν ἁμαρτιῶν: Daß die Buße der Weg zur Erlangung der Sündenvergebung ist, ist einer der Grundgedanken der lukanischen Theologie: Lk 3,3 (= Mk 1,4); Apg 2,38; 3,19; 5,31; 8,22; 26,18; vgl. Conzelmann 214. — ἀρξάμενοι ἀπό: → 23,5 Red S. 301 sub καθ' ὅλης. — Ἰερουσαλήμ: → 2,25 Red S. 91.

Trad εἰς ἄφεσιν ἁμαρτιῶν: → 1,77 Trad.

24,48 Red μάρτυρες: μάρτυς als Bezeichnung des urchristlichen Zeugen im NT findet sich ganz überwiegend im Doppelwerk: Lk 24,48/Apg elfmal[21], sNT 3[22].

Trad ὑμεῖς μάρτυρες τούτων: Das Fehlen einer Form von εἶναι ist in der Regel nicht lukanisch → 1,5 Trad.

24,49 Red ἐξαποστέλλω: ist lk Vorzugswort. Es begegnet im NT außer Gal 4,4.6 nur im lk Doppelwerk: Lk 1,53; 20,10f.; 24,49 und siebenmal in Apg. Zweimal fügt Lukas das Verb in seine Markusvorlage ein (Lk 20,10f. diff. Mk 12,3f.). Es wird auch an unserer Stelle redaktionell sein[23], doch verbietet seine Geläufigkeit (LXX: 282mal) sichere Schlüsse. — τὴν ἐπαγγελίαν τοῦ πατρός μου: Die Wendung ist lukanisch, wie ihre wörtliche Wiederkehr Apg 1,4 zeigt. Es kommt hinzu, daß das Vorkommen von ἐπαγγελία in den Geschichtsbüchern des NT auf das Doppelwerk beschränkt ist (Lk 24,49/Apg achtmal). — καθίσατε: in der Bedeutung „sich aufhalten" kommt im NT nur Lk 24,49/Apg 18,11 vor. — ἕως οὗ: mit Konj.Aor. ist lukanisch → 12,59 Trad.

Trad τοῦ πατρός μου: ὁ πατήρ μου/ὑμῶν ist vorlukanisch → 2,49 Trad. — ἐξ ὕψους: im NT nur noch im Benedictus → 1,78 Trad.

---

[21] Apg 1,8.22; 2,32; 3,15; 5,32; 10,39.41; 13,31; 22,15.20; 26,16.
[22] 1Petr 5,1; Offb 2,13; 17,6.
[23] Anders ist über → 1,53 Trad S. 62 zu urteilen; hier ist ἐξαποστέλλω alt als Bestandteil des Magnificat.

24,50 Red ἐξήγαγεν: ἐξάγω ist lk Vorzugswort: Mk 1, Lk 1/Apg 8, JohEv 1, Hebr 1. Zu ἐξάγω ἕως → 2,15 Red S. 84. — ἕως πρός: ἕως als uneigentliche Präposition findet sich mit einer weiteren Präposition verbunden im NT nur im Doppelwerk, und zwar außer an unserer Stelle noch: Apg 17,14 ἕως ἐπὶ τὴν θάλασσαν; 21,5 ἕως ἔξω τῆς πόλεως; 26,11 ἕως καὶ εἰς τὰς ἔξω πόλεις.

24,51 Red καὶ ἐγένετο ἐν τῷ ... διέστη: Periphrastisches ἐγένετο ist lukanisch → 1,8f. Red S. 25 sub A. — διέστη: Lukas hat eine Vorliebe für Verbkomposita mit δια- → 1,65 Red S. 70; speziell zu διΐστημι → 22,59 Red S. 297. Außerdem ist es kennzeichnend für Lukas, daß er das Entschwinden des Erscheinenden vermerkt → 1,38 Red S. 54f. — εἰς τὸν οὐρανόν[24]: Der Singular ist lukanisch. Im Doppelwerk schreibt Lk nur 6mal den Plural, dagegen 53mal den Singular → 3,21f. Red.

24,52 Red καὶ αὐτοί: Zum betonten καὶ αὐτός (Subjektswechsel) → 1,17 Red S. 37. — ὑπέστρεψαν: ὑποστρέφω ist lk Vorzugswort → 1,56 Red S. 63. — Ἰερουσαλήμ: → 2,25 Red S. 91. — μετὰ χαρᾶς μεγάλης: Im NT begegnet χαρὰ μεγάλη nur Mt 2,10; 28,8; Lk 2,10; 24,52/Apg 15,3. Die Wendung ist deshalb bezeichnend, weil die neutestamentlichen Autoren eine ganze Anzahl von Alternativwendungen zur Verfügung hatten: χαρᾷ χαίρει, χ. πεπληρωμένη, πολλὴ χ., περισσεία τῆς χ., πᾶσα χ., χ. ἀνεκλάλητος καὶ δεδοξασμένη.

24,53 Red διὰ παντός: (Mt 1, Mk 1, Lk 1/Apg 3, Pls 2, Hebr 2) wird im Blick auf die drei Apg-Belege (2,25 cit. Ψ 15[16],8; 10,2; 24,16) sowie auf den ganz lukanisch gefärbten Kontext von Lk 24,53 lukanisch sein. Lukas bevorzugt διὰ παντός vor πάντοτε → 15,31 Trad S. 254. — εὐλογοῦντες τὸν θεόν: Die Wendung εὐλογέω τὸν θεόν schreibt Lukas als einziger neutestamentlicher Autor → 1,64 Red S. 70.

24,50—53 Red In V. 50—53 ließen sich keine Spuren der Tradition erkennen; dieser abschließende Himmelfahrtsbericht wird daher lukanische Komposition sein.

---

[24] So ist mit 𝔓75BACΘ zu lesen.

JOACHIM JEREMIAS

Abba
Studien zur neutestamentlichen Theologie und Zeitgeschichte 1966. 371 Seiten und 4 Kunstdrucktafeln, Leinen

Die Abendmahlsworte Jesu
4., durchgesehene Auflage 1967. 275 Seiten, Leinen

Die Gleichnisse Jesu
9., unveränderte Auflage 1978. 243 Seiten, kartoniert

Heiligengräber in Jesu Umwelt
Eine Untersuchung zur Volksreligion der Zeit Jesu. 1958. 155 Seiten und 4 Kunstdrucktafeln, broschiert

Jerusalem zur Zeit Jesu
Kulturgeschichtliche Untersuchungen zum neutestamentlichen Zeitgeschehen. 3., neubearbeitete Auflage 1963. 439 Seiten, Leinen

Die Kindertaufe in den ersten vier Jahrhunderten
1958. 127 Seiten, Leinen

Der Ruf Jesu und die Antwort der Gemeinde
Exegetische Untersuchungen. Festschrift für Joachim Jeremias. Herausgegeben von Eduard Lohse gemeinsam mit Christoph Burchard und Berndt Schaller. 1970. 289 Seiten, kartoniert

Joachim Jeremias / August Strobel
Die Briefe an Timotheus und Titus · Der Brief an die Hebräer
(1. Auflage dieser neuen Fassung). 11. Auflage 1975. IV, 269 Seiten, kartoniert (Das Neue Testament Deutsch, Band 9)

Vandenhoeck & Ruprecht · Göttingen und Zürich